Sociologia da cultura

SERVIÇO SOCIAL DO COMÉRCIO
Administração Regional no Estado de São Paulo

Presidente do Conselho Regional
Abram Szajman
Diretor Regional
Danilo Santos de Miranda

Conselho Editorial
Ivan Giannini
Joel Naimayer Padula
Luiz Deoclécio Massaro Galina
Sérgio José Battistelli

Edições Sesc São Paulo
Gerente Marcos Lepiscopo
Gerente adjunta Isabel M. M. Alexandre
Coordenação editorial Clívia Ramiro, Cristianne Lameirinha, Francis Manzoni
Produção editorial Rafael Fernandes Cação
Coordenação gráfica Katia Verissimo
Produção gráfica Fabio Pinotti
Coordenação de comunicação Bruna Zarnoviec Daniel

Coleção Sesc Culturas
Coordenação Marta Colabone
Organização Iã Paulo Ribeiro
Colaboração Isaura Botelho
Apoio José Olímpio Zangarine

Cet ouvrage, publié dans le cadre du Programme d'Aide à la Publication 2015 Carlos Drummond de Andrade, a bénéficié du soutien de l'Ambassade de France au Brésil.

Este livro, publicado no âmbito do Programa de Apoio à Publicação 2015 Carlos Drummond de Andrade, contou com o apoio da Embaixada da França no Brasil.

SOCIOLOGIA DA CULTURA

MATTHIEU BÉRA e YVON LAMY

Tradução Fernando Kolleritz

Título original: *Sociologie de la culture*

© Armand Colin, 2012, 3ª edição
© Edições Sesc São Paulo, 2015
Todos os direitos reservados

Preparação André Albert
Revisão Fatima Caroni
Índices Algo Mais Soluções Editoriais
Projeto gráfico Ana Luisa Escorel / Ouro sobre Azul
Capa a partir de obra de Arcangelo Ianelli
Assistência de projeto gráfico Erica Leal / Ouro sobre Azul

B72s
Béra, Matthieu

Sociologia da cultura / Matthieu Béra; Yvon Lamy; Tradução de Fernando Kolleritz. –
São Paulo: Edições Sesc São Paulo, 2015. –
344 p.

Bibliografia. Índice onomástico.
ISBN 978-85-7995-189-3

1. Sociologia da cultura. 2. Política cultural.
I. Título. II. Lamy, Yvon. III. Kolleritz, Fernando.

CDD 306

Edições Sesc São Paulo
Rua Cantagalo, 74 – 13º/14º andar
03319 000 São Paulo SP Brasil
T 55 11 2227 6500
edicoes@edicoes.sescsp.org.br
sescsp.org.br/edicoes
❚❚❚❚ /edicoessescsp

Nota à edição brasileira

O PRESENTE LIVRO PARTE DO PRINCÍPIO que a sociologia da cultura não é um tema esgotado por si só. Questões não tão recentes, como outras que estão por vir, permanecem abertas a pesquisas e reflexões. No entanto, com o objetivo de discutir a perspectiva sociológica sobre a cultura, os autores atestam que já é possível compreendê-la como uma área de conhecimento distinta no campo das ciências humanas.

Definir o objeto de estudo da sociologia da cultura não é simples nem mesmo para intelectuais experimentados. Com base nessa observação, Matthieu Béra e Yvon Lamy consideram a noção de bens culturais essencial para instaurar o debate que envolve práticas e públicos, profissões, políticas e paradigmas da cultura.

Nesse sentido, destacam a análise de Hannah Arendt, para quem "a cultura concerne aos objetos", não sendo, portanto, abstrata, uma vez que envolve artefatos e obras, mas igualmente a gestão, a difusão e os usos sociais da cultura. Esse princípio constitui o mais importante aporte deste estudo ao campo da sociologia da cultura.

O Sesc São Paulo tem acompanhado e se empenhado em trazer ao público questões que norteiam a reflexão sobre a cultura e seus diferentes campos de interlocução. Buscando uma atuação alinhada com as tendências mais relevantes, é com pioneirismo e afinco que a instituição se debruça sobre as questões mencionadas, apresentando ao público brasileiro, por meio de obras como este *Sociologia da cultura*, um panorama criterioso e crítico sobre a área.

Sumário

PREÂMBULO À TERCEIRA EDIÇÃO FRANCESA 9

Parte I · Os bens
CAPÍTULO 1 · AS ORIGENS DE UMA SOCIOLOGIA DOS BENS CULTURAIS 21
- A tradição intelectual alemã 21
- A guinada descritiva da antropologia anglo-saxã 26
- A relação dos bens com seu contexto 30

CAPÍTULO 2 · A QUALIFICAÇÃO "CULTURAL" 37
- Origens teóricas 37
- O que é uma prova de qualificação "cultural"? 42

CAPÍTULO 3 · OS EFEITOS SOCIAIS DO "CULTURAL" 53
- Origens e aplicações 53
- Tipologia dos efeitos 59
- O funcionamento dos efeitos do "cultural" 67

Parte II · As práticas e os públicos
CAPÍTULO 4 · OS ATORES E AS LÓGICAS DA PESQUISA 73
- A estatística pública 75
- Os conhecimentos produzidos pelos profissionais da cultura 87
- Os conhecimentos produzidos pelos acadêmicos 93

CAPÍTULO 5 · DESCREVER, EXPLICAR E COMPREENDER 99
- Descrever 99
- Explicar 108
- Compreender 126

CAPÍTULO 6 · TRÊS MODELOS INTERPRETATIVOS 133
- As teorias críticas 133
- As teorias da integração 138
- As teorias identitárias 141

Parte III · As profissões
CAPÍTULO 7 · O MODELO DO CRIADOR 149
- Origens religiosas e desenvolvimentos do modelo 149
- A difusão do modelo na esfera cultural 163

CAPÍTULO 8 · A ROTINIZAÇÃO DO CULTURAL 171
- Aplicações do conceito de rotinização 172
- As vias da rotinização 175
- As formas de resistência à rotinização 192

Parte IV · As políticas

CAPÍTULO 9 · A POLITIZAÇÃO DO "CULTURAL" 199
• Os indicadores de politização 199
• O trabalho de legitimação e suas controvérsias 208

CAPÍTULO 10 · OS TRÊS TEMPOS DA AÇÃO
POLÍTICA CULTURAL 221
• Capitalizar 222
• Proteger 231
• Valorizar 233
• Os tipos de valorização 234

Parte V · Os paradigmas

CAPÍTULO 11 · A CULTURA COMO "CAMPO" 241
• O processo histórico de autonomização do campo "cultural" 243
• Os agentes sociais e suas lógicas 247
• Debates 252

CAPÍTULO 12 · A CULTURA COMO MUNDO 265
• A dimensão simbólica dos mundos 266
• A dimensão praxiológica dos mundos 273
• Os "mundos" em discussão 277

CAPÍTULO 13 · A CULTURA COMO "MERCADO" 283
• Os atores sociais e suas lógicas 285
• A produção do valor 291
• Elementos para discussão 297

Conclusão 307
• Diferenças metodológicas, atitudes epistemológicas e posturas sociológicas 307
• Elementos de convergência teórica 309

Conclusão geral 313

Bibliografia 315

Glossário 330

Índice onomástico 333

Índice temático 338

Lista das siglas 342

Sobre os autores 343

Preâmbulo à terceira edição francesa

O estado atual dos trabalhos | A literatura sintética sobre a sociologia da cultura permanece muito escassa, como o constatávamos em 2003 e em 2008 (primeira e segunda edições francesas, respectivamente). Trata-se o mais das vezes de contribuições modestas ou limitadas integrando obras coletivas,[1] pequenos trabalhos de síntese num domínio específico.[2] Foram igualmente publicados anais de colóquios, com as limitações próprias do gênero.[3] Quando o manual de sociologia geral de Durand e Weil[4] dedicara ao assunto um capítulo, era já naquela altura para constatar judiciosamente a difícil edificação de uma sociologia da cultura. Quais eram as razões invocadas? Principalmente, a hegemonia da sociologia dos lazeres e do tempo livre (iniciada por Dumazedier e Friedmann nos anos 1950); também, uma forte dispersão disciplinar entre diferentes sociologias concorrentes: arte, literatura, esporte, cotidiano, sociabilidade, socialização, ciências, migração, interculturalidade e diversidade cultural etc. Não somente as fronteiras entre essas áreas são muitas vezes indefinidas, como também não parece possível chegar a qualquer tipo de unidade disciplinar, e os desconhecimentos recíprocos são inúmeros. Outra razão dada: a concorrência das ciências humanas que se interessam pelas artes e pela

---

1 | Por exemplo, Bruno Péquignot, "Sociologie de l'art et de la culture en France: un état des lieux", em: Jean-Michel Berthelot (org.), *La Sociologie française contemporaine*, Paris: PUF, 2003. 2. ed.

2 | Sobre as práticas, Philippe Coulangeon, *Sociologie des pratiques culturelles*, Paris: La Découverte, 2005; sobre as práticas e a política, Laurent Fleury, *Sociologia da cultura e das práticas culturais*, São Paulo: Senac, 2009.

3 | Olivier Donnat (org.), *Regards croisés sur les pratiques culturelles*, Paris: La Documentation française, 2003; Sylvia Girel (org.), *Sociologie de l'art et de la culture*: un état de la recherche, Paris: l'Harmattan, 2006; Pierre Le Queau (org.), *20 Ans de sociologie de l'art*: bilan et perspectives, Paris: l'Harmattan, 2007. 2 v.

4 | Jean-Pierre Durand e Robert Weil (org.), "Sociologie de la culture et du loisir", *Sociologie contemporaine*, Paris: Vigot, 1990, cap. 25, pp. 511-539.

cultura: filosofia, antropologia, história cultural, história da arte e, mais recentemente (anos 1980), economia. Esses limites – ou essas concorrências – explicam-se por uma problemática institucionalização acadêmica. A esta última, seria preciso juntar ainda pesquisas sobre os usos possíveis de um ensino em sociologia da cultura, cujas oportunidades e perfis profissionais pouco correspondem aos níveis teóricos exigidos. Neste domínio, mais do que alhures, os fenômenos de sobrequalificação e de desclassificação profissional se multiplicam: mesmo que sejam vivenciados como excepcionais ou qualificantes, os empregos na área da cultura são na realidade muitas vezes intermitentes e aleatórios, precários e mal remunerados, fracamente valorizados e desigualmente repartidos no território; em suma, raros estão à altura das esperanças dos candidatos.

O tratado de sociologia organizado por Boudon[5] contém um capítulo redigido por Bernard Valade, intitulado "Cultura", que abre espaço aos diferentes aspectos do fenômeno (filosófico, antropológico, sociológico), mas que reforça também a impressão de que se trata de um tema dificilmente controlável em sua totalidade. No fim das contas, o olhar especificamente sociológico não chega a se impor, e verifica-se que a antropologia leva muitas vezes a melhor. O manual de *Ciências sociais*[6] propõe igualmente um capítulo sobre a questão, mas seguindo um "mapa esquemático"[7] em seis partes (!), que mescla as abordagens antropológicas, a sociologia das práticas culturais no sentido dado pelo Ministério da Cultura francês, a sociologia da legitimidade de Bourdieu e Passeron, os problemas de globalização e de cultura de massa, os de multiculturalismo... Trata-se por certo de um memento,[8] mas que caracteriza com clareza a dificuldade que encontramos quando confrontados com este campo pouco institucionalizado: diversidade das perspectivas disciplinares, multiplicação das noções,

---

5 | Bernard Valade, "Cultura", em: Raymond Boudon (org.), *Tratado de sociologia*, Rio de Janeiro: Jorge Zahar, 1995.

6 | Alain Beitone, Christine Dollo et al., *Sciences sociales*, Paris: Dalloz-Sirey, 2007, 5. ed., cap. 19.

7 | No original em francês, *plan catalogue*. [N. T.]

8 | No original em francês, *aide-mémoire*, referência ao nome da coleção que o livro integra. [N. T.]

choque das teorias, contradição dos pontos de vista empíricos e, finalmente, uma certa impressão de colagem.

Os antropólogos parecem mais à vontade em relação ao assunto. Há mais de dez anos propõem pequenas obras de boa qualidade com objetivos sintéticos,[9] aos quais se juntam os manuais de antropologia nas coleções da PUF e da Armand Colin. Sua ótica está mais bem afirmada, a tal ponto que, tratando-se de apresentar brevemente a questão, as obras de sociologia se referem aos antropólogos.[10] É o mesmo caso dos livros didáticos da área de ES (Econômica e Social),[11] cujo programa dedica um capítulo à cultura e aos fenômenos de socialização; ou dos números especiais de revistas de divulgação científica;[12] ou ainda dos manuais de filosofia que remetem sistematicamente aos pais fundadores da antropologia anglo-saxã (Tylor, Boas, Malinowski, Radcliffe-Brown, Benedict e outros) e da antropologia estruturalista (Lévi-Strauss). O que escrevem os antropólogos? Como veremos no primeiro capítulo, eles enfatizam o caráter amplo, integrado e compósito da "cultura", compreendida como um todo (material e imaterial) do qual não se saberia isolar quaisquer elementos disparatados e especializados.

Há alguns anos, enfim, alguns autores oriundos da área acadêmica de informação/comunicação investem e renovam o campo.[13] Eles modificam as fronteiras acadêmicas e as divisões disciplinares ao destacar a globalização da difusão cultural e sua homogeneização, os *media* e as (N)TIC – (novas) tecnologias de informação e comunicação –, e se interessam particularmente

---

9 | Denys Cuche, *A noção de cultura nas ciências sociais*, Bauru: Edusc, 1999; Jean-Pierre Warnier, *A mundialização da cultura*, Bauru: Edusc, 2000.

10 | Cf. Gilles Ferréol e Jean-Pierre Noreck, "Cultura e estilos de vida", *Introdução à sociologia*, São Paulo: Ática, 2000.

11 | Trata-se de uma das divisões obrigatórias no Ensino Médio francês. [N. T.]

12 | Cf. *Sciences Humaines*, "Cultures. La Construction des identités", n. 110, nov. 2000.

13 | Philippe Le Guern (org.), *Les Cultes médiatiques: culture fan et œuvres cultes*, Rennes: PUR, 2002; a revista *Réseaux*; Armand Mattelart, *Diversidade cultural e mundialização*, São Paulo: Parábola, 2005; Jean-Pierre Esquenazi, *Sociologie des publics*, Paris: La Découverte, 2003; e, do mesmo autor, *Sociologie des oeuvres*, Paris: Armand Colin, 2007; Armand Mattelart e Erik Neveu, *Introdução aos estudos culturais*, São Paulo: Parábola, 2004; Philippe Breton e Serge Proulx, *L'Explosion de la communication à l'aube du XXIe siècle*, Paris: La Découverte, 2002, entre outros.

pela complexidade dos fenômenos de recepção. Sem ignorar a questão central da legitimidade, introduzem novas categorias – diversidade, exceção, globalização culturais etc. – recuperadas por alguns sociólogos.[14]

Espírito da obra | Como se vê, esta obra continua com a missão, antes de tudo, de preencher uma lacuna, a fim de responder à demanda de milhares de estudantes, acadêmicos e profissionais, mas também de amadores que se abrem ao estudo dos fenômenos culturais e desejam saber em que consiste um ponto de vista sociológico sobre a cultura. Esta obra se situa, todavia, entre as várias correntes apresentadas na Parte V e não pretende de modo algum oferecer um olhar que abranja tudo. Entretanto, os autores esforçaram-se em ser equânimes diante de todas as correntes teóricas e em restituir o maior número de trabalhos empíricos que nelas se inscrevem e ilustram sua concepção. Nosso objetivo é propor uma sociologia da cultura que constitua ao mesmo tempo o estado em que se apresenta a matéria e um programa: o primeiro deve permitir que se situem e comparem os trabalhos; o segundo deve oferecer um quadro de trabalho em que futuras pesquisas possam encontrar seu espaço próprio e em que peritos e profissionais possam desenvolver a reflexão sobre suas práticas e entregar-se à análise (reflexiva) de seus percursos.

Projeto | Equivale a confirmar a importância da sociologia da cultura, que começa a ocupar seu lugar nas universidades francesas e a afirmar-se como um campo disciplinar legítimo. Essa dimensão constitui a mola e o fio condutor da obra, segundo duas lógicas:

• *analítica*, que consiste em distinguir a sociologia das outras ciências humanas, tanto as sociais quanto as de informação-comunicação; a sociologia não desenvolve o mesmo discurso sobre a cultura, não utiliza as mesmas noções e paradigmas de referência, nem os mesmos métodos de investigação e de comprovação;

• *sintética*, que almeja (re)encontrar o menor denominador comum dos diferentes campos, determinar as preocupações e os métodos comuns entre sociologias do tempo livre, dos lazeres, da sociabilidade, das gerações, da cultura operária, da arte, da educação, do conhecimento, da religião etc.

14 | Laurent Fleury, *op. cit.*

Princípio geral da execução: uma cultura do objeto | Se, diferentemente de outras sociologias setoriais implantadas – e ao contrário das disciplinas vizinhas (história, antropologia, filosofia, economia, direito) –, a sociologia da cultura ainda não é plenamente reconhecida no meio universitário (é raramente mencionada), é em grande parte porque os acadêmicos não entram em acordo sobre sua definição, nem sobre seu objeto e tampouco sobre os métodos que permitem estudar suas manifestações. Eis por que, em vez de partir de um conceito ("a cultura"), incessantemente definido e redefinido em sua equivocidade, pareceu-nos sociologicamente mais pertinente partir dos "bens de cultura" disponíveis (objetos, artefatos, obras, tais como quadros, esculturas, peças musicais e teatrais, exposições, mas também os serviços que organizam a gestão, a difusão, os usos sociais etc.). "A cultura concerne aos objetos",[15] escreveu Hannah Arendt. Como ela, pensamos que "toda instituição cultural tem necessidade de se apoiar sobre uma cultura objetiva, sobre uma cultura de objetos".[16] O trabalho empreendido aqui vai consistir, em grande parte, de dotar de sentido a expressão "bens de cultura", a ponto de considerá-los "bens de salvação" no sentido weberiano. É fundando-se sobre objetos culturais, materiais ou não, que a sociologia da cultura vai poder desenvolver suas pesquisas, associando-os a seres, práticas, ideias, empregos mais ou menos duráveis e institucionalizados.

O processo de "objetivação" da cultura, justificado num plano teórico, corresponde também à realidade prático-econômica: o desenvolvimento das indústrias culturais induz a "mercantilização" e confirma que a cultura é antes de tudo uma questão de objetos[17] – de mercadorias, teria dito Marx. Alguns exemplos ilustram esse processo; a língua é objetivada nos e pelos dicionários e enciclopédias; as canções (folclóricas ou populares) são gravadas em suportes materiais (CD, fitas cassete); os rituais são associados a objetos, e até mesmo transformados em objetos, e seus símbolos, traduzidos em DVD, fitas cassete ou disquetes; as crenças ligam-se estreitamente com

---

15 | Hannah Arendt, *La Crise de la culture*, Paris: Gallimard, 1972, p. 266.
16 | Yvon Lamy, "Le Patrimoine culturel au regard des sciences sociales", *Les Papiers*, n. 9, primavera de 1992, p. 24.
17 | Jean-Pierre Warnier, *op. cit.*

a trama de romances, de ensaios e de livros etc. Não há representação que não se enraíze em alguma forma de materialidade; não há cultura que, sem se reduzir a elas, não assuma aparências sensíveis e não se apoie em uma pluralidade de suportes físicos. Produção e reprodução se emaranham estreitamente.

A cultura é uma questão de bens, em primeiro lugar, a partir dos quais se podem pensar as práticas, as profissões e as políticas.

Apresentação do plano | **Parte I** | Ao afirmar o caráter objetivo (ou objetal) da cultura, nossa intenção não é transformá-la numa realidade substancial: não se trata de encontrar uma essência dela ou, inversamente, de afirmar que, estando inscrita nos objetos, ela só saberia ser material. Nossa posição inspira-se em uma tradição teórica que qualifica de "culturais" as coisas, as atividades e as pessoas de um ponto de vista pragmático, desde que exista uma ação coletiva que os qualifique como tais (capítulos sobre "os mundos" e sobre "os campos"). De maneira alguma procura subsumi-las *a priori* sob o conceito de cultura. Descrever e compreender como coisas, atividades e pessoas são qualificadas de "culturais" consiste em analisar os processos e os mecanismos coletivos que lhes conferem uma especificidade e uma identidade próprias, e depois repertoriar os diversos efeitos sociais que deles provêm nas esferas política, econômica e simbólica. É nessa condição que tal campo pode se tornar um setor da sociologia tal como os outros.

Ao privilegiar, desde o século XIX, uma abordagem objetiva e empírica, as ciências sociais abriram o caminho (capítulo 1). Mas daremos um passo a mais (com certos autores) ao desenvolver dois eixos novos: de um lado, considerar o bem cultural não como uma coisa inerte, uma essência ideal ou um simples resultado, mas como um processo coletivo de qualificação (capítulo 2); do outro, considerar que este processo se desenrola como uma cadeia social que não apenas valoriza coletivamente o bem em pauta, como também multiplica e diversifica seus efeitos sociais (capítulo 3).

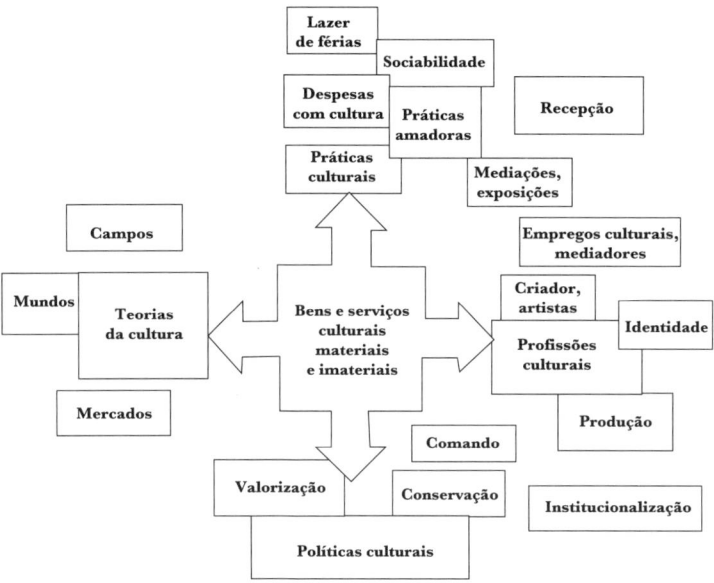

Figura 1. A cultura: antes de tudo uma questão de bens

Em vez de considerar a definição das coisas um problema resolvido – ou um problema a resolver num curto preâmbulo formal –, certa sociologia contemporânea prefere engajar-se num trabalho de descrição analítica da definição que está sendo feita, na medida em que isso mobiliza o coletivo, convoca saberes, se refere a valores e põe corpos em cena. A rigor, poderia bastar, segundo diz Everett Hughes, o trabalho que opera "o olhar sociológico".[18] Esta ótica foi retomada por grandes sociólogos da cultura, como Becker (capítulo 12), mas também como Bourdieu (capítulo 11), cuja sociologia se pretende sensível às questões de categorizações sociais e de classes, assim como aos efeitos da classificação. Até mesmo Moulin (capítulo 13), mais orientada para as descrições socioeconômicas do mercado da arte, pôde escrever:

[...] o relativismo sociológico (que representa um postulado de método) e o hiper-relativismo estético se interpelam e se respondem mutuamente. A volta, nos

---

18 | Everett Hughes, *The Sociological Eye*, Nova York: Transaction, 1971.

anos 1980, da palavra "arte" para designar essa sociologia que alargou seu campo de pesquisas bem além da cultura letrada significa, em primeiro lugar, que a ênfase é posta nos mecanismos sociais que intervêm na certificação e na hierarquização dos valores artísticos. Ao final de que processos – técnicos, estéticos, sociais e econômicos – o objeto se constitui em objeto de arte?[19]

Sendo assim, trata-se, de fato, de um recurso comum e contemporâneo, que pode ser considerado próprio para todos os paradigmas, embora em desacordo a respeito de outros domínios da análise sociológica.

De qualquer maneira, a vontade de fundar a sociologia da cultura sobre bens é sem dúvida a iniciativa que nos terá levado mais longe. Se a obra começa com eles, é porque comandam o "resto": as práticas, as profissões, as políticas, os paradigmas (cf. figura 1). No entanto, podemos aconselhar os leitores indispostos ou pouco dispostos, no que concerne à sociologia, a pular essa Parte I, que sem dúvida é a mais árdua, para só voltarem a ela *in fine*, se assim desejarem.

Parte II | Aborda a questão das "práticas" sob o espírito da Parte I. Essa vertente é muito mais bem explorada pelos sociólogos. As últimas sínteses sobre a sociologia da cultura, já o dissemos, tratavam principalmente desse aspecto.[20] De nosso lado, iremos nos interrogar em primeiro lugar sobre os protagonistas das pesquisas, identificando-os em sua trajetória e pondo em evidência seus "interesses de conhecimento" (no sentido habermasiano do olhar originário que sustenta o conhecimento), métodos e resultados empíricos. Esse pressuposto visa relativizar os pontos de vista adotados pelo Ministério[21] e, de modo mais geral, os das estatísticas públicas, que muitas vezes são impostos (a nós, sociólogos) como categorias do pensamento indiscutíveis, por meio de classificações sobre as quais não podem pairar dúvidas (capítulo 4). Ao contrário, importa mostrar que existem também outras instâncias de produção de conhecimento (pouco importa aqui que

---

19 | Raymonde Moulin, "Réflexions sur vingt années de sociologie de l'art", em: Pierre Le Quéau (org.), *op. cit.*, 2007, v. 1, p. 19.

20 | Olivier Donnat, *op. cit.*; Philippe Coulangeon, *op. cit.*; Laurent Fleury, *op. cit.*

21 | Exceto quando especificado de outra forma, a palavra "Ministério" refere-se sempre ao Ministério da Cultura francês (hoje Ministério da Cultura e da Comunicação). [N. T.]

sejam orientadas para a prática industrial) e propor um ponto de vista perspectivista que apresente as relações complexas entre os interesses de conhecimento, seus métodos de produção, resultados e usos.

Apenas num segundo momento serão apresentados os diversos avanços de pesquisas, distinguindo, ao mesmo tempo, as grandes opções metodológicas (capítulo 5). Enfim, será mostrado que é possível inscrever qualquer análise sociológica das práticas num quadro teórico (capítulo 6).

Parte III | Visa pôr em evidência o duplo movimento que comanda a dinâmica das profissões culturais a ponto de caracterizá-las: de um lado, todos os empregos são dirigidos pelo modelo do criador e pelo carisma que tende a projetar-se acima deles – a despeito da precariedade contratual e das condições de trabalho que frequentemente os afetam, extraem daí sua legitimidade e motivação vocacional; de outro lado, esses empregos específicos encontram-se ao mesmo tempo afetados pela "rotinização" econômica, gerencial, organizacional, educativa e política de suas práticas empíricas, a ponto de prejudicar a "pureza" da figura do artista (capítulos 7 e 8).

Parte IV | Se a arte e a cultura não implicam *a priori* questões de poder, elas estiveram sujeitas a uma "politização" progressiva e durável (pelo menos na França e em alguns países europeus). Esse processo tem uma história, cuja origem remonta ao Antigo Regime. Apresenta-se como uma realidade empírica flutuante e, tal qual sublinham juristas, encontra-se à procura de sua própria legitimação. Interessa-nos em especial o trabalho político de qualificação que transforma os fenômenos culturais (bens, serviços, práticas) em "missão de interesse público" e que impõe, mais que todas as instituições, seu poder simbólico próprio. Descrevemos o processo de politização do cultural, ao duplo nível do Estado central e das coletividades locais, sem perder de vista que os fundamentos de sua legitimação não estão jamais definitivamente adquiridos (capítulo 9).

O capítulo seguinte almeja construir uma tipologia das principais operações de politização. De fato, a ação política cultural constitui uma maneira de "tratar" os bens (selecioná-los, geri-los e valorizá-los), é uma "pragmática", uma teoria prática da ação e uma via escolhida para controlar seus efeitos. O Estado aparece aqui como "mestre de cultura", como em outras épocas pôde ostentar-se como "mestre de fé e de crenças" (*cujus regio, ejus religio*). Decide, em boa parte, o que é "cultural" para a sociedade e determina seu conteúdo por meio da oferta de bens e de serviços. É assim que, por intermédio de especialistas e de comissões *ad hoc*, designa os monumentos "históricos" dignos de figurar na classificação nacional, e, como tais, dignos de serem olhados, visitados, comemorados. À volta deles, organiza uma "economia" de grandes eventos, jornadas, festas, visitas, serviços. Executa, faz executar, designa, administra, difunde, reparte, distribui. A proliferação patrimonial, muito além do núcleo do monumento, é testemunha da força dinamizadora desse processo que abrange, a partir daí, os objetos aparentemente mais comuns ou mais obsoletos da vida cotidiana. Doravante, tudo é potencialmente digno de se colecionar, tudo pode se tornar patrimônio, tudo é sujeito à memorização no seio dessa imensa coleção nacional que é o patrimônio cultural público (capítulo 10).

Parte V | Os sociólogos da cultura inscrevem-se, implícita ou explicitamente, no interior de "paradigmas" para dar ao conjunto uma visão coerente. Utilizam termos especializados, convocam as noções de "mercado", "mundo", "campo", "configuração", referem-se a "esferas", "sítios", "quadros", "redes". Selecionamos três paradigmas frequentemente retomados nas pesquisas:

• o primeiro encara a cultura como um *campo* e identifica relações estruturais entre produtores, consumidores e bens, enfatizando a natureza conflituosa das relações sociais e a forte estratificação delas (capítulo 11);

• o segundo (capítulo 12) considera que a cultura é um *mundo* de atores reunidos por convenções (os bens estão incluídos no processo), inseridos em redes de cooperação;

• o terceiro (capítulo 13) concebe a cultura como um *mercado*, com um conjunto de atores racionais e articulados trabalhando pela redução da incerteza num domínio onde, por conta do seu objeto, ela é importante.[22]

Esse quadro de três plataformas não pretende dar conta de todas as produções teóricas, mas apresenta as mais notáveis, com base nas quais é sem dúvida possível situar as ausentes ou preencher as lacunas.

---

22 | Algumas das ideias referidas foram amplamente testadas pelos nossos estudantes de Bordeaux II, Bordeaux IV e Limoges, a quem agradecemos pela participação nesses dez anos.

PARTE I
OS BENS

CAPÍTULO 1

As origens de uma sociologia dos bens culturais

A PESQUISA SOBRE OS BENS CULTURAIS tem como fonte, em ordem cronológica, três tradições: a filosofia alemã dos séculos XVIII e XIX, a antropologia anglo-saxã dos séculos XIX e XX e os grandes sistemas explicativos da mesma época e da virada do século XIX para o XX (marxismo, positivismo).

A tradição intelectual alemã | É à tradição alemã que se deve o início da reflexão tanto sobre a ideia de cultura como norma coletiva quanto sobre o fato cultural como manifestação da vida nacional.

Língua e cultura | Ao conceberem o artifício de um contrato social fundador do político, a França e a Grã-Bretanha rompem, graças às suas revoluções nos séculos XVII e XVIII, todo laço "natural" com suas raízes históricas (medievais e cristãs) e étnicas (populares e campesinas). Na Alemanha, ao contrário, um bom número de escritores, juristas e filósofos dos séculos XVIII e XIX ligou a cultura alemã ao estudo das origens do povo germânico, enraizando-a em suas fundações histórico-étnicas, míticas e institucionais. Proclamaram em alto e bom som seus valores criativos e civilizadores, em que a língua – poética na origem – devia ser o vetor (daí a importância dos estudos de filologia românica na universidade alemã dos séculos XIX e XX). Uma dupla perspectiva direciona essa abordagem: a vinda à luz do "gênio" alemão originário, de seu *Volksgeist* (o espírito do seu povo) cunhado na matriz da língua; e a permanência da etnicidade alemã na história.

Poetas, escritores, juristas e filósofos contribuíram amplamente para estruturar essa posição comum. Goethe (1749-1832), Herder (1744-1803), Schiller (1759-1805), Fichte (1762-1814), Hölderlin (1770-1843), Hegel (1770-1831) e Schelling (1775-1854), todos partilham essa concepção de unidade do povo, de sua cultura e de sua língua. Consolidaram sua visão procedendo a um regresso genealógico rumo ao caráter originário do povo alemão. Ao recusar, em *Uma outra filosofia da história* (1774), a universalidade uniformizadora dos princípios abstratos e racionais caros ao Iluminismo, Herder estende a mão para Fichte, o qual, em seus 14 *Discursos à nação alemã* (de 13 de dezembro de 1807 a 20 de março de 1808), declara os direitos "naturais" do povo germânico a se pensar, a se querer "povo primordial, povo por excelência" e, por isso mesmo, a dirigir o mundo...

Por sua vez, Hegel sistematiza essa perspectiva e faz dela um eixo maior de sua filosofia da história dos povos, d'*A razão na história*. De fato, ele aviva em todos os povos um "espírito nacional peculiar" e o inscreve no movimento da história universal como um de seus momentos. Na época de sua plena realização, cada povo, consciente de si, assume uma figura peculiar do Absoluto em marcha na história. É, de fato, um "indivíduo que é um mundo".[1] É a língua que estrutura a visão específica desse "mundo", seus mitos e símbolos. Como poder de idealização e comunicação, ela transmite seus valores, como também seus recursos e suas potencialidades... Ao "divinizar" deste modo o "gênio" vernáculo próprio de qualquer povo, Hegel descobre o fio condutor inconsciente de gerações sucessivas, tecendo, tal como um indivíduo único estirado no tempo, um laço orgânico entre seus membros e suas ações, seu presente e seu passado. A língua é a matriz da cultura como expressão do espírito de um povo na diacronia. É ao mesmo tempo um elemento objetivo e uma forma pela qual uma civilização se desenrola no espaço de uma coletividade, se transmite de geração em geração e se transforma em seus fins.

No início do século XX, em *Ensaios sobre a teoria da ciência*, o sociólogo Max Weber herda apenas parcialmente essa concepção hegeliana do *Volksgeist*, pois toma o cuidado de relativizá-la, recolocando-a na história empírica dos povos. Recusa assim a visão hegeliana de uma marcha inexorável que revelará o Absoluto na história e privilegiará o aporte civilizador de certos povos mais "geniais" que outros e "destinados" a dominá-los. Weber, ao contrário, vê no *Volksgeist* algo bem diferente; desvenda aí apenas o fundamento real do conjunto das manifestações culturais emanadas de um povo.

Esta concepção empírica tornou-se, desde então, comum a muitas disciplinas e a várias abordagens em ciências sociais. Espalhou-se nas sociedades ocidentais: a língua decerto continua a ser considerada o fundamento espiritual da cultura, mas isso porque a cultura, por sua vez, constitui o

---

1 | Hegel, *Phénoménologie de l'esprit*, Paris: Aubier, 1939-1941, v. 1, p. 315.

princípio de organização da vida em sociedade. Defendida desde então como causa nacional por todas as políticas culturais, a língua é o que se transmite na escola como instrumento comum de comunicação e troca, como suporte de todas as outras transmissões e como alicerce de todas as produções literárias e poéticas, artísticas e científicas. Assim, graças a ela e por sua mediação, a cultura e a criação artística dirigiriam a vida espiritual de cada povo. Como mostraram os etnólogos, é dentro da língua e por ela que se afirmam a singularidade cultural e a criatividade simbólica de cada povo. Hoje, essa concepção expressa-se tanto na política defensiva das "áreas francófonas" dispersas pelo mundo quanto na política protetora de uma "exceção cultural" francesa no seio de um mundo europeu, destinada a enfrentar o monopólio anunciado das produções culturais oriundas do mundo anglo-americano (aquelas em língua inglesa, precisamente).

As "ciências da cultura" | *A fundação das "ciências da cultura"* | A sociologia alemã emergiu no fim do século XIX no centro do debate epistemológico entre as "ciências da natureza" e as "ciências da cultura", debate designado como a "disputa dos métodos" entre as duas ordens de ciências. Ela se expressou no seio do espaço das ciências morais e culturais centradas no indivíduo e em sua historicidade, oposto ao das ciências físicas e naturais, centradas nos fenômenos mecânicos, químicos, fisiológicos e biológicos. Enquanto as ciências físicas e naturais exigiam uma pesquisa explicativa sobre o encadeamento das causas e dos efeitos, uma busca pelas leis e pelas relações necessárias que regem seus fenômenos, as ciências morais e culturais deveriam desenvolver uma ampla abordagem das intenções que estão no princípio dos comportamentos humanos e que dão suas significações às ações individuais e a suas interdependências nos grupos.

Além disso, a pluridisciplinaridade aproximava a nascente sociologia, a história e a economia, embora no seio de cada disciplina o debate já opusesse, de um lado, os partidários de uma perspectiva "positivista" e "descritiva" dos fenômenos culturais como fenômenos objetivos e, de outro, os partidários de outra perspectiva, "comparativa" e "normativa", centrada sobre a diversidade, a relatividade, o contraste e a simbologia dos fatos morais e culturais.

Wilhelm Dilthey (1833-1911) buscou fundar as ciências morais da cultura ou do espírito pela hermenêutica, entendida como interpretação dos "tex-

tos" (sagrados), dos "rastros", das expressões ou das manifestações do espírito. Propõe uma concepção em dois níveis:
• existem bens materiais que são testemunhos do passado; representam seus rastros e são as produções culturais que chegam até nós;
• esses bens têm um significado, e a ciência da cultura é a ciência da sua decifração.

Nessa tradição, a pesquisa deveria se debruçar sobre um "espírito", um "sentido", mais que sobre a caracterização de certos bens (as obras de arte, por exemplo). Estes só aparecem como "sintomas" ou representantes de tal espírito. Assim, a cultura resultava de um trabalho de interpretação.

> Como se manifesta o *espírito humano*? Por pedras, música, gestos, palavras, escrita, ações, acordos econômicos, e pede sempre para ser interpretado [...] Chamamos de interpretação ou exegese a arte de compreender as *manifestações vitais fixadas de maneiras duráveis*. A arte de compreender gravita em torno da interpretação dos *testemunhos humanos* conservados pela escrita.[2]

Essa fundação das "ciências morais", do "espírito" (*Geistwissenschaft*) ou das "ciências da cultura" (*Kulturwissenschaft*), conforme as nomenclaturas, inscreve-se na tradição filosófica como um trabalho de interpretação das manifestações objetivadas e reificadas da cultura. Esta se cristaliza nos rastros que a trazem e a revelam, enquanto é subjetivada no trabalho de (re)descoberta do sentido desses rastros. E mais, em toda nação, a cultura ocupa um lugar excepcional porque seu significado se edifica sobre o cruzamento de procedimentos objetivos e subjetivos. A cultura organiza a relação dialética entre o objeto que a objetiva e o sujeito que a subjetiva. Propõe sua superação e, ao lado do trabalho especializado da pesquisa científica e dos seus usos tecnológicos, o aspecto criador da cultura – em todos os sentidos do termo – afirma-se como o núcleo fundador da vida social.

Os historiadores da arte e da cultura puderam fazer amplo uso das contribuições desta tradição interpretativa. Alguns nomes se destacam:
• Aby Warburg (1886-1929) empreendeu pesquisas iconográficas para alcançar o conteúdo cultural da obra de arte. Para Warburg, trata-se de com-

---

[2] | Wilhelm Dilthey, "Origines et développement de l'herméneutique", *Le Monde de l'esprit*, Paris: Aubier, 1947, t. 1, pp. 321-322.

preender as formas de expressão humana por meio de suas manifestações artísticas e também rituais;[3]

• Ernst Cassirer (1874-1968) estuda as formas simbólicas e as transferências de forma. Os objetos só têm significado para nós porque essas formas simbólicas nos servem de mediação para ter acesso a eles;[4]

• Erwin Panofsky (1892-1968) considera que as artes visuais constituem uma parte de um universo de cultura no qual o conjunto dos signos se correspondem. A obra de arte é um sintoma cultural entre outros;[5]

• Pierre Francastel (1900-1970) visou reintroduzir a obra de arte no quadro dos grupos sociais que a produzem. Ela não é o resultado de uma evolução autônoma, mas pertence à história geral das ideias e deve ser recolocada no quadro da história cultural.[6] Francastel desempenhou posteriormente um papel importante ao se tornar o primeiro professor a ocupar a cadeira de sociologia das artes na École Pratique des Hautes Études na França, e sua influência foi decisiva sobre certos sociólogos.[7]

Weber e a fundação da sociologia compreensiva | Max Weber (1864--1920) sempre considerou a sociologia uma interrogação sobre a cultura como "cosmos de sentido", entendida como complexo religioso, político, econômico, jurídico, educativo, estético... Seu objetivo é caracterizar nossa cultura moderna e o "tipo de homem" que lhe corresponde, entendido como produto e manifestação dessa cultura.[8] Trata-se, para ele, de "compreender" em sua especificidade a realidade que nos cerca, "o significado cultural de suas diversas manifestações em sua configuração atual".[9] Na concepção weberiana, as ideias, as crenças religiosas e os valores éticos são

---

3 | Cf. Georges Didi-Huberman, *L'Image survivante: histoire de l'art et temps des fantômes selon Aby Warburg*, Paris: Minuit, 2002.

4 | Ernst Cassirer, *A filosofia das formas simbólicas*, São Paulo: Martins Fontes, 2001.

5 | Erwin Panofsky, *Perspective as Symbolic Form*, Cambridge: Zone Books, 1927; e também *Gothic Architecture and Scholasticism*, Nova York: Meridian, 1951.

6 | Ver, de Pierre Francastel, *Peinture et société*, Paris/Lyon: Audin, 1951; *Art et technique aux XIX e XX siècles*, Paris: Minuit, 1956; *Études de sociologie de l'art*, Paris: Denoël, 1970

7 | Por exemplo, Jean Duvignaud, autor de *Sociologia da arte*, Rio de Janeiro: Forense, 1970.

8 | Wilhelm Hennis, *La Problématique de Max Weber*, Paris: PUF, 1996.

9 | Catherine Colliot-Thélène, *Max Weber et l'Histoire*, Paris: PUF, 1990, p. 15.

centrais. A atividade do homem (econômica, política etc.) é orientada por um "estado de espírito". Por certo, as bases materiais permitem contextualizar o conjunto, até mesmo traduzi-lo, mas a cultura permanece antes de tudo um princípio espiritual e normativo a desvendar e a revelar em todos os povos.

A guinada descritiva da antropologia anglo-saxã | A abordagem empírica | A antropologia do século XIX conserva no início a expressão de "ciência da cultura" herdada do pensamento alemão. Porém, e eis toda a diferença, procura abordá-la sob um prisma puramente descritivo. Animada pela vontade de levantar no próprio campo os elementos "concretos" da cultura na diversidade de suas manifestações, classificou-os em três domínios: os fatos de língua (signos e símbolos), o mundo das ideias (crenças e mitos) e as práticas (instituições, sistemas de regulação do parentesco, a troca de bens, ritos e rituais, sistemas de poder). A partir daí, a cultura não poderia mais ser concebida como uma estrutura lógica ou uma ideia filosófica. É analisada como uma categoria regulando um conjunto de práticas e de representações e oferecendo conteúdos regulares, objetivamente observáveis e cientificamente descritíveis.

Eis como os "bens culturais" aparecem sucessivamente como materiais (vestuário, objetos, por exemplo), corporais (hábitos de comportamento, posturas do corpo) e imateriais (linguagens, crenças, costumes, valores, princípios etc.). Em outras palavras, são fragmentos interdependentes de cultura que tendem a se unificar em um sistema social integrador. Essa concepção antropológica destaca os conteúdos empíricos de que os aspectos espirituais ou imateriais fazem parte; opta por um intento descritivo e objetivo, relativamente afastado, pelo menos na intenção, de todo juízo de valor que hierarquize a diversidade das culturas, sua capacidade expressiva, seu grau de maturidade, seu progresso científico, seu avanço artístico. Realça a dimensão herdada e adquirida, socializada e transmitida da cultura.

Ao optar por uma concepção empírica que recusa qualquer escala *a priori* das diversas culturas, a antropologia abriu uma trilha de pesquisa que rompeu com as ciências filosóficas alemãs e sua concepção orgânica de povo originário, sua aproximação hierárquica e normativa da cultura. Recusa a primazia deferida ao povo germânico sobre os outros pela *Kulturwissen-*

schaft, do mesmo modo que afasta a visão hegeliana de uma Razão divina atuando no seio das diferentes sociedades e distribuindo-as na história. Então, o que os antropólogos nomeiam "cultura" não é mais dissociável dos bens culturais – sejam materiais, ou imateriais e conceituais –, cujas listagem e enumeração empírica (por definição jamais finalizadas) são estabelecidas com vista a unificar provisoriamente um domínio relativo, diverso e mutante. A perspectiva descritiva, plural e restituidora leva vantagem nesse caso sobre a perspectiva conceitual, unitária e hermenêutica. A abordagem antropológica da cultura é fundamentada na observação e na descrição da originalidade dos objetos, da especificidade das práticas, da particularidade das instituições, tais como os grupos as põem em prática ou, mais simplesmente, as vivem. A cultura é então o próprio fato constitutivo das sociedades, aquilo que, diferenciando-as, as torna visíveis e ativas, e aquilo que, pelas suas transformações internas, as historiciza.

Sir Edward Burnett Tylor (1832-1917), titular da primeira cadeira de antropologia na universidade de Oxford em 1883, autor em 1871 da obra pioneira *Primitive culture*, propõe uma abordagem empírica da "ciência da cultura" – sem ter ido a campo – que rompe com a concepção normativa da *Kulturwissenschaft* citada acima, enumerando os bens materiais, espirituais e corporais que a compõem: "O todo complexo que compreende o conhecimento, as crenças, a arte, a moral, o direito, os costumes e as outras capacidades ou hábitos, adquiridos pelo homem enquanto membro da sociedade".[10]

Esta definição enumerativa impõe-se hoje entre os antropólogos e os sociólogos. Permite pesquisar sobre bases objetivas que possibilitam falar em "bens culturais" mais do que em "cultura". É encontrada sob outra forma em Marcel Mauss (1872-1950) quando este postula a existência do "fato social total", integrando nele dimensões psicológicas (cultura psíquica), fisiológica (cultura corporal) e social (cultura de grupo).[11]

Atualmente, os antropólogos distinguem-se entre aqueles que enfatizam uma de três dimensões empíricas da cultura:

---

10 | *Apud* Denys Cuche, *La Notion de culture dans les sciences sociales*, Paris: La Découverte, 1996, p. 17.

11 | Marcel Mauss, *Sociologie et anthropologie*, Paris: PUF, 1985, pp. 281-310. (1. ed.: 1950).

• a dimensão *material* leva em conta os objetos técnicos ou artísticos, as construções e arquiteturas, em suma, todas as estruturas morfológicas das sociedades e todos os objetos que as acompanham. Tal concepção é bem representada nos museus etnográficos: expõem-se neles todas as produções materiais (serão as únicas passíveis de exposição?) em sua gênese histórica e em seu contexto "cultural" de aplicação. Os bens são apresentados como suportes de ações rituais, mágicas, religiosas, guerreiras, de caça, amorosas, ligadas ao trabalho, às posturas e à alimentação... Pela imaginação ou pela interpretação, consegue-se conceber como eles eram ativados para, de alguma maneira, "fazer funcionar" a cultura nos grupos sociais. Aqui, o etnógrafo se aproxima do viés dedutivo do arqueólogo;[12]

• a dimensão *ideacional* concerne aos símbolos, aos mitos, às crenças e às representações. Alguns veem em Mauss um dos iniciadores da pesquisa sistemática sobre a dimensão simbólica da cultura.[13] Afinal, não escrevia ele que "só se pode comunicar entre homens por símbolos, signos comuns. Uma das características do fato social é seu aspecto simbólico. Este impõe-se, pois é possível vê-lo, senti-lo e ouvi-lo"?[14] Claude Lévi-Strauss, que foi de certa maneira seu herdeiro, tem por sua vez destacado o segundo aspecto: ele evoca a "eficácia simbólica" da cura xamânica[15] ou escreve que "todos os objetos são impregnados de significado".[16] Seus trabalhos sobre as mitologias comparadas desenvolvem a via da interpretação simbólica ao pôr em evidência os efeitos práticos dos mitos na vida das sociedades que deles se nutrem.

• a dimensão *corporal*, enfim, remete às regras de higiene de vida e às "técnicas do corpo". É a Mauss ainda que se atribui a ênfase particular na dimensão corporal da cultura e nos mecanismos de "incorporação".[17] O texto programático "As técnicas do corpo" influenciou numerosos pesquisadores[18] por ter iniciado uma pesquisa sobre "a razão prática coletiva e in-

---

12 | Marie-Pierre Julien e Céline Rosselin, *La Culture matérielle*, Paris: La Découverte, 2005.

13 | Camille Tarot, *L'Invention du symbolique*, Paris: La Découverte, 1999.

14 | Marcel Mauss, *op. cit.*, 1985, p. 294.

15 | Claude Lévi-Strauss, *Anthropologie structurale*, Paris: Plon, 1958.

16 | Claude Lévi-Strauss, *Anthropologie structurale II*, Paris: Plon, 1996, p. 19. (1. ed.: 1973).

17 | Marcel Mauss, "Les Techniques du corps", *op. cit*, 1985, pp. 365-386.

18 | Entre eles, Pierre Bourdieu, *Esquisse d'une théorie de la pratique*, Paris: Seuil, 2000 (1. ed.:

dividual". As técnicas do corpo (a caminhada, o nado, a criação das crianças etc.) são "atos tradicionais eficazes" e adquiridos. O corpo não é de modo algum um objeto "natural". Basta observá-lo em ação para compreender que é (um bem) cultural pleno, a partir do qual se pode interpretar fatos, gestos, usos[19] e até mesmo afiliações de grupo.

Assim, a perspectiva antropológica designa como "cultural" aquilo que apresenta um conteúdo significativo para uma sociedade e que exige uma interpretação partilhada. Nesse sentido, trata-se de fato de uma "ciência da cultura", não no sentido da ciência filosófica à maneira "alemã", mas no sentido de uma ciência deliberadamente empírica, orientada para a multiplicidade de conteúdos e interpretações.

Enfim, a questão da cultura suscitou sucessivamente duas respostas diferentes que se revelam, no final das contas, complementares:
• a primeira, filosófica, herdada da tradição alemã dos séculos XVIII e XIX, desenrolou-se numa dimensão conceitual e normativa. Erigiu o povo e a língua alemã em normas de julgamento de valor e de hierarquia em relação a outras culturas. No fim do século XIX, foi radicalmente posta em xeque pela sociologia empírica, compreensiva e interpretativa, a qual fez da cultura um sistema de sentido singular. Se toda cultura se manifesta por meio de provas objetivas (como a língua) no seio de uma nação designada, ela precisa da intenção significante e prática dos atores para existir (Tönnies, Simmel, Weber);
• a segunda, iniciada pela antropologia anglo-saxã do século XIX, é estritamente empírica, descritiva e de inspiração relativista. Procura descobrir os significados dos objetos (materiais e ideacionais) de determinada cultura (de um povo, de uma nação, de um grupo) ligando-os a suas funções, seus usos, suas afiliações, assim como às práticas que os fazem operar na vida social. Ela tende a identificar cultura e sociedade, sociedade e nação.

A perspectiva dinâmica | Os antropólogos têm rapidamente desenvolvido, além disso, uma reflexão sobre a dinâmica dos bens de cultura,

---

1972), e *Razões práticas*, Campinas: Papirus, 1996; Erving Goffman, *Stigmate: les usages sociaux des handicaps*, Paris: Minuit, 1975 (1. ed. norte-americana: 1963); e Jean-Pierre Warnier, *Construire la Culture matérielle*, Paris: PUF, 1999.

19 | Cf. Luc Boltanski, "Les Usages sociaux du corps", *Annales ESC*, n. 1, 1971, pp. 205-233.

intimamente ligada à reflexão sobre os conteúdos desses bens: o elemento cultural é ao mesmo tempo o que é transmitido e a própria transmissão, a ponto de alguns verem no segundo termo o objeto principal das ciências sociais. A forma da troca conta, em termos sociais, tanto quanto os próprios bens que constituem suas condições, seus suportes ou seus pretextos:

• a troca cultural começa com a socialização e a educação, a transmissão de saberes e de princípios pelos gestos e pelas palavras. A ponto de certos antropólogos (por exemplo, os oriundos da tradição culturalista norte-americana) qualificarem de "cultural" tudo o que é herdado, adquirido e transmitido;

• prossegue depois pelo *medium* da língua ou de objetos culturais que se difundem e se transformam. Os bens culturais mesclam-se, mestiçam-se. Fala-se em aculturação;

• esta troca está na raiz dos bens culturais amplamente ideacionais; Durkheim (1858-1917) e Mauss mostraram que as ações sociais (rituais, rezas, sacrifícios, magia, liturgias, festas) dotam automaticamente os objetos de sentido. O conteúdo cultural (ou simbólico) dos bens é constantemente reanimado pela atividade social que os põe em cena. Desse ponto de vista, e contrariamente a algumas ideias preconcebidas, a "patrimonialização" e a "museificação" não são a condenação à morte dos bens culturais, pois, ao serem extraídos de seu contexto, eles são reintroduzidos em outros regimes de conhecimento e de troca.

A relação dos bens com seu contexto | Uma vez que a cultura foi identificada como um conjunto de "bens" significativos, tanto materiais quanto ideacionais, os teóricos confrontaram-se com a questão das relações desses bens com os outros elementos da sociedade. Alguns consideraram que a cultura era autônoma, afastada de toda determinação social, política, econômica. Outros destacaram, ao contrário, a heteronomia radical da cultura.

A autonomia: o exemplo do formalismo na história da arte | Como mostra Jimenez,[20] filósofos colocam sempre o problema da autonomia e da heteronomia das formas culturais. Certos historiadores da arte têm, por

---

20 | Marc Jimenez, *Qu'est-ce que l' Esthétique?*, Paris: Gallimard, 1999.

sua vez, procurado dissociar radicalmente as produções artísticas de seu contexto de produção sócio-histórica, considerando que requeriam uma análise interna, afastada de qualquer relação com as outras ordens sociais (econômica, política, científica, religiosa):

• Joachim Winckelmann (1717-1768), hoje considerado o fundador da história da arte moderna, operou classificações por estilos característicos distribuindo-os segundo as épocas.[21] Ambicionava reencontrar a essência da arte em sua abordagem genética dos estilos e das formas. Com ele, nasceu uma tradição que considerou a arte um objeto em si;

• Heinrich Wölfflin (1864-1945) inscreve-se nessa tendência como fundador da leitura formalista da arte. Seu questionamento se direciona para a definição de um estilo em si e a busca de sua lei organizadora.[22] A história da arte deve, segundo ele, se contentar com a história das formas, dos procedimentos, das técnicas. Wölfflin excluiu o estudo dos sujeitos ou dos motivos que remetessem aos contextos sociais ou ideológicos. Construiu tipologias formais, revelando oposições quase universais: linear/pictórico, fechado/aberto, plano/profundidade, multiplicidade/unidade, clareza/obscuridade, sem recorrer a forças externas ou determinações sociais, o que constituía seu objetivo.

A heteronomia radical | Inversamente, uma forte corrente do pensamento desenvolveu a tese da determinação dos elementos culturais – materiais ou ideacionais – pelo contexto social, reduzindo-os por vezes a suas emanações. Essa tendência, hoje considerada excessiva, marcou, todavia, a abordagem sociológica da cultura em seu princípio e a justifica.

O positivismo | Taine (1828-1893) influenciou muitos pensadores em razão de seu período de ensino na ENSBA (Escola Nacional Superior de Belas-Artes). Inspirado pelo positivismo e pelas ciências naturais, procurava classificar as obras e determinar suas "causas": "O método moderno que experimento seguir e que começa a introduzir-se em todas as ciências mo-

---

21 | Joachim Winckelmann, *L' Histoire de l'art chez les anciens*, Paris: Saillant, 1766. (1. ed. holandesa: 1764).

22 | Heinrich Wölfflin, *Principes fondamentaux de l'histoire de l'art*, Paris: Gérard Monfort, 1992. (1. ed. alemã: 1915).

rais consiste em considerar as obras humanas como fatos e produtos, dos quais se deve observar as características e procurar as causas".²³

Ele queria pôr em evidência as múltiplas relações entre a arte e seu meio (solo, clima, raça, cultura, momento). Entretanto, se designa ou sublinha relações entre elementos distintos, ele pensa a natureza dessas relações apenas em termos de encadeamento causal: "Poder-se-ia dizer que neste país [Holanda] a água *faz* a grama, que faz o gado, que *faz* o queijo, a manteiga e a carne, que, junto com a cerveja, *fazem* o habitante".²⁴

O melhor a fazer é segui-lo em alguns desenvolvimentos estritamente positivistas para se dar conta do registro epistemológico (bastante ultrapassado) desse autor clássico:

> É preciso imaginar com exatidão o estado geral do espírito e dos costumes do tempo ao qual os artistas pertenciam [...]. Aí se encontra a explicação primeira, aí reside a causa primitiva que determina o resto. Se supusermos que se consiga definir a natureza e assinalar as condições de existência de cada arte, teríamos uma explicação completa de cada arte, o que se costuma chamar de estética. Essa estética moderna, não dogmática ou normativa, não está aí para guiar; ela parte dos fatos, constata leis [...]. É preciso estudar a lei da produção da obra de arte: a obra de arte é determinada por um conjunto que é o estado geral do espírito e dos costumes vigentes [...] uma temperatura moral.²⁵

No mesmo estado de espírito, não é inútil reler certas passagens de Alexis de Tocqueville (1805-1859), considerado por Aron²⁶ um "precursor" da sociologia. Ele tinha uma representação muito simplista da relação entre as formas simbólicas e os regimes políticos, que não dava margem a invejar, no seu modo peculiar, o puro materialismo:

---

23 | *Apud* Lyne Thérien, *L'Histoire de l'art en France: genèse d'une discipline universitaire*, Paris: CTHS, 1998, p. 103.

24 | *Idem*, p. 107.

25 | Hippolyte Taine, *Philosophie de l'art*, Paris: Hachette, 22 ed., t. 1, pp. 7, 11-12, 49, 55. (1. ed.: 1865)

26 | Raymond Aron, *As etapas do pensamento sociológico*, São Paulo/Brasília: Martins Fontes/UnB, 1982.

Se percebo que [em um país – no caso, os Estados Unidos] os produtos das artes são de modo geral imperfeitos, em grande número e de preço baixo, tenho certeza de que, entre o povo em que isso se passa, os privilégios se enfraquecem e as classes começam a se misturar e irão logo se confundir [...] A democracia leva os homens a criar obras diminutas, mas também a erguer um pequeno número de grandes monumentos [...]. Os povos democráticos necessitam de emoções vivas e rápidas, de claridades repentinas, pois estão habituados a uma existência prática, monótona. A forma encontra-se aí desprezada e negligenciada [...]. A literatura de uma nação está sempre *subordinada* a seu estado social e a sua constituição política [...]. *As relações* que existem entre o estado social e político de um povo e o gênio dos seus escritores são sempre muito numerosas; quem conhece um jamais ignora completamente o outro [...] Se quiserem estudar a literatura de um povo que se volta para a democracia, estudem o seu teatro [...]. O teatro é a *arte democrática* por excelência, que não necessita nem de educação nem de preparação para ser sentida. Os gostos e os instintos naturais dos povos democráticos, no que diz respeito à literatura, se *manifestam* primeiro no teatro. O teatro põe em relevo a maior parte das qualidades e quase todos os vícios inerentes às *literaturas democráticas*.[27]

O materialismo econômico | Em comparação com essas análises positivistas e deterministas, o materialismo marxista aparece palidamente, antes de tudo porque nem Marx (1818-1883) nem Engels (1820-1895) desenvolveram verdadeiramente a questão da relação entre os bens culturais e a sociedade, exceto talvez em alguns textos não publicados em vida. Assim, em *A ideologia alemã* (redigido em 1845) e *Manuscritos econômico-filosóficos*, chamados de "Manuscritos de 1844", os autores distinguem a economia material das superestruturas ideais (religião, direito, arte, filosofia, ciência, ideologia etc.). Não se trata, para eles, de dizer que os elementos materiais da cultura prevalecem sobre os elementos simbólicos, mas de considerar que a cultura está no âmbito de um vasto conjunto simbólico, isto é, do mundo das representações, que depende diretamente das condições materiais de existência e de organização econômica.[28] Nesta teoria (ela própria,

---

27 | Alexis de Tocqueville, *De la Démocratie en Amérique*, Paris: Flammarion, 1981, t. 2, pp. 64, 67, 74-75, 101-102. (1. ed.: 1840).

28 | Isabelle Garo, *Marx, Une Critique de la philosophie*, Paris: Seuil, 2000.

por sua vez, uma representação simbólica?), os fenômenos culturais remetem essencialmente a ideias, valores, símbolos, os quais devem ser compreendidos e relacionados a condições materiais e objetivas de produção:

> A maneira de imaginar e pensar o comércio intelectual entre os homens aparece como emanação direta de sua conduta material [...] Acontece o mesmo com a produção intelectual que se manifesta na linguagem da política, das leis, da moral, da religião, da metafísica etc. de um povo. Não se parte aqui do que os homens dizem, se imaginam, se representam, nem do que se diz, pensa, imagina e se representa sobre eles. [...] É a partir de homens realmente ativos e do seu processo de vida real que se expõe o desenvolvimento dos reflexos e dos ecos ideológicos desse processo [...] A moral, a religião, a metafísica e todo o resto da ideologia [...] conservam apenas uma aparência de independência [...]. Não é a consciência que determina a vida, é a vida que determina a consciência.[29]

A "cultura" entendida como expressão (simbólica) é, pois, determinada pelo tipo de regime econômico, pelas relações de dominação e de exploração oriundas da divisão social do trabalho. Manifesta-se pelo viés de fenômenos de "fetichização" ou de "alienação", de "reificação" ou de "mercantilização". O que é singularmente inovador nesta abordagem não é tanto a caracterização da cultura – sempre assimilada, na tradição idealista, a superestruturas ideacionais, a manifestações ideológicas e imateriais –, mas, sim, a ideia de que essas manifestações podem ser "explicadas" relacionando-as a bases materiais e econômicas e a condições de vida: uma "ciência da realidade" (na expressão usada pelos autores) tornava-se a condição para atingir uma "ciência da cultura" (denominação que seria cunhada mais tarde).

A representação de uma sociedade dividida entre uma infraestrutura material e uma superestrutura ideacional encontra-se no trabalho de diferentes autores importantes: Karl Mannheim (1893-1947) e sua sociologia do conhecimento, ou ainda Ernst Troeltsch (1865-1923), que traduziu de outra forma essa divisão entre idealismo e materialismo em sua sociologia da religião.

---

29 | Karl Marx e Friedrich Engels, *L'Idéologie allemande: conception matérialiste et critique du monde*, Paris: Gallimard, 1982, pp. 1 056-1 057.

A heteronomia relativa | Ao lado das abordagens deterministas, muitos autores tentaram elaborar um via mediana, qualificada por alguns de "relativismo cultural". Ela privilegia o ponto de vista simbólico, que possui uma grande fecundidade heurística, mas jamais afirma que ele é predominante.

A escola histórica alemã tornou-se amplamente conhecida dentro dessa corrente. Sejam Ranke (1795-1886, seu mais ilustre representante e, por outro lado, jovem colega de Hegel em Berlim), Droysen (1808-1884, aluno de Hegel) ou Roscher (1817-1894, especialista em história econômica, estrito contemporâneo de Marx), sejam os especialistas da história cultural, como o suíço Jacob Burkhardt (1818-1897), todos visavam esclarecer as produções culturais pelas suas relações com outras esferas (política, econômica, religiosa) sem excluir nenhuma, multiplicando os pontos de vista.

Weber foi influenciado ao mesmo tempo pelo materialismo e pela escola histórica. Sua obra pode ser lida como uma tentativa de alterar o ponto de vista materialista e demonstrar que a cultura, as formas e os bens simbólicos (religiosos) e os princípios éticos tinham também uma influência decisiva sobre a "realidade" social. A vida em sociedade é fundamentalmente significativa, remete sempre ao sentido e, de uma maneira ou de outra, encontra-se guiada por valores. Por isso, a sociologia da cultura não pode ignorar a influência estruturante dos efeitos de sentido. Weber aplicava-se a determinar as mediações entre os elementos materiais e espirituais, enquanto o marxismo tendia mais a separá-los ou a reduzi-los a uma relação imediata. Em Weber, a religião é tanto uma prática ascética (rituais, exercícios de corpo, disciplina) quanto uma representação ideativa (crenças, dogmas, princípios). Simetricamente, o econômico é ao mesmo tempo um "espírito" e uma ética, a articulação das práticas e das representações.

Na França, alguns autores, outrora próximos a Durkheim, também mostraram que a via determinista era demasiado simplista e preferiram enfatizar o entrelaçamento das influências entre as produções culturais e os ambientes sociais. Charles Lalo (1877-1953), encarregado pela equipe da *L'Année Sociologique* de desenvolver a "sociologia estética", destacava as influências recíprocas entre a arte e a sociedade.[30] Foi retomado por autores como Bas-

---

30 | Charles Lalo, *L' Art et la vie sociale*, Paris: G. Doin, 1921.

tide,[31] Duvignaud[32] ou, ainda, Péquignot, que continua a valer-se dele para perseverar na via de uma sociologia das obras.[33] De modo mais geral, todos os sociólogos da arte e da cultura recorrem a essa forma de abordagem sob títulos diversos.

---

31 | Roger Bastide, *Art et société*, Paris: L'Harmattan, 1997. (1. ed.: 1977.)

32 | Jean Duvignaud, *Sociologie de l'art*, Paris: PUF, 1967.

33 | Bruno Péquignot, *Pour une Sociologie esthétique*, Paris: L'Harmattan, 1993; e, ainda, do mesmo autor, *La Question des oeuvres en sociologie des arts et de la culture*, Paris: L'Harmattan, 2007.

CAPÍTULO 2

A QUALIFICAÇÃO "CULTURAL"

ATÉ AQUI, MOSTRAMOS QUE EXISTIA uma pluralidade de vias de acesso à questão cultural: a filosofia alemã insiste sobre seu aspecto ideativo; a antropologia anglo-saxã privilegia a abordagem descritiva de seus elementos materiais e simbólicos; a sociologia nascente interroga-se sobre os diversos tipos de relação que ela tem com a sociedade.

Mas essas tradições permanecem prisioneiras de um pressuposto substancialista. Hoje o contexto intelectual mudou completamente: indaga-se quanto aos processos que levam certos bens (materiais ou imateriais) a serem qualificados de "culturais". Nos capítulos seguintes, esse questionamento será ampliado aos agentes, a suas práticas, a suas profissões, às instituições e às dimensões políticas.

Origens teóricas | A sociologia da cultura estuda as maneiras como os atores dão (ou não) definições e chegam a imputar essências (simbolizadas por qualificativos). Descreve os dispositivos e as interações no fundamento da qualificação dos bens. Analisa a concordância ou o desacordo a seu respeito. Desse ponto de vista, a cultura forma um subconjunto da "sociologia das categorias", aplicável, mais amplamente, ao conjunto dos domínios observáveis. Por exemplo, nada impede de adotar esse ponto de vista para a "criminalidade", o "crescimento" ou a "imigração". E se, segundo Saussure, "o ponto de vista cria o objeto", então é verdadeiro afirmar, com Weber, que a "ciência faz do que é evidente por convenção um problema". Em outras palavras, o que é convencional – como o qualificativo "cultural" – é um problema e requer a análise de sua determinação.

Primeiros elementos de uma sociologia das categorias | Os fundadores da sociologia se interrogaram tanto sobre as questões da categorização quanto sobre as da qualificação, sem todavia utilizar este último termo, que é contemporâneo: no jogo social, trata-se sempre de definir e de classificar as "coisas". Durkheim e seu sobrinho Mauss desenvolveram essa perspectiva mostrando que as categorias mentais e as classificações eram suscetíveis de tratamento sociológico.

Assim, num artigo de 1903, considerado um grande clássico, insistem sobre a ancoragem "morfológica" de nossas categorias mentais. Eles reconduzem a ordem lógica de nossas representações coletivas – conceitos, classes, gêneros, categorias (pessoa, espaço, tempo, causalidade) – a uma ordem extralógica, isto é, social: "A classificação das coisas reproduz a classificação dos homens"; ou ainda: "a hierarquia lógica não é senão outro aspecto da hierarquia social".[1]

Alguns anos mais tarde Durkheim pergunta-se como são possíveis os juízos de valor (aqueles que qualificam). É preciso romper, segundo ele, com a posição filosófica que atribui o valor à coisa em si. O valor, de fato, encontra sua fonte fora da coisa. Os ideais têm uma origem coletiva. E as festas, provações coletivas e encenações reflexivas dos grupos estão na origem dos ideais:

> É ao que servem as festas, as cerimônias públicas, ou religiosas, leigas, as predicações de toda espécie, da igreja, da escola, as representações dramáticas, as manifestações artísticas [...] Revivificam os ideais que, não fosse isso, tenderiam a esmorecer [...]. Esses ideais são essencialmente motores; pois, atrás deles, há forças reais e ativas: são as forças coletivas. Os ideais se fixam em objetos, pessoas. Sendo assim, essas coisas ou pessoas podem aparecer como causa originária dos valores.[2]

Durkheim evidencia aqui vários aspectos:
• apenas atos coletivos e regularmente repetidos ativam as crenças e as orientam para valores partilhados;
• estes agem como forças sociais animando bens, eventos, cultos, símbolos;
• essas forças constituem, *stricto sensu*, provações intransponíveis, incontornáveis até, e impõem-se a cada membro do grupo.

---

1 | Marcel Mauss e Émile Durkheim, "De Quelques Formes primitives de classification", em: Marcel Mauss, *Œuvres*, Paris: Minuit, 1974, t. 2, p. 82 e ss. (1. ed.: *L'Année Sociologique*, 1903).

2 | Émile Durkheim, "Jugements de valeur et jugements de réalité", *Sociologie et philosophie*, Paris: PUF, 1996, pp. 135, 138. (1. ed.: 1911).

Esta problemática permanecerá com Durkheim até a sua morte. Em sua última obra algumas passagens levantam novamente a questão das relações entre as categorias mentais e as estruturas sociais. Durkheim coloca então as bases de uma sociologia do conhecimento tal como a que se encontra na obra de Bourdieu:[3]

> Ainda hoje, a maior parte dos conceitos retira sua autoridade, em primeiro lugar, de sua origem coletiva. Uma representação coletiva, porque é coletiva, apresenta de antemão garantias de objetividade, pois não é sem razão que pôde se generalizar e se manter numa suficiente persistência [...]. Uma representação coletiva é necessariamente submetida a um controle indefinidamente repetido: os homens que a ela aderem a verificam por sua própria experiência.[4]

Além disso, Durkheim destaca a dupla dimensão da qualificação: processo de definição dos setores de atividade social e, ao mesmo tempo, processo de valorização. Os dois são inseparáveis: ao qualificar as coisas e as pessoas, o coletivo cinde, distingue e hierarquiza o mundo social, engendra diferenças no registro dos fatos e as transmuta em desigualdades no registro dos valores (como o mostra a separação das coisas e das pessoas em sagradas e profanas).

Fecundidade desta abordagem | *O estruturalismo e suas influências* | Lévi-Strauss (1908-2009) inscreve sua antropologia diretamente na tradição de Durkheim e Mauss, que trazia o germe de um aspecto do estruturalismo, sendo o outro aspecto a linguística de Jakobson. Suas pesquisas sobre as trocas simbólicas e suas relações com as trocas materiais e econômicas desembocaram na análise estrutural das divisões simbólicas. Narrativas míticas e símbolos são os códigos culturais da vida social: dão--lhe sentido, coerência e justificação.

A sociologia francesa se inspirou parcialmente no estruturalismo. Bourdieu (1930-2002) interrogou-se por sua vez sobre a força do simbólico no jogo social. Muito cedo, orientou suas pesquisas para a produção simbólica

---

3 | Pierre Bourdieu, *La Noblesse d'État*, Paris: Minuit, 1989.
4 | Émile Durkheim, *Les Formes élémentaires de la vie religieuse*, Paris: PUF, 1991, p. 625. (1. ed.: 1912).

dos grupos sociais e para suas "lutas pela classificação" em seus espaços próprios.⁵ Em seus estudos sobre as desigualdades escolares, pensa a luta de classes como lutas de classificação. Sua sociologia da legitimação (cultural) esclarece o trabalho de transformação ("transmutação") das forças políticas e econômicas em forças simbólicas igualmente portadoras da violência do social, mas sob formas eufemísticas que a negam ou, ao menos, a tornam aceitável aos que a sofrem involuntariamente ou se submetem a ela voluntariamente.

Nos anos 1970, essas abordagens foram retomadas por uma equipe de sociólogos (Passeron, Chamboredon, Grignon, Saint-Martin, Desrosières, Boltanski, Thévenot, entre outros). Ainda hoje inspiram diversas revistas de ciências sociais nascidas durante as décadas de 1970 e 1980: *Actes de la Recherche en Sciences Sociales, Genèses, Raisons Présentes, Espace-Temps* e *Politix*. Em suas pesquisas e temas, discípulos e revistas destacam, por um lado, as diversas formas de codificações sociais relativas às interações individuais (disputas e justificações) e, por outro, as construções convencionais relativas às categorias socioprofissionais (as chamadas PCS, por exemplo) ou às estatísticas nacionais.

A etnometodologia | Não existe filiação direta entre a etnometodologia americana e a sociologia durkheimiana. Pelo contrário, é de uma oposição que deveríamos falar se acreditarmos na historiografia espontânea e francesa da sociologia. Garfinkel, de fato, tornou-se conhecido pela sua ruptura radical com o "objetivismo" de Durkheim – mesmo que a posição deste último tenha se modificado depois de 1895 – ou com seu "holismo" (palavra que ele próprio nunca utilizou), que o incitava a privilegiar as instituições e suas coerções mais que as intenções dos atores e suas interações.⁶ Garfinkel contesta a existência de "fatos sociais", de normas preexistentes impostas ao indivíduo a partir de fora. Prefere insistir sobre o caráter "autoconstruído" e "dinâmico" da realidade. O social é, segundo ele, uma criação concer-

---

5 | Pierre Bourdieu, *Esquisse d'une théorie de la pratique,* Paris: Seuil, 2000 (1. ed.: 1972); e, do mesmo autor, "Sur le pouvoir symbolique", *Annales ESC,* n. 32-33, maio-jun. 1977, pp. 405-411, republicado em *Langage et pouvoir symbolique,* Paris: Seuil, 2001.

6 | Harold Garfinkel, *Recherches en ethnométhodologie,* Paris: PUF, 2007. (1. ed. norte-americana: 1967).

tada, renovada e continuamente mantida pela intenção, pela linguagem, pela atividade e pelas práticas dos atores em todas as esferas de ação. Desse ponto de vista, tal corrente nega todo poder preeminente a regras interiorizadas que encabeçariam e unificariam a conduta do ator em um *ethos* e desloca para os próprios indivíduos a capacidade de "fabricar" a ordem normativa a que se submetem ou que fazem evoluir conforme as circunstâncias, os problemas colocados e a transformação de seus recursos. As fontes da etnometodologia são por sua vez complexas e diversas. Constituem uma referência para os sociólogos da cultura desejosos de aprofundar a via dos problemas de qualificações:
• a fenomenologia alemã (Husserl) descreve, com o máximo de proximidade, o mundo concreto das coisas apoiando-se sobre a intenção de uma consciência que se desdobra na sua abertura ao mundo ("sou" meu projeto, meu corpo, minha sexualidade, meu trabalho…);
• o pragmatismo anglo-saxão (Peirce, James e Dewey) considera a ciência não uma explicação do mundo, mas uma maneira de agir sobre ele: a fabricação do juízo verdadeiro, isto é, "útil" e "eficaz", assenta sobre a "natureza humana em geral" (as verdades e os axiomas são invariáveis), sobre a "sociedade" (a qual garante a estabilidade da maior parte das verdades e dos axiomas) e sobre cada "indivíduo" (este tem sob seu domínio as verdades e os princípios de ordem moral);
• a sociologia compreensiva weberiana desloca a ênfase para a influência da ética – concepções de mundo, crenças religiosas, motivos ideológicos – na história econômico-religiosa e na estruturação dos comportamentos dos indivíduos em sociedade;
• a linguística (Jakobson) estuda as formas concretas da intercomunicação e da intercompreensão na inteligibilidade do sentido das condutas.

Resumindo, a intencionalidade do sujeito (Husserl), o poder de qualificar o objeto em função dos efeitos práticos e morais que suscita (Peirce, James e Dewey), o sentido concedido pelo sujeito ao objeto na ação social (Weber), a interação simbólica e linguística (Blumer, Goffman, Becker) constituem, sem dúvida alguma, os quatro pilares da "sociologia da qualificação" ao modo americano. Ademais, se a "interação simbólica" reúne os três outros pilares sociológicos, então o fato social é este processo no qual a intenção do sujeito, o poder sobre o objeto e o sentido da ação tomam forma aos olhos de outrem para "qualificar" o comportamento, o fenômeno ou o objeto observados. Ao afirmar a construção social da realidade, Berger e Luckmann darão uma forma sintética a esta perspectiva.[7]

O que é uma prova de qualificação "cultural"? | A sociologia progressivamente encontrou na descrição do trabalho de qualificação um terreno privilegiado (Louis Quéré fala da "guinada descritiva" da sociologia). A noção de prova é a que está mais próxima de caracterizar esse processo. Por meio dela, os etnometodólogos visam descrever "a atividade contínua dos homens que experimentam habilidades, procedimentos, regras de conduta".[8]

A noção de prova[9]

A partir dos anos 1960, a prova se impôs progressivamente na França como um conceito transversal essencial. Ela aparece principalmente nos trabalhos de dois grupos de pesquisadores:

• O GSPM (Grupo de Sociologia Política e Moral), agrupado ao redor de Boltanski e de Thévenot. Esta primeira rede influenciou autores orientados para a arte e a cultura:[10] Bessy, Chateauraynaud e Heinich;

• O CSI (Centro de Sociologia das Inovações), ao redor de Latour e de Callon, especializado na observação das práticas científicas, ao qual se ligou Hennion na área de sociologia da arte.

Ilustrando essa generalidade da "prova", Latour[11] escreve: "Tudo é prova [...] Não há senão provas de forças ou fraquezas [...]

7| Peter Berger e Thomas Luckmann, *A construção social da realidade*, Petrópolis: Vozes, 1982. (1. ed. inglesa: 1966).

8 | Alain Coulon, *L' Ethnométhodologie*, Paris: PUF, 1990, p. 20.

9 | Conforme Luc Boltanski e Laurent Thévenot, *De la Justification: les économies de la grandeur*, Paris: Gallimard, 1991 (1. ed.: 1987); Bruno Latour, *Pasteur: Guerre et paix des microbes*, suivi de *Irréductions*, Paris: La Découverte, 2001. (1. ed.: 1984).

10 | Cf. Mohamed Nachi, *Introduction à la sociologie pragmatique*, Paris: Armand Colin, 2006, pp. 56-77.

11 | Bruno Latour, *op. cit.*, pp. 241-243.

Para definir as coisas, é preciso haver provas. É real o que resiste na prova". É possível diferenciar duas abordagens das provas:
• uma privilegia a observação do que elas mobilizam: coletivos, razões, valores, procedimentos, corpos. É a ótica que foi seguida aqui;
• a outra tenta mostrar o jogo dos parâmetros que definem as provas: o tempo (sua frequência), o espaço (localização), o número (tamanho e densidade dos coletivos) e a forma (institucional ou informal). Uma prova pode ser pouco frequente e assumir, assim, um caráter excepcional (exposições, publicações); ou pode, em contrapartida, estar institucionalizada (os editoriais de imprensa, a crítica cotidiana na imprensa, o telejornal das 20 horas etc.).

Os coletivos | As provas de qualificação de "coisas" (fatos, pessoas e bens) assentam sempre sobre coletivos; sabe-se, desde Durkheim, que esta é a base da produção das categorias mentais. Sem isso, a qualificação não pode nem se realizar nem durar. É preciso seguir este autor quando explica que o grupo traz uma dimensão incontestável, poderosa e "objetiva" do fato, de seu caráter impessoal e coercitivo que se impõe às vontades individuais.[12] Mas, partindo desse saber fundador da sociologia, nossa perspectiva o amplia e o torna mais preciso ao efetivar – como o fez seu sobrinho Mauss no ensaio *Sobre o sacrifício*, redigido com Hubert[13] – novas distinções entre grupos de produtores (por exemplo, os "profissionais") e de usuários, entre grupos de caráter corporativo e grupos representados. Os sociólogos enfatizam a eficácia de tal ou qual "elo da corrente", para retomar a imagem de Norbert Elias quanto à interdependência dos atores no jogo social.[14]

---

12 | Émile Durkheim, *As regras do método sociológico*, São Paulo: Nacional, 1966 (ed. original: 1895); e, do mesmo autor, *Da divisão do trabalho social*, São Paulo: Martins Fontes, 2008. (ed. original: 1893).

13 | Marcel Mauss e Henri Hubert, "Essai sur la Nature et la fonction du sacrifice", em: Marcel Mauss, *Œuvres*, Paris: Minuit, 1974, t. 1. (1. ed.: 1899).

14 | Norbert Elias, *Qu'est-ce que la Sociologie?*, Paris: L'Aube, 1991. (1. ed. alemã: 1970).

Os produtores da qualificação | Mostramos em outro ponto quanto o processo de patrimonialização dependia da mobilização de numerosos agentes: eruditos, sábios, agentes públicos, arquitetos, conservadores, associações locais... Esses agrupamentos se reúnem ao redor de bens, os quais transformam em "causa" militante, identitária, a defender.[15]

Com o mesmo espírito, alguns economistas definem os bens culturais pela sua integração do trabalho humano. Segundo a obra de referência de William Baumol,[16] a economia dos espetáculos ao vivo incorpora um amplo trabalho de mão de obra: ao mesmo tempo pouco capitalístico (a substituição do trabalho pelo capital é improvável) e pouco produtivo (é suscetível de ganhos de produtividade nulos). Mas cada ator cultural investe-se de tal maneira que renuncia a realizar ganhos econômicos para si próprio (ao menos no imediato), buscando antes de tudo a associação coletiva, o sentido que dela pode retirar e os benefícios simbólicos que a integração à ação cultural lhe pode oferecer.

Os receptores | Mauss e Hubert mostraram, em seus estudos sobre o sacrifício, a magia que os coletivos desenvolvem tanto na vertente dos receptores quanto na dos usuários da definição: da mesma maneira que a crença no mago engendra a eficácia da magia, o uso generalizado das definições as torna operacionais.

Nesta tradição, Bourdieu mostra que o estatuto dos "bens simbólicos" depende do estatuto social dos coletivos que lhe são associados, e isso permite que se oponha uma arte "pura" a uma arte de "massa":

• os bens simbólicos consagrados produzem e impõem normas de produção e critérios de avaliação. Assim, a emergência da crítica institucional é um sinal da autonomização de um campo, análogo às instâncias de cooptação (academia), de ensino e de conservação;

---

15 | Michel Callon, "Sociologie de la traduction", *L' Année Sociologique*, 1986, pp. 169-208; Yvon Lamy, "Du Monument au patrimoine. Matériaux pour l'histoire politique d'une protection", *Genèses*, n. 11, 1993, pp. 50-78; e, organizado pelo mesmo autor, *L' Alchimie du patrimoine*, Bordeaux: Maison des Sciences de l'Homme d'Aquitaine, 1996.

16 | William Baumol, *Performing Arts: The Economic Dilemma*, Cambridge, MA: The MIT Press, 1968.

• os bens simbólicos não consagrados assentam-se sobre avaliações quantitativas (audiência, vendas, sucesso "popular") e sobre um público numeroso, pouco estratificado.

As exposições: um exemplo de mobilizações coletivas

As grandes exposições exigem orçamentos cada vez mais astronômicos. Tudo começou em 1992, quando a Reunião dos Museus Nacionais (RMN) da França lançou uma série com Toulouse-Lautrec (700 mil visitantes) e, posteriormente, com Cézanne, no Grand Palais (22 milhões de francos,[17] em parte financiados pelo mecenato). As rubricas orçamentárias (que remetem a coletivos) se distribuíam assim: 30% para os seguros, 25% para o transporte, 25% para a segurança, 15% para a cenografia e 5% para a comunicação.

Esses orçamentos necessitam de parcerias e, logo, de mecenas e de patrocinadores que buscam obter vantagens, em termos de imagem, a partir de suas doações.

Em face de tais investimentos, a obrigação é, se não de tornar essas operações rentáveis, ao menos de recuperar o montante investido. A estratégia de marketing e de comunicação torna-se sofisticada. O objetivo é ampliar ao máximo o evento desenvolvendo produtos de alto valor agregado e vendê-los. A exposição *Barnes* atraiu mais de 1 milhão de visitantes, gerou a venda de 17 mil catálogos e 11 mil fitas de vídeo. Existe igualmente uma parceria com revistas (*Télérama, Beaux Arts, Connaissance des Arts*), que publicam números especiais quando ocorrem grandes exposições.

Coletivos inteiros ou representados | Ademais, todo coletivo pode agir em conjunto ou estar apenas representado: em muitas situações sociais o grupo tem seus representantes e seus porta-vozes, tanto do lado do públi-

---

17 | Para fins de referência: quando da adoção do euro pela França, em 1999, 1 euro equivalia a aproximadamente 6,56 francos, portanto este valor corresponderia a pouco mais de 3,3 milhões de euros [N. T.]

co (as associações, por exemplo) quanto do lado dos produtores. Alguns sociólogos das ciências recusam separar os produtores e os usuários, considerando que todos participam igualmente da mesma rede e vão à busca de "alianças". Esses autores definem a sociologia como a "ciência das associações".[18] No domínio cultural, os "coletivos" analisados remetem a outros modos de alianças e de redes (por exemplo, os públicos de gêneros musicais que recorrem a amplificação elétrica e eletrônica, estudados por Hennion).[19]

Porém, como as pesquisas mostram, os coletivos precisam de razões e de valores em nome dos quais se possam aliar e constituir uma rede. Não basta que participem da produção das categorias: é preciso saber o que os produz.

Das razões e dos valores | Hoje são muitos os sociólogos que enfatizam os aspectos cognitivos do laço social. Mostram que os argumentos (as razões) e/ou os valores constituem os fundamentos sobre os quais as coisas e as pessoas podem concordar.

As razões | No domínio cultural, a razão é especialmente pesquisada, de tal maneira que parece que a ordem simbólica implica a mobilização de saberes para existir como tal. Esta ótica é exposta por Jean-Marc Leveratto,[20] que desenvolve "uma sociologia da qualidade artística", na qual os instrumentos de mensuração são "os saberes intelectuais". Remete a todos os saberes mobilizados ou mobilizáveis, assim como aos peritos encarregados de mobilizá-los (ele pensa nas principais disciplinas acadêmicas: história da arte, economia da cultura, filosofia da arte, etnologia). Não exclui os públicos que são promovidos, da mesma maneira que os peritos, à categoria de atores suscetíveis de mobilizar saberes e qualificar as coisas.

É preciso assinalar também os estudos de Raymond Boudon, que desde os anos 1990 desenvolve uma sociologia cognitivista orientada pelo estudo das "boas razões" de agir: "A adesão a um valor se explica pelo fato de que este faz sentido, ou seja, de que o sujeito tem razões para aceitá-lo. As razões

---

18 | Bruno Latour, *op. cit.*, p. 307.
19 | Antoine Hennion, *La Passion musicale: une sociologie de la médiation*, Paris: Métailié, 1993.
20 | Jean-Marc Leveratto, *La Mesure de l'art: sociologie de la qualité artistique*, Paris: L'Harmattan, 2000.

são, portanto, as causas da crença".[21] Boudon aplica essa perspectiva ao domínio aparentemente subjetivo do gosto e da arte: "Há razões precisas [...] e sobre as quais é fácil chegar a um acordo de achar [uma] tela grande ou bela [...] São razões sobre as quais é possível concordar facilmente, razões que são partilhadas [...]. O consenso (sobre uma qualidade) é o efeito de razões objetivas".[22]

Os peritos | Todas as sociologias da *expertise* podem encontrar um terreno favorável na análise das razões:
• os trabalhos de Moulin e Quémin sobre os leiloeiros e, de maneira geral, sobre os especialistas em história da arte;[23]
• as pesquisas de Bessy e Chateauraynaud,[24] que tentam superar um "construtivismo desencarnado", uma *expertise* intelectual.

O direito | Em seu empreendimento de qualificação dos atos (delituosos, criminais, intencionais) dos homens ou das coisas, que é a tarefa fundamental do direito, os juristas também mobilizam saberes. Há cerca de um século tentam, assim como os filósofos, definir o "cultural", a tal ponto que talvez seja do direito o esforço mais persistente para "decidir" o que é "bem cultural".[25]

O direito de autor elaborou-se em torno de alguns conceitos simples, aparentemente evidentes, que constituem sua estrutura elementar. A exposição desses conceitos e sua articulação desenham uma concepção absolutamente original da arte e da literatura, concepção esta que não deixa nada a desejar às mais sutis teorias da estética, da crítica literária ou da sociologia da arte.

---

21 | Raymond Boudon, "De l'Objectivité des Valeurs artistiques", *Le Sens des valeurs*, Paris: PUF, 1999, pp. 139-140.
22 | *Idem*, pp. 272, 281 e 283.
23 | Raymonde Moulin e Alain Quémin, "La Certification de la Valeur de l'art. Experts et expertises", *Annales ESC*, nov.-dez. 1993, n. 6, pp. 1421-1445.
24 | Christian Bessy e Francis Chateauraynaud, *Experts et faussaires: pour une sociologie de la perception*, Paris: Métailié, 1995.
25 | Bernard Edelman, *Propriété littéraire et artistique*, Paris: PUF, 1989, p. 5.

Edelman relembra os principais critérios que determinam a definição de obra (ou que permitem falar em obra). Esta constitui uma "criação" sob três condições: deve ser o produto de um trabalho intelectual; deve expressar a personalidade do autor; deve se encarnar numa forma original. O último ponto supõe que, para tornar-se uma obra suscetível de proteção cultural, a ideia se realiza numa forma. Ora, a partir de que momento uma ideia começa a tomar forma? É preciso passar por uma definição da forma, obstáculo diante do qual os juristas não recuam: "A forma é a organização de signos com vista a produzir um efeito estético, isto é, a intervir na esfera das representações".[26]

Hoje são raros, porém, os sociólogos que associaram seus esforços aos dos juristas; tanto é que o conhecimento do direito encontra-se enxotado da formação em sociologia (e vice-versa), a despeito da riqueza das reflexões dos juristas especializados, das afinidades entre essas duas disciplinas e da cultura jurídica dos fundadores da sociologia (Marx foi formado na jurisprudência; Weber, na história do direito clássico, ao qual dedicou sua tese; Durkheim realizou uma tese em sociologia jurídica, em 1893, em que refletia sobre as relações entre fatos sociais e normas jurídicas; Gurvitch e sua tese de 1937 sobre o direito social etc.). Alguns sociólogos compreenderam, todavia, a vantagem que podem obter do conhecimento preciso do direito no domínio que exploram:

• Nathalie Heinich multiplica as perspectivas jurídicas[27] e mostra como os objetos dependem dos *tratamentos* cognitivos reservados a eles.[28] Numa obra escrita em colaboração com Bernard Edelman, jurista especialista em questões artísticas, interrogam-se sobre seus respectivos procedimentos e sobre as contribuições específicas do direito e da sociologia.

• Christian Bessy e Francis Chateauraynaud[29] assentam grande parte de sua sociologia da expertise em seu conhecimento sobre os direitos de marca e sobre falsificações.

26 | Bernard Edelman, *Propriété littéraire et artistique*, Paris: PUF, 1989, p. 20.

27 | Ver, de Nathalie Heinich, "C'est un Oiseau! Brancusi vs États-Unis ou quand la loi définit l'art", *Droit et société*, n. 34, 1996, pp. 1-24; *Ce que l'Art fait à la sociologie*, Paris: Minuit, 1998a; *L'Art contemporain exposé aux rejets: études de cas*, Nîmes: Jacqueline Chambon, 1998b; *La Sociologie de l'art*, Paris: La Découverte, 2001.

28 | Nathalie Heinich, *op. cit.*, 2001.

29 | Christian Bessy e Francis Chateauraynaud, *op. cit.*

• Yvon Lamy destaca o regime jurídico do patrimônio, que sempre tenta fundamentar na razão as operações de qualificação que o constituem. A lei de 31 de dezembro de 1913 tenta definir os bens patrimoniais: devem representar um "interesse público do ponto de vista da arte ou da história". Todo patrimônio francês é, em alguma medida, abrangido por esta definição.[30]

• Matthieu Béra[31] compara o tratamento jurídico dos bens industriais e dos culturais: proíbe-se quase sempre, a propósito dos primeiros, a expressão pública de juízos, apreciações e críticas; especifica-se o domínio dos segundos concedendo-lhes, pelo contrário, o benefício de uma crítica pública, proibindo aí, simetricamente, as intenções econômicas.

Da mesma maneira que conjuntos inteiros de objetos outrora usuais foram convertidos em bens culturais pela ação pública, outros gêneros de bens antes considerados industriais mudaram de estatuto para se tornar "obras de arte" em razão deste jogo de qualificação. Os exemplos mais impressionantes dizem respeito a fotografia[32] e cinema,[33] que se beneficiaram de uma legislação reconhecendo o seu estatuto não industrial, incluindo ambos no código de propriedade artística. Na mesma linha de pensamento seria possível evocar também o *jazz*, as histórias em quadrinhos e diversos domínios de expressão "em via de legitimação" ou relegitimação.[34]

Os valores | Outros autores vão preferir buscar no lado do "princípio de justiça" os meios de "alcançar a generalidade", de mobilizar coletivos e de qualificar coisas. Boltanski e Thévenot mostram que existem diferentes ordens ("cidades") a partir das quais é possível mobilizar argumentos e gru-

---

30 | Yvon Lamy, *op. cit.*, 1996.

31 | Matthieu Béra, "Critique interdite/critique autorisée: éléments pour une définition perspectiviste des biens culturels et industriels à partir d'une comparaison des droits de la critique, de la publicité et de la concurrence", *Archives de philosophie du droit*, t. 48, 2005, pp. 413-437.

32 | Raymonde Moulin, "La Genèse de la rareté artistique", *Ethnologie française*, 1978 (republicado em: *De la Valeur de l'art*, Paris: Flammarion, 1995).

33 | Yann Darré, *Histoire sociale du cinéma français*, Paris: La Découverte, 2000.

34 | Pierre Bourdieu, "Le Marché des biens symboliques", *L'Année Sociologique*, n. 22, 1971, pp. 49-126; e, do mesmo autor, *Questions de sociologie*, Paris: Minuit, 1980.

pos.³⁵ Esta pista foi seguida e aprofundada, no domínio da arte, por Heinich,³⁶ que se especializou em identificar valores mobilizados por indivíduos ao reagir a obras.

Razões ou valores?

Existe um vasto programa de reflexão (sociológico ou filosófico?) para determinar o que é que permite aos indivíduos e aos coletivos agirem e se entenderem entre si: serão valores ou, antes, razões?

Uma solução, entre outras, consiste em mostrar que os valores são fundados em razão. É a pista seguida pelos cognitivistas,³⁷ de que Boudon é hoje o representante. Este ampliou o conceito de racionalidade utilitária às dimensões teleológica, axiológica, tradicional e cognitiva. A "racionalidade axiológica" foi tomada de empréstimo a Weber, que falava de "racionalidade em relação a valores".

Dos corpos | Os humanos não são apenas seres de razão, mas também de carne e emoção. Na maior parte das interações com objetos ou com outros homens, o corpo desempenha um papel essencial. É por meio do corpo que qualificamos os objetos (e as pessoas), conforme provocam ou não uma emoção (rubores, frêmitos, êxtase, gritos, suspiros etc.).

Embora a "sociologia do corpo" não tenha uma base institucional de fato,³⁸ alguns sociólogos, de Mauss (as técnicas do corpo), Halbwachs e Simmel a Sapir (sociologia dos sentimentos e das emoções), sabem tirar algum partido desse terreno. Pensemos em Goffman (as interações face a face) ou em Bourdieu (aprender "pelo corpo").³⁹

35 | Luc Boltanski e Laurent Thévenot, *op. cit.*, 1991.
36 | Nathalie Heinich, *op. cit.*, 1998b.
37 | Sylvie Mesure (org.), *La Rationalité des valeurs*, Paris: PUF, 1998.
38 | Jean-Michel Berthelot, "Les Sociologies et le corps", *Current Sociology*, v. 33, n. 2, 1985; ou David Le Breton, *A sociologia do corpo*, Petrópolis: Vozes, 2006 (ed. original: 1992).
39 | Trata-se de um trocadilho: existe, em francês, a expressão *apprendre par coeur* ("aprender de cor", ou seja, "de coração"), à qual o sociólogo fez corresponder *apprendre par corps*. [N. T.]

No domínio artístico, Christian Bessy e Francis Chateauraynaud propuseram uma reflexão sobre a produção das provas de autenticidade de objetos antigos. Para eles, o construtivismo (no qual incluem Bourdieu e Panofsky, na linhagem de Kant) insiste em demasia nas representações (razões ou valores) em detrimento dos corpos. Distinguem quatro gêneros de "provas" decisivas para chegar à qualificação de um objeto: provas materiais; a genealogia das redes traçadas pelo objeto (a história do objeto, as testemunhas); a exploração sensorial (a prova física, o corpo do perito e as técnicas); o "golpe de vista", que faz do perito ao mesmo tempo um empirista (fundamenta seu trabalho sobre os corpos e a matéria) e um intelectualista (detém um saber ideativo e formal).

Dos procedimentos | A sociologia das provas desemboca sobre uma sociologia dos procedimentos, compreendidos num sentido amplo, isto é, como um sistema em que se aliam corpos, saberes, redes e técnicas. A esse respeito, Bessy e Chateauraynaud falam de "boas mediações": os materiais, as redes de pessoas e de objetos, as convenções descritivas. Ou também, na linguagem de Deleuze, as boas "pegadas": corpos, objetos, representações e dispositivos que devem se juntar para formar um todo.

Os juristas orientaram-se para uma abordagem procedimental dos bens culturais: não dizem o que são esses bens em si (tampouco o fazem os sociólogos, como vimos), pois entenderam há tempo, pela força da prática, que era preciso renunciar a isso, mas constroem os procedimentos que levam à qualificação cultural de um bem. Seria, de fato, totalmente errôneo pensar que o direito fabrica o qualificativo apenas pelo trabalho da argumentação. Ele compreende também um conjunto de dispositivos coletivos, de atos e de desempenhos que produzem por si mesmos efeitos práticos. Encontra-se esse duplo trabalho do direito em sua organização: de um lado, a lei votada no Parlamento determina os grandes eixos e dedica-se, por exemplo, a dar uma definição de patrimônio (envolve tudo o que tem um interesse histórico, científico, estético etc.); do outro, múltiplos decretos de aplicação, uma jurisprudência abundante e códigos processuais encarregam-se de aplicá-la. Essa segunda fase prática interessa à descrição sociológica na medida em que essas modalidades movimentam os coletivos (comissão regional, procedimentos de inscrição e de classificação, controle e inspeção, inventário) que têm uma eficácia social.

A descrição, por Heinich, do litígio que opôs em 1927 o escultor Brancusi à alfândega norte-americana mostra até que ponto um processo consiste na mobilização de coletivos (aliados, testemunhas, imprensa), de procedimentos (distribuição de mandados, ordem, hierarquia), de argumentos (definições, justificativas, juízos), de corpos (do artista, dos juristas, dos advogados, dos peritos) e de objetos (as obras, fotografias, recortes de impressos etc.).[40]

Entretanto, os bens culturais o são apenas parcialmente quando os consideramos do ponto de vista dos processos de qualificação: desenvolvem a partir daí efeitos sociais, que marcam sua especificidade e que explicam por que tantos esforços são empreendidos para orientá-los previamente para essa "natureza". Por esta ótica, qualquer bem é potencialmente cultural, desde que possa mobilizar coletivos orientados para a sua qualificação e tenha produzido os efeitos esperados. Trata-se menos de demonstrar o relativismo do que de assinalá-lo, na medida em que destacam necessidades processuais que não têm a ver com o "arbitrário".

40 | Nathalie Heinich, *op. cit.*, 1996.

CAPÍTULO 3

Os efeitos sociais do "cultural"

ESTE CAPÍTULO COMPLETA O ANTERIOR: a qualificação dos bens (como também a das pessoas e a das práticas) só tem interesse sociológico enquanto engendra efeitos sociais. A descrição dos processos que operam na qualificação cultural dos bens não pode, portanto, ser separada da análise de suas consequências na sociedade. Essa apresentação dos problemas inscreve-se plenamente na tradição sociológica, na medida em que grandes autores (Durkheim e Weber) destacaram essa dupla dimensão: a qualificação e seus efeitos.

A hipótese forte consiste em dizer que, se os bens culturais têm efeitos sociais (objetivamente observáveis, como veremos), devem-no em parte a sua qualificação cultural. Constatar a eficácia das designações não equivale a negar a existência de uma realidade objetiva. Nisso a perspectiva sociológica é diferente daquela da filosofia, pois pode contentar-se com a observação empírica dos processos de qualificação das coisas (capítulo anterior) e dos seus efeitos sociais (este capítulo) sem ter de arbitrar sobre a existência ou não do "cultural" em si. O sociólogo pode simplesmente constatar que a denominação é um trabalho objetivo que tem consequências observáveis, evitando assim o arriscado debate sobre nominalismo e essencialismo.

Nossa apresentação efetua-se em três tempos: primeiro, lembra a fecundidade desta perspectiva, que, longe de ser marginal, inspira – conscientemente ou não – a maior parte das pesquisas sociológicas. A razão disso é muito simples: a busca dos efeitos é totalmente empirista, traduz-se em atos pela procura de indícios mensuráveis de uma realidade. Em seguida, apresenta os efeitos dos bens culturais em suas múltiplas dimensões. Por fim, descreve alguns dos mecanismos importantes do seu funcionamento.

<u>Origens e aplicações</u> | **Uma inspiração comum: o pragmatismo**
| Ignora-se muitas vezes a importância dos filósofos norte-americanos do fim do século XIX agrupados sob a bandeira do "pragmatismo", sem que se

imagine até que ponto os clássicos da então nascente sociologia, na Europa ou nos Estados Unidos, encontraram neles uma verdadeira inspiração.[1] A sociologia norte-americana é amplamente fundada sobre essa tradição.[2]

Em artigo publicado na *Revue Philosophique* em 1878-1879, Charles Sanders Peirce (1839-1914) não se interessa pelas verdades científicas elaboradas e definidas como tais (*opus operatum*), mas, sim, pelo procedimento científico, pelas luzes que traz sobre um ou outro fenômeno – isto é, pelo processo de descoberta científica, assim como pelos seus efeitos (*modus operandi*). Esse deslocamento do olhar faz da ciência não mais uma explicação do mundo, mas um simples meio de agir sobre ele: "O alcance racional de uma palavra ou de uma expressão reside nos efeitos concebíveis que ela pode ter sobre a condução da vida".[3] Segundo Peirce, o pensamento não tem outro objetivo senão produzir crença para "o repouso do pensamento": "A concepção de todos os efeitos práticos que se pode pensar é a concepção completa do objeto".[4] Em sua teoria da pesquisa, a verdade nunca é um dado prévio, é sempre um resultado.

Seu contemporâneo, William James (1840-1910), defensor do "empirismo radical", ecoa essa posição em sua obra sobre a crença religiosa, *A vontade de crer* (1896). Desenvolve uma teoria da experiência segundo a qual "a palavra 'verdade' não é senão um nome coletivo resumindo processos de verificação". É verdadeiro o juízo "que resulta". Segundo o autor, a verdade é testada considerando os interesses que satisfaz e as utilidades que propicia. Assim também, John Dewey (1859-1952) reduz sua concepção da verdade na ciência, na religião, na moral, na estética e em pedagogia a seus efeitos sobre os "organismos receptores", quaisquer que sejam: indivíduo, grupo, sociedade, geração, época, evento, natureza.

Os pragmatistas recusam toda concepção estática e definitiva da verdade. Julgam boa ou ruim uma crença em função dos seus efeitos no futuro. Sua visão do mundo é ao mesmo tempo construtivista, voluntarista e fali-

---

[1] | Jean-Pierre Cometti, "Le Pragmatisme, de Peirce à Rorty", em: Michel Mayer (org.), *La Philosophie anglo-saxonne*, Paris: PUF, 1994.

[2] | Jean-Michel Chapoulie, *La Tradition sociologique de l'école de Chicago: 1892-1961*, Paris: Seuil, 2001.

[3] | Charles Sanders Peirce, *apud* Cometti, *op. cit.*, p. 390.

[4] | *Ibidem*.

bilista: as verdades são falíveis e falsificáveis, relativas e provisórias. Como para Popper, a racionalidade é processual por natureza: ela se testa.

De acordo com essa vertente, a teoria da experiência funda-se sobre os efeitos e os usos positivos ou negativos obtidos das provas (científicas, artísticas, religiosas, políticas, pedagógicas etc.) para a vida, para a ciência, para a sociedade, para o costume... Temos um certo poder de modificar o que está certificado no passado em função dos seus efeitos no futuro. E a sociedade é o que garante a estabilidade da maior parte das verdades (aqui o pragmatismo junta-se à posição de Durkheim).

Nas ciências sociais, o pragmatismo inspira diversas orientações fecundas, por exemplo quanto aos temas da decisão, da posição social e do contexto cultural de quem decide.

A influência do pragmatismo sobre os fundadores da sociologia | Sem penetrar numa apresentação aprofundada dessa relação, pouco conhecida na França, deve-se saber pelo menos que a corrente pragmatista não era de forma alguma desconhecida dos fundadores da sociologia. Durkheim dedicou-lhe um curso completo na Sorbonne em 1913-1914.[5] Quanto a Weber, conhecia o James de *A vontade de crer* (1896). Sua abordagem da ética religiosa inspirava-se nele na medida em que tomava intimamente em conta as consequências sociais e econômicas de diversas religiões históricas (judaísmo, confucionismo, taoísmo, budismo, hinduísmo, calvinismo, catolicismo etc.), pela mediação da psicologia das motivações, como o mostra a sua tese sobre os efeitos – controvertidos – da crença na predestinação, por exemplo.

Durkheim: definir as "coisas" pelos seus efeitos | A atenção dada aos efeitos é considerada por Durkheim o único procedimento científico possível. Na sustentação de sua tese, escreveu: "Não podemos conhecer cientificamente as coisas senão pelos efeitos que produzem [...]. O estudo da solidariedade pertence à sociologia. É um fato social que só se pode conhecer bem pelo intermédio dos seus efeitos sociais".[6]

Em *Regras do método sociológico* (1895), Durkheim faz desta opção uma regra do método. Devemos, por exemplo, definir o crime pela manifestação

---

5 | Émile Durkheim, *Pragmatismo e sociologia*, Florianópolis: UFSC, 2004.
6 | Émile Durkheim, *De la Division du travail social*, Paris: PUF, 1991, pp. 30-31.

dos seus efeitos jurídico-judiciários, isto é, pela pena. A sociologia tem, desse ponto de vista, uma postura científica análoga à da física: para descrever um fenômeno (a "eletricidade", por exemplo), o cientista observa seus efeitos introduzindo experimentalmente medidas. É por esse viés que a física pode dizer o que "é" a eletricidade. Dito de outra maneira, a eletricidade não é outra coisa senão aquilo que ela produz.

Este ponto de vista se revela pertinente ainda para definir as coisas. Se queremos, por exemplo, caracterizar os diferentes tipos de cinema (comercial, experimental, "de arte", "de bairro" etc.), o procedimento sociológico buscará comparar e especificar os usos e os modos de difusão diferenciados entre esses tipos. O cinema se distingue do vídeo pela dimensão coletiva de sua projeção, pelo seu uso coletivo num espaço funcional institucionalizado. Acontece o mesmo com a cultura de massa quando estudada do ponto de vista de seus efeitos industriais, econômicos e sociais e de seus efeitos plásticos: os objetos fabricados em série podem também ser belos ocasionalmente (*design*), levando-se em conta que a beleza não é o seu fim.[7]

Weber: especificar os efeitos para compreender | De sua parte, Weber encarou o problema num outro sentido, mas para alcançar as mesmas conclusões metodológicas. Como fez com o Estado, reafirmou constantemente que era preciso empreender uma sociologia dos efeitos da religião em vez de refletir sobre o que constituía a religião em si: pouco lhe importava sua essência (improvável). As discussões sem fim que essa perspectiva "filosofante" abria não lhe interessavam: "O tema [da sociologia religiosa] não é definir o que é a religião, isso é impossível".[8] Sua preocupação não incide sobre a natureza do religioso, mas sobre suas implicações: qualifica alguns homens (por exemplo, os "virtuosos dos bens da salvação"), estrutura e hierarquiza a sociedade, encoraja certas práticas e desencoraja outras etc. "Nossa tarefa é estudar as condições e os efeitos de uma maneira peculiar de agir em comunidade", escreve. O objeto, o campo e o olho do sociólogo estão aqui no cerne de sua pertinência. É preciso ver aí, sem dúvida, a influência da dupla formação jurídica e econômica de Weber, duas disciplinas prático-teóricas.

---

7 | Ver Dominique Kalifa, *La Culture de masse en France: 1860-1930*, Paris: La Découverte, 2001; Noël Carroll, *A Philosophy of Mass Art*, Nova York: Oxford University Press, 1998.

8 | Max Weber, *Économie et société*, Paris: Plon, 1995, v. 2, p. 145. (1. ed. alemã: 1922).

A estética pragmatista | Muitos filósofos da estética refugiam-se nesta posição para evitar as aporias dos diálogos socráticos (do tipo: O que é "a obra de arte", " a cultura", " o belo", " o feio"?). Preferem debruçar-se sobre os efeitos qualificados como "artísticos", como "culturais", tendo em vista especificá-los.

Nelson Goodman, por exemplo, pergunta-se como os bens artísticos "funcionam". No seu modo de ver, o essencial é compreender o que a arte faz, não o que é.[9] Ele fala em "ativação" das obras em virtude dos dispositivos que as põem em circulação: exposição, publicação, edição, publicidade, todas as "redes" que, da iluminação à restauração do quadro, imergem a obra em sociedade (apartamento, galeria, museu).

Arthur Danto, por sua vez, enfatiza as operações de interpretação que distinguiriam as obras de arte de outros objetos: é a definição que separa ontologicamente a não arte da arte.[10] É isso o que Genette quer dizer com seu neologismo "articidade".[11]

O pragmatismo da economia da cultura | A economia da cultura não esperou pela sociologia para estudar o cultural de um ponto de vista pragmático. Uma das características mais importantes da (jovem) teoria econômica da cultura reside precisamente em não procurar a definição ontológica do bem cultural, mas de cercá-lo por meio dos seus modos específicos de consumo – que não são nada além de seus efeitos –, pela relação com seus usos e com outros bens ou atividades associados.

Um dos primeiros economistas a raciocinar desse modo foi Thorstein Veblen (1857-1929) em *A teoria da classe ociosa*.[12] Ele observa os modos atípicos do consumo conduzindo certos bens (e certos usos) a condizer com "leis anormais". A demanda por bens e serviços culturais colocava em questão as

---

9 | Nelson Goodman, *Manières de faire des mondes*, Nîmes: Jacqueline Chambon, 1992.

10 | Yvon Lamy, "Changement culturel, marché des œuvres, théorie esthétique", *Genèses*, n. 2, 1990.

11 | Ver Jean-Pierre Cometti et al., *Questions d'esthétique*, Paris: PUF, 2000; Jean-Pierre Cometti, *Art, représentation, expression*, Paris: PUF, 2002; e Marie-Dominique Popelard, *Ce que fait l'art*, Paris: PUF, 2002.

12 | Thorstein Veblen, *A teoria da classe ociosa*, São Paulo: Abril Cultural, 1983. (ed. original: 1899).

hipóteses da análise econômica padrão (particularmente a utilidade marginal decrescente).

O efeito Veblen

O "efeito do esnobismo" é notório: a demanda por certos bens é levada a aumentar com seu preço e, inversamente, a diminuir quando o preço baixa, em contradição com a lei padrão da oferta e da demanda.

Ao consumo ostentatório e distintivo dos produtos de luxo opõe-se a interpretação desvalorizadora de um preço baixo demais pelo público especialista. Pode-se considerar hoje, às avessas, que os bens cujo efeito do esnobismo é observável (pela evidência da elasticidade positiva de preço) poderão ser tidos como "bens culturais". Dito de outra maneira, a elasticidade positiva da demanda é um indicador de um tipo peculiar de consumo, submetido a fenômenos de ostentação e de distinção. Isso poderia desembocar em uma concepção continuísta dos bens: eles seriam mais ou menos culturais, e não limitados à alternativa de serem de tipo cultural ou industrial.

Essa abordagem abriu caminho à teoria neoclássica dos "novos" consumidores. Na teoria de Lancaster, que data dos anos 1960, considera-se que:

> Lazeres são serviços que o consumidor se proporciona a si mesmo; nesse sentido, a satisfação que deles retira é indissociável do fato de que ele próprio é seu produtor. Como lazeres, essas atividades perdem seu sentido se forem delegadas. Lazeres são atividades não delegáveis.[13]

Neste sentido, os efeitos de uma delegação (levar outros a fazer o que se pode fazer por si mesmo) desvelam a especificidade da relação que nos

---

13 | Nicolas Herpin e Daniel Verger, *La Consommation des français*, Paris: La Découverte, 2000, v. 2, p. 58.

liga a certos objetos (ou a especificidade em si de certos objetos, isso pouco importa aos economistas).

Essa abordagem foi aprofundada por Linder quando este decidiu ordenar as atividades de lazer, desde a leitura até o jogo de pôquer, segundo o custo por unidade de tempo gasto: "O dinheiro pode de algum modo ser um substituto para o tempo, conforme as atividades de lazer. Exemplo: o dinheiro me permite ganhar tempo na leitura".[14]

Outro exemplo entre os mais célebres é a definição indireta dos bens culturais de Gary Becker e George Stigler.[15] São os bens "cujo consumo não sacia o desejo", pelo contrário: um indivíduo que possui uma formação elevada terá interesse num consumo importante que lhe exigirá um investimento cada vez menor.

Tendo sempre em conta características do consumo, as teorias de Samuelson (Nobel de economia em 1970) estão na origem de uma nova abordagem com sua teoria dos bens coletivos, que não são nem rivais, nem divisíveis:

> Um bem coletivo (serviço, mas fala-se em bem) é um bem cuja disponibilidade não diminui com a presença de um consumidor suplementar (fala-se em "não rivalidade" dos consumidores) [...] Por sua natureza, os bens coletivos escapam à lógica do mercado: são externalidades positivas. Justificam, pois, a intervenção do Estado (mesmo numa ótica liberal), já que a coletividade deve decidir que bens coletivos produzir (quantidade, qualidade) e financiá-los.[16]

É sem dúvida por esse viés da demanda que é preciso buscar a definição mais eficiente do que pode ser um bem cultural.

<u>Tipologia dos efeitos</u> | Marcel Mauss desenvolve uma abordagem do alcance do "fato social total", cuja análise deve contemplar três dimensões. A propósito do ritmo, escreve:

---

14 | S. B. Linder, *apud* Nicolas Herpin e Daniel Verger, *op. cit.*, p. 58.
15 | Françoise Benhamou, *Économie de la culture*, Paris: La Découverte, 1996, pp. 13-15.
16 | Jean-Paul Piriou, *Lexique de sciences économiques et sociales*, Paris: La Découverte, 1997, p. 13.

No ritmo, é preciso considerar seus efeitos: sua obsessão, sua maneira de perseguir os que foram impressionados por ele. O que os grupos buscam nos ritos, nas práticas, são os efeitos fisiológicos, psicológicos e sociológicos: a atividade, o cansaço, a excitação, o êxtase.[17]

Adotamos aqui sua perspectiva juntando-lhe dimensões axiológica e cognitiva. É preciso tomar nota, de passagem, que o programa de pesquisa enunciado por Heinich se aproxima muito desse olhar pragmatista de Mauss. A socióloga o intitula, aliás, de "sociologia pragmatista", sem com isso assinalar a existência da escola filosófica nem tampouco retomar Mauss:

> A sociologia pode então interessar-se pelas obras não pelo que valem ou significam, *mas pelo que fazem*. Elas agem sobre as emoções, as categorias cognitivas, os sistemas de valor, o espaço dos perceptivos possíveis [...]; levam os atores a se mover (emoção, mas também visitas massivas a exposições), levam a falar.[18]

Desse ponto de vista, pode-se considerar que os bens tornaram-se eles próprios provas: neste caso, longe de serem qualificados, qualificam, produzem "algo social", representações, suscitam juízos coletivos, públicos de amadores, de especialistas, de intervenções políticas etc.

Os efeitos morfológicos | Por "morfologia" entendemos, na tradição da sociologia durkheimiana (Durkheim, Mauss, Halbwachs, Bouglé, Giriard), os aspectos formais da vida coletiva (demográficos, geracionais, espaciais, temporais etc.); em suma, a "física" dos grupos. Além do fato já mencionado de que a qualificação de um bem depende dos coletivos, esta produz, por sua vez, grupos – mais ou menos amorfos, mais ou menos duráveis e institucionalizados, mais ou menos amplos e massivos. De maneira geral, definir é praticamente incluir e excluir.

Os grupos profissionais | Os indivíduos que contribuem para a produção dos bens e sua difusão profissionalizam-se em torno de saberes. Não é por acaso que falamos em "qualificações" profissionais.

---

17 | Marcel Mauss, "Rapports réels et pratiques de la psychologie et de la sociologie", *Sociologie et anthropologie*, Paris: PUF, 1985, p. 301. (1. ed.: 1947).

18 | Nathalie Heinich, *Ce Que l'Art fait à la sociologie*, Paris: Minuit, 1998a, p. 30.

Weber descreve, com grande segurança, a emergência dessas instâncias profissionais relativas ao que chama de "magos", os quais, segundo ele, ao encantar o objeto de seus interesses, tornam-se os "primeiros profissionais".[19] Assim também, os produtores de bens culturais produzem as definições e as reativam permanentemente.[20]

A despeito de suas divergências, tanto Pierre Bourdieu quanto Howard Becker destacam esses grupos encarregados de rotular coisas e pessoas no interior dos "campos culturais" (Bourdieu) ou dos "mundos" (Becker). As instituições são mais ou menos institucionalizadas. Academias, júris, universidades, críticas encarregam-se de impor definições convencionais que enquadram os objetos submetendo-os a uma série de cânones e critérios. A competência consiste em deter o monopólio da legitimidade, a saber, o monopólio da capacidade social para dizer o que é ou não um bem cultural.[21]

A produção dos públicos | Grupos de usuários de bens assim qualificados constituem a outra parte importante da morfologia cultural. Os "públicos" são mais ou menos numerosos, constantes, fiéis e devotos. Conforme Hennion,[22] a música se define por meio do que faz, constitui uma mediação. Aqui, a sociologia do amador alcança e reforça o amor pelas apresentações de rock, isto é, o grupo afetivo e emocional. Acontece o mesmo para Paul Yonnet no caso do esporte e dos jogos.[23]

Os coletivos induzidos pela patrimonialização

O patrimônio constitui o fenômeno com base no qual podemos ilustrar essas ideias. O processo de patrimonialização, ele próprio decorrente de um trabalho de grupo, "produz" por sua vez coletivos:

---

19 | Max Weber, *op. cit.*, 1995.

20 | Nathalie Heinich, *Le Triple Jeu de l'art contemporain*, Paris: Minuit, 1998.

21 | Cf. o exemplo das avaliações por pares feitas nas editoras, cujo funcionamento é descrito por Anne Simonin e Pascal Fouché em "Comment on a refusé certains de mes livres: Contribution à une histoire sociale du littéraire", *Actes de la recherche en sciences sociales*, n. 126/127, mar. 1999, pp. 103-105.

22 | Antoine Hennion, *La Passion musicale: une sociologie de la médiation*, Paris: Métailié, 1993.

23 | Paul Yonnet, *Travail, loisir: temps libre et lien social*, Paris: Gallimard, 1999.

• as associações locais, que se encontram frequentemente na origem das iniciativas de classificação ou de inscrição, são mobilizadas constantemente e reativam os bens que consideram de interesse público e suscetíveis de certos tratamentos específicos, dentre os quais a conservação;

• há muitos grupos de peritos, de profissionais (arquitetos, arqueólogos, etnólogos, geógrafos, historiadores, acadêmicos etc.) que são solicitados regularmente no quadro dos processos de inscrição e de classificação;[24]

• os públicos do patrimônio constituem-se de modo diferenciado entre si: encontram-se em certa medida vinculados a territórios, comemorando hábitos coletivos, reativando festas, animando serviços culturais. Esses públicos desenvolvem atitudes específicas e constituem sempre o fiador último da patrimonialização. Os bens culturais de tipo patrimonial induzem relações específicas com os objetos e coletivos correspondentes: o turismo é uma delas;

• as identidades coletivas, reunidas em torno dos bens comuns, ligam gerações que se transmitem estes bens.[25] O patrimônio acrescenta finalmente duração (quando os grupos são duráveis) e controle social:[26] a montante, com os contextos jurídicos de classificação, as regras administrativas e os acompanhamentos financeiros que são impostos aos proprietários, aos usuários, aos corpos de profissionais; a jusante, com a proteção, o restauro idêntico ao original ou a conservação.

Os efeitos axiológicos | *Princípio* | Os sociólogos foram os primeiros a mostrar até que ponto os efeitos morfológicos das qualificações e seus efeitos

---

24 | Yvon Lamy, "Politique patrimoniale et singularité administrative: les architectes des Bâtiments de France", *Genèses*, n. 1, 1990, p. 112-130.

25 | Yvon Lamy (org.), *L'Alchimie du patrimoine*, Bordeaux: Maison des Sciences de L'homme d'Aquitaine, 1996.

26 | Yvon Lamy, "Du Monument au patrimoine: matériaux pour l'histoire politique d'une protection", *Genèses*, n. 11, 1993, pp. 50-78.

simbólicos estão conectados entre si. A operação de qualificação tem efeitos de inclusão e de exclusão: no seio de uma categoria, dentro dos grupos e dentro de agrupamentos hierarquizados e valorizados.

Nesse sentido, a questão da qualificação cultural não é separável daquela da construção do valor das coisas e das pessoas, na medida em que a qualificação empenha sua qualidade, além de sua identidade: quando digo que x é "y", eu o qualifico. Ao fazê-lo, faço literalmente duas coisas:

• identifico x a um elemento qualitativo, remeto-o a um "y" que supostamente diz algo "mais" sobre ele. Por exemplo, se digo que esta estátua é "arte", remeto um objeto singular a uma categoria mais extensa – "a arte" – que supostamente o qualifica;

• atribuo então uma qualidade a x – neste caso, uma qualidade "artística". Retiro um objeto do seu isolamento para incluí-lo num coletivo ligado a indivíduos e a hierarquias, a valores e a uma história, a um "mundo" e/ou a um "campo".

Aplicação | Muitos sociólogos adotam essa perspectiva de análise do social, como trabalho ao mesmo tempo simbólico (que comporta sentido e valor) e físico (densidade social, corpos em movimento etc.):

• Em estudo publicado em 1912 (*As formas elementares da vida religiosa*), Durkheim demonstra que a divisão morfológica tem seu equivalente simbólico na divisão sagrado/profano. A religião inclui e exclui objetos e seres em duas categorias antitéticas: o "sagrado", fortemente valorizado (por interditos e tabus), e o "profano", desvalorizado porque ordinário, comum e cotidiano. É sob esse prisma que Mauss e Hubert[27] haviam estudado o sacrifício, entendido como processo de modificação do estado das pessoas que conduz à consagração.

• A sociologia religiosa de Weber desenvolveu igualmente essa perspectiva. O trabalho religioso produz valor (a "salvação"), isto é, qualificações sociais inseparáveis das hierarquias: os profissionais qualificados (os "virtuosos") de um lado, os não qualificados (as "massas") do outro. Essa divisão induz a lutas pelo monopólio dos acessos à qualificação (as "vias da salvação").

---

27 | Marcel Mauss e Henri Hubert, "Essai sur la nature et la fonction du sacrifice", em: Marcel Mauss, *Œuvres*, v. 1, 1974, pp. 193-352. (1. ed.: *L'Année Sociologique*, 1899).

• Norbert Elias (1897-1990), em sua obra sobre os processos de exclusão,[28] também descreve esses processos de desvalorização estigmatizante: aos grupos físicos e humanos associam-se sempre objetos materiais e noções simbólicas.

• A antropóloga Françoise Héritier mostra[29] que a divisão sexual das sociedades está sempre ligada a uma divisão axiológica, que ela chama de "valência diferencial dos sexos". Isso corresponde ao trabalho social de transposição, no plano dos valores, das "qualidades" femininas e masculinas: o masculino é relacionado a objetos, práticas ou instituições constantemente valorizados, enquanto o feminino é associado ao "resto" (vida cotidiana).

• Bourdieu tem, por sua vez, analisado de maneira bastante ampla os efeitos morfológicos e simbólicos das classificações sociais e, em especial, das qualificações escolares. Longe de se restringir apenas aos contextos escolares (os "juízos escolares" do "entendimento professoral"), as qualificações culturais (diplomas, competências) produzem efeitos em cadeia, podendo ser, em maior ou menor parte, convertidas segundo os universos: em honra e prestígio (capital simbólico), em capital econômico, político etc. O mérito escolar externo transfigura-se em mérito moral interno, ligado à pessoa, ao seu valor próprio. Do mesmo modo, as acumulações de capitais culturais têm efeitos sobre as estratégias de distinção, que são outras formas de manter seu valor, de decuplicá-lo, conservá-lo, transmiti-lo.

O que faz o patrimônio | Por sua vez, o processo de patrimonialização impõe ao público uma nova relação com os objetos: condutas juridicamente regradas, muitas vezes respeitosas (sob pena de sanções formais). Opera-se, nesse sentido, uma "alquimia" – em outras palavras, uma operação mágica que assume várias formas:

• o patrimônio engloba consigo valores nacionais e históricos, de interesse público, que sobrepujam particularismos e interesses privados;

• esses fenômenos de "ascensão em generalidade",[30] de "objetivação"[31] e de

---

28 | Norbert Elias, *Logiques de l'exclusion*, Paris: Fayard, 1997. (1. ed. alemã: 1965).

29 | Françoise Héritier, *Masculin/féminin, la pensée de la différence*, Paris: Odile Jacob, v. 1, 1996; v. 2, 2002.

30 | Luc Boltanski, *L'Amour et la justice comme compétences: trois essais de sociologie de l'action*, Paris: Métailié, 1990.

31 | Nathalie Heinich, *Être écrivain: création et identité*, Paris: La Découverte, 2000.

coletivização inferem atitudes específicas: sacralização, respeito, atenção;[32]
• isso implica desenvolvimento paralelo de uma ética da responsabilidade e de uma ética da convicção: as gerações se tornam depositárias e guardiãs de algo que está acima delas, de uma causa que defendem;
• assiste-se a uma guinada num outro regime de propriedade: subtraem-se certos bens a qualquer tipo de alienação privada; eles são postos à disposição da coletividade. Nenhuma apropriação é possível.

Sociologia dos valores e neutralidade axiológica

Empenhando-se num trabalho de pesquisa sobre a formação dos valores e dos processos de valorização, e sobre os efeitos das qualificações produzidas, o sociólogo é confrontado com a delicada questão dos seus próprios valores. Idealmente, deveria suspender seus juízos: não deve dizer o que tem ou teria valor para ele, muito menos o que é o valor "em geral". Deveria mostrar de modo objetivo (no sentido descritivo e empírico) como se produz o valor.

Ele deve evitar o "sociocentrismo" e mesmo o "intelectualismo", o qual consiste em considerar que aquilo que vale para o pesquisador vale em geral. Típico no contexto da sociologia da cultura, o objeto "livro" é valorizado e valorizador no grupo ao qual o acadêmico pertence. Não deveria ser considerado valorizador para todo mundo. Essa atitude é dita "relativista", a menos que se considere, por um "golpe de força simbólico" que aquilo que é bom para mim deva ser bom para todos. Como Heinich[33] assinala, o sociólogo deve até mesmo refletir sobre os efeitos sociais da publicação de suas pesquisas, o que Weber denominava "ética da responsabilidade".[34]

---

32 | Yvon Lamy (org.), *op. cit.*, 1996.
33 | Nathalie Heinich, *op. cit.*, 1998a.
34 | Max Weber, *Le Savant et le politique*, Paris: Plon, 1959. (1. ed. alemã: 1919).

Os efeitos fisiológicos e emocionais | A experiência estética não pode ser reduzida a questões de juízo: o prazer não é necessariamente intelectual, é também sensível, engaja os corpos e provoca a emoção. Ora, a emoção é em grande parte (indeterminada) somática: mal-estar, júbilo, rubor, suores, tremores, batidas do coração, sensações sexuais. Desse ponto de vista, a arte e os bens culturais em geral têm efeitos sobre os corpos.

Mauss registrou num texto clássico sobre as técnicas do corpo, e também em seu *Manual de etnografia* (1947), que existe uma relação muito antiga entre o corpo e a cultura, o corpo e a estética. Afirma que a própria arte é, na origem, um trabalho do corpo: cosmética, paramentos, dança (que movimenta), drama (que comove), literatura oral (que é recitada e publicamente escutada)... Mauss distingue, por outro lado, os objetos técnicos dos objetos artísticos em função dos seus efeitos: físicos (utilidade) para alguns, sensíveis (não utilidade) para outros. Para ele, "a estética contribui para a eficácia dos rituais por meio dos seus efeitos sensíveis".[35]

Os efeitos psicológicos e identitários | É impossível adentrar numa descrição dos efeitos psicológicos da produção, da posse, da aquisição, do consumo, da difusão do "cultural" como qualidade social. Considere-se de fato que este aspecto se situa nas fronteiras da sociologia, a qual ainda se mostra reticente em penetrar nesses espaços psicológicos. Porém é ainda à originalidade de um Mauss que é preciso referir-se para apresentar o que pode ser uma sociologia dos efeitos psicológicos. No seu estudo sobre o sacrifício, realizado com Hubert, ele evoca a transformação dos estados que são almejados pelos indivíduos.[36] Toda a sociologia dos rituais mergulhou nesse caminho (Durkheim, Van Gennep, Bourdieu, Rivière, Segalen, Héran, Bozon etc.).

Heinich também tomou de empréstimo essa pista ao estudar as "provas da grandeza". Interessando-se pelas transformações de estado induzidas pelo recebimento de um prêmio literário de grande destaque, ela interrogou os laureados quanto aos efeitos dessas mudanças de dimensão social. Alguns assumiram totalmente esses "transportes de grandeza", enquanto outros ficaram paralisados sob seus efeitos.[37]

---

35 | Marcel Mauss, *op. cit.*, 1985, p. 85.

36 | Marcel Mauss e Henri Hubert, *op. cit.*, 1974.

37 | Nathalie Heinich, *L'Épreuve de la grandeur: prix littéraires et reconnaissance*, Paris: La Découverte, 1999.

O que interessa a esses autores é o fenômeno social na medida em que afeta a identidade de uma pessoa (o que é próprio de um efeito, de uma provação), seja ela produtora ou consumidora de bens culturais. É uma pista particularmente frutífera no que diz respeito à descrição das práticas culturais e de suas motivações.

Os efeitos cognitivos | Para completar, é necessário acrescentar algumas palavras sobre os efeitos de sentido induzidos pelo cultural. Heinich desenvolve um trabalho sobre o sentido e as categorias mentais com base em artistas contemporâneos,[38] os quais fazem questão absoluta de subverter os enquadramentos mentais e cognitivos, as convenções em vigor.

Mas essa descoberta dos enquadramentos cognitivos está também na origem de uma corrente importante da sociologia da arte que sempre privilegiou as obras em sua relação com suas determinações sociais. Autores como Francastel, Duvignaud, Adorno ou Lukács atribuem às obras e a seus criadores uma força que age sobre nossas representações mentais e nossas maneiras de ver o mundo.

O funcionamento dos efeitos do "cultural" | Para além dessa dimensão descritiva, que constitui por si só um verdadeiro trabalho sociológico, é preciso empreender um esforço de compreensão a respeito de uma questão pendente: em que medida pode-se estar seguro da dimensão cultural desses fenômenos?

Efeitos fortes e efeitos fracos | Os bens usuais, por si mesmos, não abrigam muitos mistérios. São destinados a utilidades imediatas ou parcialmente postergadas, a consumos que devem ser entendidos no sentido econômico, a saber, de "destruições". Pode-se prever em consequência que a mudança de estatuto de um bem provoque efeitos notáveis para este e sobretudo para aquilo (e aqueles) que ele origina, efeitos esses característicos dos bens "culturais". É como se para estes últimos acontecesse uma espécie de "passagem" para um outro mundo.

Para se representar melhor o fenômeno, pode-se pensar na qualificação jurídica: quando um ato é requalificado e passa, por exemplo, do estatuto de delito ao de crime (caso do estupro nos anos 1980), isso implica outros

---

38 | Nathalie Heinich, *op. cit.*, 1998c.

procedimentos e outras sanções. É o que acontece no contexto da questão que nos interessa, ademais amplamente determinada pelo direito: um bem qualificado de "cultural" muda de regime de propriedade. O contexto passa a ser o da propriedade intelectual, que introduz disposições fundamentais sobre as condições da troca, do comércio, da alienabilidade, da conservação, da gratuidade, dos modos de financiamento, de difusão, de exploração e de consumo. O direito influencia todo o regime de troca de bens e a relação que os indivíduos podem ter com eles. Se pensarmos no direito autoral, acrescenta-se ao direito patrimonial um direito moral. Cede-se uma materialidade, porém permanece, em nome do respeito devido à obra, um direito de retratação ou arrependimento, um direito de paternidade, que não diz respeito à coisa em si, mas, sim, ao seu uso (exploração, reprodução).

Uma qualificação é obtida por uma prova que possui modalidades práticas precisas, cujo resultado é mais ou menos previsível. A "grandeza" extraída da prova é proporcional ao risco enfrentado. Os efeitos simbólicos podem ser enormes em ambos os casos, felizes ou infelizes. *A violência simbólica* (termo oriundo da sociologia de Bourdieu, a propósito da escola) de uma desqualificação pode comportar os fenômenos de vergonha e de desclassificação. Não conhecer a língua ou não dominá-la bem, não ter o benefício da nacionalidade, de uma cultura histórica ou política implica consequências consideráveis, ainda mais poderosas quando sua privação é de origem estatal: a administração está frequentemente na origem da organização das provas, dos seus conteúdos e da distribuição das recompensas e dos fracassos (exemplos: o diploma, a competência linguística, a nacionalidade etc.).

Um exemplo de qualificação cultural com efeitos poderosos: a nacionalidade

A nacionalidade é tipicamente um "rótulo" cultural (e não uma essência), com efeitos consideráveis: outorga a cidadania a grupos inteiros de indivíduos, que formam "nações".

A obra do historiador e politólogo Patrick Weil[39] mostra que a definição da nacionalidade é uma construção legal que evolui sem

---

39 | Patrick Weil, *Qu'est-ce qu'un Français?: histoire de la nationalité française depuis la Révolution*, Paris: Grasset, 2002.

cessar.[40] É uma construção ao mesmo tempo necessária, no plano da produção da coesão de um coletivo, e convencional, no plano dos critérios necessários ao pertencimento ou não a este coletivo. É uma convenção que inclui indivíduos no interior de uma entidade abstrata com efeitos concretos (direitos, deveres) e que exclui outros (os "estrangeiros"). Do mesmo modo, essa categorização tem efeitos em termos de valor: é valorizado por um francês ser um francês e desvalorizado não o ser. Todavia, esse efeito axiológico depende de cada indivíduo – nem todos os franceses consideram na mesma medida que sua identidade é a melhor ou superior.

Efeitos desejados e não desejados | Como mencionamos anteriormente, os bens, e por meio deles os homens e os grupos, se mostram candidatos à qualificação apenas na medida em que se pode antecipar seus efeitos. Não obstante, nem todos os efeitos são intencionais. A sociologia weberiana desenvolveu essa questão, deixando subentendido até que os efeitos de legitimação são mais eficazes quanto mais negada for sua intencionalidade.

Efeitos intencionais | De modo geral, as lutas pela qualificação são particularmente encarniçadas quando as consequências são conhecidas e antecipadas (quer se referissem a qualificação escolar e seus "rendimentos econômicos", ou a qualificação de bens culturais e sua proteção). Muitos autores reforçam a dimensão intencional dos bens culturais. É o caso de Sartre quando escreve sobre a obra literária: "É o esforço conjugado do autor e do leitor que fará surgir este objeto".[41] Como diz também Michel Butor, é preciso, pois, encontrar uma intenção individual e um anseio coletivo. Seguem isso, de modo geral, todos os sociólogos racionalistas que partem do princípio de que as razões dos atores são os motores da ação.

Efeitos não intencionais | Alguns sociólogos são, em contrapartida, muito reticentes no que diz respeito ao paradigma intencional. Em primeiro lugar porque os efeitos de agregação das ações individuais induzem fenô-

---

40 | Cf. Mauss: se o social é "o que fixa", é também "o que muda".
41 | Jean-Paul Sartre, *Qu'est-ce que la Littérature?* Paris: Gallimard, 1997, p. 50. (1. ed.: 1948).

menos não desejados.⁴² Mas também porque a negação da busca consciente dos efeitos pode ser compreendida como uma condição de sua eficácia. É a posição de Bourdieu, para quem os efeitos simbólicos são mais eficazes enquanto existirem instituições (a escola com sua ideologia da "igualdade de oportunidades", a religião com sua ideologia da relação criador/criatura, a família com sua ideologia do amor etc.) que neutralizem suas leituras intencionais.

Os juristas também distinguem os efeitos desejados e os indesejados. Essa distinção foi recentemente aplicada aos bens culturais:⁴³ o são *por natureza* quando são intencionalmente concebidos para possuir uma identidade (o que concerne a todas as obras do espírito definidas pelo regime da propriedade literária e artística); e o são *por destinação* quando têm por efeito objetivo participar sob a forma de meios para esta identidade (os arquivos, os sítios arqueológicos…).

---

42 | Raymond Boudon, *Effets pervers et ordre social*, Paris: PUF, 1977.
43 | Pierre Cabrol, "Les Biens culturels en droit civil français". Tese de doutorado, Bordeaux: Bordeaux IV, 1999.

PARTE II
AS PRÁTICAS E OS PÚBLICOS

CAPÍTULO 4

OS ATORES E AS LÓGICAS DA PESQUISA

UMA REGRA ELEMENTAR do método sociológico consiste em retraçar a gênese social dos problemas colocados.[1] No caso, quando se trata das pesquisas sobre "as práticas culturais", o sociólogo deve começar por interrogar-se sobre os protagonistas, seus interesses e seus objetivos: quem pesquisa, por quê, como e desde quando? A atitude sociológica reside quase inteiramente nessa compreensão dos interesses que definem as "coisas", mais do que na busca de sua definição precisa. Este ponto de vista é igualmente levado ao extremo pela teoria crítica da Escola de Frankfurt (Adorno, Horkheimer, depois Habermas), segundo a qual a sociologia deve esforçar-se em desenvolver um olhar reflexivo sobre a ciência em andamento, seus usos sociais, suas motivações, seus interesses, em vez de contribuir para a reprodução cega de uma ordem social. A sociologia do conhecimento tende a distinguir os usos (intencionais, ligados a interesses de conhecimentos) e os efeitos de conhecimento (não intencionais), que decorrem da difusão não controlada dos produtos do conhecimento. A sociologia permanece bem pobre em estudos reflexivos sobre os efeitos de sua difusão; os chamados de alguns permanecem ainda sem resposta, e é muito raro encontrar pesquisas sobre as pesquisas. Citemos Pierre-Michel Menger em fechamento de um colóquio em 2003, que – no meio de toda uma exposição – escrevia:

> Nosso colóquio permitiu constatar essa variedade de laços entre parceiros da produção de informações e de conhecimentos e também a variedade dos usos sociais, econômicos e políticos dos dados e dos modelos interpretativos produzidos. Mas é certo que a constatação não basta mais: o pesquisador deve conhecer, não só pela observação episódica, a relação entre esses usos e a variabilidade dos comportamentos de pesquisa. Seria um simples imperativo de reflexibilidade

---

[1] Pierre Bourdieu, *As regras da arte: gênese e estrutura do campo literário*, São Paulo: Companhia das Letras, 1996.

destinado a proteger a pesquisa dos desvios de sua instrumentalização? Há mais do que isso: as formas de relação e de negociação entre pesquisadores, patrocinadores, tomadores de decisão e usuários são tão importantes de se conhecer, que se assiste a uma ascensão em poder de atividades especializadas de gerenciamento cultural e de marketing cultural, as quais dão um grande destaque aos usos diretos de conhecimentos sobre os públicos, e à multiplicação das formações e dos empregos de engenharia e de mediação cultural.[2]

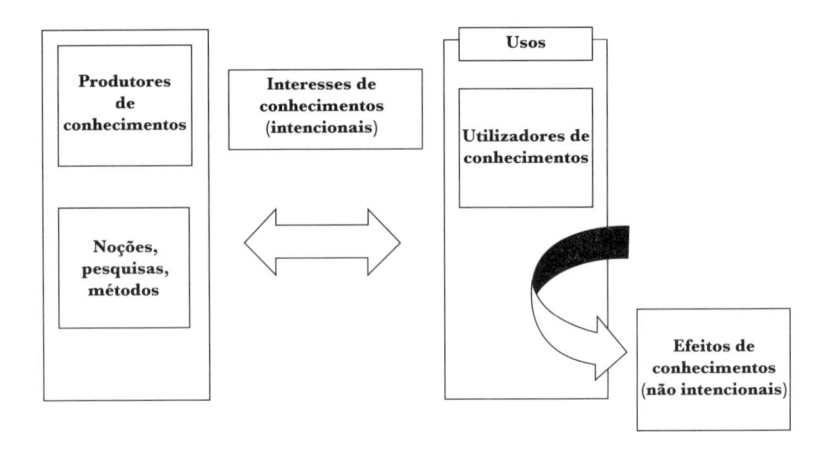

Figura IV.1. Atores e lógicas da pesquisa

Identificamos ao menos três tipos de atores implicados na produção de pesquisas sobre as práticas, todos contribuindo, à sua maneira, com a institucionalização da sociologia da cultura: as administrações (na França, o INSEE, o Ministério da Cultura), que impõem as representações dominantes sobre o assunto; os profissionais, ligados a instituições públicas ou a indústrias culturais, que têm razões diferentes para conhecer seus públicos e desenvolvem formas convenientes de investigação; os acadêmicos, enfim, que são sociólogos, economistas, etnólogos ou historiadores, cujos interesses de conhecimento são variados (aplicados ou não). Todos esses atores têm objetivos e métodos específicos, que tentaremos apresentar de maneira breve, e produzem tipos de conhecimentos distintos.

2 | *Apud* Olivier Donnat (org.), *Le(s) Public(s) de la culture*, Paris: Presses de Sciences Po, 2003b, v. 2, p. 318.

A estatística pública | **O INSEE** | A ótica do INSEE (Instituto Nacional de Estatística e de Estudos Econômicos) pode ser considerada dupla: economicista, quando o instituto compara as práticas às despesas, e antropológica, quando pesquisa o tempo livre e a sociabilidade.

Uma perspectiva economicista: práticas = despesas | A abordagem estatística privilegia a dimensão mercantil quando escolhe traduzir um máximo de práticas na linguagem da troca monetária quantificável. O INSEE adota, assim, certo ponto de vista sobre um fenômeno que contribuiu a fazer emergir e a impor progressivamente. Fica bem claro que as "práticas culturais" muitas vezes não são nem mercantis nem monetárias; é só pensar no fato de escutar um disco, desenhar, fazer teatro "como amador", tocar piano etc. Essas práticas não custam nada, mantêm as pessoas bastante ocupadas e não serão levadas em conta pela estatística pública. Isso não impede o instituto estatístico de estudar regularmente as práticas culturais no contexto das despesas orçamentárias dos lares, sob o item "Cultura e lazeres".[3]

Esse modo de ver remonta às primeiras pesquisas sobre o consumo dos lares, iniciadas no século XIX por Frédéric Le Play (1806-1882). Politécnico de formação, escreveu *Os operários europeus* (1855), obra inovadora, em que se confrontou com a questão da categorização das despesas das famílias. Decidiu classificá-las em cinco "seções" (fala-se hoje em "rubricas orçamentárias"): alimentação, moradia, vestuário, um conjunto de "necessidades morais, recreação e serviços de saúde" e um conjunto de "indústrias domésticas" (para os casais que trabalhavam em casa). Estava perfeitamente consciente de que a nomenclatura adotada dependia dos objetivos que ele se atribuía, a saber: "destacar a condição física e moral de cada família e facilitar as comparações". Segundo Le Play, a seção "necessidades morais, recreações" – que nos parece corresponder melhor ao que se inclui hoje na rubrica "cultura e lazeres" – ligava-se às combinações cujos objetivos consistiam em "prover às necessidades da alma, desenvolver a inteligência, aliviar os cansaços do trabalho e conservar o corpo saudável". Subdividia-se como segue: culto, assistência e esmolas; instrução das crianças; recreação e solenidades; saúde.

---

3 | Nicolas Herpin e Daniel Verger, *La Consommation des français*, Paris: La Découverte, 2000, v. 2.

Esta sociologia do consumo (*avant l'heure*) repousava sobre a classificação das despesas por tipos — e foi, mais tarde, questionada. Quando Maurice Halbwachs (1877-1944) estudou, por sua vez, o consumo dos operários, em 1912, tomou como eixo de reflexão os usos das despesas, interpretadas como a expressão das "necessidades sociais". Assim, explicava que a despesa com iluminação, longe de se reduzir a sua função manifesta (iluminar), podia constituir um indicador das atividades sociais domésticas:

> Ela aumenta de maneira palpável à medida que as populações apreciam melhor a fruição que podem trazer, durante as noites de inverno, a leitura, a conversação e os encontros com a vizinhança. Este item de despesa constitui, por vezes, uma excelente medida da cultura intelectual e da sociabilidade de cada família.[4]

Essa reflexão leva, pois, a considerar com precaução as interpretações que se pode retirar hoje das estatísticas do INSEE, cujas categorias não correspondem forçosamente aos usos sociais.

Conforme os estatísticos, as despesas dos lares em bens e serviços culturais representam 7% do consumo, ou seja, 70 bilhões de euros.[5] A rubrica "lazeres e cultura" respondia, em 1995, por 12% do consumo global dos franceses se incluirmos aí os lazeres e as férias.[6] O que exatamente é agrupado nesse agregado? O ensino privado; os materiais e os serviços audiovisuais; os discos e cassetes; os produtos editoriais (livros e periódicos); os materiais e os serviços esportivos; a fotografia (aparelhos, filmes, serviços de revelação); os espetáculos; os jogos de azar; os brinquedos; os serviços de agências de viagens; as despesas de hospedagem nas férias (*camping*, hotéis, pousadas rurais, clubes); os equipamentos de barcos, *trailers*.

---

4 | Maurice Halbwachs, *La Classe ouvrière et le niveau de vie: recherches sur la hiérarchie des besoins dans les sociétés industrielles contemporaines*, Paris, Londres, Nova York: Gordon et Breach, 1970, p. 167. (1. ed.: 1912).

5 | Chantal Lacroix, *Chiffres clés: statistiques de la culture*, Paris: La Documentation française, 2009.

6 | Nicolas Herpin e Daniel Verger, *op. cit.*, 2000, v. 2, p. 29.

TABELA IV.1. A ESTRUTURA DE CONSUMO DOS LARES (EM %)

Rubricas orçamentárias	1960	1970	1980	1990	2000	2006
Alimentação + álcool e fumo	28,6	21,8	17,1	15,5	14,1	12,8
Vestuário	9,7	8,1	6,1	5,4	4,0	3,6
Moradia + equipamento	19,1	23,1	23,6	23,0	24,2	24,0
Saúde	5,6	8,0	9,7	11,7	12,6	–
Transporte + comunicações	9,8	11,0	13,4	14,1	13,9	14,5
Lazer e cultura	6,2	6,8	7,1	7,0	7,1	7,2
Hotéis, café, restaurantes	6,5	5,4	5,5	6,0	6,0	6,0
Ensino privado (fora impostos)	5,8	6,4	6,6	6,3	6,9	–
Outros	5,7	6,0	6,1	6,1	6,0	–

Fontes: *Portrait social*, INSEE, 2006, p. 185; *Culture chiffres*, 2009-2, para 2007.

Os resultados dependem evidentemente do conteúdo das rubricas: será que deveria ser incluída aí a educação (que se encontra no conjunto dos "consumos coletivos"), caso em que as cifras da cultura dobram de importância? Deveriam ser incluídos os transportes, que por vezes destinam-se a lazeres? O que fazer com a sociabilidade que ocasiona despesas (para as festas, por exemplo)? Ou "bens" de uso duplo, tais como o automóvel, os computadores e os animais (!), que servem (em parte somente) para relaxar? Deveriam ser incluídas as despesas ligadas a lazer, às férias? Dessas opções metodológicas e de categorização dependem coeficientes orçamentários anuais.

O trabalho de contagem estatístico e monetário efetuado pelo INSEE revela-se, pois, complexo: não somente aborda apenas as práticas culturais que passaram por uma troca monetária (declarada), mas, além disso, não pretende identificar as despesas segundo suas finalidades efetivas. Por certo, é correto dizer que se compra gasolina para o "transporte" ou que se telefona para a "comunicação", segundo a abordagem funcional, mas, na linhagem crítica de Halbwachs, não seria preciso perguntar-se por que a pessoa se desloca e por que comunica?

A despeito do que caberia chamar de "arranjos com a realidade", o INSEE produz e difunde uma representação que se impõe como uma evidência a muitos atores sociais, o mais das vezes pelo intermédio das transmissões midiáticas que a apreciam, mas permanecem sem abordar a questão do sentido.

TABELA IV.2. Consumo dos lares em produtos e serviços culturais

(milhões de francos, válidos antes de 2000; e euros, na sequência)

Produtos e serviços culturais	1990	1998	2007
Televisão	25.976	39.257	5.433
Imprensa	35.521	35.737	4.593
Livros	17.200	17.020	3.627
Fotografia	17.303	20.042	
Espetáculos	7.320	13.771	4.336
Aparelhos de gravação (som e imagem)	17.934	12.426	4.025
Discos e cassetes	8.092	11.772	
Parques de atração e diversão	9.539	11.385	
Rádio	8.480	8.261	
Vídeos	2.824	7.677	
Cinema	1.903	7.321	1.144
Bailes, discotecas	6.127	6.931	
Museus, monumentos	1.123	1.712	

Fontes: *França, portrait social*, Paris, INSEE, 2000, p. 185; *Culture chiffres*, 2009-2, para 2007.

Para uma perspectiva antropológica (1): práticas = tempo livre | Todavia, além das pesquisas sobre as despesas de consumo, foram preparadas durante os anos 1950 pesquisas sobre as férias, os lazeres ou os usos do tempo liberado de trabalho. Ao mesmo tempo que se interessava pelo dinheiro gasto, o INSEE levou em consideração o tempo. Essa nova orientação inscreve-se na linhagem dos trabalhos da sociologia quantitativa norte-americana e internacional do período entre guerras (levantamento de 1924 do Escritório Internacional do Trabalho sobre o lazer dos operários) e das monografias dos meios sociais (operários, empregados de escritório etc.). Desenvolveu-se num contexto ligado à preocupação política com o enquadramento do lazer dos trabalhadores (nas décadas de 1960 e 1970, pesquisas em psicologia social o testemunham: Paul-Henry Chombart de Lauwe, René Kaës, Janine Larrue). As pesquisas sobre os orçamentos-tempos dos lares permitem descobrir a situação temporal de certas atividades, conforme se referem às necessidades fisiológicas (sono), ao trabalho profissional, ao trabalho doméstico (trabalho gratuito no domicílio) ou ao tempo residual (lazeres, absorvidos em grande parte pela televisão).

No final, as estatísticas nacionais permitem conhecer as práticas culturais em função das despesas, em uma primeira aproximação, e em função do tempo que se dedica a elas.

Os levantamentos de dados sobre os "comportamentos não monetários"

Se, por um lado, as pesquisas sobre o equipamento dos lares, as condições de vida e de consumo são comandadas pelas necessidades das diversas administrações que delas fazem um uso político e econômico (por exemplo, estabelecer um índice de preços), por outro, o estudo dos "comportamentos não monetários" foi concebido por estatísticos pela sua própria iniciativa pessoal, isenta de qualquer encomenda tutelada[7] sem outra motivação senão a "necessidade de saber".

No escopo dessas pesquisas sobre os "comportamentos não monetários" (é a expressão de Desabie), é concedido um lugar privilegiado às práticas culturais. Existem também, desde 1981, pesquisas quantitativas sobre a sociabilidade dos franceses, sobre a troca de bens e serviços nas relações de parentesco e, ainda, sobre as identidades, por meio de uma pesquisa sobre as histórias de vida (2003).[8] Uma colaboração foi pedida ao DEPS (Departamento de Estudos das Prospectivas e das Estatísticas do Ministério da Cultura) sobre a dimensão cultural da identidade individual e social. A construção identitária é concebida nesse amplo levantamento com base em acontecimentos estruturantes da vida do indivíduo e das várias instituições de socialização que nela desempenharam um papel: família, escola, profissão, lugar de residência, pertencimentos ideológico e religioso, bem como lugares e práticas de lazer e cultura.

---

7 | Cf. o testemunho de Jacques Desabie, "Les Enquêtes sur les conditions de vie des ménages", em: *Pour une Histoire de la statistique*, Paris: Économica/INSEE, 1987, v. 2, p. 257.

8 | Cf. *Économie et statistiques*, n. 393-394, 2006.

> **Cronologia das pesquisas de levantamento de dados**
> 1949: Primeira pesquisa sobre férias
> 1964: Pesquisa geral sobre férias
> 1966: Primeira pesquisa orçamento-tempo
> 1967: Pesquisa sobre lazeres
> 1974: Primeira pesquisa nacional "Uso do tempo"
> 1981: Primeira pesquisa sobre a sociabilidade (chamada de "Pesquisa contatos")
> 1997: Pesquisa "Rede de parentesco e ajuda mútua"
> 2003: Pesquisa "História de vida", sobre as identidades

O reforço da perspectiva antropológica (2): sociabilidade = prática cultural? | O INSEE inaugurou, nos anos 1980, um novo canteiro de obras com suas pesquisas sobre a sociabilidade. Sua originalidade consiste em estudar as relações interpessoais (entre parentes, amigos, colegas de trabalho, vizinhos) sem focalizar os bens ou serviços trocados. A ótica é deliberadamente não monetária, influenciada pela antropologia e pela sociologia das redes sociais: considera-se que a troca como tal predomina sobre o bem trocado. Era exatamente a ótica de Halbwachs (1912) quando considerava que os operários expressavam sua necessidade de sociabilidade ao gastar com alimentação relativamente mais que os empregados de escritório.

Alguns pontos dos questionários fixam-se nas modalidades de troca, conforme sejam diretas (conversações, interações) ou mediadas por objetos (telefone, PC, novas tecnologias de informação, celulares etc.). Outros se voltavam para os bens e serviços trocados. Foi possível estabelecer, assim, que as profissões liberais recebiam mais, em média, do que davam,[9] quer se trate de bens, de serviços ou de pessoas. Da mesma maneira, a pesquisa "Redes de parentesco e ajuda mútua", de 1997, pôs em evidência as ajudas "morais ou materiais" que circulam no seio das famílias ampliadas (das crianças aos avós, passando pelos irmãos), o que alguns sociólogos chamam de "economia

---

9 | François Héran, "La Sociabilité, une pratique culturelle?", *Économie et statistique*, n. 216, dez. 1988, pp. 3-22.

oculta do parentesco".[10] Neste contexto de análise, ir ao restaurante, beber um café ou ir visitar um parente ou seus amigos correspondem a práticas que podem ser qualificadas de "culturais" no sentido em que são ações socialmente diferenciadas (em termos de diplomas, de meios sociais) que se referem a uma comunidade de normas e de valores partilhados por alguns grupos sociais "homogêneos". Tais práticas são irredutíveis a despesas, como bem se vê. Essa abordagem hoje faz parte da visão comum do INSEE e do DEPS.[11]

Os trabalhos sociológicos que mesclam as práticas culturais às práticas de sociabilidade são cada vez mais frequentes.[12] Está já bem estabelecido que os indivíduos que mais praticam "culturalmente" são também os que, pela vida profissional ou social, possuem as relações sociais mais densas.[13] Essas hipóteses de trabalho foram confirmadas na França pelos trabalhos de Dominique Pasquier, que mostram que os jovens investem nas práticas culturais e comunicacionais mais "rentáveis" socialmente.[14] Assim, a relação vai nos dois sentidos: as práticas culturais produzem sociabilidade, oportunidades para encontros; e, inversamente, são as redes de intercâmbio que influem na intensidade e na diversidade das práticas culturais.

Constata-se, para terminar, que a perspectiva da estatística pública evoluiu enormemente a respeito das práticas, estando longe de reduzi-las a uma questão de despesas e consumo. O INSEE não pode ser reduzido a um instituto econômico e constitui, para a sociologia da cultura, uma fonte essencial de informações e de reflexões.

---

10 | Jean-Hugues Déchaux, "Les Trois Composantes de l'économie cachée de la parenté", *Recherches Sociologiques*, v. 25, n. 3, 1994, pp. 37-52.

11| Ver, de Olivier Donnat, *Les Français face à la culture: de l'exclusion à l'éclectisme*, Paris: La Découverte, 1994; *Les Pratiques culturelles des français: enquête 1997*, Paris: La Documentation française, 1998; e *Les Pratiques culturelles des français à l'ère numérique: enquête 2008*, Paris: La Découverte/Ministère de la Culture et de la Communication, 2009.

12 | Cf. Dominique Cardon e Fabien Granjon, "Éléments pour une approche des pratiques culturelles par les réseaux de sociabilité", ou Dominique Pasquier, "Des Audiences aux publics: le rôle de la sociabilité dans les pratiques culturelles", ambos presentes em: Olivier Donnat (org.), *Le(s) Public(s) de la culture*, Paris: Presses de Sciences Po, 2003b, v. 2, cap. 3.

13 | Paul DiMaggio, "Classification in Arts", *American Sociological Review*, v. 52, 1987.

14 | Dominique Pasquier, *Cultures lycéennes: la tyrannie de la majorité*, Paris: Autrement, 2005.

O Ministério da Cultura | *Origens dos levantamentos de dados* |
A produção do instituto foi assumida a partir dos anos 1960 pelo Ministério da Cultura. A ideia de recolher dados estatísticos que tratam especificamente das práticas culturais foi justificada pelo projeto político de estabelecer um recenseamento das necessidades e das expectativas dos franceses em matéria de tempo livre, a fim de levá-los a ocupar "convenientemente" o tempo liberado pelos "excedentes de produtividade" extraídos do crescimento econômico (noção forjada por Pierre Massé, comissário para o Plano[15] da época). O diagnóstico das "necessidades culturais" deu base para o desenvolvimento de uma política nacional de equipamentos que lhes corresponderia, segundo os desejos de André Malraux, o ministro da Cultura do general de Gaulle entre 1959 e 1969. Esse projeto emergiu nas comissões para o equipamento cultural, especialmente durante as reuniões preparatórias do IV Plano. Um dos seus personagens-chave foi Augustin Girard.[16]

Augustin Girard: do SER ao DEPS | Augustin Girard (1926-2009), professor concursado de inglês, participou em 1961 dos trabalhos da comissão para o equipamento cultural do IV Plano (1962-1965). Foi relator-geral da Comissão de Assuntos Culturais do VI Plano. Em 1968, foi oficialmente criado o SER (Serviço dos Estudos e Pesquisas do Ministério de Assuntos Culturais), com base nas estruturas instaladas desde 1963 por Girard. Por volta de 1971, foram estabelecidos laços com o INSEE, que delegou administradores (Pierre Vesse e Jacques Antoine) visando construir "uma conta-satélite da cultura" e associá-la à contabilidade nacional (projeto que não foi finalizado). O primeiro anuário estatístico da cultura abrangeu as décadas de 1960 e 1970; foi publicado em cinco volumes em 1977. Em 1969, o SER se transformou no DEP (Departamento de Estudos das Prospectivas) e, posteriormente, em 2002, no DEPS (Departamento de Estudos das Prospectivas e das Estatísticas). Por encomenda do INSEE, Girard mandou realizar os estudos necessários aos trabalhos do Comitê Ministerial de Avaliação, cuja missão era apreciar a

---

15 | O Comissariado-Geral do Plano foi responsável por estabelecer planos quinquenais para a França entre 1946 e 2006. [N. T.]

16 | Ver Jean-Pierre Rioux e Jean-François Sirinelli (org.), *Pour une Histoire culturelle*, Paris: Seuil, 1997; e Vincent Dubois, *La Politique culturelle: genèse d'une catégorie d'intervention publique*, Paris: Belin, 1999.

eficácia das políticas implementadas pelo ministro da Cultura. Esse órgão trabalhava em ligação com o Comissariado-Geral do Plano, os SER dos outros ministérios, a Unesco e o Conselho da Europa. Seguia seis eixos de pesquisa: o emprego (Observatório do Emprego Cultural); a economia da cultura; a educação artística; os públicos e as práticas; o ordenamento do território e o financiamento público da cultura; e o internacional.

Tipos de pesquisa | A produção de pesquisas dos serviços do Ministério é abundante e se desenvolve sobre três eixos:
• a centralização dos levantamentos realizados pelas instituições culturais, que acumularam dados sobre seus públicos. Foi o primeiro grande canteiro do SER;
• a produção de pesquisas nacionais, por domínios de prática, por tipos de públicos (os jovens, os rurais etc.) e por lugares (uma cidade, um festival etc.);
• a política de encomenda de pesquisas por intermédio de licitações. O Ministério associa-se a acadêmicos especialistas para tomar-lhes de empréstimo alguns conceitos, algumas problemáticas, alguns métodos, enquanto os pesquisadores encontram, por sua vez, recursos institucionais para conduzir trabalhos que poderão ser financiados e difundidos. Entre os mais célebres, pode-se citar o levantamento sobre a frequência aos museus europeus dirigido por Pierre Bourdieu,[17] o de Raymonde Moulin sobre o público da arte contemporânea,[18] o de Michel de Certeau sobre as práticas culturais no cotidiano,[19] o de Nathalie Heinich sobre as reações negativas frente à arte contemporânea,[20] os de Pierre-Michel Menger sobre os públicos de uma orquestra contemporânea e sobre trabalhadores temporários do ramo de espetáculos e atores.[21] Esses exemplos mostram que existem relações fortes, por intermédio do DEPS, entre o Ministério e alguns acadêmicos parisienses.

---

17 | Pierre Bourdieu e Alain Darbel, *L'Amour de l'art: les musées d'art européens et leur public*, Paris: Minuit, 1969. (1. ed.: 1966).

18 | Raymonde Moulin, *Les Attitudes du public à l'égard de l'art contemporain*, Paris: SER, 1971.

19 | Michel de Certeau, *L'Invention du quotidien 1: arts de faire*, Paris: Gallimard, 1990. (1. ed.: 1980).

20 | Nathalie Heinich, *L'Art contemporain exposé aux rejets: études de cas*, Nîmes: Jacqueline Chambon, 1998b. (1. ed.: 1995).

21 | Respectivamente: *Le Paradoxe du musicien*, Paris: Flammarion, 1983; e *La Profession de comédien: formations, activités et carrières dans la démultiplication de soi*, Paris: La Documentation française, 1997.

Metodologia dos levantamentos de dados nacionais sobre as práticas culturais denominadas PCF (práticas culturais dos franceses)

Houve até hoje cinco grandes ondas de pesquisas nacionais sobre as práticas culturais dos franceses: 1973, 1981, 1989, 1997 e 2008, às quais é preciso acrescentar o levantamento de dados do INSEE de 2003 sobre as práticas culturais e esportivas, cujos resultados foram amplamente retomados por Coulangeon.[22] Foram realizadas como sondagens sobre amostras representativas (2 mil pessoas em 1973, 3 mil em 1981, 5 mil em 1989, 4,3 mil em 1997 e 5 mil em 2008), por questionários fechados (o último propunha mais de cem perguntas com uma hora de entrevista). Trata-se, em todos os casos, de "declarações de práticas". Geralmente, as categorias de "prática" e de "cultura" não são questionadas, exceto em caso excepcional (lembramos a pesquisa de 1996 sobre as práticas amadoras). O coordenador procede sempre *in fine* a inclusões e exclusões necessariamente problemáticas: "Foram descartadas as atividades culturais não artísticas (trabalhar em arquivos, participar de atividades em sítios arqueológicos, escrever artigos para um jornal ou para uma revista), assim como as atividades cujo caráter artístico não é objeto de consenso (o artesanato artístico)".[23]

Coagidos por uma lógica prático-política, os levantamentos de dados das administrações almejam antes de tudo a produção de resultados; a interrogação sobre categorias é secundária. Contentam-se assim, muito simplesmente, em retomar as grandes categorias das indústrias (sobre os tipos de música, por exemplo) e das instituições culturais (sobre os domínios).

---

22 | Philippe Coulangeon, *Sociologie des pratiques culturelles*, Paris: La Découverte, 2005.

23 | Olivier Donnat, *Les Amateurs: enquête sur les activités artistiques des français*, Paris: La Documentation française, 1996, anexos metodológicos, pp. 173-176.

TABELA IV.3. AS PRÁTICAS CULTURAIS DOS FRANCESES

(porcentagem entre os franceses com 15 anos ou mais)

Domínio das práticas	Tipos de práticas	1973	1989	1997	2008
Leitura	Leem um jornal diário	77	79	73	69
	Todos os dias	55	43	36	29
	Leem uma revista			86	84
	Um a quatro livros por ano	70	75	74	70
	Leram mais de 20 livros	28	24	19	17
Saídas culturais (ao menos uma vez por ano)	Cinema (uma vez ao menos)	52	49	49	57
	Biblioteca e videoteca		23	31	28
	Shows de rock		10	9	10
	Ópera		3	3	
	Variedades		10	10	11
	Espetáculos de dança profissionais	6	6	8	8
	Espetáculos amadores		14	20	21
	Museu	27	30	33	30
	Monumentos históricos		28	30	30
	Exposição de arte	19	23	25	24
	Circo		9	13	14
	Teatro	12	14	16	19
Práticas audiovisuais	Televisão (todos os dias)	65	73	77	87
	Filme em vídeo (toda semana)		13	28	25
	Rádio (todos os dias)		66	69	67
	Discos e fitas cassetes		21	27	

Fontes: conforme Olivier Donnat, *op. cit.*, 1998; *op. cit.*, 2009; e "Sociologie des pratiques culturelles", em: Philippe Poirrier (org.), *Politiques et pratiques de la culture*, Paris: La Documentation française, 2010.

• *A tecnologia digital* • A cada onda de pesquisas, surgem novas questões, tamanha a rapidez da evolução das práticas. O levantamento de 1997 deu um lugar muito importante "à cultura da tela", constituída então pela televisão e seus equipamentos anexos (videocassete). A multimídia começava a se impor, os lares equipavam-se com PCS (à época, 11% tinham um PC; em 2009, 74% têm um PC no domicílio, 20% declaram nunca ter utilizado um computador). A internet praticamente não existia (67% têm uma conexão de internet em 2009, e 53% dos franceses a utilizam diariamente, contra 4% em 1997). Desde então a revolução digital assumiu tal amplitude que justifica quase por si só a recondução de uma pesquisa. Em 2008 mais de dez novos itens foram dedicados à internet (pesquisa, aliás, intitulada "As práticas culturais dos franceses na era digital"), que transfigura as práticas mas também as categorias de classificação e de pensamento dos pesquisadores. Uma das dificuldades maiores dessa "cibercultura" é sua capacidade de envolver todas as outras práticas: não se sabe mais se é pertinente isolar essas práticas, tornando a cibercultura uma categoria à parte, ou se é melhor incluí-la como apêndice (em vias de se tornar núcleo!) de cada uma das outras. Da mesma maneira, ela repõe em pauta as concepções materiais ou objetivas que fazemos dos bens de cultura, transformando objetos (livros, suportes como CD, DVD, a própria noção de equipamentos culturais) em "potencial", em serviços, em imaterial, em conexões, em *links*... Hoje, ser "culto" ou "praticante" remete mais a uma capacidade de se conectar do que a uma cultura objetivada, ou mesmo assimilada e acumulada.[24]

As problemáticas do Ministério: democratização ou avaliação? |
Para que servem exatamente esses levantamentos de dados conduzidos pelo Ministério desde os anos 1970? É preciso perguntar-se quanto aos usos que os políticos fazem de tais conhecimentos macroscópicos sobre o tempo livre dos franceses. As pesquisas do Ministério constituiriam um instrumento de avaliação das políticas públicas?

Por alguns aspectos, parece que elas não interessam aos políticos. "Os deputados não se interessam pela cultura: duas horas de debate, 13 deputados no máximo para o debate sobre a política orçamentária."[25] Podem também

---

[24] Para uma primeira abordagem, ver Jean-François Dortier, "La Troisième Culture", *Sciences Humaines*, out. 2007, n. 186, pp. 39-46; Olivier Donnat, *op. cit.*, 2009, capítulo 2, "Ordinateur et internet"; Pierre Lévy, *Cibercultura*, São Paulo: Editora 34, 1999; Dominique Wolton, *Internet, e depois?: Uma teoria crítica das novas mídias*, Porto Alegre: Sulina, 2003; Eric Maigret e Eric Macé (org.), *Penser les Médiacultures: nouvelles pratiques et nouvelles approches de la représentation du monde*, Paris: Armand Colin, 2005. Alguns dados estatísticos podem ser vistos em: Valérie Deroin, "Diffusion et utilisation des TIC en France et en Europe en 2009", *Culture chiffres*, 2010-2.

[25] Entrevistas com Augustin Girard, em: *Profession Culture*, n. 8, 1993, pp. 23-24.

embaraçá-los: "O gabinete do Ministério chegou a opor-se à publicação de um anuário julgado pouco oportuno no plano político".[26] Serviram antes dos anos 1980 sobretudo para avaliar os investimentos necessários para equipar o território com infraestruturas institucionais. A partir dos anos 1980, no momento em que a política cultural assumiu certa amplitude orçamentária e ideológica, foram concebidos como ferramentas *ex post* para avaliar uma política que não possuía necessariamente a importância que se pretendia emprestar-lhe. Como foi lembrado por Girard, as práticas culturais dependem de fatores extrapolíticos que a política não saberia influenciar: as inovações técnicas, por exemplo, que subvertem as práticas, têm uma existência própria. Em que as políticas públicas são responsáveis pelos usos da banda larga, da internet e dos celulares? O Estado (e não somente o Ministério da Cultura) fornece um quadro regulatório para expandir a área de competência das indústrias, de equipamentos industriais, e oferecer possibilidades de exploração a grandes indústrias culturais.

No entanto, as pesquisas sobre as práticas continuam a ser consideradas por alguns atores sociais um meio de avaliação das políticas culturais.[27] Jornalistas, políticos, cientistas políticos, sociólogos podem utilizá-las como tais. O grau de frequência funciona como uma alavanca para justificar os financiamentos públicos e uma ferramenta de avaliação das políticas. Certas contribuições das pesquisas PCF (notadamente as de 1989) foram utilizadas contra a gestão do ministro Lang no contrapé de seu discurso sobre a democratização cultural e contra a cultura de todos e para todos.

Os conhecimentos produzidos pelos profissionais da cultura |

Seria, todavia, ingênuo imaginar que os profissionais da cultura esperaram os levantamentos administrativos para conhecer seus públicos; ingênuo também acreditar que as estatísticas nacionais constituem as únicas fontes de conhecimento sobre as práticas e os públicos. Existem inúmeras pesquisas históricas realizadas pelos primeiros interessados, isto é, por aqueles que vivem da cultura. Quem são esses profissionais? Nós os agrupamos segundo seu pertencimen-

---

26 | Augustin Girard, "Genèse d'une statistique culturelle", projeto de artigo, jun. 1984, Centro de Documentação do SER.

27 | Pierre Moulinier, *Les Politiques publiques de la culture en France*, Paris: PUF, 1999.

to ao setor privado (domínio das indústrias culturais, editorial, da ficção, da imprensa e da mídia, do cinema, dos distribuidores de discos etc.) ou ao setor público da cultura (bibliotecas, casas da cultura, museus, monumentos etc.).

O setor privado (as indústrias culturais) | Os profissionais da difusão dos bens de cultura interessaram-se muito rapidamente pelo público como mercado. Sua representação está marcada por essa tendência: evocam-nos em termos de marketing, falam em "frequência", "impacto", "audiência", "público leitor", "consumo", "clientes".

A medição da audiência pelo Médiamétrie

Muitos dados estatísticos regulares são fornecidos pelo instituto privado Médiamétrie e servem para mensurar a audiência dos meios de comunicação.

O instituto mede o número de "contatos" diários com um meio de comunicação (em média, 47 ao dia por indivíduo em 2007) e evoca a "taxa de penetração" por meio de comunicação (porcentagem de franceses com pelo menos um contato cotidiano).

A televisão	90% dos franceses assistem à televisão todos os dias. Dois em cinco assistem ao telejornal *Le 13 Heures*.
O rádio	82% ouvem rádio todos os dias
A imprensa escrita	78% leem a imprensa escrita todos os dias
Internet	37% surfam todos os dias

Fonte: pesquisa *Media in Life*, publicada em fevereiro 2008, realizada junto a franceses de 13 anos e mais.

A técnica da sondagem | As sondagens estão no centro da metodologia dos especialistas das indústrias culturais que recorrem ao marketing. Trata-se principalmente de interrogar os indivíduos, como consumidores de um bem ou de uma família de bens específicos, seguindo um protocolo formal, com base em questões formatadas e respostas preestabelecidas (questionários ditos "fechados"). Os indivíduos são associados a escalas em função de sua satisfação, de sua fidelidade aos produtos ou de sua memorização.

É preciso apresentar aqui algumas grandes figuras históricas dessa técnica e sublinhar que acadêmicos norte-americanos estão na origem do desenvolvimento intensivo das sondagens no domínio das práticas culturais do setor cultural privado:

• Georges Gallup (1901-1984) introduziu o método das sondagens na análise dos leitores da grande imprensa. Após um mestrado em psicologia, propôs em sua tese de jornalismo (defendida em 1928) um método que constitui hoje o fundamento das pesquisas de público leitor; foi ele também que previu a vitória inesperada de Roosevelt em 1936.

• Paul Lazarsfeld (1901-1976), que se tornou uma grande personagem da sociologia norte-americana após seu exílio da Áustria em 1934, foi um usuário obstinado dos métodos quantitativos. Analisou notadamente o impacto das campanhas midiáticas sobre os indivíduos (estudos financiados pela Fundação Rockefeller) no contexto do seu Instituto para a Pesquisa Aplicada. Pôde matizar a visão simplista de um "ouvinte esponja" em suas pesquisas sobre a escuta radiofônica (1942-1943) e pôr em evidência a parcela de autonomia dos ouvintes;[28]

• Na França, Jean Stoetzel (1910-1987), que ocupou a cadeira de sociologia em Bordeaux após a Segunda Guerra Mundial, redigiu seus primeiros trabalhos sobre a "psicologia da propaganda" e lecionou psicologia social no Instituto de Estudos Políticos de Paris. Como resultado de suas frequentes viagens transatlânticas, introduziu a prática das sondagens e dos estudos de "opinião pública", criou o IFOP (Instituto Francês de Opinião Pública), em 1938, importando os métodos de Gallup. Toda uma corrente da sociologia francesa permaneceu marcada pela sua influência.[29]

O exemplo da imprensa e da mídia | A imprensa e a mídia em geral constituem os perfeitos representantes dessa abordagem estritamente quantitativa dos públicos. É preciso perceber que o conhecimento aqui em jogo é considerável: o valor dos espaços midiáticos é indexado pela "qualidade" dos leitores (isto é, pelo nível de suas rendas, correlacionado a sua capacida-

---

28 | *The People's Choice: how the Voter Makes up his Mind in a Presidential Campaign*, 1944. Sobre as teorias de Katz e Lazarsfeld, cf. Philippe Breton e Serge Proulx, *L'Explosion de la communication à l'aube du XXIe siècle*, Paris: La Découverte, 2002.

29 | Cf. Loïc Blondiaux, *La Fabrique de l'opinion: une histoire sociale des sondages*, Paris: Seuil, 1998, sobre a história social das sondagens e a difusão das técnicas quantitativas na França.

de orçamentária). Esse interesse das empresas de imprensa deve ser posto em relação direta com os usos secundários que podem tirar dele. Conhecer os perfis sociodemográficos dos públicos serve antes para *identificar* alvos do que para "compreendê-los", com vista a guiar os anunciantes (seus outros clientes) na compra de espaços. Os profissionais do estudo dos públicos buscam mais "tocar a opinião do que apreendê-la", mais "influenciá-la do que medi-la".[30] Nessa perspectiva, pouco importam os comportamentos de leitura, a sutileza ou a complexidade dos públicos.

Os serviços públicos | *A "cultura do público"* | Contrariamente aos profissionais do mercado dos bens culturais, os profissionais dos serviços públicos de cultura demoraram a se interessar pelas práticas dos usuários. Essa "cultura do público", como se diz hoje, ainda está longe de se generalizar. Alguns autores evocam as "resistências à análise do público", que estariam vinculadas com a recusa a "medir a cultura" e com a resistência a reduzir as práticas culturais ao consumo.[31]

No mundo dos museus, foi preciso uma lei (a chamada Lei Tasca, de 2002) para incitar os museus a dar-lhe mais importância: atribui-se doravante o rótulo oficial "museu nacional" às instituições que comprovam seu interesse prático pelos visitantes de suas coleções. Raros são, na realidade, os museus que lhes prestam uma atenção aprofundada. Exceto algumas grandes instituições parisienses (Louvre, Orsay, Cité des Sciences, Grande Galeria da Evolução), institutos menores raramente dão o passo à frente e não investem no conhecimento de seus públicos. Nem tanto por razões orçamentárias (o custo de um observatório não é proibitivo), mas porque a ideia não se impõe. A escola superior de formação dos conservadores (Escola Nacional do Patrimônio) prefere insistir na formação para o marketing – o que leva a determinar os "alvos" a "conquistar" – para rentabilizar exposições cada vez mais custosas. Todavia, desenvolve-se uma reflexão, iniciada pelo DEPS ou pela DMF (Direção dos Museus de França), baseada nas comparações relativas ao tratamento que as instituições dão aos seus públicos.[32]

---

30 | Cf. Loïc Blondiaux, *La Fabrique de l'opinion: une histoire sociale des sondages*, Paris: Seuil, 1998, p. 110.

31 | Sylvie Octobre, em: *Politique et musé*, Paris: L'Harmattan, 2001, p. 343.

32 | Olivier Donnat e Sylvie Octobre (org.), *Les Publics des équipements culturels: méthodes et*

Um caso exemplar: o *Museu de Arte e de História do Judaísmo* (*MAHJ*)

Logo na sua abertura ao público em 1998, o MAHJ apostou no conhecimento aprofundado de seus visitantes. Essa abordagem mostrou-se pioneira entre as instituições de sua categoria (100 mil visitantes por ano). São múltiplas as motivações da equipe diretora:
• identificar os visitantes de um ponto de vista sociodemográfico (sua origem geográfica, seu meio social, sua idade, seu sexo);
• cercar os laços que tecem com a instituição: sua identidade religiosa, cultural, cívica, seus conhecimentos e sua sociabilidade;
• determinar suas relações práticas e físicas com a instituição, seus usos de dispositivos de mediação, seus percursos. Avaliar com isso o funcionamento da cenografia (instalada de maneira temporária ou não);
• fornecer aos organizadores uma ferramenta sobre os efeitos de suas exposições no nível das representações e facilitar a apropriação das exposições e do local pelos visitantes.

Comparados com os ganhos manifestos dessa atitude, os meios permanecem, todavia, modestos: desde a abertura do museu, foi gerado apenas um emprego, de meio período, para realizar pesquisas sobre as exposições temporárias e as coleções permanentes. Relatórios internos são comunicados à equipe de direção, assim como aos principais responsáveis pelas relações com os públicos (midiateca, comunicação, serviço pedagógico, auditório, bilheteria etc.). Além disso, tem-se tratado, desde 2009, de "desenvolver" os públicos tecendo laços com os meios acadêmicos (seminários, colóquios, cursos), a direção dos Museus de França, a ENP (Escola Nacional do Patrimônio) e os meios associativos.

---

résultats d'enquêtes, Paris: DEP, 2001; ou, recentemente, Jacqueline Eidelman et al. (orgs.), *La Place des publics: de l'usage des études et recherches pour les musées*, Paris: La Documentation française, 2007.

São inúmeras questões em pauta nesses levantamentos de dados: em primeiro lugar, tratam do acesso e da frequência; depois, da abertura a públicos *a priori* não interessados (virtude pedagógica); e, por fim, da fidelização dos públicos, no contexto do desenvolvimento de uma sociabilidade cultural (assistir a conferências e "jantares-encontros", participar das sociedades de amigos dos museus etc.).

Os museus, assim como outras instituições culturais, orientam-se em muitas direções aparentemente antinômicas:

• do momento em que se interessam por seus públicos, seus serviços comerciais suscitam uma "demanda de museus" pelos meios da comunicação utilizando métodos comprovados (publicidade, objetos derivados);[33]

• do mesmo modo, e aí a perspectiva é completamente outra, propõem-se serviços pedagógicos a escolas do primeiro ciclo do ensino fundamental [*écoles*], colégios do segundo ciclo [*collèges*], liceus de ensino médio [*lycées*], centros de lazer, associações de trabalhadores etc. As técnicas e dispositivos didáticos (conferência, recursos multimídia, intervenções em meios profissionais) ou sensíveis (oficinas) fazem parte dessa oferta.

A museologia | É uma forma específica de interesse pelos públicos instalada na fronteira da comunicação, das ciências da educação, da história e da sociologia. Esta ciência de invenção recente (anos 1930) ajuda a ter em conta os visitantes nas exposições, a avaliar os dispositivos e a salientar as interpretações.[34] Tenta particularmente favorecer o "acesso" aos objetos e aos discursos em cena, melhorando as técnicas de mediação ou os dispositivos cenográficos.

Existe hoje uma tensão no seio das instituições entre a perspectiva comercial e a perspectiva comunicacional dos públicos. Traduz-se por uma controvérsia que atravessa também a museologia quanto a sua finalidade e natureza.[35] Essa tensão remete à concepção da relação museu/público: seria ela uma relação de discussão, na tradição da *Aufklärung* (isto é, das Luzes,

---

33 | Cf. Denis Bayart e Pierre-Jean Benghozi, *Le Tournant Commercial des musées en France et à l'étranger*, Paris: La Documentation française, 1993.

34 | Cf. Paul Rasse, *Les Musées à la lumière de l'espace public*, Paris: L'Harmattan, 1999.

35 | Cf. Sophie Deshayes e Joëlle Le Marrec, "Évaluation, marketing et muséologie", *Publics et Musées*, n. 11-12, jan. 1997, pp. 165-189.

tal qual foi teorizada, na Escola de Frankfurt, por Habermas),[36] ou uma relação de oferta e demanda, que racionaliza a produção e usa técnicas para ampliar um mercado?

Os conhecimentos produzidos pelos acadêmicos | É importante relativizar a representação que se poderia dar a uma posição dos acadêmicos sobre a questão: a universidade não é nem a primeira nem a única instituição a se interessar pelos públicos da cultura e pelas suas práticas. Não é a única a produzir conhecimentos sobre eles, tampouco a que mais se interessa por isso. Mas raros são os acadêmicos que têm consciência disso.

Os interesses do conhecimento, que estimulam a pesquisa, são muito diferentes de acordo com a parte envolvida:
• no seio das instituições públicas ou privadas, na medida em que se depende do público, a motivação é certamente mais elevada, e os estudos, mais sistemáticos;
• nos meios universitários, em contrapartida, os pesquisadores têm interesses antes de tudo "acadêmicos", que se traduzem em participações em colóquios, comunicações orais, preparações de aula, redações de obras e de artigos.

Essa observação não deve levar a pensar que existe uma separação rígida entre meios acadêmicos, administrações públicas e setores profissionais. São inúmeras as trocas. Os indivíduos que passaram de um lado a outro, em suas carreiras ou por ocasião de pesquisas pontuais, poderiam ser seguidos em pesquisas a se realizar (conforme o caso de Gallup).

É, todavia, possível distinguir a pesquisa sob contrato e a pesquisa autônoma, não como duas realidades distintas, mas como duas lógicas *ideal-típicas*. Essa polaridade pode até servir, se preciso, para distinguir as disciplinas entre si: elas não são utilizáveis na mesma medida para os atores econômicos e políticos. Assim, as pesquisas dos historiadores são pouco "úteis", enquanto algumas pesquisas sociológicas são mais suscetíveis de responder a uma demanda (privada ou pública). Pode-se apresentar, de modo bastante esquemático, os trabalhos acadêmicos sobre um eixo, em função de seu grau de preocupação prática:

---

36 | Jürgen Habermas, *O espaço público: arqueologia da publicidade como dimensão constitutiva da sociedade burguesa* (1. ed. alemã: 1962).

- à esquerda do eixo, as disciplinas e os pesquisadores animados por motivações acadêmicas e heurísticas, o que se poderia chamar de "polo especulativo";
- à direita desse eixo, um "polo prático" ou "prático-teórico", preocupado antes de tudo com usos públicos ou privados.

A sociologia está dividida entre esses dois polos: especulativa quando se interessa pelas categorias ou pelas modalidades da prática; prática quando responde a demandas institucionais precisas sobre tal ou qual público, com vista a "agir" sobre ele. Sua posição em nosso eixo ideal-típico é indeterminada e depende da orientação que lhe dará cada sociólogo em particular.

Sem apresentar aqui todas as problemáticas levantadas pelos acadêmicos especialistas na questão, forneceremos alguns exemplos da diversidade das abordagens, ligada à pluralidade das motivações.

O polo especulativo | Seria absurdo pretender apresentar em poucas linhas os aportes teóricos da filosofia, da história ou da antropologia sobre as práticas e os públicos. Desejamos apenas indicar algumas orientações especulativas a fim de mostrar que as pistas seguidas não interessariam diretamente aos profissionais da cultura. As lógicas são aqui acadêmicas, só trataremos da filosofia.

Na filosofia, interroga-se desde Sócrates sobre as categorias da arte (no sentido de ofício e habilidade), do belo, ou sobre o que é uma "prática". Indaga-se, por exemplo, em que esta última se aplica a atos efetuados ou a palavras enunciadas. De Aristóteles a Marx, passando por Kant, ela empenha todo o ser, nos planos moral e físico. O dançarino é "corpo e alma". A prática traduz-se por gestos, comportamentos, como também por seus efeitos retroativos. É manifestação de uma intenção prévia ao ato e constitui a realização de um projeto. Enfim, transforma o ator e os objetos da ação. A continuidade dessa visão global será assumida pela teoria da *práxis* desenvolvida como ação revolucionária de classe a partir de Marx.

Na linha da *Crítica da faculdade de julgar* de Immanuel Kant, Hannah Arendt (1906-1981) privilegia a atividade de julgar, que está no fundamento do gosto, como prática discriminativa:

> O gosto [é a] principal atividade cultural [...], atividade de um espírito cultivado [...] O gosto produz uma cultura, tira o indivíduo de sua subjetividade e o

lança num movimento de busca do outro [...]. [É] uma atitude que sabe cuidar, preservar e admirar as coisas do mundo [...] Uma sociedade de consumidores é incapaz de se preocupar com um mundo e coisas que pertencem exclusivamente ao espaço da aparição ao mundo, porque sua atitude central em relação a todo objeto, a atitude de consumo, implica a ruína de tudo o que se toca.[37]

O polo prático-teórico | *A exigência de profissionalização das formações superiores* | A universidade contemporânea acolhe hoje, na França, aproximadamente 2 milhões de estudantes. Ela deve adaptar-se às demandas profissionalizantes de seus públicos, primeiramente recenseando-as (levantamentos de dados do Ministério da Educação; serviços de pesquisa, de informação e de orientação). Formam-se futuros profissionais que terão de responder a demandas privadas ou institucionais (com o desenvolvimento do turismo cultural, por exemplo). A universidade e seus docentes não podem perder de vista que são financiados por impostos e que seus orçamentos dependem dos eixos e orientações de pessoas políticas, que, por sua vez, são eleitas. São elas que, pela mediação de peritos, decidem em última instância abrir ou fechar uma carreira ou curso.

Assim, as formações profissionalizantes desenvolvem-se em resposta a uma expectativa dos mercados de trabalho, que desejam dispor de profissionais competentes sobre assuntos tão diversos quanto relações com a imprensa, comunicação, relações públicas, administração, direito e edição. Donde a multiplicação das novas formações em "mediação", em informação e comunicação, em projetos e desenvolvimento culturais, que muitas vezes mesclam os aspectos jurídicos, econômicos, históricos e sociológicos, conforme se verá no capítulo 8.

A adaptação das disciplinas tradicionais | Algumas disciplinas estiveram tradicionalmente preocupadas com essa exigência prática, como a administração ou o direito. Em contrapartida, sua orientação para a cultura é nitidamente mais recente.

A preocupação da economia com a cultura depende muito amplamente da demanda institucional de avaliação e justificação da política cultural. O objetivo prático é inegável. É, aliás, interessante notar o pouco caso que as

---

37 | Hannah Arendt, *La Crise de la culture*, Paris: Gallimard, 1972, pp. 270, 285-286, 288.

obras de economia fazem dos problemas – no final, bastante especulativos – de definir o que é cultura. Enquanto uma sociologia afastada de qualquer demanda social pode interrogar-se sobre o processo social de definição do cultural e transformar o assunto em eixo maior de sua reflexão, os economistas muitas vezes passam por cima da questão da categorização, como se fosse um problema inútil: "É um debate sem fim, tudo é cultural [...]. Deixemos a questão em aberto e avancemos para nos mantermos no perímetro do INSEE e dos produtos e serviços qualificados de culturais".[38]

A economia da cultura desenvolve-se na França desde os anos 1970 e 1980 de maneira bastante dinâmica (Colóquio de Avignon, 1985). Com relação ao certo odor de enxofre exalado pela aliança entre cultura e economia, decidiu-se responder quase unanimemente que se tratava de um falso problema. Atualmente, desenvolvem-se estudos econômicos sobre públicos, e as ciências da gestão ensinam técnicas de marketing e "comportamentos dos consumidores", num grande refinamento de saberes.[39] Os economistas distinguem os momentos do consumo (decisão, ato, satisfação) e seus fatores (sociais, psicológicos). É notável constatar, ademais, que existe uma grande afinidade entre as abordagens psicológica e econômica.

A intenção prática do marketing cultural encontra-se em sua definição funcionalista: "Tem uma função de mediação entre a oferta e a demanda, deve organizar o encontro da obra com o público".[40] Os economistas interessam-se pelos aspectos econômico-práticos, como a questão do nível ótimo de tarifação,[41] que concerne ao profissional do setor público. Muitos estudos há alguns anos dizem respeito à gratuidade dos museus, o que interessa também às políticas.

---

38 | Laurent Benzoni, "Les Biens culturels, une exception économique?", *Problèmes Économiques*, n. 2750, fev. 2002, p. 27, conforme "Entre Exception culturelle et culture de l'exception", *Revue de la concurrence et de la consommation*, n. 124, nov.-dez. 2001.

39 | Cf. Claude Pinson e Alain Jolibert, "Comportement du consommateur", em: Yves Simon e Pierre Joffre (org.), *Encyclopédie de gestion*, Paris: Économica, 1997, pp. 372-475.

40| Yves Evrard, *Le management des entreprises artistiques et culturelles*, Paris: Économica, 1993, p. 73.

41 | René Teboul e Luc Champarnaud, *Le public des musées: analyse socio-économique de la demande muséale*, Paris: L'Harmattan, 1999.

A criação de novas disciplinas: o exemplo da comunicação | No setor privado da cultura desenvolvem-se especialidades que não falam mais de públicos, e sim de "clientes" (a engenharia cultural, por exemplo), de "fluxos" e de "taxas" de frequência" (o turismo); não mais de "práticas", e sim de "comportamentos"; não mais de "gostos", e sim de "consumo". As instituições vivenciam-se cada vez mais facilmente como técnicas racionais visando atingir "alvos" (conforme a noção de "impacto", oriunda da publicidade).

Algumas disciplinas universitárias foram constituídas do nada durante os anos 1970 em parte para responder a essa demanda social. É o caso do departamento de informação-comunicação, criado em 1974, que se especializou no estudo dos fenômenos de comunicação, do jornalismo, dos meios de comunicação e das profissões da cultura.[42]

Nas fronteiras da universidade e do mercado de trabalho desenvolvem-se cursos ditos "semiprofissionalizantes":[43] os IUTS (Institutos Universitários de Tecnologia) de comunicação, os IUPS (Institutos Universitários Profissionalizantes) de cultura e patrimônio, e mesmo graduações e mestrados que podem valer até como máster profissional (por exemplo, graduação em concepção e implantação de projetos culturais; uma graduação na profissão de ator acaba de ser criada pelo Ministério da Cultura implicando as DRACs – Direções Regionais de Assuntos Culturais –, as coletividades regionais, as universidades e as companhias teatrais subsidiadas). Todos os estudantes vindos dessa formação são (mais ou menos) esperados num mercado de trabalho particularmente exposto, precário, no qual veem entretanto delinear-se um futuro profissional mais valorizador que o dos setores "clássicos" (não culturais).

---

42 | Cf. Erik Neveu, *Une société de la communication?*, Paris: Montchrétien, 2001; e Armand Mattelart e Michèle Mattelart, *História das teorias da comunicação*, São Paulo: Loyola, 1995.

43 | No Brasil, seria correspondente ao ensino superior tecnológico, de caráter mais técnico e profissionalizante que uma graduação tradicional. [N. T.]

TABELA IV.4. OS PRODUTORES DE CONHECIMENTOS SOBRE AS PRÁTICAS CULTURAIS

QUEM? ATORES	PARA QUÊ? INTERESSES DE CONHECIMENTO	COMO? MÉTODOS DE CONHECIMENTO	RESULTADOS REPRESENTAÇÕES DOS PÚBLICOS
Estatística pública INSEE, **Ministério da Cultura,** DEPS	• Lógica política: apoio à decisão, avaliação • Lógica acadêmica (colóquios): colaborações com acadêmicos, publicações	• Coletâneas de dados • Licitação junto a acadêmicos • Pesquisas quantitativas • Seminários	• Indicadores • Anuários estatísticos • Publicações • Centros de documentação
Profissionais da cultura do setor privado	• Vender e difundir os bens culturais de maneira eficaz • Tornar rentáveis os investimentos	• Sondagem, marketing • Pesquisas comportamentais • Psicologia experimental	• Audiência • Público leitor • Alvos
Profissionais da cultura do serviço público	• Lógica pedagógica • Lógica política (democratização, acesso ao patrimônio) • Lógica comercial (redução dos déficits)	• Pesquisas quantitativas e/ou qualitativas • Apelo a empresas privadas e especialistas da opinião • Observatórios regionais	• Públicos-alvo: em função da idade, "competências" ou "deficiências" sociais • Avaliação dos usos e efeitos sobre os públicos
Acadêmicos do polo especulativo (história, filosofia, estética, sociologia)	• Lógica acadêmica • Publicação de artigos em revistas científicas, em obras, organização de colóquios	• Bibliografia, introspecção • Pesquisas junto aos atores, associações e estruturas subvencionadas	• Conceitos: espaço público, juízos, categorias, usos, competências...
Acadêmicos das disciplinas aplicadas (sociologia, economia, ciências da gestão, direito, informação/ comunicação)	• Lógicas acadêmicas • Lógica econômica: encontrar financiamento, assumir papel de conselheiro ou especialista	• Pesquisas • Colaboração com profissionais, projetos comissionados, licitações, observatórios	• Conceitos, tipologias, conselhos práticos e estratégicos

CAPÍTULO 5

Descrever, explicar e compreender

A DIMENSÃO PRINCIPALMENTE METODOLÓGICA que é desenvolvida neste capítulo retoma três grandes direções da pesquisa em ciências sociais, distinguindo a descrição – seja ela quantitativa ou qualitativa –, a explicação e a compreensão. As pesquisas sobre práticas culturais tomam emprestado tanto de uma quanto das outras. A postura descritiva aparece, todavia, como a matriz (a sociologia é em primeiro lugar empírica, elabora e se elabora a partir dos fatos). Por sua parte, o debate metodológico e epistemológico é por vezes vigoroso entre, por um lado, os partidários da explicação dos fenômenos sociais, que implica uma relação distanciada com os objetos estudados, e, por outro, aqueles da compreensão das práticas, que são mais empáticos.

Descrever | **Abordagens quantitativas** | *Graus de participação e de comprometimento* | As pesquisas estatísticas sobre práticas culturais propõem, como principal objetivo, dar conta das formas e dos graus de práticas. Assim, Olivier Donnat[1] estabeleceu tipologias de franceses segundo a *intensidade* de suas práticas nos diferentes domínios culturais. Por exemplo, no tocante à escuta musical, distinguiu os "excluídos" (um quarto), o "mínimo musical" (um terço), os "amantes dos grandes sucessos" (10%), os "clássicos" (10%), os "roqueiros" (14%) e os "melômanos ecléticos" (6%), que são os que mais investem na escuta e gostam de todos os gêneros. No domínio da leitura, varreu o mesmo espectro, indo da abstenção de qualquer prática (um quarto dos franceses declarava não ter lido uma única obra em 1989) à categoria dos "leitores vorazes" (mais de vinte livros por ano). Na obra de 2009 e na síntese que apresenta no capítulo 9, "Uma nova configuração", ele propõe distinguir três polos de práticas: a cultura de saídas, a cultura dos livros e do impresso e a cultura da tela (TV, PC). A partir dessa tripolaridade, oferece cinco configurações possíveis que

---

1 | Olivier Donnat, *Les Français face à la culture*: *de l'exclusion à l'éclectisme*, Paris: La Découverte, 1994.

redefinem nossa relação com a cultura: a da televisão hegemônica, a da cumulação de práticas, a da tela dominante, a do impresso e a de pouco interesse pela cultura "culta". Tal como em 1994, cada uma dessas configurações remete a características sociodemográficas relativamente homogêneas.

Em sua obra sobre as práticas de amadores,[2] Donnat distinguiu várias dimensões do "comprometimento" ou da "participação cultural" (é o termo empregado nas publicações que emanam do Ministério da Cultura, que preferem também evocar a noção de atividade). O comprometimento cultural pode ser: *temporal* (Desde quando? Quanto tempo diário os indivíduos estão dispostos a dedicar à atividade?); *espacial* (a pessoa fica em casa ou se desloca para um contexto associativo, escolar – conservatório, ateliê… – etc.?); *social* (a pessoa privilegia uma prática solitária ou, ao contrário, grupal – coral, fanfarra, orquestra, trupe etc.?); *financeiro* (os investimentos associados – instrumentos, cursos, material, concertos etc. – são importantes e regulares…?); *identitário* (o indivíduo se considera um profissional? Possui projetos profissionais relacionados com o que faz?).

Práticas religiosas e políticas: modelos de descrição?

A descrição das práticas culturais é confrontada com as mesmas questões metodológicas que aquelas que ocupam os analistas do religioso ou do político.

> **As práticas religiosas** • A sociologia descritiva da religião foi iniciada por Gabriel Le Bras (1891-1970) nos anos 1950. Ela visava estabelecer um conhecimento "objetivo" da participação nos principais rituais católicos. Desembocou em uma tipologia célebre das diferentes categorias de "praticantes", que constituem na realidade os graus de participação ou de comprometimento com os rituais católicos:
> • os "estrangeiros" à vida da Igreja, que nunca foram integrados a ela ou que estão afastados;

---

2 | Olivier Donnat, *Les Amateurs: enquête sur les activités artistiques des français*, Paris: La Documentation française, 1996, anexo 3, pp. 203-229.

- os "esporádicos", que só entram na Igreja para os três sacramentos (batismo, casamento, enterro);
- os "praticantes regulares", que assistem à missa dominical, confessam-se e comungam na Páscoa;
- os "carolas" ou cristãos comprometidos, que têm atividades religiosas para além das práticas obrigatórias.[3]

A participação política • Os politólogos também propõem tipologias, segundo duas dimensões que encontramos nas pesquisas descritivas sobre as práticas culturais:
- os graus do comprometimento: parte-se da abstenção de qualquer participação, que diz respeito aos indivíduos não informados, não socializados, não inscritos nas listas eleitorais (abstencionistas estruturais); no outro polo: o profissionalismo;
- as formas de participação: a cada degrau corresponde uma figura da participação, que denominamos "o simpatizante", "o eleitor", "o militante", "o manifestante", "o profissional". A militância implica evidentemente um grau elevado de participação. Da mesma maneira, a abstenção pode ser mais ou menos radical: da não inscrição nas listas eleitorais até a abstenção tática, que só dura o tempo de um turno eleitoral.[4]

Os sistemas de práticas | A abordagem quantitativa possui um trunfo: associa os domínios distintos em "sistemas de práticas" estatisticamente correlacionados (com a ajuda das técnicas de análises fatoriais de correspondências). Decorrem dois resultados:

3 | Gabriel Le Bras, *Études de sociologie religieuse*, Paris: PUF, 1955-1956.
4 | Alain Lancelot e Dominique Memmi, "Participation et comportement politique", em: Madeleine Grawitz e Jean Leca, *Traité de science politique*, v. 3, "L' Action politique", Paris: PUF, 1985.

- no plano social, constroem-se "universos culturais" relativamente homogêneos, que correspondem a "subculturas" coletivas, que vão de grupos restritos (os fãs de um programa de TV ou rádio, por exemplo) a grupos mais amplos: a cultura das classes populares. Essas entidades assim formadas remetem, às vezes, a grupos preexistentes; outras, a grupos formados *ad hoc*, que emergem unicamente a partir dessas descrições. É o caso dos "sete universos culturais" de Donnat referidos anteriormente;[5]
- no plano individual, obtêm-se conjuntos coerentes, que Bourdieu denomina *habitus*, entendidos como disposições estruturadas, objetivadas ou atualizadas por gostos (alimentares, de vestuários, esportivos, estéticos) e competências. Outros autores puderam constatar que os sistemas de práticas individuais não eram assim tão "homogêneos" e contestaram a "consonância" presumida dessas montagens por vezes bastante heteróclitas, que aliam dimensões institucionais, eruditas, a aspectos mais informais, populares e "fáceis".[6] Segundo Bourdieu, os bens são substituíveis e as práticas, transponíveis de um domínio a outro, pois exprimem a mesma "necessidade social" ou a mesma disposição coletiva:

> É assim que uma frequência assídua ao museu é quase necessariamente associada a uma frequência equivalente ao teatro e, em menor grau, ao concerto. Do mesmo modo, tudo parece indicar que os conhecimentos e os gostos tendem a se constituir em constelações (estritamente ligadas ao nível de instrução), de sorte que uma estrutura típica dos saberes em pintura tem todas as chances de estar ligada a uma estrutura do mesmo tipo de conhecimentos e de gostos em música, ou até mesmo em *jazz* ou em cinema.[7]

Pesquisas mais recentes mostram que essas concepções teóricas (que vão além da simples descrição) nem sempre encontram uma tradução empírica. Assim, a leitura intensiva não é necessariamente incompatível com a assiduidade televisiva.[8] Em contrapartida, a intensidade das práticas televisivas

---

5 | Olivier Donnat, *op. cit.*, 1994.

6 | Ver, de Bernard Lahire, *O homem plural: os determinantes da ação*, Petrópolis: Vozes, 2002; e *A cultura dos indivíduos*, Porto Alegre: Artmed, 2006.

7 | Pierre Bourdieu e Alain Darbel, *L'Amour de l'art: les musées d'art européens et leur public*, Paris: Minuit, 1969, p. 101. (1. ed.: 1966).

8 | Robert Establet e Georges Felouzis, *Livre et télévision: concurrence ou interaction?*, Paris: PUF, 1992.

é, com a leitura da imprensa regional, o último refúgio dos "excluídos" da cultura organizada.[9] No capítulo 11 voltaremos em detalhe às críticas formuladas em oposição ao paradigma bourdieusiano.

Debates metodológicos | O trabalho de descrição estatística evidentemente não é isento de problemas, seja no plano da construção prévia das categorias,[10] seja no plano da interpretação dos resultados. Podemos apresentar brevemente aqui algumas críticas recorrentes.

% dos franceses que declaram ter praticado essas atividades, em 2005, pelo menos uma vez (ou por dia)

- Livro (58)
- Cinema (60)
- Internet (37/dia)
- Imprensa diária regional (64)
- Teatro (16)
- Show (31)
- Museu (39)
- Imprensa diária regional (29)
- Escutar música (75)
- Rádio (82/dia)
- Televisão (95/dia)

Taxa de penetração (em %)

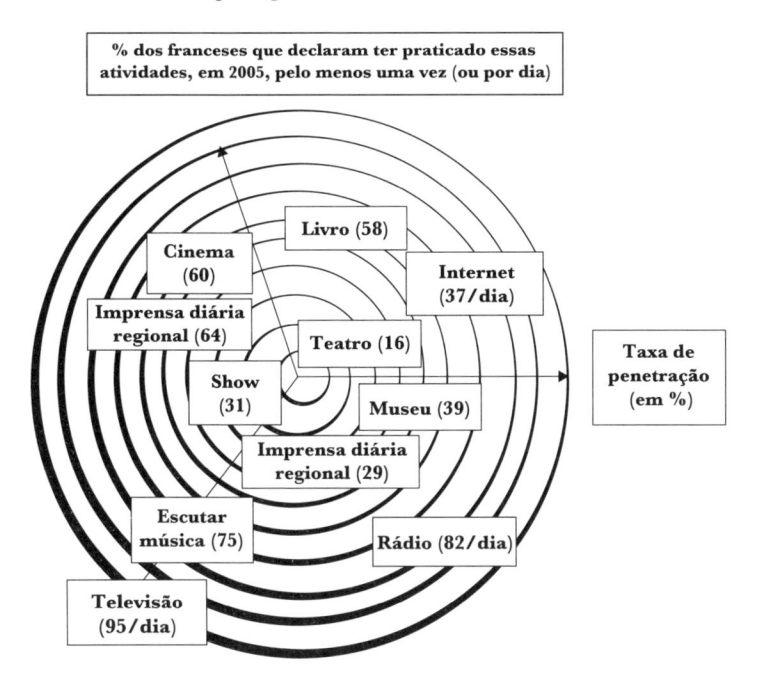

Figura V.1. Taxa de penetração das práticas culturais

Crítica nº 1: o "realismo" das categorias (os efeitos de limiar) | As tipologias têm a infeliz tendência de produzir "efeitos de limiar": as divisões em categorias transformam diferenças de grau em diferenças de natureza (uma denominação). Isso pode ser constatado quando Olivier Donnat denomina os grupos que constituiu (os "instruídos", os "excluídos", os "descolados") em função de limiares fixados de maneira convencional. Voltamos

9 | Olivier Donnat, *op. cit.*, 2004.
10 | Cf., no capítulo 4 sobre as categorias do INSEE.

a encontrar esse efeito em interpretações muito tendenciosas de quadros estatísticos em Bourdieu: ele qualifica, por exemplo, de "masculina" a prática fotográfica considerando os níveis respectivos de posse de equipamentos (64% para eles, 49% para elas) ou a intensidade dos usos (intermitentes para 63% das mulheres e 51% dos homens).[11] Uma diferença relativa torna-se, pela "magia da interpretação", uma diferença de natureza.

Crítica nº 2: a artificialidade das "declarações de práticas" (o efeito de legitimidade) | Não se pode nunca perder de vista que as práticas culturais objetivadas pela estatística são antes de tudo "declarações de prática". O que valem? Num autor como Bourdieu, a ambivalência é radical: por um lado, ele faz delas um uso intensivo;[12] por outro, é um dos únicos a estabelecer uma crítica justa do procedimento:

> A pesquisa por questionário fechado não passa jamais do menos pior, imposto pela necessidade de obter um grande número de informações comparáveis sobre uma população suficientemente numerosa para autorizar o tratamento estatístico: em primeiro lugar, deixa escapar quase completamente a modalidade das práticas; ora, a maneira de executar as práticas e a maneira de falar nelas, entendida no sentido da maneira peculiar de ser ou de fazer, *fazem muitas vezes toda a diferença* [...]. Além disso, um questionário obrigou a uma série de apostas que consiste em abandonar a exploração de todo um domínio (por exemplo a música, o cinema, a cozinha, o vestuário) a duas ou três perguntas (quiçá a uma única).[13]

A mais elementar interrogação sobre a interrogação sociológica ensina que as declarações concernindo ao que as pessoas dizem ler são muito pouco seguras, em razão do que chamo *o efeito de legitimidade*: assim que perguntamos a alguém o que lê, ele escuta: o que leio que *merece* ser declarado? Isto é: o que leio no domínio da

---

11 | Pierre Bourdieu (org.), *Un Art moyen: les usages sociaux de la photographie*, Paris: Minuit, 1965, p. 346.

12 | Ver, de Pierre Bourdieu, *Les Héritiers: les étudiants et la culture*, Paris: Minuit, 1964 (em coautoria com Jean-Claude Passeron); *Un Art moyen, op. cit.*, 1965; *L' Amour de l'art, op. cit.*, 1966; *La Distinction: critique sociale du jugement*, Paris: Minuit, *1979*; e *La Noblesse d'État: grandes écoles et esprit de corps*, Paris: Minuit, 1989.

13 | Pierre Bourdieu, *op. cit.*, 1979, anexo 1 (sobre o método), pp. 587-605.

literatura *legítima*? Quando lhe perguntamos: gosta de música, ele entende: gosta da música clássica, *confessável*? E o que responde não é o que verdadeiramente escuta ou verdadeiramente lê, mas o que lhe parece *legítimo* dentre aquilo que pode ter lido ou escutado [...] Assim, as declarações são altamente suspeitas.[14]

Donnat, por sua vez, igualmente sensível às críticas inerentes às descrições estatísticas, refuta o argumento da não fiabilidade dos dados quando este último é formulado em nome do caráter declarativo: decerto os indivíduos podem escolher calar certas práticas com receio de serem mal julgados, ou, ao contrário, podem decidir superestimar outras para livrar a cara junto ao pesquisador, mas de um ponto de vista global a estabilidade dos resultados de uma pesquisa para outra é, segundo ele, uma prova de sua objetividade. Em suma, as subavaliações anulariam as sobreavaliações.

Crítica n° 3: a superficialidade da descrição | Como reconhecia Le Bras a propósito das pesquisas que ele próprio havia concebido sobre as práticas religiosas, elas estão "longe de revelar toda a vitalidade religiosa [...] Não há como furtar-se às aparências".[15] A constatação é a mesma da parte de Augustin Girard, o iniciador das estatísticas culturais do Ministério: "Elas deixam o leitor muito longe da maneira como cada indivíduo vive sua vida cultural na realidade da construção de sua personalidade".[16]

É preciso, finalmente, compreender a noção de "indicadores" nos dois sentidos do termo: o de "indício" estatístico, que permite objetivar, por meio das estatísticas, os fatos sociais; mas também o de "indicação", no sentido de que não têm outra pretensão além de apontar "tendências"[17] e pistas com vista a pesquisas mais aprofundadas.

Crítica n° 4: a irredutibilidade dos domínios culturais | Segundo alguns, a estatística reúne, de modo artificial, dados que são separados na

---

14 | Pierre Bourdieu, "La Lecture, une pratique culturelle", em: Roger Chartier (org.), *Pratiques de la lecture*, Paris: Payot, 1993, pp. 273-274. (1. ed.: 1985).

15 | Gabriel Le Bras, em: Jacques Dumont e Philippe Vandooren (org.), *La Sociologie*, Paris: Gérard, 1972, v. 2, p. 352.

16 | Em: Jean-Pierre Rioux e Jean-François Sirinelli (org.), *Pour une Histoire culturelle*, Paris: Seuil, 1997, p. 304.

17 | Cf. Louis Dirn, *La Société française en tendances*, Paris: PUF, 1999.

prática e que exigem métodos de pesquisas diferenciados. Esses autores recusam assemelhar as práticas umas às outras e preferem tratá-las como universos singulares. É a tese de Pedler, que enfatiza a irredutibilidade das análises das práticas segundo os domínios: "As esferas de atividade artística – artes do tempo [música, teatro, cinema etc.], artes visuais e artes literárias – apresentam características técnicas tão opostas que é vão procurar localizar homologias de estrutura".[18]

Seria preciso, pois, analisar as práticas por domínio (escuta, olhar, leitura etc.), na medida em que cada uma se endereça a um dos cinco "sentidos".

Abordagens qualitativas | A estatística não tem, como é evidente, o monopólio da descrição. Esta requer também a observação, a entrevista, a monografia, a tipologia etc. Não se trata aqui de apresentar inúmeros exemplos, mas é importante assinalar a importância e os trunfos desses métodos alternativos.

Descrever por observação | *A observação experimental*. É pouco experimentada pelos sociólogos, e mais pela psicologia experimental. Permite descrever a "experiência estética" tal qual o indivíduo a sente. Tenta medir as emoções, as sensações. Pode-se filmar, registrar e estudar os fenômenos de consenso, compromisso ou conflito.[19]

A observação in situ, que se aproxima da etnografia clássica, realiza-se no contexto do acompanhamento dos percursos de exposições. Chega-se a tipologias estabelecidas em função dos relatos sobre os deslocamentos e as atitudes dos visitantes.[20]

As vantagens da observação são numerosas: permite interessar-se pelas práticas como modo de participação dos corpos,[21] inserindo nas análises as emoções.[22]

18 | Emmanuel Pedler, "Postface", em: Max Weber, *Sociologie de la musique*, Paris: Métailié, 1998, p. 195.

19 | Renée Bouveresse, *L' Experience esthétique*, Paris: Armand Colin, 1998.

20 | Ver Eliseo Verón e Martine Levasseur, *Ethnographie de l'exposition: l'espace, le corps et le sens*, Paris: BPI, 1983; ou Jean-Claude Passeron e Emmanuel Pedler, *Le Temps donné aux tableaux*, Marselha: IREREC, 1991, sobre o tempo passado diante dos quadros.

21 | Ver Antoine Hennion, Sophie Maisonneuve e Émilie Gomart, *Figures de l'amateur: formes, objets, pratiques de l'amour de la musique aujourd'hui*, Paris: La Documentation française, 2000; e Christian Bessy e Francis Chateauraynaud, *Experts et faussaires: pour une sociologie de la perception*, Paris: Métailié, 1995.

22 | Cf. capítulo 3 sobre os efeitos.

A observação participante. Alguns autores buscam a proximidade máxima na descrição do "vivenciado" pelos indivíduos em situação de prática: levarão a sério as relações passionais diante do objeto, "o amor à arte". Hennion faz parte dos raros sociólogos que tentaram essa imersão. Formulou um programa respectivo na sua obra teórica de 1993:

> O método utilizado [...] consiste em analisar em detalhe o trabalho dos seus mediadores [da música], partindo da observação etnológica dos lugares e momentos decisivos. Iremos ao local, ao concerto, escutar discos ou rádio, para comparar os dispositivos de relacionamento da música e do público no rock e na música clássica...[23]

Na obra de 2000, propõe uma pesquisa etnográfica sobre o apego e a paixão inveterada pela música clássica. Ele se refere, a esse respeito, a uma "pragmática do gosto".

Descrever por entrevista | A descrição qualitativa não se contenta com a observação, a despeito do seu imenso potencial. Privilegia também o estudo das representações pelo intermédio da análise do discurso dos atores sociais. Estes podem, é claro, ser interrogados em grande número, com a técnica do questionário fechado e em função de amostras representativas; mas podem ser também ouvidos de maneira aprofundada, na forma de entrevistas semidiretivas.[24] Alguns sociólogos das práticas culturais não hesitam em conversar longamente com os atores sociais, em princípio numa ótica descritiva, seguindo depois ao fundo das motivações (entra-se então na compreensão). Existem, entre muitos outros exemplos, as obras de Lahire[25] ou de Lajarte.[26] As entrevistas servem o mais das vezes de material para construir tipologias; interessam-se pelas dimensões cognitivas das "práticas", que, em razão da própria natureza dessa técnica, perdem seu cará-

---

23 | Antoine Hennion, *La Passion musicale: une sociologie de la médiation*, Paris: Métailié, 1993, p. 317.

24 | Cf. Jean-Claude Kaufmann, *L' Entretien compréhensif*, Paris: Nathan, 1996; Daniel Bertaux, *Narrativas da vida*, São Paulo/Natal: Paulus/EDUFRN, 2010.

25 | Bernard Lahire, *op. cit.*, 2003.

26 | Isabelle de Lajarte, *Les Peintres amateurs: étude sociologique*, Paris: L'Harmattan, 1991.

ter "ativo", "inventivo" ou "criativo". A narrativa retrospectiva sobre suas próprias práticas convida o indivíduo a desenvolver o uso da reflexão, uma competência universal segundo alguns teóricos pragmatistas (Garfinkel e a etnometodologia).

Quaisquer que sejam os métodos de descrição, tropeça-se, em algum momento, na questão das explicações e da compreensão dos fenômenos observados – a não ser, evidentemente, que se considere a mera transcrição do que se observa ou escuta como suficiente em termos explicativos e compreensivos (é a abordagem da fenomenologia sociológica francesa com Pharo; da "guinada descritiva" de Quéré, inspirada pela etnometodologia; ou ainda de Latour, no domínio das ciências).

É ao chegar a esse estágio, todavia, que muitos autores dividem-se em duas "trincheiras", uns privilegiando a opção explicativa, outros a opção compreensiva, inserindo-se assim (às vezes sem saber) na grande controvérsia metodológica das ciências sociais entre "explicar" e "compreender", iniciada na Alemanha em torno de 1870.[27]

Explicar | O método explicativo remete fundamentalmente ao *credo* da sociologia positivista tal qual Durkheim a definiu.[28] Traduz-se por alguns preceitos: "Um fato social só pode ser explicado por outro fato social".[29] Para nosso tema, isso consiste em unir de maneira causal (num modo determinista ou probabilista) coletivos (grupos sociais, gêneros, gerações etc.) a sistemas de práticas observadas. Os principais fatores explicativos das variações e da repartição sociais das práticas remetem às "variáveis sociodemográficas" frequentemente mobilizadas pelos pesquisadores em ciências sociais.

As variáveis sociodemográficas | *A idade* | A idade é uma variável complexa que remete tanto aos "efeitos de idade" (isto é, qualquer que seja a geração estudada, os "jovens" são sempre assim) quanto aos fenômenos de geração: a cada coorte de nascimento correspondem novos sistemas de

---

27 | Cf. Bernard Valade, *Introduction aux sciences sociales*, Paris: PUF, 1996, 4ª parte, capítulo 3 ("Le conflit des méthodes"), pp. 303-427.

28 | Émile Durkheim, *As regras do método sociológico*, São Paulo: Nacional, 1966 (ed. original: 1895).

29 | *Idem*, p. 237.

práticas.³⁰ Para o domínio que nos interessa, há pesquisas que desde os anos 1990 destacam essa variável. Assim, a escuta musical é muito diferenciada conforme o nascimento tenha ocorrido antes do "*boom* musical" (que corresponde ao desenvolvimento dos equipamentos de alta fidelidade nos lares nos anos 1980) ou após.³¹ Acontece, além disso, que os "jovens" dos anos do *boom* transportaram consigo seus hábitos e continuam concedendo um lugar amplo em sua vida à música. Isso não impede os "novos jovens" (nascidos nos anos 1980 e 1990), oriundos dos "coortes" seguintes, de desenvolver ainda mais a escuta musical ao multiplicar os suportes e ao aproveitar-se dos efeitos oferecidos pela oportunidade de ouro da gratuidade na internet, inclusive quando é ilegal.

A idade é uma variável pertinente para listar tipologias de muitas práticas culturais, quer se trate dos efeitos de geração ou dos efeitos de idade. Alguns autores não hesitam mais em invocar uma "cultura juvenil", a "cultura jovem", rotulando assim um amplo conjunto homogêneo que compreende suas práticas culturais e seus lazeres, entre outros elementos congruentes (sistemas de valores, sociabilidade, práticas religiosas, engajamentos políticos etc.). Galland dedica o capítulo 8 de *Sociologia da juventude*³² à sociabilidade e aos lazeres deles. Frédérique Patureau havia, por sua vez, concebido uma obra sobre essa questão,³³ mostrando que os jovens possuíam gostos e práticas específicos interclassistas, contrariamente ao que propunha Bourdieu em 1979, quando ressaltava as distinções de classes.

No presente, muitos sociólogos desenvolvem essa ideia da importância (ou predominância?) da variável idade. Pasquier escreve: "podemos chegar a considerar que a variável geracional é um fator explicativo mais poderoso que a origem social ou o nível do diploma".³⁴

---

30 | Cf. a obra pioneira de Karl Mannheim, *Das Problem der Generationen*, Berlim: 1927); e também Claudine Attias-Donfut, *Générations et âges de vie*, Paris: PUF, 1991.

31 | Olivier Donnat, *op. cit.*, 1994; Pierre Mayol, *Les Enfants de la liberté: études sur l'autonomie sociale et culturelle des jeunes en France, 1970-1996*, Paris: L'Harmattan, 1997.

32 | Olivier Galland, *Sociologie de la jeunesse*, 5. ed., Paris: Armand Colin, 2011. (1. ed.: 1991).

33 | Frédérique Patureau, *Les Pratiques culturelles des jeunes*, Paris: La Documentation française, 1992.

34 | Dominique Pasquier, *Cultures lycéennes: la tyrannie de la majorité*, Paris: Autrement, 2005, p. 5.

Um artigo recente sintetiza as dimensões geracionais das práticas culturais.[35] Os dois autores propõem uma tipologia das práticas em função dos efeitos identificados. Entre as configurações deduzidas, podem-se citar as seguintes:

• a leitura da imprensa é um arquétipo de uma prática de geração: "quem leu lerá";

• a saída ao cinema é uma prática que não concerne à geração e é especificamente jovem, ligada ao ciclo de vida (efeito de idade): não dura nem diz respeito apenas aos novatos;

• a saída ao teatro é independente dos efeitos de idade e de geração;

• a escuta da música agrupa um efeito de geração (a prática perdura com o tempo) e um efeito de idade (é fundamentalmente juvenil).

Acrescentemos, enfim, que os jovens se diferenciam hoje pela importância que dão à internet, na intensidade e na multiplicidade dos usos (notadamente as redes sociais). A clivagem geracional é considerável neste domínio, como destacam as pesquisas. A correlação é linear entre essas duas variáveis.

TABELA V.1. UTILIZAÇÃO DO COMPUTADOR E DA INTERNET COM FINS PESSOAIS CONFORME A IDADE (DURANTE O ÚLTIMO MÊS, PORCENTAGEM ENTRE AS PESSOAS INTERROGADAS)[36]

	15-19	20-24	25-34	35-44	45-54	55-64	65 e mais
PC	92	85	81	69	56	43	13
Internet	91	85	78	66	52	38	10

O gênero | Se o *gênero* tornou-se, após os anos 1970, um elemento de explicação dos fenômenos sociais (sob o impulso dos *gender studies* norte-americanos), são ainda raras as pesquisas sobre as práticas culturais que o levam em conta, a despeito dos resultados encorajadores relacionados à construção social dos sexos.

35 | Olivier Donnat e Florence Lévy, "Approche générationnelle des pratiques culturelles et médiatiques", *Culture Prospective*, 2007-3.

36 | Conforme Olivier Donnat, *Les Pratiques culturelles des français à l'ère numérique: enquête 2008*, Paris: La Découverte/Ministère de la Culture et de la Communication, 2009, p. 53.

Uma síntese[37] tenta mostrar que existe "uma ordem sexual" característica que também se encontra no campo dos lazeres e das práticas culturais. O autor evoca "o dimorfismo sexual". Fornece exemplos comparando as pesquisas de 1973 e 1997, localizando os setores mais feminilizados e os mais masculinizados. Mobiliza a teoria de Bourdieu,[38] mas essa artilharia nem sempre convence para além de alguns exemplos típicos. Entre 1973 e 1997, Lehingue propõe diferenciar várias evoluções: a disparidade nas práticas reduz-se em 18 casos, inverte-se em 11, acentua-se em 12 (dança, cerâmica, revistas etc.) e permanece constante em 16, o que o conduz a evocar "a complexidade do problema e a dificuldade em arbitrar de maneira unívoca a questão da suposta redução da disparidade entre os sexos".[39]

Sabe-se que as leituras de revistas são muito distintas; que existe, aliás, uma imprensa dita "feminina", cujos eixos são a vida familiar e prática, as receitas de cozinha, os tricôs e a mobília, a decoração, o cuidado com o corpo;[40] sabe-se também que existe outra dita "masculina" (não estudada, ao que sabemos), na qual são inseridas as revistas erótico-pornográficas, esportivas, com 95% de leitores homens. Existe uma diferenciação abrupta nesses setores, da mesma maneira que nas seções de brinquedos das lojas de departamentos ou nas butiques do setor de roupas...

Todas as práticas que empenham o corpo (dança, esportes, exercícios físicos, sexualidade, alimentação) são sexuadas. As pesquisas do INSEE sobre o esporte mostraram que as mulheres praticavam esportes motivadas por valores interiorizados muito cedo (a graça, a beleza, a flexibilidade etc.), reforçados por objetivos de boa forma e saúde mais do que de competição e força...[41]

---

37 | Patrick Lehingue, "Les Différenciations sexuelles dans les pratiques culturelles", em: Olivier Donnat (org.), *Regards croisés sur les pratiques culturelles*, Paris: La Documentation française, 2003a.

38 | Ver Pierre Bourdieu, *A dominação masculina*, Rio de Janeiro: Bertrand Brasil, 1999, que se fundamenta nas observações sobre a sociedade cabila nos anos 1950.

39 | Patrick Lehingue, *op. cit.*, 2003, p. 120.

40 | Cf. Samra-Martine Bonvoisin e Michèle Maignien, *La Presse féminine*, Paris: PUF, 1996.

41 | A esse respeito, ver dois textos de Michel Garrigues, "D' Une gymnastique militaire et scolaire à une Gymnastique multiforme et féminine", *Économie et Statistique*, n. 204, 1987; e

Os gostos são igualmente muito diferenciados nos domínios literários ou cinematográficos: as mulheres preferem os romances e a ficção, enquanto os homens leem ensaios ou obras de história.

Olivier Donnat propôs um estudo sintético que inclui o levantamento de 2003 do INSEE e remonta aos primeiros levantamentos de dados de 1973.[42] Sua conclusão sustenta uma ideia: a tendência maior vai em direção à "feminização" das práticas em muitos domínios. Todas as mulheres, e cada vez mais (as gerações jovens mais do que as antigas), "têm um empenho muito importante", quer se trate da frequência a equipamentos, da leitura, das práticas amadorísticas.

Finalmente, Sylvie Octobre, que se interessou pelas práticas de lazer da faixa etária dos 6 aos 14 anos,[43] tentou remontar à socialização primária para compreender esses fenômenos:

> O que impressiona é a precocidade e a pregnância das diferenças educativas em relação às meninas e aos meninos. Chama a atenção que tudo se decide muito cedo [com 5-6 anos] e que os modelos culturais das crianças dos dois sexos são muito diferentes. As meninas de 6 anos estão mais familiarizadas com todos os equipamentos da cultura legítima [...] Todos os elementos atestam a incorporação, pelas meninas, de um *habitus* cultural legítimo.[44]

Vê-se que, aqui também, a referência à sociologia de Bourdieu é explícita, para "explicar" em termos "culturalistas" a incorporação e a impregnação das práticas. A autora pôde conferir que "a cultura de quarto" era bem diferente desde muito cedo: as meninas possuem mais produtos de áudio, escutam mais música, enquanto os meninos preferem os videogames (+22 pon-

"Une France un peu plus sportive qu'il y a vingt ans… grâce aux femmes, *Économie et Statistique*, n. 224, 1989.

42 | Olivier Donnat, "La Féminisation des Pratiques culturelles", *Développement Culturel*, n. 147, jun. 2005.

43 | Sylvie Octobre, *Les Loisirs culturels des 6-14 ans*, Paris: DEPS/ La Documentation française, 2004.

44 | Sylvie Octobre, "La Fabrique sexuée des goûts culturels", *Développement Culturel*, n. 150, dez. 2005, p. 8.

tos). Elas frequentam mais os equipamentos culturais (bibliotecas) e associam mais facilmente suas práticas amadoras a estruturas institucionais (dança, música, teatro). Segundo Octobre, o que conta na orientação das práticas diz respeito, antes de tudo, aos usos sociais feitos a partir delas: as meninas investem mais nas práticas que poderão ser "conferidas" em conversas, trocas de opinião, de emoções, enquanto os meninos se mostram mais reticentes.[45] Essas tendências são reforçadas pelos estereótipos parentais, que conduzem a orientar as filhas para o lado das atividades culturais e literárias (em 2009, 80% dos bacharéis em letras ainda eram meninas) e os garotos para o lado das práticas esportivas, sem esquecer, todavia, que as mães são bem mais presentes e influentes que os pais na educação das crianças.

Os grupos sociais | As PCS (profissões e categorias socioprofissionais) constituem variáveis compostas que sintetizam diversos subcritérios (as divisões setor público/privado, a oposição entre autônomos e assalariados, o nível do diploma, de responsabilidade, o setor de atividade etc.), entre os quais alguns se comprovam particularmente decisivos para que apareçam lógicas sociais.

Sabe-se que essas categorias estatísticas foram estabelecidas durante os anos 1950 (1954 exatamente), e posteriormente modificadas em 1982 e 2003; visava-se em parte romper com a representação controversa e marxista de uma sociedade dividida em classes sociais:[46]

• *o diploma* foi considerado desde os primeiros passos da sociologia da cultura quantitativa como um elemento preditivo das atividades culturais.[47] Voltaremos, no capítulo dedicado à teoria bourdieusiana, a ver os mecanismos dessa relação causal entre um nível de diploma escolar e um sistema de práticas culturais. Mas os efeitos do diploma puderam ser matizados[48] à medida que se esperaria constatar uma alta das visitas a museus correlacionada a um forte aumento do número de detentores do *baccalauréat* [exame final do ensino médio francês] (20% da geração de 1960; 64% da atual). Não

---

45 | Mesma constatação em: Dominique Pasquier, *op. cit.*, 2005.

46 | Cf. Alain Desrosières e Laurent Thévenot, *Les Catégories socioprofessionnelles*, Paris: La Découverte, 1990.

47 | Pierre Bourdieu, *op. cit.*, 1965 e 1966.

48 | Olivier Donnat, *op. cit.*, 1994.

foi o que aconteceu. Como escreve Galland,[49] "a cultura juvenil se desliga progressivamente dos canais clássicos de transmissão cultural: escola, família". Os jovens se afastam das práticas culturais "cultas". O parecer é retomado pelos autores que se interessam pelos jovens.[50]

• a divisão assalariados/autônomos desempenha um papel importante na repartição das práticas. Os últimos saem menos de férias, o que influi necessariamente em suas práticas. Mas haveria igualmente muito o que comentar sobre a clivagem público/privado, associada a verdadeiros universos culturais autônomos.[51]

Os outros fatores explicativos | *A renda* • O nível de renda é o fator privilegiado pela abordagem economicista (e pelo INSEE). Permite explicar as condições de possibilidade das ações individuais.[52] É preciso distinguir duas abordagens. A primeira se dedica ao nível absoluto das despesas dedicadas à cultura. Está claro, nesta hipótese, que os tipos de práticas não são idênticos conforme um casal dedique 400 ou mil euros por ano a essa rubrica. Mas a segunda considera o nível relativo (o coeficiente orçamentário), que é espantosamente independente do salário (não elástico), como indicam as cifras do INSEE na tabela seguinte.

TABELA V.2. VOLUME E PARTE DAS DESPESAS CULTURAIS EM FUNÇÃO DA RENDA DOS LARES EM 1995

	Nível da renda (milhares de francos)					
	< 70	70-100	101-150	151-200	201-300	> 300
Coeficiente orçamentário (%)	3,5	3,5	3,6	3,6	3,6	3,5

Alguns estudos do INSEE preveem igualmente, calculando as elasticidades-preço, classificar os bens culturais em função de sua sensibilidade à variação dos preços.

49 | Olivier Galland, *op. cit.*, 2011, capítulo 8.

50| Frédérique Patureau, *op. cit.*, 1992; Olivier Donnat, *op. cit.*, 1994; Dominique Pasquier, *op. cit.*, 2005.

51 | Cf. François de Singly e Claude Thélot, *Gens du public et gens du privé*, Paris: PUF, 1985.

52 | Nicolas Herpin, *Sociologie de la consommation*, Paris: La Découverte, 2001.

As evoluções tecnológicas | Segundo Augustin Girard, o desenvolvimento dos novos suportes e métodos de difusão está entre os principais fatores de evolução das práticas, bem mais do que as políticas públicas. Essa opinião revela-se particularmente pertinente desde a década passada. As novas atividades são sobretudo ligadas ao desenvolvimento da multimídia (32% dos lares estavam equipados em 2001, 74% em 2010), à generalização da alta fidelidade (61% dos equipamento em 2001), à generalização de novos suportes (DVD) e à internet (18% dos lares conectados em 2001, 67% em 2010) – que permite acessar conteúdos sem suportes (19% fizeram *download* de músicas em 2008). É uma das razões mais importantes da entrada na era da "cultura da tela" e das "práticas em domicílio", que tendem a se individualizar e se privatizar.[53]

A visita ao museu pelo crivo dos fatores explicativos[54]

A dificuldade bem como o interesse da abordagem estatística residem na hierarquização dos fatores, alguns mais preditivos que outros (como acontece com o voto na França, em grande parte determinado pela religião). A cada tipo de prática corresponde uma repartição diferente das variáveis que não alcançam o mesmo nível. Se escolhermos estudar a visita aos museus, da qual participam 30% dos franceses a cada ano (o que a iça ao grupo que encabeça as práticas culturais), com uma frequência que avizinha os 50 milhões, pode-se ordenar de modo decrescente os fatores:

• o *diploma* (incluído nas PCS) é uma variável forte: de 18% para os sem diploma a 64% para os indivíduos que têm ensino superior;
• a *PCS* faz variar a amplitude da frequência: 59% dos executivos em 2008, 15% dos operários;
• o *lugar de moradia* é igualmente importante: o fato de morar em Paris incita a ir a museus (65%), enquanto o fato de habitar uma

---

53 | Ver, de Olivier Donnat, *op. cit.*, 1994, 1998 e 2009; e também Joëlle Farchy, *La Fin de l'exception culturelle?*, Paris: CNRS, 1999, p. 97, que se expressa em termos de cultura de "apartamento"; ou ainda Patrice Flichy, *Le Sacre de l'amateur*, Paris: Seuil, 2010.
54 | Conforme Olivier Donnat, *op. cit.*, 2009, p. 187.

comuna rural limita essa oportunidade (22%). Trata-se, pois, de uma variável de oferta: quanto mais a oferta sobe, mais a arte se torna familiar ao público;
• a *idade* põe em evidência uma correlação positiva: quanto mais novo se é, mais se vai ao museu. De 37% para os mais jovens a 21% para os mais idosos. Mas é possível observar que essa variável é bem menos discriminante do que as precedentes;
• o *sexo* é bem pouco influente nessa atividade: 30% dos homens e 29% das mulheres foram ao museu.

Um fator explicativo essencial mas controverso: voltando às PCS | Escolhemos aprofundar o fator que implica mais fortemente o sociólogo em sua identidade profissional, a saber, o meio socioprofissional. Essa escolha foi feita para mostrar que existem duas grandes maneiras de abordar a questão: explicar as práticas pelas posições sociais ou, inversamente, as posições sociais pelas práticas. Essas duas opções correspondem no ponto de partida a intenções diferentes, mas parece que em ambos os casos integra-se, mais ou menos voluntariamente, uma "sociologia de classes" (ver tabela v.3);

A apresentação que propomos pode, aliás, servir de modelo para estudar os outros fatores (práticas em função de grupos de idade, de gêneros etc.). Ela dá conta das discussões existentes entre sociólogos, que estão longe de entrar em acordo sobre a importância deste fator explicativo. De um lado, alguns consideram que se trata de um fator exclusivo, a ponto de falar em "cultura de classe",[55] outros consideram que é preciso acabar com esta variável "mecanicista" ["*sociologiste*"] ou materialista (como Pierre-Michel Menger).

Das classes às práticas (método dedutivo) | Caso se inscreva numa perspectiva marxista ou materialista, o sociólogo parte das classes sociais (os "operários", a "burguesia", os "empregados", as "classes médias", os grupos estatísticos dos PCS, os quais podem assimilar às classes praticando alguns reagrupamentos), isto é, de coletivos que julga atestados, com o objetivo de "explicar" as práticas de seus membros e de considerá-las manifestações empíricas e objetivas de seus pertencimentos. O ditado que o

---

55 | Pierre Bourdieu, *op. cit.*, 1979.

guia, então, é: "Diga-me quem você é e direi quem você ama e o que faz". A classe é a variável explicativa, e as práticas, a variável a explicar. A partir daí, quatro possibilidades se apresentam.

TABELA V.3. Práticas culturais e pcs

PCS do chefe de família (%)	Saem várias vezes por semana	Nunca saem	Nunca vão ao cinema	Nunca vão a um espetáculo	Veem TV todos os dias	Assistem sobretudo TF1	Têm um PC	Gostam de jazz	Leem um diário nacional com frequência	Não leram nenhum livro no ano	Nenhuma compra de livro
Agricultores	15	9	74	85	70	39	18	16	1	47	30
Artesãos, comerciantes, empresários	18	12	60	83	75	34	31	38	5	24	28
Executivos e profissões intelectuais superiores	30	4	38	51	61	15	56	63	26	7	11
Profissões intermediárias	20	7	53	70	70	22	42	47	16	13	20
Funcionários de escritório	28	16	61	83	73	28	22	35	13	19	31
Operários especializados	22	11	66	90	82	42	14	24	8	36	44
Operários não especializados	24	19	74	94	81	42	13	20	7	30	43
Aposentados	6	43	89	90	87	34	7	24	13	37	54

Fonte: Olivier Donnat, *op. cit.*, 1998.

Caso 1: As pesquisas que confirmam a homogeneidade das classes de que se partiu • Thorstein Veblen é um bom representante dessa abordagem. Em seu clássico *A teoria da classe ociosa* (1899) mostra que as "camadas de rentistas" norte-americanas desenvolvem, de maneira (supostamente) uniforme e homogênea, um consumo ostentativo com o objetivo de se distinguir das outras classes, de as dominar simbolicamente. O fato de definir como conjunto de base (as "classes ociosas") as práticas homogêneas confirma isso.

Da mesma maneira, entre tantos outros, René Kaës[56] analisa os operários em termos de "falta" e de "frustração cultural" e mostra que privilegiam sempre o repouso, que têm pouca atividade intelectual e pouca criatividade ou sensibilidade estética. Aqui mais uma vez o grupo de referência é reforçado por um estudo cuja meta é caracterizá-lo.

Caso 2: As pesquisas que confirmam voluntariamente a existência das classes sociais • Neste caso, o sociólogo aplica-se em qualificar ou redesenhar os contornos dos "verdadeiros" grupos sociais tais como foram objetivados empiricamente em sua homogeneidade. Na tradição de Halbwachs,[57] é o que consegue Bourdieu,[58] partindo dos dados e estatísticas reagrupados por CSP, para chegar a uma estrutura social com três entidades distintas: a classe superior (o "gosto puro"), a classe média (o "gosto médio") e a classe popular (o "gosto do necessário"). As CSPs são assim rearranjadas no contexto de uma sociologia das classes sociais. Todo esse material empírico é um meio para revelar uma estrutura social latente:

> Os gostos funcionam como marcadores privilegiados da classe [...]. A arte e o consumo artístico são predispostos a preencher, queira-se ou não, saiba-se ou não, uma função social de legitimação das diferenças sociais [...] O estudo dos gostos, isto é, das preferências *manifestadas*, é a afirmação prática de uma diferença inevitável. Não é por acaso que, quando têm que se justificar, tendem a se

---

56 | René Kaës, *Images de la culture chez les ouvriers français*, Paris: Cujas, 1968.

57 | Maurice Halbwachs, *La Classe ouvrière et le niveau de vie: recherches sur la hiérarchie des besoins dans les sociétés industrielles contemporaines*, Paris-Londres-Nova York: Gordon & Breach, 1970, p. 167. (1. ed.: 1912).

58 | Pierre Bourdieu, *op. cit.*, 1979.

manifestar de maneira negativa, pela recusa de outros gostos [...]. Os gostos são talvez, antes de tudo, aversão.[59]

Em diversas outras pesquisas, a meta explícita consiste em caracterizar uma "cultura de classe". Em vez de evocar as "práticas culturais dos operários" (que se supõem variadas), fala-se em "cultura operária". Esta se vê reforçada em sua consistência e objetividade pelos dados empíricos que abundam, a ponto de concluir sobre a autonomia do grupo.[60]

Caso 3: As pesquisas que relativizam a existência dos grupos iniciais • Outras pesquisas mostram que existe uma heterogeneidade no interior do grupo de referência. Fala-se então de "subculturas" de classe, afixando um plural ao nome inicial (por exemplo: a cultura operária torna-se "as culturas operárias"; a "cultura dos empregados" torna-se os "universos dos empregados"). Quando Michel Crozier[61] estudou o "universo cultural" dos funcionários de escritório em sua pesquisa de 1957, ele foi levado a distinguir diferentes subgrupos de práticas. Assim, entre os empregados que não têm de assumir responsabilidades, alguns compensam isso com lazeres ativos, enquanto outros se recolhem e reforçam fora do trabalho sua passividade. Crozier descreve quatro "níveis culturais": um nível elevado (15?%), um médio (20?%), um fraco (40?%) e um muito fraco. Alain Chenu[62] sublinha a existência de diferentes mundos de empregados. Nada permite assemelhar os empregados de escritório, do comércio ou da administração, que têm modos de vida heterogêneos (com diplomas e rendas bastante similares).

As práticas onívoras

Na teoria da legitimidade cultural de Bourdieu, a oposição entre as práticas legítimas (institucionalizadas) e as práticas ilegítimas

---

59 | Pierre Bourdieu, *op.cit.*, 1979, introdução, pp. II, VIII e 60.

60 | Ver, sobre "as classes populares", Michel Verret, *La Culture ouvrière*, Thonon-les-Bains: l'Albaron, 1988; e Richard Hoggart, *The Uses of Literacy: Aspects of Working Class Life*, Londres: Chatto and Windus, 1957.

61 | Michel Crozier, *Le Monde des employés de bureau*, Paris: Seuil, 1965.

62 | Alain Chenu, *Les Employés*, Paris: La Découverte, 1994.

(sem critérios e fora de norma) é estruturante e ecoa as posições sociais dos indivíduos ligados a elas. A oposição entre os domínios culturais eruditos/populares (teatro de vanguarda/teatro de revista, imprensa intelectual/imprensa popular etc.) constitui o princípio determinante de estruturação das práticas.

Em sua obra de 1994, (precisamente) com o subtítulo "Da exclusão ao ecletismo", Donnat havia proposto uma outra modalidade de estruturação do espaço das práticas, conforme fossem raras, especializadas ou diversificadas. Cada domínio (musical, literário, cinematográfico) parece diferenciar os indivíduos segundo essa classificação. A figura dos "ecléticos" se opõe à dos "excluídos", evidentemente, porém também à dos "frequentadores especializados" (por exemplo, os roqueiros exclusivos).

Essa hipótese começou a ser elaborada nos Estados Unidos com base no tratamento das pesquisas estatísticas de grande escala. O sociólogo Richard Peterson propunha em 1992 uma oposição entre "onívoros", capazes de apreciar diferentes gêneros em diferentes domínios, e "unívoros", sempre especializados nos seus gostos. À oposição erudito/popular (e fácil) se acrescentava, pois, uma capacidade, uma disposição de "onivoridade" socialmente pouco dividida.[63]

Desde então, diversos pesquisadores mergulharam nessa brecha, a fim de corrigir (uns mais, outros menos brutalmente) o modelo da teoria da legitimidade.[64] Lahire havia tomado como eixo da sua pesquisa a descrição dos casos *majoritários* de indivíduos "dissonantes", que têm práticas múltiplas e não esperadas tendo em conta seus universos sociais. As práticas, como os indivíduos, são variegadas, múltiplas.

Podemos dizer que a crítica à teoria de Bourdieu é radical se o onívoro for concebido como figura disposta a experimentar um pouco de tudo, a se empenhar em maneiras de se comportar as-

---

63 | *Sociologie et sociétés*, v. 36, 2004.

64 | Podemos citar, por exemplo: Philippe Coulangeon, *Les Musiciens interprètes en France: portrait d'une profession*, Paris: DEP, 2004, e, do mesmo autor, *Sociologie des pratiques culturelles*, Paris: La Découverte, 2005; Bernard Lahire, *op. cit.*, 2003; e Hervé Glevarec e Michel Pinet, "La Tablature des Goûts musicaux", *Revue Française de Sociologie*, 50, n. 3, 2009.

sociadas aos respectivos domínios, fora de qualquer consideração com a hierarquia social dos valores. Se, pelo contrário, o caráter hierarquizado for mantido, então a teoria mantém sua pertinência como base de reflexão, embora constatando que os onívoros se veem ao mesmo tempo dispostos a "experimentar de tudo" e são os únicos a poder incluir em suas "cestas" os domínios e maneiras mais legítimas. Resta testar a hipótese seguinte: os mais abonados em capitais seriam sempre os onívoros?

Caso 4: As pesquisas que invalidam a existência dos grupos iniciais • Resta uma última possibilidade, sustentada por todos os sociólogos que estimam que as práticas culturais se uniformizam e atravessam indiferentemente os grupos sociais. O grupo Louis Dirn desenvolveu durante algum tempo essa representação do social. Mendras, que é seu membro fundador, propõe como justificativa as seguintes causas: a escolaridade de massa e a televisão constituem forças de homogeneização cujos efeitos são considerados superiores aos das forças de diferenciação. Estas últimas enfraquecem-se todas: as culturas camponesas se apagam, as línguas regionais desaparecem, a formação religiosa se marginaliza, o cinema popular desapareceu, o voto é volátil... A classe dirigente não está mais em posição de difundir a cultura dominante e a legitimidade elitista é contestada. Os inovadores pertencem à vasta "constelação central".[65]

Esta perspectiva inscreve-se na linhagem de Tocqueville, que enfatizava o nivelamento cultural associado ao desenvolvimento da democracia; ou de Simmel, que antecipava o papel hegemônico de uma ampla "classe média", criticando assim os esquemas bipolares de Marx e Engels. Não se está longe tampouco das teorias norte-americanas dos anos 1960 que evocam uma "cultura de massa". Isto é, uma cultura de reprodução industrial. Cada um tenta fabricar sua identidade ou "montar uma combinação"[66] dela sem que essa seja determinada pela sua classe de pertencimento.

65 | Henri Mendras, *La Seconde Révolution Française. 1965-1984*, Paris: Gallimard, 1988.
66 | No original, "*bricoler*", uma referência à ideia de bricolagem, bastante utilizada pelos teóricos que defendem a ideia de pós-modernidade. [N. T.]

Das práticas às classes (método indutivo) | Existe, todavia, uma outra maneira de abordar o problema, invertendo a perspectiva. O ditado torna-se: "Diga-me de que você gosta e o que faz, e direi quem você é". A perspectiva é mais indutiva que a anterior, à medida que se parte dos fatos sociais observáveis para desembocar, eventualmente, nos grupos sociais objetivamente conhecidos (as classes). Entramos numa sociologia empírica das classes sociais, iniciada por Halbwachs ou programada por Schumpeter (num artigo de 1927 intitulado "As classes sociais em meio étnico homogêneo"). Distinguem-se então duas configurações.

Caso 5: Pesquisas que invalidam a existência das classes sociais • As práticas são consideradas fatores de agregação de coletivos. As tipologias dos "universos culturais" às quais Donnat chegou, quando permanecem puramente descritivas, sem estar presas a coletivos *a priori*, fornecem perfeitos exemplos da hipótese. Mas existem outras pesquisas que alcançam esse mesmo tipo de resultado, em particular no âmbito da sociologia das redes.[67] Esses autores põem em evidência alianças *conjunturais* entre indivíduos que se reagrupam ao redor de práticas, independentemente das classes sociais de origem. As redes de sociabilidade estudadas pelo INSEE desde os anos 1980 são subconjuntos desse tipo. O princípio é simples e original: parte-se de uma prática (sair, telefonar, conversar com outrem) e descrevem-se por "grafos", no plano formal ou morfológico, os coletivos que emergem. Termina-se muitas vezes com um resultado importante: os grupos de chegada não estão calcados sobre grupos estatísticos conhecidos e construídos em torno dos meios socioprofissionais. Existe, assim, o que poderíamos chamar de "autonomia do cultural", pois essas atividades se mostram capazes de produzir grupos novos, *ad hoc*.

A sociologia "das formas" de Simmel inspirou em parte essa abordagem, à medida que visa em primeiro lugar recensear as "formas sociais", isto é, todos os agrupamentos desigualmente efêmeros.[68] Entretanto, é importante sublinhar que Simmel liga sempre, em última instância, as associações (ou "sociações") à preexistência das classes. Ela iria se apoiar ainda mais no

---

67 | Michel Forsé e Alain Degenne, *Les Réseaux sociaux*, Paris: Armand Colin, 1994.

68 | Georg Simmel, "Comment les Formes sociales se maintiennent", *L'Année Sociologique*, 1896-1897, pp. 71-109.

Durkheim d'*As regras do método sociológico* (1895), se nos lembrarmos de que ele ocultou de sua sociologia a noção de classe, ao propor à sua maneira uma sociologia das formas sociais.

É também o caso das "cidades" construídas por Boltanski e Thévenot[69] a partir dos "princípios de justiça" invocados pelos agentes. Neste caso, assimilam-se os sistemas de valores aos sistemas de práticas, algo que Heinich faz desde os anos 1990 estudando o regime axiológico dos praticantes, sem considerar qualquer pertencimento social.

Nessas perspectivas, podemos ser levados a substituir as clivagens de classes *a priori* por outras clivagens sociais que se comprovam *a posteriori* mais determinantes. A idade faz parte desses grupos emergentes, a ponto de constituir uma "cultura jovem", como outros falam ou falavam de "cultura operária".

Caso 6: As pesquisas que reencontram parcialmente as classes ou certos grupos entre as PCS • Uma abordagem meramente indutiva mostra que as práticas culturais (como também as políticas, sociais, coletivas e ideológicas) estão ligadas à existência de classes sociais. Esta era, apesar de tudo, a observação a respeito da moda feita por Simmel, autor assimilado, de modo infeliz, ao individualismo metodológico.[70] A citação seguinte permite restabelecer outra verdade:

> A moda é [...] *um produto da divisão em classes* e se comporta da mesma forma que muitas outras formações – sobretudo a honra – cuja dupla função é reunir um círculo, afastando-o dos outros [...]. Se as formas sociais, o vestuário, os juízos estéticos e todo o estilo no qual o homem se expressa são refundidos sem cessar pela moda, esta, em sua novidade, permanece sob todos os aspectos o *apanágio das classes superiores*. Do momento em que as *classes inferiores* a se apropriarem de uma moda, [...] [as classes superiores] desviam-se da mencionada moda para adotar uma nova que as distinga, por sua vez, das ditas massas, e retomam com esse lance o jogo.[71]

---

69 | Luc Boltanski e Laurent Thévenot, *De la Justification: les économies de la grandeur*, Paris: Gallimard, 1991. (1. ed.: 1987).

70 | Cf. Frédéric Vandenberghe, *La Sociologie de Georg Simmel*, Paris: La Découverte, 2001, p. 31.

71 | Georg Simmel, *La Tragédie de la culture*, Marselha: Rivages, 1988, pp. 92, 95. (1. ed. alemã:1895).

Essa perspectiva inspirada por Simmel encontrou prolongamentos nos trabalhos "construtivistas" que buscam dar conta do trabalho coletivo, prático e simbólico gerador dos grupos sociais.[72] Os sociólogos e estatísticos do INSEE insistem nas "notáveis regularidades" de suas categorias, confirmadas reiteradamente pelas pesquisas secundárias. As práticas culturais constituem, a esse respeito, uma prova da "homogeneidade" dos grupos sociais.

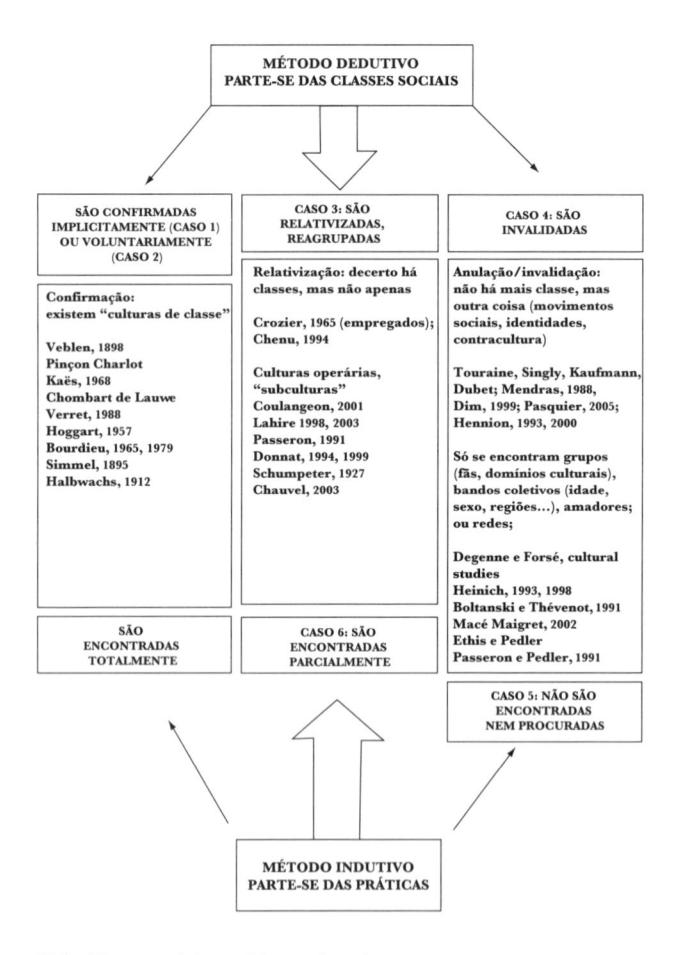

```
                    MÉTODO DEDUTIVO
               PARTE-SE DAS CLASSES SOCIAIS
```

SÃO CONFIRMADAS IMPLICITAMENTE (CASO 1) OU VOLUNTARIAMENTE (CASO 2)	CASO 3: SÃO RELATIVIZADAS, REAGRUPADAS	CASO 4: SÃO INVALIDADAS
Confirmação: existem "culturas de classe"	Relativização: decerto há classes, mas não apenas	Anulação/invalidação: não há mais classe, mas outra coisa (movimentos sociais, identidades, contracultura)
Veblen, 1898 Pinçon Charlot Kaës, 1968 Chombart de Lauwe Verret, 1988 Hoggart, 1957 Bourdieu, 1965, 1979 Simmel, 1895 Halbwachs, 1912	Crozier, 1965 (empregados); Chenu, 1994 Culturas operárias, "subculturas" Coulangeon, 2001 Lahire 1998, 2003 Passeron, 1991 Donnat, 1994, 1999 Schumpeter, 1927 Chauvel, 2003	Touraine, Singly, Kaufmann, Dubet; Mendras, 1988, Dim, 1999; Pasquier, 2005; Hennion, 1993, 2000 Só se encontram grupos (fãs, domínios culturais), bandos coletivos (idade, sexo, regiões...), amadores; ou redes; Degenne e Forsé, cultural studies Heinich, 1993, 1998 Boltanski e Thévenot, 1991 Macé Maigret, 2002 Ethis e Pedler Passeron e Pedler, 1991
SÃO ENCONTRADAS TOTALMENTE	CASO 6: SÃO ENCONTRADAS PARCIALMENTE	CASO 5: NÃO SÃO ENCONTRADAS NEM PROCURADAS

```
                    MÉTODO INDUTIVO
               PARTE-SE DAS PRÁTICAS
```

Figura V.2. Classes sociais e práticas culturais

---

72 | Luc Boltanski, *Les Cadres*, Paris: Minuit, 1982; Alain Desrosières e Laurent Thévenot, *op. cit.*, 1990.

Assim também, entre os instigadores dos levantamentos nacionais sobre práticas culturais, *a priori* pouco interessados pelo projeto de reconhecer a existência das classes, o veredito está claro: "Globalmente, parece que a abordagem em termos de CSP permanece eficaz, na escala da população francesa, para evidenciar as fortes disparidades que continuam a marcar o acesso às grandes obras da arte e do espírito".[73]

Em 2010, Donnat pôde ainda escrever:

> os resultados cruzados segundo os critérios que dão conta da posição social dos indivíduos (nível do diploma ou da renda, CSP etc.) podem levar a pensar que, no fim, poucas coisas mudaram desde os primeiros trabalhos de Bourdieu [...] O volume de recursos econômicos e sobretudo socioculturais constitui sempre um fator determinante: os laços entre o nível do diploma, de um lado, e a frequência e o uso dos equipamentos, notadamente, de outro, não perderam nada da sua força com a massificação escolar.[74]

Na mesma veia, ao término do vasto levantamento de dados sobre a sociabilidade dos franceses,[75] François Héran[76] termina por assemelhar a sociabilidade às práticas culturais, quando constata que aquela é tão socialmente hierarquizada quanto estas últimas. Da mesma maneira que o capital cultural vai para o capital cultural, as relações sociais vão para as relações.

É preciso, enfim, assinalar a tomada de posição de um dos membros do grupo Louis Dirn, que num artigo dissidente reanima as provas indutivas da existência das classes.[77] Ele se apoia notadamente na sociologia do con-

---

73 | Olivier Donnat, "La Stratification Sociale des pratiques culturelles et son évolution, 1973-1997", *Revue Française de Sociologie*, v. 40, n. 1, jan.-mar. 1999, pp. 115-116.

74 | Olivier Donnat, "Sociologie des pratiques culturelles", em: Philippe Poirrier (org.), *Politiques et pratiques de la culture*, Paris: La Documentation française, 2010, p. 197.

75 | Pesquisa "Contatos" do INSEE, 1982.

76 | François Héran, "La Sociabilité, une Pratique culturelle?", *Économie et Statistique*, n. 216, dez. 1988, pp. 3-22.

77 | Louis Chauvel, "Le Retour des classes sociales?", *Revue de l'OFCE*, n. 79, out. 2001, pp. 315-359.

sumo e constata que o fato de poder comprar o trabalho de outrem permanece sendo o lugar das principais clivagens de classes.

Compreender | "Compreensão" e "explicação" não se opõem. Diremos com Weber que se completam: "A própria tarefa [da sociologia compreensiva] só começaria, porém, no momento preciso em que fosse necessário explicar por interpretação".[78] Ou ainda:

> Uma interpretação causal correta deve ser significativamente adequada e causalmente adequada [...]. Se não for o caso, obtém-se uma probabilidade estatística não compreensiva ou uma hermenêutica sem prova. Se ficarmos só com as regularidades, entramos numa problemática diferente da atividade compreensiva: aquela das condições, dos entraves, das oportunidades, dos fatores.[79]

Embora Weber seja claro sobre a complementaridade das abordagens explicativa e compreensiva, devemos enfatizar a clivagem que separa os sociólogos que mobilizam coletivos visando *explicar* as práticas e aqueles que tentam decifrar os motivos individuais dos agentes para torná-los *compreensíveis*. Assim, Nathalie Heinich (que adere explicitamente à sociologia compreensiva) prefere continuar opondo "explicar" e "compreender": "Será preciso deixar que domine a visão explicativa, inspirada nas ciências da natureza? Ou juntar-lhe a abordagem compreensiva, específica das ciências humanas, que destaca o real e inclui as representações neste?".[80]

Por sua vez, os pesquisadores adeptos dos métodos quantitativos expressam frequentemente um sentimento de incompletude em face dos seus resultados e de sua incapacidade de aproximação com o que denominam "experiência estética":

> A pesquisa com questionário fechado, que permite [ao sociólogo] fornecer uma representação do conjunto das práticas culturais, tem *um preço*: ela *o condena* a apreender as práticas culturais por meio de *categorias grosseiras*, muitas vezes

---

78 | Max Weber, *Essais sur la théorie de la science*, Paris: Plon, 1992, p. 308. (1. ed. alemã: 1922).
79 | Max Weber, *Économie et Société*, Paris: Plon, 1995, v. 1, pp. 39-40. (1. ed. alemã: 1922).
80 | Nathalie Heinich, *La Sociologie de l'art*, Paris: La Découverte, 2001, p. 107.

portadoras de *parcas informações* sobre seu conteúdo artístico e desprovidas de pertinência aos olhos dos especialistas do domínio considerado [...]. *Não dizem nada sobre as experiências estéticas e cognitivas vivenciadas.*[81]

Existe "um mistério próprio" das "experiências estéticas", algo inexplicável ou inexplicado, que ecoa o que Gabriel Le Bras sentia no término das suas pesquisas: *quid* da fé?, perguntava-se, após ter subtraído as práticas rituais. *Quid* das motivações subjetivas dos amadores?, perguntam-se hoje os sociólogos interessados pelo indivíduo e sua experiência. "Uma prática é o contrário de um consumo", escrevia De Certeau, que, hostil aos métodos quantitativos e a Bourdieu, perguntava-se como a pessoa se produz a si mesma pela e na cultura.

Podem-se distinguir duas abordagens compreensivas, conforme o sociólogo se refira aos próprios agentes para compreender suas intenções ou conforme deduza pelo raciocínio suas razões reconstituídas.

Compreender com os atores | *Um pressuposto moral* | A sociologia contemporânea utiliza de maneira quase sistemática a técnica das entrevistas (no quadro das aprendizagens universitárias, é uma técnica elementar). Tendo em conta que o pesquisador procura conhecer as motivações, parece lógico perguntar por elas ao entrevistado. O sociólogo pode assim examinar os valores mobilizados pelos indivíduos. "Leva a sério" o discurso dos atores para capturar sua coerência (alguns pesquisadores consideram até que é uma atitude moral e se insurgem contra essas ciências ditas *humanas* que passam por cima dos indivíduos e decidem em seu lugar sobre suas "razões de agir"). Antoine Hennion, que procurou compreender o "amor pela música", enfrenta abertamente a sociologia crítica: "[Esta] desqualifica qualquer análise sociológica da arte como tal [...] [o] que marca seu desinteresse pela obra e pela experiência estética [...]. Não podemos nos contentar com a explicação da beleza em termos de convenção, de crença ou de *ilusio*".[82]

Esta abordagem compreensiva é praticada na sociologia dos valores de Heinich. Neste caso, solicitam-se os relatos dos atores e substitui-se "a pro-

---

81 | Olivier Donnat, *Les Pratiques culturelles des français. Enquête 1997*, Paris: La Documentation française, 1998, p. 11.

82 | Antoine Hennion et al., *op. cit.*, 2000, pp. 29-30.

va de verdade pela prova de coerência".[83] Nessa ótica weberiana, são os valores que motivam os atos. Essa abordagem é particularmente fecunda no campo das práticas culturais, cujo nome acaba indicando em demasia uma tendência a se bastar com o aspecto "prático". É, entretanto, evidente que por detrás dessa denominação enganosa os valores e as representações são associados às "práticas". Da mesma maneira que Durkheim definia o fato religioso por um conjunto de rituais e de crenças, de práticas e de representações, seria preciso considerar o "fato cultural" como um conjunto de práticas e valores associados. É o que fazia Bourdieu, já em 1965, quando associava representações de classes a comportamentos, programa mantido em 1979 na obra que traz no subtítulo a noção de "julgamento". Os gostos remetem em definitivo à vertente ideativa das mal intituladas "práticas" culturais, de que são indissociáveis.

Métodos | Existem métodos de coleta de dados que permitem não ter de solicitá-los diretamente aos atores, anulando assim os artefatos da relação social de questionário e de entrevista: o exame das pistas escritas fornece uma boa ilustração. Entre estas, os livros de ouro, deixados à disposição dos públicos nos espaços das exposições; o espaço das cartas dos leitores;[84] obras literárias ou ensaios;[85] inscrições nas paredes, que explicitam amplamente o que pensam os indivíduos. Heinich estudou os comentários escritos livremente (com diferentes matizes de raiva) sobre os tapumes do canteiro das colunas de Buren, o que lhe permitiu restituir os registros da denúncia pública.[86] Pôde listar uma tipologia dos "registros", que pouco remetem a valores estéticos ou estésicos (o prazer vivenciado). Muitas vezes, trata-se de valores cívicos, morais, práticos, que não têm (aparentemente) muita coisa a ver com arte.

---

83 | Nathalie Heinich, *op. cit.*, 2001.

84 | Luc Boltanski, *L'Amour et la justice comme compétences: trois essais de sociologie de l'action*, Paris: Métailié, 1990, 3ª parte.

85 | Luc Boltanski, *La Souffrance à distance: morale humanitaire, médias et politique.* Paris: Métaillé, 1993.

86 | Nathalie Heinich, *L'Art contemporain exposé aux rejets: études de cas*, Nîmes: Jacqueline Chambon, 1998b.

Compreender sem os atores | Por estranho que possa parecer, a sociologia compreensiva nem sempre se preocupa com a palavra dos atores. Isso é pouco surpreendente vindo de Durkheim, que de forma alguma se inscrevia numa ótica compreensiva...

> Todas as questões de intenção são subjetivas demais para poderem ser tratadas cientificamente [...]. Se partirmos dos indivíduos, nada se poderá compreender do que se passa no grupo. Todas as vezes que um fenômeno social é explicado por um fenômeno psíquico pode-se estar seguro de que a explicação é falsa. [...]. A causa determinante de um fato social deve ser buscada entre os fatos sociais antecedentes, e não entre os estados da consciência individual.[87]

...é mais surpreendente da parte de Weber:

> Os motivos invocados ou os recalques (motivos não confessos) dissimulam, com demasiada frequência, ao próprio agente o conjunto real no qual sua atividade se realiza, a tal ponto que os testemunhos, *mesmo os mais sinceros subjetivamente, só têm um valor relativo*.[88]

Esse credo metodológico foi retomado por Boudon, que se posiciona desde os anos 1970 na linhagem de Weber. Pode-se ler, de sua pena: "Apanhar o sentido das ações (*compreendê*-las) é geralmente redescobrir suas *justas razões*, quer estas razões estejam presentes ou não na consciência dos atores".[89]

Se não se pode pedir aos atores que deem conta de suas ações, resta então reconstituí-las e modelá-las. É preciso inventar meios para conhecer o que o sujeito não sabe forçosamente e/ou não pode saber.

Pesquisa dos usos | A perspectiva compreensiva pode querer apanhar a finalidade das práticas (que são razões) pesquisando os "usos", que são tantos quanto são as funções latentes, no sentido de Merton.

---

87 | Émile Durkheim, *Les Règles de la méthode sociologique*, Paris: Flammarion, 1988, pp. 95, 103 e 109. (1. ed.: 1895).

88 | Max Weber, *op. cit.*, 1995, p. 36.

89 | Raymond Boudon, *Effets pervers et ordre social*, Paris: PUF, 1989, p. VI, prefácio à nova edição. (1. ed.: 1977).

Os pesquisadores tentaram muitas vezes compreender o que poderia motivar a leitura. Segundo Escarpit, pioneiro no assunto, a leitura tem dois fins: funcional (a imprensa, as informações) ou não funcional (evadir-se, sonhar, meditar, cultivar-se gratuitamente). Da mesma maneira, Gerard Mauger et al.[90] propõem uma tipologia dos usos da leitura: divertimento, didática (conselhos práticos, obras escolares e profissionais), de salvação (para assentar as convicções filosóficas, religiosas ou políticas), de ambição estética.

Outro especialista interroga-se de modo quase socrático: "O que significa ler?".[91] Responder à pergunta é estudar literalmente não o que é a prática, mas o que ela faz. Para "compreendê-la", é necessário colocá-la no sistema dos atos que substitui ou proíbe, conhecer sua articulação com outras práticas. Da mesma maneira que Marguerite Duras escrevia "escrever é calar", os sociólogos constatam que "a leitura é por excelência uma ocupação solitária. O homem que lê não fala, não age, afasta-se dos seus semelhantes, isola-se do mundo".[92] O que permite também entender que muitos indivíduos não leem: não desejam isolar-se dos outros, consideram que essa prática cultural é contraproducente caso se ambicione ampliar seu capital social imediato. Pasquier[93] desenvolve há algum tempo essa ideia de que há uma relação muito forte entre as práticas culturais, as da comunicação e as da sociabilidade. Cada uma deve entreter a outra, pois sem isso elas não são interessantes para o indivíduo.

A sociologia de Bourdieu é, por muitos aspectos – pôde, aliás, ser criticado por isso (conforme capítulo 11) –, uma sociologia do interesse bem compreendido pelos atores, que só praticam o que é rendoso para eles. As motivações estão nos usos.

> Quando se observa uma correlação entre o nível de instrução e a quantidade de leitura ou a qualidade da leitura, é lícito perguntar-se como isso acontece, porque *não se trata de uma relação autoexplicativa*. É provável que se leia quando existe um

---

90 | Gérard Mauger, Claude Poliak, Bernard Pudal, *Histoires de lecteurs*, Paris: Nathan, 1999.
91 | Roger Chartier, *op. cit.*, 1985.
92 | Robert Escarpit, *Sociologie de la littérature*, Paris: PUF, 1958, p.116.
93 | Dominique Pasquier, *op. cit.*, 2005.

mercado no qual se pode colocar discursos que tratem das leituras [...] Em muitos meios, não se pode falar de leituras sem parecer pretensioso.[94]

As razões | O método mais desenvolvido permanece sendo o da interpretação. Assim, o pesquisador, valendo-se de alguns conhecimentos históricos, de dados estatísticos diversos sobre as condições de possibilidade e os contextos, lança-se em interpretações do que podem ser as "boas razões" de tal ou qual prática. McClelland propõe, por exemplo, distinguir entre as lógicas de afiliação e de realização, o que Chazel aplica às práticas culturais.[95] De um lado, podem-se acentuar a integração e a sociabilidade; de outro, põem-se em evidência proeza individual e desempenho. Warnier,[96] na mesma inspiração, evoca "a produção dos sujeitos" pelas práticas culturais.

---

94 | Pierre Bourdieu, *op. cit.*, 1985, p. 275.
95 | David McClelland, *The Achieving Society*, Nova York: The Free Press, 1961.
96 | Jean-Pierre Warnier, *Construire la Culture matérielle*, Paris: PUF, 1999.

CAPÍTULO 6

Três modelos interpretativos

A ORIENTAÇÃO DESTE CAPÍTULO se baseia em três escolhas:
• aplicar a temática contemporânea das "práticas culturais" a alguns pais fundadores da sociologia, no que pode parecer um anacronismo. Na realidade, os autores clássicos são mobilizados como iniciadores de grandes orientações interpretativas, no interior das quais todos os sociólogos atuais são suscetíveis de se inscrever; assim, é importante conhecer Marx, Durkheim ou Weber para compreender a óptica de Bourdieu;
• empreender um esforço de clarificação das filiações entre os sociólogos e seus conceitos, um exercício muito raramente empreendido;
• destacar as diferenças entre esses modelos em vez de procurar pontos de transição.

Esta ótica analítica é retomada na conclusão, que apresenta os paradigmas dominantes na sociologia da cultura. Aqui, a exploração concerne apenas aos subcampos das práticas.

O primeiro modelo de interpretação desvela e também denuncia os mecanismos da alienação e da dominação culturais; o segundo revela o aspecto integrador e libertador da cultura; o último considera que as práticas participam da produção simultânea de identidades singulares e coletivas. Essas três maneiras de abordar as práticas culturais não correspondem exatamente aos três paradigmas da conclusão. Pode-se desse modo considerar que cada subcampo da sociologia da cultura – quer se trate das práticas, das profissões ou das políticas – conserva certa autonomia interpretativa em relação aos outros.

As teorias críticas | **A alienação** | Karl Marx desenvolve algumas noções úteis, do nosso ponto de vista, como a da alienação. Se nunca refletiu sobre as práticas culturais como tais, o que escreveu serviu de fio condutor para gerações de sociólogos da cultura.

O estudo da alienação inspira-se amplamente em Feuerbach (1804-1872), a quem Marx presta numerosas homenagens em seus escritos de juventude.

Feuerbach havia centrado sua reflexão sobre o fenômeno religioso, propondo uma análise crítica da alienação religiosa.[1] Marx transporta suas análises para a crítica do trabalho industrial (*Os manuscritos econômico-filosóficos*, ditos "*de 1844*") e para a sua teoria do "fetichismo da mercadoria" (*O capital*, 1867).

A alienação é a impossibilidade, para o trabalhador operário, de alcançar o sentido do que produz, nem que seja sob o modo da frustração. A restituição do sentido deve passar pela libertação do trabalho assalariado, com essa utopia de uma sociedade comunista que suprime a propriedade privada e na qual não haveria mais artista, porque todo mundo o seria (*A ideologia alemã*, 1845). Nessa representação, os artistas são concebidos como figuras invertidas do operário alienado. À alienação opõe-se, portanto, a emancipação ou a realização de si.

Em sua análise do fetichismo da mercadoria, Marx mostra que o trabalho operário desemboca em uma objetivação (a mercadoria) que é logo posta em circulação no mundo como tal, com seu valor de troca próprio, sem mais referência à sua origem humana. Essa vida objetiva das mercadorias é emblemática da modernidade: os valores das coisas que circulam e se trocam são pensados fora de qualquer humanidade. Fala-se também de "reificação". O que está na origem da alienação é nada mais que a relação assalariada e a divisão intensiva do trabalho, que explora o homem e reifica a mercadoria.[2]

A pista da crítica da alienação e o tema da reificação foram particularmente explorados pelos pensadores alemães da cultura. Não podemos listar todos aqui; no máximo, indicar algumas referências importantes:
• Georg Simmel (1858-1918), grande admirador de Marx, embora crítico a seu respeito, desenvolve[3] uma ideia bastante similar: a cultura objetiva-se em instituições que se autonomizam e o indivíduo não pode mais se apropriar delas porque perdeu o seu sentido;[4]

---

1 | Ludwig Feuerbach, *A essência do cristianismo*, Petrópolis: Vozes, 2007. (1. ed. alemã: 1841).

2 | Frédéric Vandenberghe, *Uma história filosófica da sociologia alemã: alienação e reificação*, São Paulo: Annablume, 2012.

3 | Ver a coletânea de artigos publicada sob o título *La Tragédie de la culture et autres essais*, Marselha: Rivages, 1988.

4 | Frédéric Vandenberghe, *As sociologias de Georg Simmel*, Belém/Bauru: UFPA/Edusc, 2005, capítulos 5 e 6.

• Georg Lukács (1885-1971), que foi um aluno de Simmel, generalizou a teoria marxista da reificação e fez dela uma chave de interpretação para compreender a evolução das formas artísticas (as formas "epopeia" ou "romance"). A transformação do homem em mercadoria e a universalidade da forma mercadoria têm efeitos sobre os modos da narrativa literária, a organização da trama, os tipos de heróis, assim como as situações profissionais (seu estudo sobre o realismo balzaquiano).[5] Hoje, o filósofo Axel Honneth prolonga e radicaliza esse ponto de vista crítico mostrando que a reificação assume fundamentalmente a figura de uma recusa de reconhecimento.[6]

• Os autores alemães da Escola de Frankfurt inscrevem-se nessa tradição. Quer sejam os trabalhos de Walter Benjamin (1892-1940) sobre a arte na era da reprodutibilidade técnica, os de Max Horkheimer (1895-1973) e de Theodor Adorno (1903-1969) sobre a arte de massa, a música gravada e as indústrias culturais, os de Herbert Marcuse sobre a "afirmação cultural" ou os de Jürgen Habermas sobre a deturpação do espaço público,[7] todos sublinham a fecundidade desta interpretação. Segundo eles, à alienação dos operários no trabalho vem acrescentar-se uma alienação das massas (de que as classes médias são os vetores) por meio do consumo dos bens culturais reprodutíveis. A "cultura de massa" ou a "arte de massa" são os meios da nova alienação. Será preciso e será possível voltar a uma experiência direta da obra?

A crítica das indústrias culturais

As massas procuram distrair-se, enquanto a arte exige o recolhimento perante uma obra única. Existe um laço entre essa era de massas, a multiplicação das festas massivas, das liturgias esportivas e dos seus modos de reprodução. O processo depende estreitamente da técnica

---

5 | Georg Lukács, *A teoria do romance*, São Paulo: Duas Cidades/Editora 34, 2000 (ed. original alemã: 1920); ver também *História e consciência de classe*, São Paulo: Martins Fontes, 2003.

6 | Axel Honneth, *La Réification: petit traité de théorie critique*, Paris: NRF Gallimard, 2005.

7 | Jürgen Habermas, *L'Espace public: archéologie de la publicité comme dimension constitutive de la société bourgeoise*, Paris: Payot, 1992. (1. ed. alemã: 1962).

de reprodução e, especialmente, da de gravação [...]. Às tecnicas de reprodução massiva parecem associadas técnicas de destruição [...] o cinema proíbe a contemplação.[8]

A indústria cultural consiste em repetição [...]. A indústria cultural permanece indústria de divertimento, inconciliável com a arte. A distração é o prolongamento do trabalho. O espectador não quer mais ter de pensar por si mesmo [...]. Não pode mais participar dos progressos da razão [...]. Patolino[9] apanha como os pobres na realidade, para que os espectadores se habituem a receber eles mesmos as sovas [...] A indústria cultural impede o indivíduo de resistir ao consumo. Ele se vê unicamente como eterno consumidor.[10]

A relação com a arte não se reduz a incorporar a coisa (à sua fruição). Pelo contrário, é o contemplador que desaparece nela [...]. Numa sociedade onde a arte não tem mais o seu lugar e em que toda reação à arte é perturbada, esta se cinde em propriedade cultural coisificada e petrificada, e em acréscimo de prazer que o cliente recupera e que não tem o mais das vezes muita relação com o objeto [...] O conceito de fruição artística como conceito constitutivo deve ser eliminado.[11]

A dominação | Em *A ideologia alemã: teses sobre Feuerbach* (1844), Marx e Engels desenvolvem também a ideia de uma dominação cultural que se exerce pela classe economicamente dominante ao impor suas representações e seus valores.

---

8 | Walter Benjamin, "L' Oeuvre d'art à l'époque de sa reproduction mécanisée", *Écrits Français,* Paris: Gallimard, 1991, pp. 140-171. (1. ed.: 1936).

9 | Personagem de desenho animado. [N. T.]

10 | Theodor Adorno e Max Horkheimer, "La Production industrielle des biens culturels. Raison et mystification des masses", *La Dialectique de la raison,* Paris: Gallimard, 1974, pp. 145, 146 e 150. (1. ed. alemã: 1947).

11 | Theodor Adorno, *Théorie esthétique,* Paris: Klincksieck, 1995, pp. 31, 34-35. (1. ed. alemã: 1970).

Max Weber os seguiu neste ponto. Sem entrar nos detalhes de sua sociologia religiosa, ela própria imbricada numa sociologia política da dominação, pode-se dizer que a religião constitui uma forma de dominação das classes privilegiadas sobre as classes desfavorecidas. Weber fala a seu respeito como meio de "domesticação das massas" e utiliza a noção de "hierocracia" para dar conta da dominação psicológica que o clero exerce sobre os fiéis. A religião propõe (e impõe) uma visão do mundo, pelo intermédio da sua teodiceia, que é uma legitimação teórica e simbólica da ordem social. Weber distingue as teodiceias da felicidade e da infelicidade, que desempenham seus papéis respectivos: justificar os privilégios para uns e valorizar o sofrimento para outros, ou pelo menos transfigurá-los em algumas esperanças. A religião está também, no plano prático, na origem de uma divisão social entre os "virtuosos" – os profissionais da religião – e as massas de crentes, divisão fundada em parte no saber religioso, que determina a repartição desigual da qualificação religiosa. Weber destaca também, portanto, o aspecto diferenciador e conflitante da cultura (religiosa).

Alguns autores têm, por sua vez, considerado que existia uma dominação cultural que se exercia da elite para as massas, por via de algumas instituições mais ou menos repressivas (escola, mídia, Igreja etc.).

Gramsci (1891-1937) ressaltou a função de "hegemonia cultural" exercida pelas elites com vistas a consolidar os poderes estabelecidos, justificando-os.

Na França, os ensinamentos do filósofo Louis Althusser (1918-1990), que foi professor na ENS [Escola Normal Superior] durante muitos anos, giravam em torno da ideia de que a escola e a mídia, nas mãos de potências econômicas e sociais, jamais cessavam seu esforço para impor uma dominação cultural.[12]

No mesmo registro, as obras de Baudrillard e de Guy Debord,[13] cada uma a sua maneira, não dizem realmente outra coisa.

A análise weberiana das funções e dos efeitos da religião foi transplantada para o campo da sociologia da cultura por Bourdieu e Passeron, que se inscrevem também nesta tradição "crítica". A escola é concebida por esses autores como o local de imposição de um "arbitrário cultural", vetor pri-

---

12 | Louis Althusser, "Idéologies et appareils d'État", *La Pensée*, n. 151, jun. 1970.
13 | Guy Debord, *A sociedade do espetáculo*, Rio de Janeiro: Contraponto, 1997.

vilegiado das transmissões de uma geração a outra: "Estamos ainda numa fase em que é absurdo separar a sociologia da educação da sociologia da cultura. Como se pode praticar sociologia da literatura ou da ciência sem referência à sociologia do sistema escolar?".[14]

Quanto mais os indivíduos têm diploma, mais desenvolvem práticas qualificadas como "culturais" pelas instituições com o mesmo nome, que retomam amplamente as categorias ensinadas na escola. Esta se vê "desmistificada" na sua aparente neutralidade, tendo por função essencial, na realidade, a imposição da cultura burguesa.[15]

Quando Bourdieu não critica a ordem cultural imposta pela ordem escolar e seu caráter arbitrário, confronta os meios de comunicação de massa e seus agentes.[16]

Muitos intelectuais criticam hoje a produção industrial dos bens culturais, o "todo cultural", a economia do *star system*, a arte de massa e os *mass media*. Por exemplo, o filósofo Georges Stigler, diretor de desenvolvimento cultural do Centro Pompidou, que não cansa de denunciar os efeitos desastrosos da cultura midiática sobre as modalidades da aprendizagem, os conteúdos e as crianças.[17]

As teorias da integração | **Escola e integração** | A sociologia francesa, que se institucionalizou sob a III República no final do século XIX, foi carregada por uma corrente notadamente mais otimista do que aquela que vinha da Alemanha na mesma época. Émile Durkheim, embora simpatizante socialista, não segue nem um pouco a tradição marxista quando se interessa pela questão da solidariedade social. Prefere enfatizar as questões da socialização, da integração e da regulação, em vez das que se referem a dominação, conflito, lutas ou revolução.

---

14 | Pierre Bourdieu, *Choses dites*, Paris: Minuit, 1987, p. 52.
15 | Pierre Bourdieu e Jean-Claude Passeron, *A reprodução: elementos para uma teoria do sistema de ensino*, Petrópolis: Vozes, 2008.
16 | Pierre Bourdieu, *Sobre a televisão*, Rio de Janeiro: J. Zahar, 1997.
17 | Georges Stigler, *De la Misère symbolique*, Paris: Galilée, 2004; ou ainda, do mesmo autor, *Mécréance et discrédit. La Décadence des sociétés industrielles*, Paris: Galilée, 2004.

A escola obrigatória foi, então, universalizada (1881) e constitui o vetor de um saber comum a todas as crianças, sem dúvida o ator principal do cimento social. Durkheim está convencido de que ela deve substituir a função outrora exercida pela religião. Que melhores unificadores do que a língua, a literatura, as humanidades, a história, em suma, a "cultura escolar", para integrar os jovens na comunidade política, nacional e social e inculcar-lhes as regras morais, o enquadramento necessário à vida social? A escola transmite aos jovens a cultura "universal", frequentemente apresentada num contexto científico, permitindo que saiam de seu estado de natureza.

Sociabilidade e integração | Na linhagem de Durkheim, Maurice Halbwachs, que foi durante muito tempo membro da equipe de *L'Année Sociologique*, elaborou uma teoria da integração com base na qual podemos interpretar as práticas culturais. Segundo ele, os indivíduos e os grupos situam-se num eixo que vai da matéria (objeto de transformação) à sociedade (lugar de troca dos signos e das palavras). Ou estão próximos da matéria a modelar e transformar (os operários), ou próximos da vida social (os empregados). Quanto mais os estatutos são elevados, mais os indivíduos levam uma vida densa e intensiva, o que Halbwachs intitula "o foco".[18] O consumo dos operários expressa ao mesmo tempo o domínio da matéria sobre a sua existência e a necessidade deles de compensar a distância do "foco". Privilegiam um consumo que favorecerá uma forte sociabilidade:
• por uma "cultura de rua", a frequência aos bares, em detrimento de um investimento na moradia, que assemelham a um isolamento da vida na esfera privada;
• pela importância das despesas de consumo alimentar, visando favorecer os efeitos sociais das refeições, concebidos como oportunidades para discussão, animação, para o convívio.

Muitos sociólogos contemporâneos empenharam-se desde então em pesquisas sobre a sociabilidade (Paradeise, Héran, Forsé, Lemel) e constatam que ela depende do estatuto social, medido pelas PCS: quanto mais os estatutos são elevados, mais o convívio é intenso, a ponto de a sociabilidade poder ser lida como uma segunda "profissão" para os quadros superiores

---

18 | Cf. Christian Baudelot e Roger Establet, *Maurice Halbwachs: Consommation et Société*, Paris: PUF, 1994.

e as classes médias. Além disso, ela encontra-se socialmente hierarquizada pelo diploma e pelo estatuto, como as práticas culturais.[19]

Educação popular e lazeres | O que Durkheim atribuía estritamente à escola republicana, a política cultural o atribui desde Malraux ao acesso de todos à cultura. Esta é reconhecida como um fator essencial da coesão e do laço social. O patrimônio de conhecimento e de cultura não é um simples pretexto (arbitrário), mas o suporte de uma coesão, sempre renovado no ciclo contínuo das gerações.

Georges Friedmann (1902-1977), que primeiramente estudou o trabalho industrial numa ótica marxista, sentiu ascender nos anos 1950 a aposta sociológica em uma "civilização de lazeres" fundada sobre o tempo livre e os novos modos de vida. Orientou nesta pista Joffre Dumazedier (1915-2002), que montou no Centro Nacional de Pesquisa Científica (CNRS) os estudos de uma sociologia dos lazeres.

Oriundo do meio operário, tornado um militante da formação contínua, Dumazedier sempre defendeu a ideia da educação popular (substituída em nossos dias pela "animação sociocultural"). É pela cultura, escolar e contínua, que o indivíduo pode conseguir sair de sua condição (de operário e de trabalhador) e de seu isolamento social. Esse voluntarismo inspirou amplamente as políticas culturais desde Malraux: a cultura de Estado vem acompanhar a escola republicana que lhe serve de pilar. Na época da elaboração dos planos dos anos 1960, Dumazedier assumiu uma parte ativa nos trabalhos das comissões para o equipamento cultural.[20]

Esta tradição intelectual considera que o desenvolvimento cultural passa pelo desenvolvimento do tempo livre, isto é, dos lazeres e das práticas culturais. É a oferta institucional (equipamento, recursos, serviços etc.) que deve prover a demanda dos franceses e estimulá-la quando se trata dos meios populares. O tempo liberado para os lazeres deve vir compensar as deficiências escolares de certos meios profissionais e sociais. A cultura é um direito, no mesmo patamar que a instrução, a moradia ou a cidadania.

---

19 | François Héran, "La Sociabilité, une Pratique culturelle?", *Économie et Statistique*, n. 216, dez. 1988, pp. 3-22.

20 | Vincent Dubois, *La Politique culturelle. Genèse d'une catégorie d'intervention publique*, Paris: Belin, 1999.

Integração contra exclusão | Toda uma vertente da sociologia contemporânea das práticas culturais demonstra, com base em pesquisas, que existe uma integração desigual das populações. A perspectiva dos excluídos preocupa alguns sociólogos, que querem alertar os responsáveis políticos locais ou nacionais. As práticas permanecem mal distribuídas e a democratização cultural, um projeto ou uma profissão de fé. Que fazem os eleitos para reduzir as distâncias diferenciais entre os grupos?

Os limites da democratização cultural encontram suas fontes nos limites da democratização escolar, sobre os quais a sociologia da educação pôde, desde 1964, encontrar amplas confirmações estatísticas. A exclusão cultural anda par a par com o nível escolar e este, com o fracasso na escola (a cada ano, cerca de 60 mil crianças saem do sistema educativo sem qualificação, ou seja, 8% dos que saem, cuja taxa de desemprego acerca-se dos 50% após o fim dos estudos).[21] A sociologia da educação, que analisa e denuncia as desigualdades sociais diante do êxito e que, ademais, sublinha o laço entre violência (Debarbieux), fracasso (Dubet, Duru-Bellat) e analfabetismo funcional (Lahire), prolonga à sua maneira a tradição durkheimiana e republicana da escola como local por excelência da socialização cultural, da integração social e política. Desta vez, porém, a escola não é mais de forma alguma considerada da mesma maneira: ela se torna o agente principal da participação na vida social, por meio da aquisição de um capital cultural. É a condição *sine qua non* do desenvolvimento individual. Desmascarando os pressupostos dessa posição "republicana", Pierre Bergounioux nos convida a pensar que a escola nunca funcionou tão bem como hoje na sua eficácia em perpetuar as relações de dominação, precisamente graças ao novo "imaginário" que ela fabrica: "a igualdade das oportunidades".[22]

As teorias identitárias | Além dos dois modelos precedentes, existe um terceiro, interpretativo, orientado para a descrição pragmática das práticas

---

21 | Cf. INSEE, *France: Portrait social*, 2001-2002, pp.178-179, ou a pesquisa "Génération 2001", do CEREQ, que permite conhecer as situações profissionais das coortes saídas do sistema educativo em 2005.

22 | Pierre Bergounioux, *École: mission accomplie, entretiens avec Frédéric Ciriez et Rémy Toulouse*, Paris: Les Prairies Ordinaires, 2006.

e de seus efeitos. A noção de identidade é mobilizável nessas duas dimensões: ao mesmo tempo para evocar o que é singular, específico, único, e para evocar o que é comum (na terminologia do filósofo fenomenológico Paul Ricoeur, é o equivalente à "ipseidade" e à "mesmidade"). Essa noção permite enfocar a relação complexa entre o individual e o coletivo, no âmago do questionamento da sociologia. As práticas culturais são, deste ponto de vista, meios de produzir o singular – o indivíduo se constrói em e por práticas – e os coletivos.

Dimensão coletiva | Os sociólogos foram sempre atentos aos modos de produção do coletivo. As práticas culturais ou cultuais engendram grupos (conforme capítulo 3). A sociologia religiosa, mais uma vez, introduz as primeiras análises mais convincentes.

Em sua sociologia religiosa, Durkheim[23] enfatizava os rituais, na medida em que servem para sustentar as crenças coletivas. Pela encenação e pela movimentação grupais que comportam, realizam a "ideia de grupo", a fazem reviver e contribuem para reforçar uma coesão coletiva em torno dessa crença. Reside aí a importância das festas, das cerimônias, das danças, dos cantos, dos ritmos, das representações públicas de qualquer espécie, das rezas, quaisquer que sejam os domínios, como meios de reforçar e reativar os grupos.

A sociologia de Jean Duvignaud (1921-2007) inscreve-se nessa filiação quando destaca a natureza positiva do festivo, das ebulições sociais e até mesmo da anomia.[24]

Weber[25] mostrava por sua vez como os rituais e os tabus podem ter contribuído para produzir uma comunidade religiosa separada (o judaísmo) no seio de uma sociedade. O ritualismo desempenha esse duplo jogo de diferenciação e de integração. Estudou também os rituais iniciáticos (os batismos protestantes)[26] que contribuem para integrar os indivíduos e cons-

---

23 | Émile Durkheim, *As formas elementares da vida religiosa*, São Paulo: Paulinas, 1989. (ed. original: 1912).

24 | Jean Duvignaud, *Hérésie et subversion: essai sur l'anomie*, Paris: La Découverte, 1986.

25 | Max Weber, *Le Judaïsme antique*, Paris: Plon, 1970. (1. ed. alemã: 1917).

26 | Max Weber, *A ética protestante e o espírito do capitalismo*, São Paulo: Companhia das Letras, 2004. (1. ed. alemã: 1904).

truir fronteiras entre os membros e os outros. O crédito social outorgado aos batizados depende dessas provas coletivas.

Simmel, assim como Tarde, também se interessou por esses fenômenos: alguns coletivos são amorfos, pouco coerentes e podem partilhar experiências comuns durante o tempo de uma moda, de um evento, de uma partida esportiva, de uma transmissão audiovisual. Esses públicos endurecem quando os membros decidem desenvolver estruturas de representação e de reprodução. Pense-se, por exemplo, em diversos domínios, nos grupos de amadores que se organizam em fã-clubes, em torcidas esportivas ou em "sociedades de amigos dos museus": todos se dotam de regras, órgãos (de imprensa), funcionários, de um aparelho administrativo com maior ou menor grau de complexidade. As práticas deixam de ser casuais e orientam os indivíduos para um verdadeiro comprometimento, inscrevendo-os em saberes cada vez mais complexos.[27]

O tamanho dos coletivos assim produzidos é variável: quando se trata de práticas de massa, são imensos, muitas vezes em detrimento de sua durabilidade (Gustave Le Bon falava em "multidão"). São sujeitos a manias passageiras, entusiasmos efêmeros. Quando são restritos, têm mais chance de se organizar e de se perpetuar.

Dimensão individual | A sociologia é mais reticente em seguir o processo em sua dimensão simétrica – a saber, a identidade individual. Essa vertente psicológica não foi seguida nem por Weber nem por Durkheim: ambos eram preocupados em manter a especificidade da abordagem sociológica, fixada em questões coletivas. Nem um nem outro evoca a noção de identidade. Em contrapartida, a questão foi levantada por Simmel e, de maneira geral, pelos sociólogos norte-americanos da tradição de Chicago, influenciados pelos pragmatistas e pela psicologia social.

Georges Herbert Mead (1863-1931), autor de *Mente, self e sociedade*,[28] aluno de William James e colega de John Dewey, foi um dos primeiros sociólogos a enfatizar o papel da interação social na construção do *self*: não há

---

27 | Philippe Le Guern (org.), *Les Cultes médiatiques: culture fan et œuvres cultes*, Rennes: PUR, 2002.

28 | George Herbert Mead, *L' Esprit, le soi et la societé*, Paris: PUF, 1963 (1. ed. norte-americana: 1934).

construção do *self* sem os outros, sem apropriação de modelos e processos de identificação. Ora, as práticas sociais constituem, para todos, meios de construir uma identidade, ao marcar pertencimentos ou, ao contrário, diferenças. É a configuração específica de todos esses empréstimos e de todas essas recusas que constrói a singularidade, isto é, a identidade.

Blumer (1900-1987), considerado o pai do interacionismo simbólico, foi aluno de Mead, de quem retomou essa sociologia centrada sobre o ator reflexivo, essa importância dada à construção do sujeito na interação social.[29] Ele próprio ensinou sociologia a Goffman, Becker e Strauss, que desenvolveram, cada um a seu modo, as potencialidades da sociologia da identidade.

Desde então, essa abordagem se tornou mais comum na França. É particularmente apreciada nas interpretações das múltiplas práticas, ainda mais porque a sociedade moderna livrou os indivíduos de alguns pertencimentos coercitivos que lhes destinavam papéis e estatutos. Essa perspectiva descreve os modos de construção de si mesmo, as maneiras de "negociar" sua identidade nas interações.

Os sociólogos da pós-modernidade são os que mais se sentiram atraídos por essa perspectiva, a qual põe a necessidade de que nos entendamos previamente sobre o diagnóstico da crise ou do declínio da influência das grandes instituições formadoras do social: família, escola, política, religião, exército, profissão...[30]

Dado o diagnóstico, é possível empreender uma sociologia interessada pela construção identitária: Martucelli,[31] Kaufmann,[32] Lahire[33] etc. Até mesmo o INSEE, como assinalamos no capítulo 4, decidiu lançar uma pesquisa quantitativa sobre a construção das identidades,[34] da qual alguns resultados foram publicados em 2006.

---

29 | Cf. David Le Breton, *L'Interactionnisme symbolique*, Paris: PUF, 2004.

30 | Henri Mendras e Fresney Laurence Duboys, *La Seconde Révolution Française: 1965-1984*, Paris: Gallimard, 1988; François Dubet, *Le Déclin des institutions*, Paris: Seuil, 2001, e, do mesmo autor, *Sociologie de l'expérience*, Paris: Seuil, 1994; e, de Claude Dubar, *A crise das identidades: a interpretação de uma mutação*, São Paulo: Edusp, 2009.

31 | Danilo Martucelli, *Grammaire de l'individu*, Paris: Gallimard, 2002, capítulo 4.

32 | Jean-Claude Kaufmann, *L'Invention de soi: une théorie de l'identité*, Paris: Armand Colin, 2004.

33 | Bernard Lahire, *Homem plural*, Petrópolis: Vozes, 2002.

34 | INSEE, *Histoire de vie*, 2003.

Entre os intérpretes das formas da cultura de massa em sua vertente identitária, é preciso citar os *cultural studies* ingleses, que enfatizam as formas de "resistência" desenvolvidas pelos indivíduos face às indústrias culturais, na medida em que cada um se apropria delas à sua maneira.[35]

Essa perspectiva é desenvolvida por Dominique Pasquier[36] a respeito dos jovens adolescentes que se respaldam numa novela televisiva para construir sua identidade e suas práticas de sexualidade. Essa apropriação permite que ajam depois em função de modelos, possivelmente suscetíveis de guiá-los em suas interações com outrem.

É igualmente seguida pelas jovens sociologias da comunicação: Hervé Glévarec[37] interessa-se pela construção identitária dos jovens pelas rádios de antena livre. Identificação com uma geração emergente, e com uma subcultura, que os adolescentes não podem encontrar na escola nem nos pais ou na televisão. A dimensão interativa engendrada pela internet de nova geração (com os *wiki*, os *blogs* etc.) corresponde perfeitamente a esse processo de construção identitária que já fora notado (e anunciado) pelos sociólogos interacionistas do início do século. No presente, as ferramentas multimídia contribuem por vias novas para esses processos sociais que existem há tempo sob outras formas.

Entre as evoluções notáveis que encontramos nas pesquisas sobre as práticas culturais dos jovens (as únicas, na verdade, que podem localizar as práticas emergentes), há essa tendência ao desenvolvimento de uma sociabilidade dita "horizontal", *inter pares*, em detrimento de uma sociabilidade vertical, de geração. As NTICS [novas tecnologias de informação e comunicação] determinam, ao que parece, de modo importante e contra toda previsão teórica, o reforço das "galeras" (para retomar o vocábulo da sociologia das redes ou o da Escola de Chicago), de subculturas segmentadas, de aproximações por afinidades e por geração, em detrimento de um vasto espaço homogêneo.

---

35 | Armand Mattelart e Erik Neveu, "*Cultural Studies' Stories. La Domestication d'une pensée sauvage*", *Réseaux*, n. 80, 1996, ou, dos mesmos autores, *Introdução aos estudos culturais*, São Paulo: Parábola, 2004.

36 | Dominique Pasquier, *La Culture des sentiments. L'expérience télévisuelle des adolescents*, Paris: MSH, 1999.

37 | Hervé Glévarec, "La Radio, un espace d'identification pour les adolescents", em: Olivier Donnat (org.), *Le(s) Public(s) de la culture*, Paris: Presses de Sciences Po, 2003b.

PARTE III
AS PROFISSÕES

CAPÍTULO 7

O MODELO DO CRIADOR

NOSSO ASSUNTO AQUI diz respeito aos traços distintivos das profissões culturais: parece de fato que uma das problemáticas essenciais da sociologia das profissões culturais consiste em se perguntar se constituem profissões como as outras e, se não, quais são as suas características específicas.[1] Convém, portanto, conhecer a sociologia geral das profissões para poder compará-las entre si.[2] O trabalho dos criadores, dos artistas, dos operadores culturais, assim como as diversas atividades de mediação que o evidenciam e o valorizam, ocupam um lugar todo especial nessas pesquisas. Nossa hipótese é que o domínio dessas atividades profissionais ordena-se – e sem dúvida se hierarquiza – com base no modelo do artista criador. Sua singularidade sem dúvida encontra aí seu fundamento.

Origens religiosas e desenvolvimentos do modelo | A referência à figura do criador é uma especificidade do campo de estudo das profissões culturais. Como representação dominante, difunde-se pouco a pouco e de círculo em círculo em todas as dimensões da atividade organizada, afeta as práticas, as mediações, as interpretações, as críticas e influencia até mesmo a ação política (ver figura VII.1).

---

1 | Ver, a esse respeito, *Sociologie du travail*, 1983; Eliot Freidson, "Les Professions artistiques comme défi à l'analyse sociologique", *Revue Française de Sociologie*, v. 27, n. 3, jul.-set. 1986, pp. 431-443; Catherine Paradeise et al., *Les Comédiens: profession et marchés du travail*, Paris: PUF, 1998; de Pierre-Michel Menger, *La Profession de comédien: formations, activités et carrières dans la démultiplication de soi*, Paris: La Documentation française, 1997, *Portrait de l'artiste en travailleur: métamorphoses du capitalisme*, Paris: Seuil, 2003, *Les Intermittents du Spectacle: sociologie d'une exception*, Paris: EHESS, 2005a, e *Profession artiste: extension du domaine de la création*, Paris: Textuel, 2005b; e, de Nathalie Heinich, *Du Peintre à l'artiste: artisans et académiciens à l'âge classique*, Paris: Minuit, 1993, *Être Écrivain: création et identité*, Paris: La Découverte, 2000, e *L' Élite artiste*, Paris: Gallimard, 2005.

2 | Cf. Claude Dubar e Pierre Tripier, *Sociologie des professions*, Paris: Armand Colin, 2011. (1.ed.: 1998).

Origens religiosas | A criação artística assume todo o seu sentido no uso da palavra alemã *Dichtung*, a qual significa "invenção", "ficção" e, logo, no plano da linguagem, "poesia", tomada no sentido grego de *poiesis*, como ato contingente e imprevisto de moldar o mundo com as palavras e de modelar as palavras como se fossem coisas. Esta palavra nos conduz além da simples realidade dos materiais e das técnicas. Geralmente, aplica-se à criação literária, como no título da obra de Goethe *Dichtung und Warheit* [*Poesia e verdade*].

Deus criador | De início, toda linguagem de criação reveste-se de conotações religiosas, sem dúvida porque escapa ao regime dos encadeamentos racionais para estabelecer a soberania da Causa de que dependem as operações e as produções vindouras. E essa Causa é sagrada, pois é dela que tudo provém.

> Em todas as populações primitivas, o artista transforma o que toca pelo efeito de um poder mágico que o põe em contato com o próprio mistério da criação.[3]

> Não há dúvida de que as formas primitivas das obras de arte mágicas e animistas foram os elementos de uma prática ritual, faltando-lhes autonomia. Mas é exatamente porque eram sagradas que não se podia usufruí-las.[4]

A Criação é uma imagem religiosa central, pois assegura a transcendência do criador. A partir dela organiza-se a hierarquia de todas as religiões monoteístas que colocam um Deus criador sobrenatural na origem do mundo. Na fé cristã, este Deus é imediatamente imaginado em cima do modelo do trabalho do artesão que, com sua ferramenta, molda seu objeto ao transformar uma matéria-prima. Fabricante de um mundo fixo: é assim que, por exemplo, a Bíblia o concebe. Age como um oleiro moldando a argila, da qual, sob a sua mão,[5] surgirão as formas da vida e, logo, as da humanidade. Posiciona o seu "defronte" e dele se separa. Distingue-se do mundo, reflexo da "glória" do seu criador, como escrevem os teólogos. À

---

3 | Pierre Francastel, *Art et technique*, Paris: Minuit, 1956, p. 244.

4 | Theodor Adorno, *Théorie esthétique*, Paris: Klincksieck, 1995, p. 32. (1. ed. alemã: 1970).

5 | No original, é um trocadilho: *sous la main*, no sentido figurado, significa "sob a autoridade". [N. T.]

transcendência do Criador opõe-se a imanência do criado. Deus poderia não ter feito o Mundo. Poderia tê-lo feito de outra maneira. A criação é a passagem da infinidade dos Mundos possíveis e concebidos no entendimento divino para o único mundo real, no qual os homens têm a sua moradia.

O *artista*, analogon *do criador* | Essa representação cristã serve de modelo paradigmático a toda criação humana ulterior. A produção da obra é também e antes de tudo uma "escolha", uma "seleção", uma "busca da melhor forma que exista" – logo, a realização de uma ideia cuja força irreprimível impõe-se ao artista:

> O artista consciente não é nada além do artista que não se aceita. Aquele que vai, como Cézanne, de esboço em esboço, de telas abandonadas a telas raivosamente atiradas nos campos de Aix; aquele que anda, como fez Balzac, para a página definitiva, deixando atrás de si aquele monte de tentativas que constitui o rastro de uma procura do absoluto… A realização, para Cézanne, não é a conformidade de sua tela a alguma imagem interior, mas a aparição de uma forma mais forte que sua força de recusa.[6]

Balzac, Monet, Van Gogh, Camille Claudel, Proust, outros ainda… poderiam sem problema ilustrar estes dizeres. No seu ensaio "Claude Monet. Les Nymphéas" [Claude Monet: As ninfeias], Georges Clémenceau (que começa seu comentário com uma reflexão sobre "os homens superiores") escreve:

> Pelos anos 1860, já, agita-se nele o monstro divino que vai tomar posse de sua carne, de seu sangue, de sua vida. Parece que os dados foram lançados, para ele, obrigando-o a pedir sempre e sempre contas aos arroubos de luz, e a jamais se cansar de obter alguma revelação do grande segredo. Os painéis de *Ninfeias* o mostrarão perdidamente tenso em direção às realizações do impossível. Monet colherá de uma só vez, num gesto resoluto, as gotas de orvalho de luz de que fará a esmola aos elementos que não cuidam de guardá-las.[7]

---

6 | Gaétan Picon, *L'Écrivain et son ombre: introduction à une esthétique de la littérature*, Paris: Gallimard, 1953, pp. 22-25.

7 | Georges Clémenceau, *Claude Monet: les Nymphéas*, Paris: Paris, 2010, p. 17. (1. ed.: 1928).

Monet pinta e retém o que pinta, arranca-o à natureza, poderíamos dizer. Por sua vez, o psicólogo René Passeron sublinha a analogia da postura do artista com a do Deus Criador: o homem artista sabe que a condição de sua criação é o próprio criado que surge pela mediação dos sentidos ("o olho" que é "Monet por inteiro", dirá Clémenceau).[8] E, por definição, este último não pode ser conhecido de antemão. A iminência, ou mesmo a urgência do trabalho criativo, residiria aí: um bom número de pintores não sabe de antemão o que sairá de suas mãos, o que "se" pintará sobre a tela, mas têm sempre necessidade desse sentimento primeiro de tábula rasa para criar.[9] É exatamente isso que aproxima o artista do criador divino. O artista repete, de um modo humano e de um modo vívido, uma cena original: brinca de ser Deus. Todavia, eis que isso não passa de um jogo de imitação, porque, à diferença do seu modelo, dá forma a seu produto por meio de elementos preexistentes. Não cria de um jato só e nunca suscita a matéria e a forma em sua realidade:

> Na origem, a realidade vivenciada pode tanto ser decisiva para a vida do artista quanto ter aparência completamente insignificante: uma paixão amorosa ou uma fruta colocada sobre uma mesa. O que a distingue é simplesmente seu imperioso chamado à duração. É a este chamado que o artista obedece e é aí que começa seu trabalho. Esse trabalho, primeiramente todo interno, quase inconsciente, é a misteriosa transformação dessa realidade vivenciada que exige durar, em ideia, em esboço da obra. Esse processo que poucos artistas souberam definir, a inspiração, a sugestão, é geralmente considerado, erroneamente, o ponto de partida de toda criação artística. Pois essa etapa já é a segunda da criação, essa em que a realidade vivenciada e desaparecida começa a se tornar uma coisa existente para todos, uma obra de arte [...] O que o velho Bach pôs em fugas, o que Wagner fez dizer aos seus heróis e às suas divindades, é nada mais que a realidade que vivenciaram.[10]

---

8 | Georges Clémenceau, *Claude Monet: les Nymphéas*, Paris: Paris, 2010, p. 19.

9 | René Passeron, *L'Oeuvre picturale et les fonctions de l'apparence*, Paris: Vrin, 1986.

10 | Daniel-Henry Kahnweiler, *Confessions esthétiques*, Paris: Gallimard, 1963, pp. 62-63.

Do mesmo modo, "a imaginação dos artistas nunca pôde abraçar completamente o que eles produziam". Essa incompletude evoca a "margem de indeterminação" liberada por toda criação, a saber, "a função produtiva de elementos não imaginados", "surpreendentes" em numerosas artes modernas, tal como a *action-painting* e a música aleatória".[11] Da mesma maneira, seguindo Weber, poderíamos ter acreditado que a introdução da escrita musical conduziria à eliminação de todas as alterações melódicas e de todas as formas de irracionalidade ou de excentricidade que os músicos introduzem em suas composições desde o Renascimento. Ora,

> [...] não foi assim, por causa da vontade dos compositores, que faziam questão de manter elementos irracionais para salvaguardar suas possibilidades de expressão. Seria, portanto, errôneo atribuir as irracionalidades subsistentes na música atual à persistência de alguns traços da música antiga: elas são, pelo contrário, todas voluntárias.[12]

A verdadeira figura de todo artista é, então, a do *demiurgo*, mais que a de Deus, como a do Deus de Leibniz, sendo a própria criação justificada pela harmonia universal – sua própria razão de ser (e, sendo assim, dá conta do "mal"): *Dum calculat, fit mundus* ("enquanto calcula, o mundo se cria e se torna devir"). Nessa ótica, o caso do diretor de cinema é revelador de uma demiurgia coletiva, inassimilável a uma criação *ex nihilo*: se faltarem, a montante, um cenógrafo e, a jusante, atores e papéis, uma engenharia de *set* e um músico compositor... o diretor se vê impossibilitado de fabricar o "mundo" do filme (sua "Gestalt", dizem os alemães). Decerto, seu trabalho de iniciador é primordial, como "leitor" do cenário para além da narrativa, como o próprio "olho" da câmera, e como "artesão" das palavras "certas", "guia" das "boas" posturas e dos movimentos "adequados", mas somente o mundo reunido pela sua iniciativa permite ao diretor dar forma e duração à ideia do filme que o conduz. Neste caso, a relatividade do processo de criação acaba por romper a rigidez da figura divina do artista: vê-se claramente que o encaminhamento de um diretor leva tempo para encontrar

---

11 | Theodor Adorno, *op. cit.*, 1995, p. 64.
12 | Julien Freund, *Sociologie de Max Weber*, Paris: PUF, 1983, p. 242.

sua plena expressão "no" filme que, finalmente, dará a sua obra a plenitude (tema, estilo, senso do detalhe, atuações etc.) que busca. Roman Polanski sempre repete em entrevistas que *O pianista* foi, para ele, esse momento em que a expressão de si atingiu a plenitude, reduzindo todos os filmes anteriores ao estatuto de meros ensaios. E quando, em *A dúvida de Cézanne*, Merleau-Ponty sublinha que "ele precisava de cem sessões de trabalho para uma natureza-morta, 150 sessões de pose para um retrato", é para acrescentar logo "o que nós chamamos de sua obra não era para ele mais que a tentativa e a aproximação de sua pintura".[13]

Consequência: a concorrência arte-religião | Mas a analogia teológica não vem quebrar-se apenas no longo e lento processo de fabricação de um mundo da arte. *A contrario*, trancando-se em sua solidão, o artista pode tirar de seu trabalho uma tal embriaguez que é levado a recusar todo "além", todo modelo que o olhasse de cima e ao qual se dobraria por necessidade. O criador define-se então, de fato, por uma violência de irrupção no seio do real, na qual disputa o monopólio com Deus opondo-se a ele e recusando todo magistério. Adorno dá ênfase à força crítica da arte mediante os iconoclasmos de vanguarda; sublinha, no mesmo movimento, seu "desejo de imortalidade": "A arte protesta contra a morte... É a aparência daquilo que a morte não aproxima".[14] Da mesma maneira, Jean Duvignaud,[15] seguindo Pierre Francastel,[16] associa o pensamento da criação ao risco (positivo) de uma desordem que "rompe" a ordem social, suas normas e coerções e, pela sua espontaneidade, transforma a inventividade em ato, apropriando-se da fórmula leibniziana, desta vez no lugar de Deus, "*Dum Deus calculat fit mundus*". A "graça" carismática do criador traduz-se pela gratuidade de seu gesto e pela singularidade da obra única que realiza. A irrupção do criador significa que o progresso em arte é carregado por um espírito de vanguarda, como o atonalismo na música nos anos 1910 e 1920 com Arnold Schoenberg, e também como o impressionismo na pintura com Claude Monet... obstinando-se em pintar "outras coisas que não anjos", di-

---

13 | Maurice Merleau-Ponty, *Sens et non sens*, Paris: Nagel, 1948.
14 | Theodor Adorno, *op. cit.*, 1995, p. 51.
15 | Jean Duvignaud, *Sociologia da arte*, Rio de Janeiro: Forense, 1970.
16 | Pierre Francastel, *Art et technique aux XIXème et XXème*, Paris: Minuit, 1956.

rá Courbet a respeito deste último, ou seja, aquilo que é visto, como é visto com "a paleta da natureza", fora das convenções da academia e do ateliê.

Buscando resolver as antinomias dos valores transcendentes e das realidades imanentes, Weber lembra por várias vezes a concorrência que, na história econômica, se travou entre a ética religiosa e a produção artística, entre as práticas rituais e a fruição artística, opondo brutalmente o profeta (que fala em nome de Deus) ao artista (que "brinca" de ser Deus). Weber mostrou como se construía e se exercia o monopólio da criação sobre o mundo humano das formas criadas. Mostrou também os seus limites, até mesmo seus interditos (cf. a rejeição iconoclasta de todas as figuras antropomórficas de Deus no judaísmo e no islã, concentrando-se na onipresença do "azul").

> Inversamente, tanto para a ética religiosa da fraternidade quanto para o rigorismo *a priori*, a arte, como portadora de efeitos mágicos, é não somente depreciada, como também suspeita [...] Toda religiosidade sublimada da salvação-libertação considera apenas o sentido, e não a forma das coisas e dos atos que importam para a salvação. A seus olhos, a forma é rebaixada ao nível do acidental, e a criação, ao nível do que desvia do sentido.[17]

De qualquer maneira, a visão de Weber ajuda-nos a compreender por que o artista, juntamente com seus comentadores e seus críticos, pensa geralmente seu trabalho em sua relação com o modelo divino e sob sua influência (dá a esmola de sua arte ao mundo). Conservando algum traço do "mágico" que faz nascer um mundo como que por encanto, o trabalho criador é, no sentido próprio do termo, eficaz, mesmo se não pode criar sem inscrição duradoura e sem a cooperação de um coletivo. Em compensação, para manter sua posição, o profeta e o sacerdote, ambos "virtuosos dos bens da salvação", tomam emprestado à postura do artista as fórmulas "secretas" e as práticas "sagradas", doadoras de sentido e criadoras de formas. Sua "profissão" consiste em se endereçar aos públicos anônimos convocando-os a entrar na esfera da arte e da emoção estética, não para incorporar-se a coisa e dela fruir, mas para nela desaparecer.

17 | Max Weber, "Considération intermédiaire: théorie des degrés", em: *Sociologie des religions*, Paris: Gallimard, 1996, pp. 410-460. (1. ed. alemã: 1920).

Evolução do estatuto dos criadores: a autonomização do artista |
As pesquisas sobre a evolução do estatuto social são muito numerosas e multiplicam os ângulos de aproximação:

• alguns autores estudaram a evolução da relação artista/patrocinador. Como Elias o mostra em seu *Mozart, sociologia de um gênio* (1991), a independência criadora e profissional que emerge pouco a pouco é passível de riscos e perigos. O caso de Mozart é importante para o sociólogo: aquele possuía ambições sociais fora de lugar dentro dos contextos sociais de seu tempo. A imagem que Mozart possuía do seu gênio não se encaixava nas estruturas sociais da época; ele não possuía os meios jurídicos e sociais para desenvolver a carreira independente que tanto desejava; teve sempre de se sujeitar e baixar suas expectativas, o que segundo Elias o minou e o matou. Schoenberg dizia que sua "música arriscava tudo".[18] Para que os artistas desenvolvessem seus próprios caminhos fora dos círculos "acadêmicos", foi preciso esperar que existisse uma demanda autônoma, burguesa, e intermediários que se interpusessem num "mercado" entre aqueles e os novos públicos;[19]

• o desenvolvimento de uma "opinião pública" sobre as artes e a cultura pôde alforriá-los de laços demasiadamente alienantes. Há historiadores da arte que destacam o papel da imprensa,[20] o das exposições públicas,[21] dos concertos e do mercado editorial, para compreender as molas da autonomização artística;

• em consequência da Revolução Francesa e das mudanças socioeconômicas radicais do século XIX, é outra transformação da vida de artista – material, e não somente simbólica – que vai reforçar e consolidar a imagem

---

18 | Theodor Adorno, *op. cit.*, 1995, p. 41.

19 | Harrison C. White e Cynthia A. White, *Canvases and Careers: Institutional Change in the French Painting World*, Chicago: The University of Chicago Press, 1965.

20 | Jean Chatelus, *Peindre à Paris au XVIIIe siècle*, Nîmes: Jacqueline Chambon, 1991; Richard Wrigley, *The Origins of French Art: Criticism from the Ancien Régime to the Restoration*, Oxford: Clarendon Press, 1993.

21 | Thomas Crow, *Painters and Public Life in Eighteenth-Century Paris*, Londres: Yale University Press, 1985; Francis Haskell, *Rediscoveries in Art: some Aspects of Taste, Fashion and Collecting in England and France, 1789-1914*, Ithaca: Cornell University Press, 1976.

(e a realidade) de um artista independente. Essa transformação vai acabar até mesmo se impondo como as próprias realizações da vida de artista. O mundo das artes liberais é duplo: de um lado, é formado pela camada dos juízes, das doutrinas e dos cânones acadêmicos que mergulham o artista na regularidade esperada das "sessões públicas"; porém, do outro, lhe dá a possibilidade de se libertar das instituições que o encerram. Nesse caso, pode bancar as vanguardas anticonformistas e se manter em ruptura com a arte dos seus predecessores. O desmantelamento dos códigos convencionais e a deformação das formas plásticas ou sonoras constituem seu resultado.

É no final do século XVII na Europa que o desligamento da autoridade acadêmica começa a se fazer sentir de maneira generalizada nas diferentes esferas das belas-artes. O artista toma sua distância em relação a uma tradição cujos cânones estéticos regulavam sua prática (cenas mitológicas, modelos históricos, retratos ilustres, naturezas-mortas). Este deslocamento, repartido ao longo de alguns séculos, tem por consequência fazer do artista um autodidata face às escolas oficiais e aos estilos dominantes, que transmitem os conteúdos e reproduzem os valores da tradição clássica e da herança grega. Ele abandona o sistema das corporações.

Os impressionistas e neoimpressionistas, tais como Édouard Manet, Claude Monet, Paul Signac, encarnam essa alforria. Pintando ao ar livre, de acordo com técnicas inéditas – chegando até, no caso de Monet, a imaginar "séries" pintadas em horas regulares do dia e em estações do ano diferentes (as pilhas de feno, a estação ferroviária de Saint-Lazare, a catedral de Rouen, por exemplo) – não hesitam em contrariar as normas de trabalho e a regularidade das formas que os ateliês, as escolas e as academias continuavam a transmitir. Monet, mais uma vez, justapõe sem transição manchas e toques de cor a fim de passar diretamente da sombra à luz. É possível, a esse respeito, reportar-se ao quadro *Impressão, nascer do sol* (1872, Museu Marmottan). Por se liberar das convenções acadêmicas, o impressionismo continua a gozar um favor real junto à opinião: quadros simples e alegres da vida ao ar livre (*O piquenique na relva*), intensidade das visões dos transportes modernos (*A estação de Saint-Lazare*) e, também, a visão fugitiva de um baile rural de outrora e das lembranças nostálgicas que evoca... O célebre "Salão dos Recusados" (1863) pretenderá representar uma "reparação pública" ao ultraje da crítica acadêmica dominante da época, que confundia os quadros impressionistas pura e simplesmente com um "borrão" de criança.[22]

O prestígio do criador | O estatuto de artista é também uma questão de imagem, como a definição de Weber deixa claro: o prestígio e a consideração social caminham lado a lado com o estatuto socioeconômico. Os elementos simbólicos e as identidades materiais são conectados uns com os outros. Não há identidade profissional que não busque traduzir-se em símbolos expressivos; e, da mesma maneira, não há símbolo socialmente reconhecido sem atividade profissional que o acompanhe. Alguns historiadores da arte e sociólogos da cultura especializaram-se, aliás, no estudo do mito e da imagem do artista.[23]

Os signos da valorização (da imagem) do artista multiplicaram-se na história a partir do Renascimento. Assim, a introdução da assinatura do artista nas relações de propriedade da obra marca nitidamente a delimitação do estatuto do artista. Pelo seu trabalho, este pertence claramente às forças sociais de produção da sua época (é um "trabalhador" produzindo sob encomenda e falando de suas obras em uma linguagem de artesões), mas, por meio de sua assinatura (eventualmente pela legenda ou o texto que acompanha seu trabalho), ele se retira do mundo das realizações industriais e mercantis anônimas.[24]

O artista atravessou uma etapa quando se juntou ao mundo dos "intelectuais". Nathalie Heinich descreve as formas desse processo no caso dos artistas pintores.[25] Seus esforços para romper o cordão umbilical com o artesanato e para inserir-se no mundo das artes liberais têm esse preço. Já antes, Raymonde Moulin havia destacado as maneiras como a imagem do

---

22 | Jacques Lethève, *Impressionnistes et symbolistes devant la presse*, Paris: Armand Colin, 1959.

23 | Por exemplo: Ernst Kriz e Otto Kurz, *Die Legende vom Künstler: ein geschichtlicher Versuch*, Viena: Krystall, 1934; Paul Bénichou, *Le Sacre de l'écrivain: essai sur l'avènement d'un pouvoir spirituel laïc dans la France moderne*, Paris: José Corti, 1973; Nathalie Heinich, *La Gloire de Van Gogh: essai d'anthropologie de l'admiration*, Paris: Minuit, 1991, e, da mesma autora, *L'Élite artiste*, Paris: Gallimard, 2005; Francis Haskell, *op. cit.*

24 | Béatrice Fraenkel, *La Signature: genèse d'un signe*, Paris: Gallimard, 1992.

25 | Natalie Heinich, *op. cit.*, 1993.

artista se construíra:[26] mero artesão a serviço da Igreja e da fé religiosa durante toda a Idade Média, emancipa-se pouco a pouco dessa dependência e passa para um estatuto de acadêmico integrado ao juízo das cortes reais europeias que o empregam.[27]

O caso do compositor Haydn na corte dos Eszterházy – por vezes, criador intelectual livre e, por outras, verdadeiro peão de obra sob coerção – é revelador. Mas o que se retém dessas transformações da imagem é que a inscrição do artista no campo das artes liberais (por oposição ao confinamento dos artesões nas artes mecânicas e a serviço de uma clientela privada) lhe confere a auréola de um "prestígio intelectual" bem superior ao do artesão e do companheiro de construção, tal como se concebia na Idade Média.[28] Como iremos constatar, esse posicionamento dos artistas e das profissões criadoras no ponto mais "intelectual" da nomenclatura de profissões da estatística pública é, ao mesmo tempo, o ponto de confirmação deste processo histórico.

O prestígio do desinteresse | Foi dessa maneira que se operou uma classificação social (com seus desafios e suas clivagens) que remete, de um lado, o artesão à materialidade, à economia e à necessidade, à encomenda externa do cliente ou do colecionador, e, do outro, o artista à espontaneidade de sua inspiração, à gratuidade do gesto e ao desejo puro, à ausência da clientela (que coage). Na prática, essa figura ganhou corpo, como mostram os estudos sócio-históricos, sob a figura do "santo" (o caso Van Gogh tal como foi estudado por Nathalie Heinich).[29] A separação das duas figuras artesão/artista efetua-se com base em pares de oposição: utilidade contra inutilidade; interesse (do artesão) contra vocação (do artista); vontade externa contra vontade interna; economia e necessidade contra beleza e desejo; trabalho sobre a matéria contra trabalho sobre a forma... Se o artesão e o artista são definidos pela sua habilidade, a aplicação desta é coagida para o primeiro e livre para o segundo.

---

26 | Raymonde Moulin, *De la Valeur de l'art*, Paris: Flammarion, 1995.

27 | Martin Warnke, *O artista da corte: os antecedentes dos artistas modernos*, São Paulo: Edusp, 2001.

28 | Claude Simon, *Discours de Stockholm*, Paris: Minuit, 1986.

29 | Nathalie Heinich, *op. cit.*, 1991.

A literatura, um modelo teórico? | Segundo a hipótese de Pierre Bourdieu,[30] retomada por Rémi Ponton,[31] o campo literário vai exercer uma influência motora sobre a construção de todo o campo cultural. Os poetas no século XIX, tais como Lamartine, Hugo, Baudelaire ou Nerval, encarnam essa nova figura emblemática do artista em sociedade, como "profetas" de uma arte nova, escapando aos constrangimentos e aos controles dos censores. O próprio Zola enfatizará a formação desse novo "mito" do criador. Os artistas acusaram a sociedade "burguesa", com a sua mente beócia e seu conformismo na fruição imediata, de ser a fonte das "dores" do criador.

A representação do artista na divisão social do trabalho | O estatuto "à parte" do artista e do criador traduz-se por uma teorização desse posto que permite conceitualizá-lo relativamente às outras formas de trabalho e posições sociais. O polo artístico figura como o contraponto do assalariamento. Situa-se do lado do polo liberal, da realização de si, face ao polo alienado, salarial e operário. Os primeiros teóricos do trabalho opõem o reino da necessidade ao da liberdade. Marx propõe uma visão forte desse dualismo que enfia, de um lado, os trabalhadores de base na divisão do trabalho e reserva, do outro, aos artistas a possibilidade de se realizar. Associa, aliás, o criador ao intelectual: produtor de sentido, criador de símbolos, este assume a figura de uma vida livre sob o reino do imaginário; cria, sem nunca ser alienado nem agrilhoado pelo fetichismo da mercadoria.

> O operário é uma mercadoria. A vida do operário é uma luta constante para viver, trabalhar. É rebaixado intelectualmente e fisicamente ao *status* de máquina, desumanizado e reduzido a uma atividade abstrata e a um ventre. Sacrifica seu espírito e seu corpo. O operário e o produto do seu trabalho são cada vez mais distanciados um do outro. A divisão do trabalho limita seu horizonte, aumenta sua dependência, suscita a concorrência dos homens e das máquinas [...] O operário só se sente ele próprio fora do trabalho. No trabalho, sente-se exterior

---

30 | Sintetizada em Pierre Bourdieu, *As regras da arte: gênese e estrutura do campo literário*, São Paulo: Companhia das Letras, 1996.

31 | Rémi Ponton, "Les Images de la paysannerie dans le roman rural à la fin du XIXe", *Actes de la recherche en sciences sociales*, n. 17, 1977, pp. 62-72.

a si mesmo. Seu trabalho é obrigatório, forçado. Não é a satisfação de uma necessidade, mas um meio para satisfazer necessidades exteriores ao trabalho [...]. Inversamente, a atividade científica, embora solitária, não deixa de fazer do indivíduo um ser social. O que faço de mim, faço-o para a sociedade, consciente de ser eu próprio um ser social.[32]

Nesta filiação filosófica direta, Weber fará também do intelectual um produtor de sentido, "este que quer dotar o mundo de sentido".

Identificação e representação dos artistas nas profissões e categorias socioprofissionais do INSEE[33]

É especialmente esclarecedor seguir o lugar e a posição que foram atribuídos aos artistas no trabalho de categorização das profissões na França:

• da sua criação, em 1954, à sua primeira reforma, em 1982, as CSP atribuem explicitamente aos "artistas" um estatuto "marginal": figuravam numa categoria visivelmente impensada e/ou constrangedora intitulada "Outros", ao lado dos policiais, do pessoal do exército e do clero! Vê-se que aos taxonomistas oficiais não faltava humor...;

• a nomenclatura de 1982 os integrou (mais seriamente?) ao grupo dos "Gerentes e profissões intelectuais superiores". Estão a partir daí inscritos simbolicamente no grupo marcado com o estatuto mais elevado (pelo menos tal como o concebem os estatísticos, que se puseram a si mesmos neste grupo), sem que seja exigido para eles um diploma (teoricamente uma "especialização" técnica ou um máster profissional), já que a maior parte não é de diplomados de curso superior, como sublinhava a pesquisa de Moulin.[34] Outro

---

32 | Karl Marx, *Manuscrits de 1844*, Paris: Flammarion, 1996, pp. 56-60; 12; 146-147.
33 | Fonte: *site* do INSEE, rubrica "Nomenclatura". Para dados com cifras detalhadas, ver o capítulo 8.
34 | Raymonde Moulin, *L'Artiste, l'institution et le marché*, Paris: Flammarion, 1992.

elemento característico: estão associados *de facto* às profissões "da informação, das artes e dos espetáculos" (n. 35);
• a reforma da nomenclatura feita em 2003 trouxe pouca modificação a esta representação social de sua posição. O nível de agregação mais elevado (nomeado nível 1 nesta nova taxonomia) ao qual são referidas as profissões culturais é o 3. Sua nomenclatura permanece igual ("Gerentes e profissões intelectuais superiores"). Os níveis mais detalhados (níveis 2 e 3) continuam assemelhando-os às profissões da mídia, já que são agrupados junto às "profissões da informação, das artes e dos espetáculos" (n. 35). Pode-se, aliás, constatar simetricamente que as profissões da mídia estão sempre alinhadas com as profissões culturais assimiladas ao mundo do espetáculo e da criação. O nível 4, o mais detalhado, é o que explora essas diferentes "profissões culturais" (não se fala mais apenas de "artistas" como em 1954). Não é inútil citá-las todas para se ter uma ideia deste trabalho de reagrupamento estatístico (e de exclusão, já que toda operação de categorização integra ao mesmo tempo que separa):
• gestores de patrimônio (bibliotecários, arquivistas, conservadores);
• jornalistas, cenógrafos e roteiristas;
• diretores de jornais, de editoras, responsáveis por programação audiovisual e por espetáculos, gestores artísticos e técnicos;
• artistas plásticos, da música e da canção, artistas dramáticos, dançarinos, artistas de circo e dos espetáculos de variedades, professores de arte.

Último elemento notável: o INSEE procede em três tempos para formalizar suas agregações/exclusões:
• identifica primeiro as "profissões mais típicas" ligadas a um grupo. Para o nº 354a (artistas plásticos), propõe os artistas pintores, os plásticos propriamente ditos, os desenhistas, os artistas gráficos, os gravadores...;
• fornece em seguida uma lista de "profissões assemelhadas": os desenhistas de histórias em quadrinhos, de jornal, da imprensa, os chargistas;

• enfim, fornece uma lista de profissões "excluídas" ou "não assemelháveis": os artesãos de arte (remetidos aos artesãos, grupo 2), os *designers* de joias, ourives (grupo 4, das profissões intermediárias); os operários de arte (remetidos ao grupo 6, dos operários) etc.

A difusão do modelo na esfera cultural | A exemplaridade do criador

| A difusão do modelo nos introduz no mundo das representações. O sociólogo não descreve somente o artista no trabalho, mas se debruça sobre a existência de um "mito" que se impôs e perdura, o do criador. Observa sua força e seu alcance. Põe em evidência o "trabalho" de tal mito no seio das representações de todos os profissionais da cultura e dos públicos, sua força realizadora.

Este é o ponto mais importante: para além dos resultados históricos, sociológicos, e até mesmo econômicos, de um estatuto à parte na divisão do trabalho, é importante conceber *todas* as profissões culturais como a repetição por ondas desta excepcionalidade, como a retomada por conta própria desta "singularidade". Todas podem e querem se ler como elementos que a traduzem. Parecem querer se inspirar, para tirar algum benefício, do carisma do artista e do criador, em graus diversos. Poderiam sem dúvida ser identificadas por esse traço. É certamente o que faz sua sedução. Tudo se passa como se cada profissional se ligasse em alguma medida ao modelo exemplar do artista e como se tentasse reproduzir, interpretar e difundir, em suma, imitar o "gesto artista" no seu nível próprio. Menger[35] pensa que é por essa razão que os profissionais aceitam sacrifícios financeiros e consentem ao "dom de si": seu empenho promete benefícios simbólicos vindouros. Todo êxito artístico ou intelectual supõe a crença nesta disposição.

O modelo vocacional impõe-se em todos os níveis: voltamos a encontrá-lo, por exemplo, nas entrevistas com os profissionais de mídia. Os profissionais vivem sua vocação como um dom. O criador é habitado pela ideia de uma "vocação" vivenciada e pregada ao corpo. Esta é, como o dom criador, uma representação fundadora. A figura do artista, ao se difundir,

---

35 | Pierre-Michel Menger, "Rationalité et incertitudes de la vie d'artiste", *L'Année Sociologique*, "Art et sciences sociales", n. 39, pp. 111-151.

difunde seu carisma próprio. Freidson fala em "disposição ao exercício da atividade por si mesma, por paixão mais do que por interesse material".[36] É desse modo que efetua a distinção da criação em relação à atividade de apoio que lhe é complementar (pedagógica, animação etc.), cuja finalidade de formação e de transmissão é também alimentar, respondendo a necessidades econômicas.

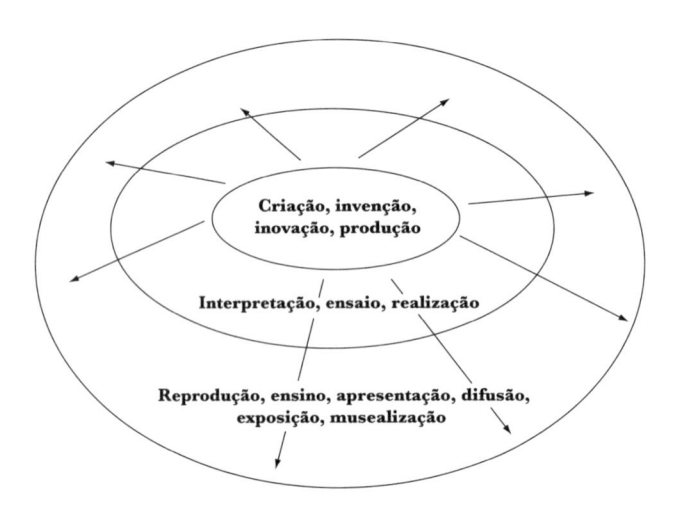

```
                    ┌─────────────────────────┐
                    │   Criação, invenção,    │
                    │   inovação, produção    │
                    ├─────────────────────────┤
                    │ Interpretação, ensaio,  │
                    │       realização        │
                    ├─────────────────────────┤
                    │ Reprodução, ensino,     │
                    │ apresentação, difusão,  │
                    │ exposição, musealização │
                    └─────────────────────────┘
```

Figura VII.1. A difusão do modelo criador

O campo das profissões culturais parece animado por um duplo movimento:
• no que lhe diz respeito, o criador tende a negar a existência ou a necessidade de qualquer mediação, apresentando-se de bom grado (e considerando a si mesmo) como um indivíduo autônomo sem preocupação com o público. Caso se autorrepresente sob esses traços, é porque a arte pretende-se, segundo a fórmula de Adorno, a "antítese social da sociedade";[37]

---

36 | Eliot Freidson, *op. cit.*, 1986, p. 432.

37 | Theodor Adorno, *op. cit.*, 1995; cf. também Pierre Bourdieu, "L' Invention de la vie d'artiste", *Actes de la recherche en sciences sociales*, 1975, n. 1.2, pp. 67-93, sobre a divisão do trabalho artístico; e Raymonde Moulin, *op. cit.*, 1992, sobre a ideologia da autodidatismo que encontrou na sua pesquisa sobre os artistas.

• num movimento simétrico mais recente, todos os intermediários culturais – inclusive os próprios públicos amadores – tendem a recusar a exclusividade do ato criador aos artistas e declaram se sentir e se pensar, por sua vez, como verdadeiros criadores, ou, pelo menos, como participando da vida criadora e retirando dela o impulso e a razão de ser do seu trabalho. Esse movimento é ampliado, nem é preciso dizê-lo, pelos políticos que não poupam seus esforços para nos fazer pensar que a criação está presente em cada um de nós (teoria da democracia cultural), e também por alguns artistas que não cessam de declarar que somos todos artistas (sem falar de Freud, é a fórmula célebre de Warhol, que vinha ele próprio dos meios da indústria publicitária). Não estamos muito longe, no fim das contas, da utopia comunista dos *Manuscritos de 1844*.

A interpretação é uma criação | A noção de intérprete é de uma riqueza insuspeitada, pois remete a categorias aparentadas, tradução, representação, expressão. Onde começa a criação e, entre as leituras que se pode fazer dela, qual é a mais importante? Cada um é o intérprete do outro. Como observava Wittgenstein, que amava apontar para os paradoxos no interior dos "jogos de linguagem", a criação não existe, é sempre inspirada no que veio antes, comentário de alguém ou de alguma coisa:

> Propriamente falando, sou apenas reprodutor no meu pensamento. Creio que nunca inventei um caminho de pensamento, mas, sim, que este sempre me foi fornecido por alguma outra pessoa. Tudo que fiz foi capturá-lo imediatamente com paixão para o meu trabalho de clarificação. O que invento são novas comparações [...]. *Todo artista foi influenciado por outros e carrega os sinais dessas influências em suas obras.* Mas o que significa para nós não é outra coisa senão sua personalidade. O que provém dos outros não passa de ninharias.[38]

O trabalho de criação opera sua mutação e sua superação transferindo-se para o da interpretação, e inversamente. Desprega-se ao longo de uma trajetória que, como os elos de uma cadeia, debulha suas etapas desde o esboço da obra até a sua finalização e sua entrega, para sujeitá-la a no-

---

38 | Ludwig Wittgenstein, *Remarques mêlées*, Paris: Flammarion, 2002, pp. 74 e 79-80. (1. ed. alemã: 1984).

vas criações. Diferentemente de um bem mercantil trocável e consumível, destrutível e fungível, o bem cultural pode sempre renascer de suas cinzas; pode ser revisitado, às vezes após longos períodos de esquecimento: é o que a mídia chama de "volta a …". Em outras palavras, se é definido pelo artista que o produz, encontra sua legitimidade por meio daquilo que se torna ou poderá se tornar nas múltiplas interpretações que o metamorfoseiam ao longo do tempo. É jazida, recurso, potencialidade.

Variadas figuras de intérpretes povoam os mundos da cultura do lado dos espetáculos ao vivo, evidentemente, como também do lado dos intermediários de toda sorte. Todos têm a ambição de dotar os bens culturais de sentido.

Os intérpretes dos espetáculos ao vivo | • os virtuoses de notoriedade internacional consideram-se (e/ou são considerados) criadores puros e vivem de sua "assinatura"; sua carreira, como a dos esportistas de alto nível, desenvolve-se no âmbito da exceção, frequentemente liberada das limitações nacionais habituais (o cravista Scott Ross, o pianista Glenn Gould);

• os atores que interpretam textos clássicos releem e reencenam as peças do passado. Paralelamente, os sociólogos mostram, por meio de entrevistas,[39] que seu desafio consiste em esposar a vocação do criador da obra. O retorno à obra, de fato, encontra sua legitimidade na tensão entre sua existência factual e sua encenação original. Esboça-se um modelo puro de ator, para o qual tendem a se conformar, por imitação, as outras espécies de intérpretes da cena;[40]

• os regentes de orquestra servem, de algum modo, de "piparote" inicial e ganham renome ao inscrever seu trabalho no devir histórico da obra: é a paleta das interpretações que "faz" a obra. Por sua vez, e por um processo de equivalência, tornam-se autores de fama internacional (Herbert von Karajan, Daniel Barenboim…);

• os coreógrafos, sempre oriundos de uma prática da dança, criam sua especificidade monopolizando o registro da escrita, do gestual e da cenografia. Ao seu lado, mas não sem tensão, os dançarinos de suas companhias tentam introduzir a invenção de um estilo próprio no trabalho interpretativo imposto (Dominique Bagouet, Pina Bausch).

---

39 | Pierre-Michel Menger, *op. cit.*, 1997.
40 | Catherine Paradeise, *op. cit.*, 1998.

O direito dos artistas-intérpretes

O direito admite uma certa equivalência entre o intérprete e o criador. A lei de referência é a de 11 de março de 1957, relativa à propriedade literária e artística. Ela se interessou, em sua nova versão (julho de 1985), pelos "direitos autorais e de artistas-intérpretes, dos produtores de fonogramas e videofonogramas e das empresas de comunicações audiovisuais" (Código da propriedade intelectual, lei de 1º de julho de 1992). O artista-intérprete é "aquele que representa, canta, recita, declama, desempenha ou executa de um modo ou outro uma obra literária, artística, um número de variedades, de circo ou de teatro de fantoches".

Se os intérpretes podem se beneficiar, por extensão, dos mesmos direitos que os autores, não existe estrita equivalência quanto ao direito moral:

> A lei de 1985 reconhece a duração perpétua do direito moral do artista-intérprete [...] Dedicam uma ampla parte de sua personalidade em suas contribuições [...]. Todavia, quanto mais nos afastamos da criação, mais o direito moral diminui [...]. O direito dos artistas-intérpretes é menos marcado pelo direito moral do que aquele ligado à propriedade literária e artística; é também mais frágil e mais relativo. É lógico: a parte de criação é menos importante nessas atividades [...]. Os artistas-intérpretes encontram-se numa situação de grande fragilidade em razão da forte dependência em relação a seus parceiros econômicos. [...] O artista-intérprete é muitas vezes um assalariado [...] e não um profissional exercendo liberalmente sua arte. Quando um artista-intérprete fecha um contrato para a realização de uma obra audiovisual, esse contrato comporta a presunção de cessão dos direitos.[41]

---

41 | Jean-Marie Pontier et al., *Droit de la culture*, Paris: Dalloz, 1996, pp. 254, 262, 267 e 273.

Os intermediários culturais | A virtuosidade da interpretação é apoiada pela potência da mediação operando entre a obra e seus públicos. Aqui ainda, o jogo dos intermediários consiste em criar diversas abordagens e diversos olhares sobre a obra por intermédio de encenações originais, capazes de consagrar seus iniciadores como quase criadores:

• o curador de exposição serve-se do brilho dos artistas e se torna ele próprio *como que* um criador (esse mecanismo é descrito por Heinich e Pollak[42] e é vivamente denunciado pelo filósofo universitário Yves Michaud).[43] É possível se referir a uma figura internacional, Harald Szeeman,[44] que inaugura esse gesto de intermediário "feito artista";

• na mesma linha de raciocínio e, sobretudo, no mesmo domínio cultural, o conservador de museu, denominado cada vez mais frequentemente "curador", estrutura a rede de artistas que compra; organiza e administra um mercado que contribuiu para criar com a conivência mais ou mais implícita dos *marchands*; seu conhecimento íntimo da vertente que ele anima o aparenta a uma espécie de maestro e faz dele o porta-voz oficial dos criadores entre colecionadores e museus; esse papel de iniciador, espécie de equivalente no domínio cinematográfico ao diretor, faz dele igualmente um artista, um criador, reconhecido como tal se souber se conformar ao papel;

• os editores de obras, na interface do mundo econômico e do mundo simbólico, estão conscientes da função de valorização do trabalho de autor que monopolizam; alguns dentre eles não hesitam em assumir atitudes de "divas" e reivindicar sua força iniciadora, sem a qual o autor nunca poderia ter emergido, isto é, ter sido "inventado";

• alguns jornalistas têm consciência do poder que detêm para fabricar ou destruir algumas notoriedades ou legitimar algumas assinaturas; pela maestria da escrita ou da imagem catódica e sua difusão massiva, a tendência é considerar que são intelectuais da pena, às vezes até mesmo escritores no sentido pleno da palavra.

---

42 | Nathalie Heinich e Michael Pollak, "Du Conservateur de musée à l'auteur d'expositions: l'invention d'une position singulière", *Sociologie du travail*, v. 31, n. 1, 1989, pp. 29-49.

43 | Yves Michaud, *L'artiste et les commissaires*, Nîmes: Jacqueline Chambon, 1989.

44| Cf. Nathalie Heinich, *Harold Szeeman, un Cas singulier*. Entretien, Paris: L'Échoppe, 1995.

Poderíamos acrescentar a essa lista não exaustiva e indicativa outras profissões de universos culturais diferentes que também se reivindicam como atividades criativas. Heinich, em sua obra sobre a *elite artística*, dedica algumas páginas[45] a esse fenômeno de "artificação", expressão emprestada de Roberta Shapiro, que se interessou pelo processo de legitimação do *hip-hop* (como Boltanski interessou-se outrora pela legitimação das histórias em quadrinhos ou Bourdieu, da fotografia). A autora propõe outros exemplos: o diretor de teatro ou de cinema. Por sua vez, Pierre-Michel Menger supõe que o modelo de artista criador situa-se, se não no fundamento do capitalismo atual, pelo menos no princípio de seu "espírito", pois ele "adoraria" que seus gestores fossem tão criativos, empenhados e implicados em seu trabalho assalariado quanto são os artistas independentes:

> A figura da inovação artística infiltra-se hoje em muitos universos da produção [...] Os artistas, ao lado dos engenheiros e cientistas, passam a ser o núcleo duro de uma "classe criativa" [...] Os valores cardinais da competência artística – a imaginação, o jogo, a improvisação, a atipicidade comportamental, inclusive a anarquia criadora – são com regularidade transportados para outros mundos produtivos [...] O espírito de invenção se comunica pelo espírito de empresa.[46]

Negação da potência do mercado? De qualquer maneira, é uma ideia que se encontra na pesquisa de Chiapello e Boltanski[47] sobre o discurso empresarial, o qual, segundo afirmam, nutrir-se-ia do modelo do artista. O "novo espírito do capitalismo" seria totalmente "inspirado" pela "crítica artística", que, muito longe de enfraquecê-lo, lhe daria novas armas para progredir. Essa "visão" de intelectual, porém, está bem longe de ser partilhada pelos criadores, compositores e outros artistas, que dizem ter abraçado essa "profissão" impulsionados por um dom e para acabar com todas as formas de restrição que as atividades empresariais precisamente implicam.

Nessas condições, a questão do criador colocada de início é invertida: estes sociólogos – Boltanski, Chiapello, Menger… – tendem a reduzir dras-

---

45 | Nathalie Heinich, *op. cit.*, 2005, p. 320 e ss.
46 | Pierre-Michel Menger, *Portrait de l'artiste en travailleur*, Paris: Seuil, 2003, p. 7.
47 | Ève Chiapello e Luc Boltanski, *O novo espírito do capitalismo*, São Paulo: WMF, 2009.

ticamente a ideia de uma especificidade das profissões culturais, pois o gesto criador seria absorvido por profissões mais afastadas (*a priori*) da esfera artística e cultural. Tudo então se aparentaria em alguma medida a uma criação numa modernidade exigente e cada vez mais voraz em intelectualidade, conhecimento e expressividade. As artes e a cultura não seriam nada mais que a fonte em que viriam se alimentar os indivíduos mais eficientes dos universos econômicos. Mas aí já avançamos para um fenômeno que pode ser interpretado num sentido simétrico; é este o fio do capítulo seguinte.

CAPÍTULO 8

A ROTINIZAÇÃO DO CULTURAL

NO CAPÍTULO ANTERIOR, o propósito era mostrar que, por uma espécie de movimento centrífugo, a legitimidade carismática – repousando sobre a submissão extraordinária ao valor exemplar do artista criador – difundia-se por capilaridade a todos os estratos das profissões culturais. Comparativamente a outras profissões e outras esferas sociais, esse carisma inicial confere às atividades culturais sua especificidade constitutiva. Aqui, inspirando-nos sempre na sociologia da religião de Weber, queremos designar o correlato desse propósito mostrando que, por um movimento centrípeto (figura VIII.1), o carisma do criador é por sua vez atingido pela "rotinização" que provém dos outros universos sociais – esses aos quais ele se endereça, esses dos quais depende na totalidade ou em parte –, e também de um processo puramente interno, desde quando são postos os problemas de sua transmissão, no momento em que sua institucionalização e permanência entram em pauta.[1] Interpretada como uma perda de "aura" por Walter Benjamin,[2] a figura carismática é afetada por sua "desmistificação", pelo apagamento de sua singularidade e pela sua despersonalização. As profissões culturais são mais sensíveis às forças da racionalização que vêm da economia e da gestão do que aos apelos desinteressados e sempre eruptivos – e por isso provisórios – das forças criativas.

Essa interpretação do movimento em direção a uma maior racionalização é em parte inspirada por alguns autores, filósofos ou sociólogos "visionários", que começaram a opor a arte à cultura: a primeira representando as forças criativas e associais; a segunda, as forças de reprodução e de difusão a serviço de uma ordem social muito bem estabelecida. É aliás entre eles que se encontra uma problematização bastante firme dessa oposição entre arte e cultura,

---

1 | Max Weber, *Economia e sociedade*, Brasília: UnB, 1991. (1. ed. alemã: 1922).

2 | Walter Benjamin, "L' Oeuvre d'art à l'époque de sa reproduction mécanisée", *Écrits français*, Paris: Gallimard, 1991, pp. 140-171. (1. ed.: 1936).

enquanto, entre os representantes institucionais e os políticos, os dois lados têm maior tendência a ser, se não assimilados, ao menos complementares.

Aplicações do conceito de rotinização | A rotinização do carisma religioso | *A noção de carisma* **|** Tradicionalmente, a noção de carisma pertence ao vocabulário da teologia: no seio da comunidade dos fiéis, todo magistério provém do velho princípio do carisma pessoal (o profeta) ou do caráter indelével da função instituída (o ministro). Assim, sua legitimidade é fundada na posse de uma "graça", de uma "disposição" específica, dadas por eleição (o "decreto secreto" de Deus, segundo a reforma). Por analogia e por extensão a outras esferas de ação, a noção se seculariza e designa então uma qualidade atribuída a um indivíduo fora do comum (fundador, pioneiro, herói etc.) em virtude de seus poderes excepcionais, extraordinários ou sobrenaturais:

> O carisma significa ruptura de continuidade, seja ela legal ou tradicional; rompe com as instituições, questiona a ordem estabelecida e as restrições habituais para reclamar uma nova maneira de conceber as relações entre os homens. É ao mesmo tempo destruição e construção. Os limites e as normas são aqueles que o chefe fixa pela sua própria autoridade, em virtude do que acredita ser sua vocação; retira sua legitimidade de suas próprias profundezas, independentemente de qualquer critério exterior […] Arranca os homens da rotina e do tédio da vida cotidiana exaltando os aspectos irracionais da vida […]. A noção carismática é a cada momento a "epifania" de si mesma.[3]

A banalização do carisma **|** A sociologia religiosa de Weber descreve a passagem do carisma pessoal dos magos e dos profetas às funções instituídas do clero. Essa passagem estende-se historicamente segundo uma evolução que "banaliza" o domínio religioso introduzindo nele a lógica econômica da imputação e da troca e a ordem legal-racional burocrática (fazendo dos ministros meros "mercenários", dirão os puritanos). "A rotinização é a eliminação do caráter estranho à economia que o carisma apresenta; é sua adaptação às formas fiscais (financeiras) do atendimento das necessidades e às condições de uma economia de impostos e taxas."[4]

---

3 | Julien Freund, *Sociologie de Max Weber*, Paris: PUF, 1983, pp. 203-205.

4 | Max Weber, *op. cit.*, 1995, p. 333.

Em sua sociologia do religioso, Weber distingue três figuras ideais típicas dos profissionais da religião; as duas primeiras estão mais orientadas para o carisma, a última é legal-racional:

• o *mago*: sua função é estabelecer o laço com o sagrado e manipular as crenças para torná-las eficazes por um conjunto de sinais "misteriosos";

• *o profeta (pro-fari)*: pretende-se o porta-voz da vontade divina, o guia e o reparador de injustiça, interpreta (em nome de Deus) os textos fundadores esquecidos, recalcados ou descartados pelos contemporâneos, que admoesta e ameaça com a "ira divina";

• *o sacerdote*: é o comentador do texto sagrado e animador da liturgia ritual que o acompanha; é o guardião da ortodoxia do dogma e o mediador do sagrado. Ministro de Deus, está a serviço da organização de sua igreja, junto à qual reúne seus devotos e seus fiéis.

A descrição que o sociólogo faz do funcionamento religioso é a de um mundo dividido entre forças sociais contraditórias. A ética das grandes religiões mundiais tende a fazer desaparecer a magia, local e artesanal em demasia, aleatória e sem igreja, para repousar sobre textos dos próprios profetas "canonizados" e instruir uma organização religiosa poderosa, armada de um clero racionalmente formado, dotada de um caráter indelével e funcional, mais preocupada com o enquadramento dos fiéis e com a eficácia ritual e sacramental do que com voos líricos e inspirados. O vasto movimento de racionalização que, segundo Weber, caracteriza a evolução histórica da humanidade (e seu corolário, o tão célebre "desencantamento do mundo") deixa pouco espaço ao carisma e às visões mágicas. Esse modelo é válido tanto para o religioso quanto para os outros domínios sociais (a política, a estética, o erótico etc.).

Rotinização e racionalização | O carisma religioso seculariza-se dando-se regras formais e combinando-se com outros "tipos" de dominação. Reveste-se de outras formas, como por exemplo o contrato jurídico "de caso a caso". Investe em novos domínios, burocratiza-se, amplia-se para outras figuras dominantes, como a do industrial. E, da mesma maneira que o interacionismo pôde mostrar a importância dos "rituais religiosos e litúrgicos" nos "rituais profanos" que os banalizam e os rotinizam fora de toda liturgia sagrada,[5] as-

---

5 | Ver Erving Goffman, *Ritual de interação*, Petrópolis: Vozes, 2011 (1.ed. norte-americana: 1967); e Claude Rivière, *Os ritos profanos*, Petrópolis: Vozes, 1997.

sim também o carisma de um só homem emigrou do poder religioso, militar e político para todos os outros domínios simbólicos em que o poder precise ser reconhecido para se encarnar legitimamente.

Weber observa que a rotinização equivale à racionalização ou que esta última é a forma geral como a rotinização toma conta do religioso, do econômico, do artístico, do político: as funções de exceção, as personagens exemplares, os ideais lendários acabam por se dissipar na banalidade das competências, dos estatutos e dos papéis. Diluem-se na ordem das corporações e na das instituições, definidas tanto pelo anonimato da divisão do trabalho e da produção quanto pela impessoalidade dos serviços e das trocas. O processo torna-se mais complexo, suscita acontecimentos regulares e repetitivos em um calendário de atividades rituais.

A rotinização da criação artística | Esse processo aplica-se, *mutatis mutandis*, ao artista e às profissões culturais. Se o ato de criação produz uma anomia positiva (cf. a *"nouvelle vague"* no cinema experimental dos anos 1950, por exemplo), os criadores acabam "entrando nos eixos" e cessam, no mais das vezes, de se construir pela oposição. Vetores potenciais de ameaças para os poderes estabelecidos, são objeto do controle social. Simmel utiliza a imagem de um reservatório de água que difunde e difrata a água por capilaridade, camada por camada, para tornar compreensível a banalização e a generalização progressivas das formas criadas pela moda no conjunto dos grupos sociais.[6] Sua noção de "tragédia da cultura", entendida como processo de objetivação generalizada, é evidentemente parente daquela de Weber, de modo que seria difícil dizer se Simmel o inspirou ou foi por ele inspirado (os dois eram amigos).

Seguindo Merleau-Ponty,[7] a cultura só faz ampliar e adornar o que o artista já criou, encontrando-lhe um público. A clivagem arte/cultura se encontra hoje na oposição entre a arte dita de autor (singular, única, original e não reprodutível) e a arte comercial, industrial ou de "massa", reprodutível num mercado. Testemunha disso é a oposição, no início dos anos 1950, entre o cinema de autor da *nouvelle vague* e o cinema comercial. No fundo, opõem-se, de um lado, a arte experimental privada de meios exceto os que são mobilizados pelo criador

---

6 | Georg Simmel, *La Tragédie de la culture*, Marselha: Rivages, 1988. (1.ed. alemã: 1895).
7 | Maurice Merleau-Ponty, *O olho e o espírito*, São Paulo: CosacNaify, 2013.

e, do outro, a arte industrial, que evolui no terreno das convenções preestabelecidas, apoia-se em recursos importantes e dirige-se para um público amplo.[8]

Em *Le Triple Jeu de l'art contemporain* [O triplo jogo da arte contemporânea], Nathalie Heinich propõe um modelo em três tempos que não deixa de se relacionar a esse vasto processo de rotinização/racionalização, e até mesmo de assimilá-lo ao de integração; a autora distingue:
• o tempo da transgressão, típico do trabalho dos artistas contra as convenções sociais de toda ordem (institucionais, morais, jurídicas);
• o da reação crítica (que pode ser tanto positiva quanto negativa, especializada ou profana);
• o da integração. Evoca então, em termos diferenciados, "a normalização do singular",[9] "a normalização da noção de vanguarda e do imperativo da singularidade", ou ainda "a institucionalização da anomia".[10] Depois,[11] ela falará em "normalização da exceção", mas trata-se sempre da mesma problemática que especifica as profissões criadoras: por um lado, orientadas pela ação de se singularizar e, por outro, pela de integrar as vias e os locais do reconhecimento.

As vias da rotinização | A produção industrial dos bens culturais[12] supõe a especialização que marca a superioridade da organização (profissional e burocrática) sobre o carisma. Donde a pergunta: que vias a rotinização toma no domínio das profissões culturais?

Mais uma vez, é a Weber que é preciso remeter.[13] Na sua essência, a dominação carismática é levada a mudar de caráter. Ou se tradicionaliza, ou se racionaliza (ou se legaliza). Os motivos dessa evolução remetem a interesses bem precisos:

---

8 | Ver Howard Becker, *Art Worlds*, Oakland: University of California Press, 1982; e Philippe Mary, *La Nouvelle Vague et le cinéma d'auteur: socio-analyse d'une révolution artistique*, Paris: Seuil, 2006.
9 | Nathalie Heinich, *Le Triple Jeu de l'art contemporain*, Paris: Minuit, 1998c, p. 22.
10 | Remete a Pierre Bourdieu, *Les Cahiers du musée national d´art moderne*, n. 19-20, jun. 1987.
11 | Nathalie Heinich, *L'Élite artiste*, Paris: Gallimard, 2005, capítulo 5.
12 | Cf. Theodor Adorno e Max Horkheimer, "A produção industrial dos bens culturais: razão e mistificação das massas", *A dialética do esclarecimento*, Rio de Janeiro: J. Zahar, 1985. (1. ed. alemã: 1947).
13 | Ver, especificamente, de Max Weber: *op. cit.*, 1995, v. 1, p. 332; e *Le Savant et le politique*, Paris: Plon, 1959 (1. ed. alemã: 1919), segunda conferência sobre o político.

• o interesse ideal ou material da direção administrativa em prosseguir com a relação baseado num fundamento duradouro;
• o interesse ideal ou material dos discípulos da personagem carismática na permanência da comunidade.

Esses interesses se tornam urgentes quando o desaparecimento do portador de carisma abre o problema de sua sucessão. Da sua solução depende a natureza das relações sociais futuras. Diferentes formas de rotinização se apresentam então:
• institucionalização das normas de recrutamento e de educação, "das normas da prova";
• integração à esfera da troca econômica e adaptação às normas fiscais de monopolização monetária;
• tendência à permanência e à segurança.

A institucionalização e a integração ao mercado constituem diferentes aspectos da "rotinização". Respondem à transformação de estados, de qualidades, de disposições, ao domínio de controles administrativos, profissionais e sociais. São encontradas aproximadamente em todos os processos em que "a ética da responsabilidade" (a "competência") acaba suplantando a "ética da convicção" (a causa).

Institucionalização da educação e reprodução dos saberes | A formação especializada que é dada nas escolas de belas-artes e nos conservatórios permanece muda diante da questão da "transmissão do carisma", precisamente porque essas instituições de transmissão rotineira das obras canônicas e das técnicas necessárias para interpretá-las consideram garantida a possibilidade dessa transmissão. Ora, não é absurdo perguntar-se se é possível "ensinar" a criar, para além da mera técnica, transmitir algo que é da ordem do "dom", do "gênio", do excepcional, tendo em conta também que toda criação é uma ruptura com as convenções do passado e se pretende irredutível a uma técnica. Esse estudante terá um "dom" que a escola possa revelar e encaminhar, ou terá acesso somente a posturas, habilidades, qualificações ensinadas e transmitidas? É difícil responder a essas questões, na medida em que o carisma se comprova emocionalmente sem jamais poder ser aprendido nem se deixar inculcar racionalmente.[14]

14 | Erwin Panofsky, *Gothic Architecture and Scholasticism*, Latrobe: Archabbey, 1951; Monique Segré, *L'Art comme institution: l'École des Beaux-Arts, XIXe et XXe*, Paris: ENS Cachan, 1993.

Não obstante, nenhuma educação duradoura é possível sem se configurar como um conjunto organizado e administrado: programas de formação, nomeação de professores, concurso de entrada dos estudantes. Supõe um espaço de expressão, locais administrativos, formações especializadas. Tudo isso faz parte da *institucionalização*, que se traduz pela:
• criação de um corpo professoral. Os artistas criadores tornam-se muitas vezes eles próprios docentes. Ultrapassam então as fronteiras invisíveis que separam a produção da reprodução. A escola constitui-se como um corpo de saberes especializados, utiliza modos estritos de aprendizagem, inicia ao "golpe de vista", instaura *performances* de ateliê e impõe regras de composição;
• imposição progressiva de um gosto "dominante" e "oficial" que se desenvolve. Por exemplo, os acadêmicos começaram por estabelecer uma doutrina estética que hierarquizava os gêneros pictóricos, que separava as artes. O monopólio instituído sobre o direito de expor (no *Salon*) constituía o meio de controlar a aplicação da "doxa". Era dotado de um júri de acadêmicos que sustentava uma linha ortodoxa de imitação e de conformidade, pondo ênfase no valor incontornável dos bens artísticos da Antiguidade e proibindo a irrupção de outras formas artísticas. Ao se organizar, o ensino transformou as condições sociais da vida artística sem resolver as questões últimas da arte e da origem das formas culturais e sem ter condições para se pronunciar sobre as qualidades estéticas das obras.

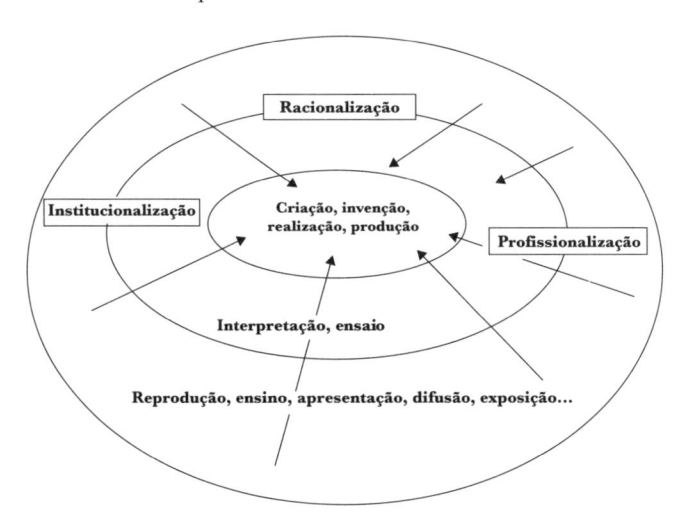

Figura VIII.1. A rotinização da criação

A institucionalização das escolas de arte[15]

As primeiras mudanças foram as da passagem de um órgão de reconhecimento social como "pintor do rei" a um órgão de formação (1648). Completam-se os cursos de desenho com cursos de anatomia, de perspectiva e de história das antiguidades. O processo de institucionalização e de rotinização conduz a um procedimento de seleção tradicional: concurso de seleção, concursos de prêmios como término da formação.

A minoria excluída vai obter de Napoleão III, em 1863, um local de exposição que será chamado "Salão dos recusados", onde os impressionistas, Manet em especial, terão oportunidade de expor seus quadros com muitos outros, como os realistas. A figura do criador cinde-se em dois:

• de um lado, o criador "oficial", consagrado pelos acadêmicos, é dominante e se vê reforçado pela crítica e a soldo dos acadêmicos;

• do outro, o criador "recusado" pelas instituições e denunciado pela crítica, mas sustentado por um pequeno grupo de fiéis iniciados, reunidos junto a um *marchand* "esclarecido".

A profissionalização | Desde o início, os sociólogos investem no tema da institucionalização do laço social. Simmel procurava saber como as "formas sociais" se mantinham.[16] Segundo afirmava, não somente essas se cristalizam em monumentos, objetos, práticas, procedimentos, instituições, mas se aplicam igualmente a profissões. A sociologia das profissões, de fato, permitiu esclarecer algumas intuições fundamentais dos primeiros sociólogos modernos.

---

15 | Conforme Monique Segré, *op. cit.*, 1993.

16 | Georg Simmel, "Comment les Formes sociales se maintiennent", em: *Sociologie et epistémologie*, Paris: PUF, 1981, pp. 171-206. (1. ed.: 1897, *L'Année Sociologique*).

Os critérios | A sociologia das profissões anglo-saxãs[17] começou por estudar as profissões mais institucionalizadas (médico, magistrado, cientista, docente etc.) para se interessar posteriormente pelas formas de atividades mais "flexíveis" (músicos, ladrões, delinquentes etc.). A profissão pôde ser abordada tanto a partir das suas funções no sistema social (Durkheim, Parsons, Merton, entre outros) quanto como processo identitário; neste segundo caso, trata-se menos de descrever os elementos de uma profissão que de encontrar os meios metodológicos de descrição do *processo* de profissionalização de atividades diversas. Os critérios da profissionalização são os seguintes:
• a existência de uma *estrutura associativa* que permita impor algumas regulamentações internas (para entrar ou sair, por exemplo, ou para distribuir os papéis) e afirmar uma autonomia em relação a eventuais pressões externas;
• o desenvolvimento de uma peritagem, de competências específicas, que muitas vezes necessita da regularização de aprendizagens longas e sistemáticas – e, logo, de um corpo docente ou de instituições de formação;
• a instauração de uma *relação de serviço*, afiançada por um código deontológico, que permite impor uma autoridade sobre os clientes.

Pesquisas sobre as formações para as profissões da cultura

As pesquisas sobre as profissões culturais que foram iniciadas nos anos 1980 sob a égide de Moulin e sistematizadas por Menger na EHESS (Escola de Altos Estudos em Ciências Sociais) (cf. capítulo 13), decorrentes de demandas públicas, de um lado descrevem o processo de profissionalização (com grande reforço de estatísticas e de conceitos) e, do outro, contribuem para o seu acompanhamento. O conhecimento das competências e das qualificações requeridas para produzir especialistas da cultura facilita o seu desenvolvimento e permite objetivar uma oferta e uma demanda de

---

17 | Cf. Claude Dubar e Pierre Tripier, *Sociologie des professions*, Paris: Armand Colin, 2011. (1.ed.: 1998).

formação cultural. Da mesma maneira, esse trabalho sociológico permite avaliar a inserção profissional e medir a distância entre a oferta e a demanda, entre aspirações e inserções efetivas.

Sabe-se que existem sempre mais aspirantes às profissões culturais e sempre mais formações. Uma pesquisa recente enumerou mais de 300 tipos de formação em gestão e em administração da cultura, principalmente de nível 1 (59%), organizadas pelas universidades (mais da metade), pelas grandes escolas de comércio, pelos IUTS e pelos IUPS . Ao final, cerca de 5 mil estudantes saem todos os anos dessas formações que alternam os estágios e a formação geral. Os profissionais da cultura encontram no ensino um suplemento a suas remunerações principais, pois são responsáveis por 50 a 75% do volume horário de ensino dispensado. Nada de muito preciso pôde ser concluído quanto à inserção profissional, mas percebe-se que a oferta de formações ultrapassa de longe a demanda e contribui para a desclassificação profissional generalizada, talvez mais neste campo do que em outros.[18]

Um levantamento realizado pelo CEREQ (Centro de Estudos e de Pesquisas sobre as Qualificações) com 5,5 mil pessoas que obtiveram um diploma de um estabelecimento superior artístico e cultural (artes plásticas, arquitetura, espetáculos) em 2004[19] traz resultados encorajadores em alguns aspectos (embora o contexto seja muito medíocre, com uma taxa de desemprego nacional de 9%): primeiro emprego encontrado com rapidez (90% no próprio ano), na maioria das vezes relacionado com a formação (em 85% dos casos três anos mais tarde). A precariedade é importante (a metade tem primeiramente um CDD, Contrato de Duração Determinada), mas isso não é nada específico ao setor cultural, pois atinge todos os jovens diplomados. A desclassificação profissional é entretanto avaliada para um terço para os diplomados de ar-

---

18 | Cf. Cécile Martin, "Les Formations à l'administration et à la gestion de la culture: bilan et perspectives", *Cultures études*, 2008-2.

19 | Eric Cléron, "L' Insertion professionnelle des diplômés des établissements supérieurs de la culture", *Culture chiffres*, 2009-5.

quitetura de nível 1, e 17% para os diplomados de níveis 3 e 2 do espetáculo. Um quarto da amostra interrogada procura um outro emprego após a inserção, o que não significa exatamente um sinal de realização profissional...

O processo em curso | No domínio que nos interessa, multiplicaram-se as monografias descrevendo o processo histórico de profissionalização, mostrando como atividades "livres" e não remuneradas se transformaram em empregos codificados e mercantis. Quando pensamos nas profissões culturais que hoje estão mais estabelecidas, é preciso sempre conservar em mente que são fruto de um longo trabalho coletivo de construção e cristalização. Dois exemplos podem servir de ilustração:
• os *conservadores* de museu[20] eram na origem conhecedores e amadores de arte que se agruparam em "sociedade de amigos", pouco a pouco inventaram uma profissão e conseguiram organizar, com a cumplicidade dos poderes públicos, requisitos para ingresso cada vez mais exigentes: em nossos dias, o corpo dos conservadores de museu está entre os de mais difícil acesso (nos diferentes setores da Escola Nacional do Patrimônio), o número de cargos anuais é extremamente reduzido e as provas de admissão, muito difíceis;
• num domínio em que os empregos são bem mais numerosos (113 mil assalariados na imprensa em 2006)[21] e as disponibilidades maiores, o do *jornalismo*, o processo foi igualmente longo e progressivo: alguns autores organizaram-se primeiro em sindicatos, adotaram regras deontológicas inscritas e definidas em lei (1935) almejando separar claramente os amadores ocasionais e os profissionais permanentes. A entrega anual de uma carteira é essencial para a prática e o pertencimento à corporação.[22] Decerto, neste

---

20 | Raymonde Moulin, "Les Aides publiques a la création artistique", *La Valeur de l' art*, Paris: Flammarion, 1995 (1. ed.: 1976, Conselho da Europa); Sylvie Octobre, "Profession, segments professionnels et identité. L'évolution des conservateurs de musées", *Revue Française de Sociologie*, v. 40, n. 2, 1999, pp. 357-383.

21 | Conforme *Culture chiffres* 2009-1.

22 | Jean-Marie Charon, *Cartes de presse, enquête sur les journalistes*, Stock, 1993; Thomas

setor, não é necessário passar por um concurso; mas as escolas especializadas de jornalismo são cada vez mais incontornáveis, e só se pode acessá-las prestando exame.

***As profissões culturais assalariadas (2004 e 2007)*[23]**
Profissões do audiovisual e do espetáculo: 134.000 (126.000 em 2007)
• Artistas dos espetáculos (354): 45.000
• Artistas da música e do canto (354b)
• Artistas dramáticos (354c)
• Artistas da dança (354e) e do circo (354d)
• Gestores, técnicos e operários do espetáculo (89.000)
Profissões das artes plásticas e dos "ofícios" de arte: 152.000 (193.000 em 2007)
• Artistas plásticos (354a): 22.000 (20.000 em 1999)
• Estilistas, decoradores: (465a): 84.000
• Fotógrafos (465c): 13.000
• "Ofícios" de arte (33.000), entre os quais artesãos (214e) e operários de arte (637b)
Profissões literárias: 54.000 (51.000 em 2007)
• Jornalistas e quadros da edição (352a e 353a): 45.000
• Autores literários (352b): 9.000 (6.000 em 1999)

Ferenczi, *L'Invention du journalisme en France*, Paris: Payot, 1996; Sandrine Lévêque, *La Construction journalistique d'une catégorie du débat public: le "social"*, Rennes: PUR, 2000.

23 | *Site* DEP, Dados de classificação, n. 45, maio 2006 (conforme pesquisa emprego do INSEE 2004); *Les Notes de l'observatoire de l'emploi culturel*, "L' Emploi dans les professions culturelles en 2004", acessível pela internet; Marie Gouyon e Dominique Patureau, "Tendances de l'emploi dans le spectacle", *Culture chiffres*, DEPS, fev. 2010; Pierre-Michel Menger, "Les Professions culturelles: un système incomplet de relations sociales", em Philippe Poirrier (org.), *Politiques et pratiques de la culture*, Paris: La Documentation française, 2010, p. 245; *Chiffres clés* (Ministério da Cultura, 2010) para os dados de 2007, os mais recentes à disposição.

Gestores, técnicos da documentação e conservação: 33.000 (38.800 em 2007)
• Bibliotecários e conservadores (351a)
• Gestores da documentação e dos arquivos (372f)
• Assistentes técnicos da conservação (425a)
Professores de arte fora dos estabelecimentos escolares (354g): 38.000 (22.000 em 1999 e 38.700 em 2007)
Arquitetos (312f e 382g): 36.000 (41.000 em 2007)
Total: 447.000

Comentários

Essas profissões são agrupadas por domínio cultural (audiovisual, espetáculos ao vivo, artes plásticas, fotografia, escrita); os estatutos (operários, técnicos, gestores assalariados e independentes) são misturados dentro dos domínios. Contrariamente à nomenclatura 35 também apresentada, encontram-se outros estatutos além daqueles de gestores ou assimilados. Estranhamente, os fotógrafos encontram-se assimilados ao grupo 4 das "profissões intermediárias", enquanto os artistas plásticos ou os autores são considerados "gestores".

Se nem todas as atividades culturais atingiram o mesmo estágio de consistência social (pensemos nos "mediadores e formadores culturais"), é muitas vezes em razão de uma sindicalização quase inexistente e de um individualismo dominante. Como escreveu Heinich,[24] não é natural agrupar-se quando se pensa no singular. Os meios culturais são – quiçá mais do que os outros – domínios em que cada indivíduo considera-se original demais para imaginar que uma associação coletiva pode lhe ser benéfica. Uma pesquisa feita com os críticos de arte na imprensa nos convenceu, a esse respeito, da extrema reticência em imaginar que se possa tirar vantagens da associação profissional ou da imposição de regras deontológicas, além do temor de um inevitável controle social que poderia advir.[25]

24 | Nathalie Heinich, *op. cit.*, 2005, 2ª parte.
25 | Matthieu Béra, "La Critique d'art: une instance de régulation non régulée, *Sociologie de l'art*, 2003, opus 3, pp. 79-100.

Alguns meios profissionais podem também ter interesse em definições "flexíveis" (os "especialistas" ou os "agentes", tais como os descreve Moulin,[26] ou os jornalistas que Ruellan estuda utilizando a noção paradoxal de "profissionalização do vago"), na medida em que "autorizam" passagens, transferências e conversões no seio de atividades interdependentes. É ainda o caso dos críticos de arte que são às vezes escritores, curadores, administradores de estruturas, agentes, conselheiros etc. O que se nota é que os imperativos econômicos superam com frequência algumas veleidades de independência.

As organizações profissionais | A despeito do individualismo dos meios criativos, artistas e intérpretes estão agrupados em múltiplas instituições, mais ou menos "rígidas" e "cerceadoras":

• alguns optaram pela fórmula das *sociedades*, tais como a Sociedade dos Autores e a SACEM (Sociedade de Autores, Compositores e Editores de Música), que dispõem de um corpo de fiscais espalhados pelo espaço nacional com vista a recolher os direitos autorais;[27]

• outros instituíram *ordens* profissionais que regulam a integração dos corpos de arquitetos e dos leiloeiros;

• outros ainda preferem as *comissões*, como as dos jornalistas, que têm por missão controlar os direitos de ingresso na profissão e impor uma deontologia; as regras não são imperativas como nos outros casos, mas podem regular algumas práticas, recompensar e sobretudo sancionar – se não juridicamente, ao menos moralmente – faltas contra os imperativos profissionais mais elementares;

• as escolas de aplicação, que recrutam por meio de concursos nacionais (Escola Nacional do Patrimônio), são também inevitáveis em certos domínios;

• enfim, existem *associações* profissionais, tais como o SYNDEAC (sindicato que une atores e intérpretes do espetáculo ao vivo) e a AICA (Associação Internacional dos Críticos de Arte), que reúne desde 1948 os críticos profissionais de todos os domínios culturais com a missão de "defender seus interesses". A solução se mantém bastante vaga, todavia, e todos aqueles que escrevem regularmente na imprensa, inclusive os mais assíduos e notórios, não pertencem a esta associação.

26 | Raymonde Moulin, *L'Artiste, l'institution et le marché*, Paris: Flammarion, 1992.
27 | Jean-Marie Pontier et al., *Droit de la culture*, Paris: Dalloz, 1996, p. 181.

A lista permaneceria incompleta se não mencionássemos os sindicatos ou coletivos montados *ad hoc*, a partir de grandes mobilizações sociais, para defender alguns benefícios ou interesses postos em questão pelos poderes públicos ou pelas associações patronais, por exemplo, na ocasião da mobilização dos chamados intermitentes do espetáculo, relacionada a seu estatuto e seu regime de trabalho, em 2003. Estes últimos, de fato, tiveram de se preocupar seriamente com sua organização coletiva a fim de agir mais eficazmente nas negociações e decisões relativas a seu regime de seguro-desemprego, ponto central de seu estatuto social.

A racionalização econômica | Poder antieconômico (por ignorância, indiferença ou hostilidade), o carisma vive apenas de "lucros ocasionais instáveis".[28] A libertação perante as leis da troca econômica e monetária, o desdém com os conflitos de interesses e a indiferença frente às condições do mercado estruturam perfeitamente a representação que o artista faz de si e que os outros fazem dele, inspirada pelo modelo do chefe carismático. Porém esse tipo ideal que pode estruturar as representações e estereótipos dominantes entre os criadores não escapa, factualmente, ao império do cálculo, nem às instituições encarregadas de fazer irradiar sua obra.

As carreiras artísticas | Moulin e Menger dedicaram muitas pesquisas às "carreiras" de artistas, mostrando que existem progressões de carreira, reconversões materiais, interesses econômicos (ver capítulo 13). Afirmam que a importância dos valores do sucesso material para o mundo artístico, o mais das vezes negada pelos protagonistas, é um fato muito bem estabelecido de acordo com diversas pesquisas. A carreira dos artistas tem seus percursos obrigatórios: exposições, residências, concertos, publicações, representações, assinaturas, recompensas, coberturas midiáticas. O objetivo é sempre o mesmo: ser reconhecido, distinguir-se, singularizar-se, adquirir fama com seu estilo e, ao mesmo tempo, integrar um grupo (companhia, orquestra, trupe, centro dramático, ateliê). Não há salvação fora desse jogo econômico-estratégico. Tal como acontece com as profissões liberais, os artistas criadores e escritores vivem, em primeiro lugar, de sua reputação; para estabelecê-la e conservá-la, têm estratégias específicas que podem ser lidas como "carreiras". É compreensível que, nesse contexto de análise, a

28 | Max Weber, *op. cit.*, 1995.

especificidade das profissões culturais é diminuída, pois os sociólogos buscam demonstrar que os atores sociais não se singularizam efetivamente em relação a outros universos sociais: como outros profissionais, procuram aumentar seus ganhos, melhorar sua abrangência social e fazer que suas atividades perdurem nas melhores condições materiais possíveis. As carreiras são talvez menos codificadas do que as demais, as convenções coletivas são por vezes insignificantes ou inexistentes, mas os percursos são, todavia, marcados, e o sociólogo esforça-se em explicitar e expor à luz o que deveria ficar escondido para funcionar eficazmente (segundo Bourdieu).

Catherine Paradeise intitula do seguinte modo o primeiro capítulo de sua obra sobre os atores: "Description des carrières de comédiens" [Descrição das carreiras de atores].[29] Ela aplica a essa subpopulação (que poderíamos imaginar específica) as noções da "teoria *standard*": formação profissional, qualificação, perfis de carreiras, segmentos do mercado de trabalho, diversificação das atividades, redução da incerteza.

O sociólogo encontra-se neste caso dividido entre duas tendências:
• ou busca a especificidade das profissões culturais a fim de caracterizá-las (perspectiva das ciências ditas "ideográficas", para retomar a terminologia dos neokantianos Rickert e Windelband);
• ou busca subsumi-las às mesmas categorias que as outras atividades profissionais (perspectiva "nomotética").

No primeiro caso, enfatiza os traços distintivos desses meios, mesmo que os force – o que fez Marx desde a oposição entre trabalho criativo-emancipador e trabalho alienado, oposição reencontrada nos pares *auctor/lector*, produção/reprodução, arte/cultura... Pode-se até mesmo contestar a validade do conceito de carreira.[30] No segundo caso, o sociólogo elimina a "exceção cultural" para pensar o trabalho artístico da mesma maneira como as outras atividades – o que fizeram os sociólogos americanos, especialmente Hughes, o qual considerava toda atividade, qualquer que fosse, como um trabalho. Corre-se o risco de perder ou de ignorar o que é essencial e constitutivo desse campo social, se não na prática, ao menos na representação dos atores.

---

29 | Catherine Paradeise et al., *Les Comédiens: profession et marchés du travail*, Paris: PUF, 1998.
30 | Nathalie Heinich, "Peut-on Parler de Carrière d'artiste?", *Revue d'Art et de Sciences Humaines*, n. 1, 1993, pp. 3-14.

Serão singulares as profissões culturais?

Uma das problemáticas sociológicas principais em relação a este domínio remete à questão da especificidade (ou singularidade) das profissões culturais, que pode ser interna (os atores consideram-se singulares) ou externa (são rotulados como tais). É bastante fácil demonstrar que os profissionais da cultura se sentem e são vistos "à parte", mesmo que às vezes seja difícil fornecer uma razão para isso.

Um levantamento estatístico recente permite oferecer alguns elementos objetivos que respaldam a tese da singularidade, sem deixar de considerar que as profissões culturais não devem ser tomadas como um bloco único. A diversidade das situações é tamanha, que é impossível falar de especificidade cultural absoluta (da mesma maneira que não se pode falar dos outros assalariados de forma geral). Existem graus dentro dessa especificidade. Marie Gouyon publicou um artigo importante[31] que permite sublinhar alguns elementos típicos (em média) das profissões culturais (segundo ela, em 2007, 720 mil assalariados trabalharam no mínimo uma hora nesse setor no ano – o critério é amplo, confessemos!).

Em primeiro lugar (a pesquisadora dá pouca atenção a isso), eles são menos assalariados que a média dos ativos, já que apenas 77% dos trabalhadores culturais o são, contra 89% no geral (chegando a somente dois terços na arquitetura e no espetáculo ao vivo); portanto, eles escapam, em parte, ao fenômeno da generalização do assalariamento. 23% (um quarto) são avaliados como "independentes" (o fenômeno é, ademais, subestimado, pois os artistas plásticos são considerados assalariados de sua "empresa" por uma ficção jurídica). A fronteira entre os assalariados e o mundo independente é muito mal traçada neste domínio, visivelmente, e constitui em si uma outra especificidade).

Em segundo lugar, trabalham muito menos que a média dos assalariados: apenas 1.050 horas, contra 1.400, com dispersões mais

---

31 | Marie Gouyon, "Une Typologie de l'emploi culturel salarié dans le secteur culturel en 2007", *Culture chiffres*, 2010-3.

importantes (15% trabalham menos de 100 horas e um terço, mais de 1.600; contra 1% e 54% na média); a metade tem mais de uma atividade (55% têm vários empregadores), contra apenas 5% dos assalariados franceses; 90% dos pluriativos têm uma atividade não cultural; sua flexibilidade (ou precariedade) é impressionante: 83% têm um ou vários CDDS (contratos de duração determinada). Apenas 53% têm ao menos um CDI (contrato de duração indeterminada), contra 86% dos ativos em média; alternam períodos de trabalho e de desemprego mais frequentemente que os demais (daí o estatuto dos intermitentes, cuja primeira versão data de 1936, e que é próprio deles). É preciso acrescentar dados sobre salários que encontramos em outro local,[32] os quais mostram que os salários são muito desigualmente repartidos e baixos (4.776 euros para a mediana em 2006 e 10.511 euros para a média); mas as situações dependem muito do setor, sendo o mundo do espetáculo ao vivo o mais mal remunerado.

Para concluir, Marie Gouyon propõe uma tipologia em seis grupos, segundo os domínios culturais e sua precariedade relativa: 27% de "intermitentes precários"; 9% de "permanentes de espetáculos"; 8% de "intermitentes bem inseridos"; 24% de "permanentes nos outros setores culturais"; 9% de "precários"; e 23% de "assalariados com dificuldade de inserção" no setor e que têm uma atividade principal em outro campo.

Gestão e rentabilização da cultura | Do lado das instituições, o problema a resolver permanece sendo o da *rentabilização* dos serviços e dos bens:
• a mídia participa dessa "rotinização" da criação tentando instaurar as regras do sucesso e os métodos do êxito a qualquer custo. Encontrar boas receitas, copiar fórmulas dos concorrentes que funcionam: essa é a lógica dominante das indústrias culturais. O *rap*, o *hip-hop*, as músicas eletrônicas mais populares, as festas *rave* e o *techno* estão integrados à cadeia da grande

---

32 | Eric Clairon e Frédérique Patureau, "L' Emploi salarié dans le secteur de la culture", *Culture chiffres*, 2009-1.

mídia, pois estas têm a garantia de encontrar uma demanda, o que segue *pari passu* a sua transformação em mercadorias;

• o cinema é um empreendimento de criação industrial que necessita de orçamentos muitas vezes colossais – em média 3,2 milhões de dólares por filme em 1994.[33] O consumo (e a distribuição, que em grande parte o determina) concentra-se em alguns títulos: de 380 longas-metragens projetados na França em 1994, 30 filmes somaram a metade da bilheteria;[34]

• os meios impressos desenvolvem igualmente em seu domínio uma economia dos *best-sellers*, multiplicam os trabalhos por encomenda e privilegiam as imagens em relação aos textos.[35]

A "burocratização" das atividades culturais e a "socialização do risco artístico" | A "rotinização" passa também pela politização das atividades independentes, como será desenvolvido mais em detalhe na Parte IV. Podemos desde já evocar suas formas principais quando se aplicam aos artistas e às profissões culturais.

• Menger destacou o fenômeno de "socialização do risco artístico": as políticas públicas multiplicam as garantias e tentam acompanhar os artistas, preservando-os da marginalidade social. Oferecem-lhes oportunidades materiais: casas de artistas, ateliês parcialmente subvencionados, residências artísticas, encomendas;[36]

---

33 | Joëlle Farchy, *La Fin de l'exception culturelle?*, Paris: CNRS, 1999, p. 46.

34 | Françoise Benhamou, *Économie de la culture*, Paris: La Découverte, 1996, p. 66; e, da mesma autora, *L'Économie du star-system*, Paris: Odile Jacob, 2002.

35 | Ver Françoise Benhamou, *op. cit.*, 1996; Joëlle Farchy, *op. cit.*, 1999.

36 | Ver Pierre-Michel Menger, *Le Paradoxe du musicien*, Paris: Flammarion, 1983, e, do mesmo autor, "L' Oreille spéculative: création et consommation musicales", *Revue Française de Sociologie*, n. 27, 1986; Yvon Lamy e Françoise Liot, "Les Résidences d'artistes. Le renouvellement de l'intervention publique dans le domaine des arts plastiques: enjeux et effets", em: Jean-Paul Callède (org.), *Métamorphoses de la culture: pratiques et politiques en périphérie*, Bordeaux: MSHA, 2002, pp. 213-234; e Philippe Coulangeon, *Les Musiciens interprètes en France: portrait d'une profession*, Paris: DEP, 2004.

O estatuto derrogatório
dos intermitentes do espetáculo[37]

O estatuto dos intermitentes do espetáculo constitui uma derrogação ao direito do trabalho. Eles se beneficiam de vantagens excepcionais (prazo menor de contribuição previdenciária, ter trabalhado pelo menos 507 horas em 304 dias para receber o seguro-desemprego durante 243 dias). Neste sentido, encontram-se dois elementos sociológicos que nos interessam: a singularidade dessas atividades, de um lado; e a assistência pública que reduz os riscos e incertezas, do outro.

Há alguns anos, todavia, esse regime derrogatório coloca um problema arduamente discutido pelos representantes sindicais, pelos representantes patronais e pelos poderes públicos. Todas as condições foram reordenadas a partir dos "famigerados" anexos 8 e 10 dessa convenção coletiva, em parte porque os representantes das organizações patronais recusaram-se a continuar subvencionando setores inteiros de atividades não rentáveis. O déficit do regime é permanente, e os patrões estimam que é insuportável: 1 bilhão de déficit em 2007, 30% do déficit do seguro-desemprego, considerando-se que os intermitentes representam apenas 3% dos que buscam emprego. O Estado não parece disposto a perenizar o que equivale a uma forma indireta de subvenção pública à ação cultural, certamente considerando que há intermitentes demais...

O número de intermitentes de fato explodiu ao longo dos anos,

---

37 | Conforme "Le Marché du travail des artistes et techniciens intermittents de l'audiovisuel et des spectacles (1987-2003)", *Les Notes de l'observatoire de l'emploi culturel*, Paris: DEPS, 1997. Sobre a crítica econômica ao regime de seguro-desemprego (segundo a qual este último multiplica os empregos precários e constitui uma assistência inadequada e pouco equânime às indústrias do espetáculo), reportar-se a Bruno Coquet, "Les Intermittents du spectacle: un régime d'assurance chômage avantageux et discutable", *Futuribles. Analyse et prospective*, n. 367, out. 2010; L'Emploi dans les professions culturelles en 2004 d'après l'Enquête Emploi de l'INSEE, *Notes de cadrage*, n. 45, maio 2006; *Rapport de la Commission permanente sur l'emploi*, Paris: CNPS [Conselho Nacional das Profissões do Espetáculo], 2008-2009.

como mostram as estatísticas: de 20 mil artistas intermitentes em 1987 a 66 mil em 2003 (sobre um total de 126 mil intermitentes, entre artistas, gestores, técnicos e operários). Essa população em crescimento deve partilhar um volume de trabalho que aumenta menos depressa: queda de 50% do volume anual de trabalho e de 32% da remuneração média.

• a criação – se não vantajosa, ao menos derrogatória – do estatuto dos intermitentes institui um regime de desemprego para os artistas e os técnicos dos espetáculos ao vivo;
• a instauração de uma previdência social para os artistas desde 1964; a Casa dos Artistas (rue Berryer, em Paris) rege sua previdência social; eles são, assim, assistidos da mesma forma que os demais assalariados. A administração propôs, naquela época, uma definição material e contábil do "artista": para se beneficiar de uma cobertura social, ele deve provar que 50% de suas rendas profissionais provêm de vendas de obras originais. Deve, além disso, poder retirar um benefício anual de meio salário mínimo, após pagamento dos encargos (material, aluguel do ateliê). O decreto de 1977 flexibiliza esse critério: "basta" atingir novecentas vezes o valor horário do salário mínimo durante o último ano. Chega-se, assim, dificilmente à cifra de 12 mil artistas;
• as derrogações fiscais múltiplas (sobre as taxas de habitação dos ateliês, descontos no imposto sobre valor agregado), que são sinais incontestáveis da "rotinização", como sublinhava Weber;
• o desenvolvimento de um corpo de funcionários da cultura (coordenadores artísticos, conselheiros junto às artes plásticas, à música, à dança e ao teatro, responsáveis delegados etc.) que emergiu nos anos 1980. A esse respeito, não existem ainda monografias de pesquisa, mas apenas panfletos sarcásticos.[38]

---

38 | Entre outros: Yves Michaud, *L'Artiste et les commissaires*, Nîmes: Jacqueline Chambon, 1989; Marc Fumaroli, *L'État culturel: essai sur une religion moderne*, Paris: De Fallois, 1992; e Yves Aguilar, *Un Art de fonctionnaires, le 1%*, Nîmes: Jacqueline Chambon, 1999.

As formas de resistência à rotinização | Porém algumas frações do mundo da arte e da cultura resistem ao processo de rotinização. Essa resistência efetua-se tanto no mundo das representações – tenazes, que continuam oferecendo a imagem de artistas livres, independentes e solitários – quanto no mundo da prática e dos modos de vida.

Das representações persistentes | Os criadores muitas vezes se definem, se relatam ou se apresentam como seres singulares e, consequentemente, refratários a qualquer objetivação e qualquer dependência perante a normalidade social.

A pesquisa empreendida por Howard Becker em *Outsiders*[39] mostra com clareza que alguns músicos de *jazz* se autodefinem por oposição aos *caves*, denominação pejorativa que designa aqueles que se dispõem a atender as demandas do público. O artista resiste ao "social" recusando dobrar-se às expectativas do público e aos seus gostos, os quais ele despreza. Não busca agradar, mas, sim, se impor opondo-se e distinguindo-se.

Muitos mundos culturais desenvolvem-se nessa cultura da oposição, do *underground*, estudada primeiramente pelos sociólogos anglo-saxões e que encontrou sua tradução na noção de "contracultura", retomada na França por Alain Touraine para referir-se aos movimentos sociais contestatórios – feministas, alternativos – dos anos 1960 e 1970.

> A contracultura é em primeiro lugar a situação dos *drop-out*, daqueles que rompem com os estudos ou com as formas habituais da vida profissional. E esse abandono é um protesto [...] a expressão de uma carência e do desejo de escapar de uma organização social que aparece como asfixiante.[40]

Os meios do *rock*, *punk*, *mods* são especialmente chegados a essa marginalidade padrão, na qual individualidades expressam seu mal-estar, perdem-se nas drogas e mergulham em excessos. Já se perdeu a conta dos astros de *rock* que desapareceram antes dos 30 anos e se tornaram figuras emble-

---

39 | Howard Becker, *Outsiders: estudos de sociologia do desvio*, Rio de Janeiro: J. Zahar, 2008. (1.ed. norte-americana: 1963).

40 | Alain Touraine, "Contre-culture", em: *Dictionnaire de la sociologie*, Paris: Albin Michel, 1998, p. 205.

máticas (Hendrix, Brian Jones, Janis Joplin etc.). Alguns pesquisadores dos *cultural studies* realizaram excursões etnológicas nesses meios.⁴¹

O que permite reunir os meios "artísticos" e "culturais" no sentido amplo é que ambos partilham esse mesmo culto da oposição. E isso apesar das representações desenvolvidas pelos intelectuais que opõem a arte criativa à cultura reprodutora.

> O artista é aquele que fixa e torna acessível ao mais "humano" dos homens o espetáculo de que fazem parte sem perceber. Não há arte de divertimento. Pode-se fabricar objetos que agradam ao ligar de outra maneira ideias já prontas e apresentar formas já vistas. Essa pintura ou *essa fala segunda* é o que geralmente se entende por cultura. O artista segundo Balzac ou Cézanne não se contenta em ser um animal cultivado: assume a cultura desde seu início e a funda novamente, fala como o primeiro homem falou e pinta como se nunca se houvesse pintado.⁴²

Em termos filosóficos, essa representação inscreve-se na tradição fenomenológica do artista "o mais próximo possível da verdade do desvelamento do mundo". Todavia, é possível encontrar também na história literária e das belas-artes exemplos de crítica de tudo o que em arte não é nem "primeiro" nem "original". Assim, Voltaire desprezava os jornalistas de sua época porque, segundo ele, representavam uma "escrita industrial" nos antípodas da criação literária. Essa postura se prolonga hoje na crítica dos meios de comunicação ou na vontade de organizar uma corporação internacional dos intelectuais, na qual os artistas seriam levados a desempenhar um grande papel.⁴³

Modos de vida singulares | As modalidades de resistência não se limitam às representações. Dizem respeito também aos modos de vida. Os

---

41 | Cf. Stanley Cohen, *Folk Devils and Moral Panics: the Inventions of the Mods and Rockers*, Londres: MacGibbon & Kee, 1972; ou Dick Hebdige, *Subcultures: the Meaning of Style*, Londres: Methuen, 1979; ou, ainda, Bernice Martin, *A Sociology of Contemporary Cultural Change*, Oxford: Basil Blackwell, 1985. (1. ed.: 1981).

42 | Maurice Merleau-Ponty, *op. cit.*, 1963, p. 33.

43 | Cf. Pierre Bourdieu, *Interventions, 1961-2001: science sociale et action politique*, Marselha: Agone, 2002, notadamente pp. 257-267 e 289-296.

artistas consideram que, em razão do seu trabalho criativo e de suas escolhas estéticas, "vivem à margem", veem a totalidade de sua existência como vivenciada no modo "artista": a maneira de se alojar e de se nutrir, de alimentar suas redes de conhecimento e de convívio, e também a de se entregar a costumes sexuais específicos teriam a ver com o modo de vida "artista".

Essa atitude geral é encorajada pela demanda de marginalidade que formulam os patrocinadores, os operadores culturais, os públicos, e que meios da mídia especializada se comprazem em respaldar. É a lei da renovação permanente, da mudança sem razão aparente que se impõe aos meios artísticos, e sem dúvida lhes traz o sentimento de que, sendo marginais, levam igualmente uma existência arriscada.

São raras ainda hoje as pesquisas que buscam estudar mais de perto os distanciamentos da norma social tal como a estatística o pode apreender. A pesquisa de Moulin[44] sobre os artistas plásticos é sem dúvida a mais completa, mas é única. Aprende-se aí que a população artística se distingue dos outros meios profissionais por um grau mais elevado de "marginalidade" no tocante ao casamento e à instituição familiar: as taxas de celibato e de divórcio são duas vezes mais elevadas. A pesquisa antiga de Alain Girard sobre o êxito social[45] já mostrava que os artistas tinham menos filhos que o resto da população. Nos anos 1980, parece que a taxa de fecundidade era a mais baixa entre as profissões, com 1,46 filho por mulher em idade fértil. Mas é preciso reconhecer que esses dados estatísticos são pobres e decepcionantes, considerando as representações que exaltam as suas figuras!

Ao lado de pesquisas globais raríssimas, encontramos algumas monografias: Françoise Liot[46] tenta apresentar alguns "comportamentos excêntricos", extremos, e evoca um "suicídio exemplar", mas toma bastante cuidado em não generalizar. Neste meio, o peso das representações talvez se imponha mais que em outros. Poucos casos servem de "modelo"; todos os artistas têm em mente figuras emblemáticas que podem estruturar os seus comportamentos.

44 | Raymonde Moulin, *op. cit.*, 1992.
45 | Alain Girard, *La Réussite sociale en France: ses caractères, ses lois, ses effets*, Paris: PUF, 1961.
46 | Françoise Liot, *Le Métier d'artiste*, Paris: L'Harmattan, 2004.

Seriam necessárias outras pesquisas sobre os atores, os intermitentes do espetáculo, os músicos, os escritores, os jornalistas, para determinar se as condutas – notadamente demográficas, que estão entre as mais objetiváveis – dos "artistas" ou dos criadores são "normais" ou não. Enquanto essas pesquisas não forem realizadas, arriscamos repisar os mesmos estereótipos, respaldados por representações elas mesmas artísticas (nos romances, filmes, peças de teatro, canções, meios de comunicação, "cerimônias" de celebração ou de autocelebração etc.).

PARTE IV
AS POLÍTICAS

CAPÍTULO 9

A POLITIZAÇÃO DO "CULTURAL"

NESTE CAPÍTULO, DECIDIMOS ESTUDAR como os poderes públicos se apossaram de uma esfera de ação específica; o "como" evidentemente não é separável do "porquê"; este último remete aos interesses objetivos que a União e os poderes locais podem encontrar ao atribuir uma importância crescente às questões da cultura. A ação política democrática, não importa em que domínio se exerça, é inseparável de um trabalho de justificação pública.

A "politização" da cultura não é um fenômeno recente.[1] Hoje, porém, envolve ao mesmo tempo a União (encomenda de obras, monumentos históricos, coleções nacionais, grandes instituições, formações artísticas, diplomas) e as coletividades locais (políticas de lazer, espetáculos ao vivo, cinema de bairro, animação sociocultural, práticas amadoras, patrimônio etnológico e "regional", residências artísticas). É sem dúvida aí que reside a novidade mais notável.

Os indicadores de politização | **Nível nacional** | Retomando a cronologia do trabalho político, três indicadores de politização são propostos:
• o tempo da controvérsia pública, que inscreve as questões culturais na "agenda política" e transforma essas questões em causas – ou dentro dos partidos, ou na imprensa – durante as campanhas eleitorais ou as disputas parlamentares: é a cultura como pauta de debates;
• o tempo da formalização jurídica e da alocação orçamentária: é a cultura como pauta financeira;
• o tempo do controle, seja ele administrativo, jurídico, processual, de gestão, de avaliação, de sanção: é a cultura como pauta de regulação.
Os debates | O interesse dos políticos – governos, administrações centrais, partidos – pela cultura manifesta-se por meio dos programas, dos discursos dos

---

1 | Cf. Jacques Perret e Guy Saez (org.), *Institutions et vies culturelles*, Paris: La Documentation française, 2004 (1. ed.: 1996). Nessa obra, o quadro da p. 11 remonta a 1530, com a instauração do Collège de France.

candidatos, das controvérsias dos partidos no parlamento, das campanhas eleitorais, das orientações ministeriais. Relaciona-se com sua significação simbólica ou seu alcance prático. Nesse contexto, o Ministério da Cultura ata laços com o Ministério da Educação Nacional, com o da Juventude e dos Esportes, o da Cidade, o da Justiça, para tratar dos problemas do serviço público, da formação artística, do acesso do cidadão à cultura e ao lazer, como também das questões de integração social (subúrbios, prisões, locais de exclusão, bairros de exílio etc.).

A criação em 1959 do Ministério de Assuntos Culturais manifesta o empenho do Estado e a dominação do político no mais alto nível. A partir desta data, a cultura tornou-se objeto de uma exposição sistemática e de um cuidado constante por parte dos poderes públicos. A criação do SER permitiu "dar forma" a esse domínio, antes de difícil apreensão, nas categorias do pensamento político (ver quadro).

Os governos de direita enfatizam em geral os aspectos da conservação e da comunicação, enquanto os de esquerda evocam a criação, a animação e a formação. Todavia, é forçoso constatar que se trata mais de nuanças (de encaminhamentos diferentes dos portadores de projetos) que de oposições radicais (de lutas frontais entre partidos), e que a cultura permanece um tema menor das campanhas eleitorais, à imagem do orçamento bastante modesto que lhe é alocado (aproximadamente 1% do orçamento do Estado).

O trabalho de formalização política e estatística da cultura

Se retomarmos a noção de "investimento de forma",[2] pode-se dizer que a cultura foi enquadrada nas formas do pensamento político no decorrer dos anos 1970, o que foi a condição de possibilidade de sua inserção nos grandes debates nacionais ou sociais.

Este trabalho de produção dos quadros que hoje permitem pensar politicamente a cultura foi iniciado pelos administradores do INSEE lotados no SER.[3] Foram eles que conceberam o recorte em

---

[2] Laurent Thévenot, "Les Investiments de forme", em: Laurent Thévenot (org.), *Conventions économiques*, Paris: CEE-PUF, p. 21-71.

[3] Ver Alain Vesse, *Notes méthodologiques sur les comptes de la culture*, Paris: SER, 1976; e Jac-

"domínios" (patrimônio, arquivos, museus, bibliotecas, teatro, música, dança, cinema, artes plásticas, arquitetura, indústrias culturais) e em "funções" (conservação, criação, edição, representação, comunicação, animação e formação). Foram eles também que instalaram o modo de pensar estatístico sobre o que chamamos hoje "o setor cultural" no interior da nomenclatura geral das atividades, que contaria 770 mil assalariados (sem incluir os da Educação nacional, é claro, e que tenham trabalhado pelo menos uma hora no setor em 2007...).

A construção dos dados estatísticos nacionais a respeito de práticas, consumos e despesas produziu uma uniformização em três grandes repertórios: o das categorias de práticas, o das categorias de domínios e o das categorias de funções. O que está em jogo, por meio dessas representações, é o que se poderia chamar de "nomeação cultural". Olivier Donnat[4] evocou o "efeito de democratização" que pode resultar do simples fato de produzir regular e uniformemente estatísticas culturais.

O orçamento | O volume de dinheiro público alocado pelo Estado às despesas, à formação, às compras de bens e às encomendas de obras artísticas permanece um bom indicador de avaliação do grau de "politização" da cultura, a despeito de seu caráter evidentemente primário e complexo. As flutuações das dotações orçamentárias, acrescidas ao desenvolvimento de órgãos institucionais tanto em Paris quanto no interior, concretizam o estado das lutas pelo poder e refletem as mudanças políticas.

Esses investimentos favorecem a criação de instituições especializadas, como também a de novos empregos públicos; paralelamente à oferta da educação nacional, a emergência de aparelhos de formação nacionais caracteriza esta fase da ação cultural pública (Instituto Nacional do Patrimônio, Escola Nacional do

ques Antoine, "Propositions pour un système d'informations statistiques et économiques sur la vie culturelle en France", *Le Progrès scientifique*, n. 187, mar.-abr. 1977, pp. 33-89.

4 | Olivier Donnat, *Les Français face à la culture: de l'exclusion à l'éclectisme*, Paris: La Découverte, 1994.

Cinema, Escolas de Artes Aplicadas, multiplicação de conservatórios "regionais nacionais" ou "de irradiação regional" de música, de dança, de teatro etc.).

O montante da despesa pública, no orçamento do Estado, atribuído à cultura aumentou muito: de 1960 a 1985 foi multiplicado por 6,5; depois, cresceu 53% entre 1990 e 2000 e 15% de 2000 a 2005.[5] Em 2005, atinge os 2,7 bilhões de euros (2,9 em 2009).[6] Mas as situações orçamentárias são muito sofisticadas, e, para Poirrier, chega-se a atingir os 10 bilhões de euros quando se aceita incluir os orçamentos alocados às "despesas de ordem cultural no sentido amplo", tais como os auxílios à imprensa, ao audiovisual, ao cinema, aos teatros (academias teatrais ligadas aos CDNS – centros dramáticos nacionais), ao setor de edição, à animação cultural, à educação artística etc. Está claro que essa concepção ampla do "empenho cultural" é sem dúvida mais próxima da realidade, apesar de não ter sido proposta retrospectiva ou historicamente pelos próprios atores políticos.

O "1% cultural"[7]

Orçamento após orçamento, a cultura persiste sendo o primo pobre, a despeito de se ter aproximado da fronteira simbólica em 1982 e atingido a partir de 1994.

TABELA IX.1. | Evolução do orçamento do Ministério da Cultura

Ano	1960	1981	1982	1990	1994	1996	1997	1998	2000	2001	2007	2008
% do orçamento	0,3	0,46	0,76	0,86	1	1	0,97	0,95	0,98	0,99	1,07	1,04

Fontes: DEP, Ministério da Cultura, e também Jean-François Chougnet, *op. cit.*, 2010.

---

5 | Jean-François Chougnet, "L' Effort public pour la culture", em: Philippe Poirrier (org.), *Politiques et pratiques de la culture*, Paris: La Documentation française, 2010, p. 25.

6 | Segundo Philippe Poirrier, *op. cit.*, 2010, p. 15.

7 | Ver também: Jacques Perret e Guy Saez (org.), *op. cit.*, 2004.

Isso se traduz em um número relativamente modesto de funcionários destinados a essa administração. Os empregos públicos foram avaliados em 25 mil em 2002 e 31 mil em 2009. Contaram-se 93 mil agentes nas coletividades locais em 2002 – a metade deles contratados (118 mil em 2010). Esse número deve ser comparado com o do conjunto do setor cultural (público e privado), que envolve aproximadamente 492 mil indivíduos em 2007.[8] No total, chega-se a mais de 600 mil pessoas.

Além disso, 50% das despesas culturais do Estado provêm de outros ministérios (Assuntos Exteriores, Justiça, Educação Nacional, Agricultura). O Ministério dos Assuntos Exteriores atribui-se a missão de transmitir e afixar uma "imagem cultural" da França no exterior (tanto no plano das criações de vanguarda e no do patrimônio material e imaterial quanto naquele da difusão da língua e da cultura francesas pelas "alianças" e liceus).

A avaliação | Orientada para objetivos claros e provida de recursos delimitados no tempo (o tempo de uma legislatura ou de um mandato eletivo), a gestão da cultura é submetida a diversas avaliações a curto ou médio termo pelo Conselho de Estado ou pelo Tribunal de Contas (e por suas instâncias regionais). Pelas suas intervenções, esses dois organismos delimitam o campo da cultura, tanto em sua atividade administrativa de controle e de inspeção quanto nas suas orientações orçamentárias e no enquadramento legal de suas despesas. Em razão disso, encontram-se definidos – ao menos formalmente – o leque de expressão do direito à cultura e o do seu exercício pelos cidadãos.

Enfim, o Estado e as comunidades obtêm, nessa dupla intervenção, a garantia de legitimidade de uma política pública, isto é – para falar em linguagem weberiana –, a legitimidade do monopólio simbólico exerce-se por intermédio dela.

Nível local | *O empenho cultural das coletividades locais* | Os empenhos consentidos pelas coletividades locais são proporcionalmente bem maiores que aqueles da União. Os levantamentos sintéticos são raros: o último datava de 1996, até que aparecesse uma nova série de trabalhos encomendados pelo DEPS, com base em pesquisas realizadas em 2006, sinte-

---

8 | *Chiffres-clés*, 2010, Ministério da Cultura.

tizadas e publicadas em 2009.[9] A instauração de boletins estatísticos com cifras nem sempre é clara, pois as rubricas orçamentárias são entremeadas umas com as outras, mesclando despesas sociais, culturais etc. Porém os municípios seguem hoje normas contábeis e distinguem nove setores de "intervenções culturais": artes plásticas, teatros, cinemas, bibliotecas e midiatecas, museus, arquivos, manutenção do patrimônio, ação cultural. Esses setores (ou domínios) são por sua vez agrupados em três funções: expressão artística, conservação e difusão do patrimônio e ação cultural.

TABELA IX.2. | FINANCIAMENTO PÚBLICO DA CULTURA (bilhões de francos, 1993)

União: 37 bilhões de francos (50,1%)			Coletividades locais: 49,9%		
Ministério da Cultura 19,6%	Outros ministérios 28%	Dotações extraordinárias (cinema, audiovisual, livro) 2,5%	Municípios 40,6%	Departamentos 7,4%	Regiões 2%

Fonte: DEP.

Eis os dados para 2006:
• os municípios de mais de 10 mil habitantes forneceram um empenho de 8,1% em média, com 4,1 bilhões de euros (152 euros/hab.);
• as entidades intermunicipais consagraram 5,7% de seu orçamento, 286 milhões de euros;
• os departamentos[10] gastaram 1,1 bilhão de euros (1.292/hab.), 2,2% do seu orçamento;
• as regiões, 358 milhões de euros, 2,5% de suas despesas.

Existe uma correlação perfeita entre o tamanho do município e o empenho cultural consentido – à exceção de Paris e arredores, pois esta "cidade-museu" é muito ajudada pelo orçamento nacional: o ministério dedicou 9 dos seus 14 bilhões a despesas no território parisiense em 1995!). No plano da assistência cultural (como sem dúvida em outros planos), a relação Paris/interior será sempre muito desequilibrada e sem comparação válida.

9 | Cf. Jean-Cédric Delvainquière e Bruno Dietsch, "Les Dépenses culturelles des collectivités locales em 2006", *Culture chiffres*, 2009-3; cf. Chougnet, 2010, citada acima.

10 | Divisão administrativa do território francês, intermediária entre o município e a região. [N. T.].

TABELA IX.3. | EMPENHO CULTURAL SEGUNDO O TAMANHO DOS MUNICÍPIOS

Tamanho (milhares de habitantes)	Média	10-20	20-30	30-50	50-80	80-100	100-150	> 150	Paris
% do orçamento geral	8	8	8	9	9,5	11	13,5	16	6

Fontes: "Les dépenses culturelles des collectivités territoriales en 1996", *Développement culturel*, n. avulso, out. 2000, p. 17, 26 e 28; *Culture chiffres*, 2009-3.

A descentralização cultural | As leis de descentralização (1982-1983) fizeram nascer vários níveis administrativos correspondendo a vários graus de definição do interesse público (regional, departamental, municipal, intermunicipal), conforme estejam mais ou menos próximos da legitimidade oriunda do sufrágio universal. É nesse novo contexto que os indicadores do âmbito local se distinguem daqueles de nível nacional, sob várias modalidades de responsabilidade:
• as coletividades locais têm, em virtude dessas leis, desenvolvido serviços culturais específicos: bibliotecas departamentais de empréstimo e serviços de arquivos departamentais;
• mas um bom número dentre elas tem, de sua própria iniciativa, transpassado os limites dessas missões e investido em outros domínios da ação cultural (até então confiados às associações). Esses são tanto de "vizinhança" (línguas regionais, arqueologia e patrimônio rural, reestruturação dos museus de belas-artes ou de interesse local, apoio à expressão teatral dos jovens escolares, à sua educação musical e ao espetáculo para "jovens públicos", o dispositivo "Colégios no cinema", os ateliês de práticas amadoras ligadas às casas dos jovens e da cultura) quanto de "abertura à arte contemporânea"

e à mediação artística (constituição de coleções, exposições, conferências, debates sobre as correntes estéticas e artísticas, bolsas de arte contemporânea para criadores regionais, criação de galerias associativas, residências artísticas, empréstimos de obras às coletividades e a particulares etc.).

A terceirização | Por sua vez, a terceirização crescente da ação pública a partir da década de 1970 (sob a forma de acordos interministeriais, de contratos de desenvolvimento cultural, de plano Estado-regiões, de contrato de cidade ou de vilas de arte e história, de convenções de metas) leva o Estado a contratar e a negociar com parceiros públicos e privados. Ele não mais impõe de cima suas orientações.[11] Eis por que a maioria das coletividades aderiu a lógicas de convênios com seu ministério tutelar e à respectiva estrutura descentralizada em região.

A vantagem da diversificação dessas operações consistiu em proporcionar a obrigação de financiamentos cruzados com a promoção de uma cultura e de uma arte dita de "qualidade" (controladas indiretamente pelo Estado e com seus conselheiros da DRAC desempenhando um papel de impulso e de inspeção). Assim, as coletividades coassinaram convênios de desenvolvimento com suas DRACs, prevendo programas de formação destinados a artistas e atores locais. Assim também, mas de modo desigual, participaram da criação e do desenvolvimento de novos centros culturais, de novos centros dramáticos nacionais, novas midiatecas e novas salas de espetáculos (especializadas e polivalentes, "conveniadas" e "nacionais"), de escolas de música descentralizadas pelo território. O procedimento é, neste caso, semelhante ao da construção de colégios e liceus: mesmo sendo da competência dos departamentos e das regiões, implica as cidades e, em especial, a cidade-metrópole.

Assim, o desenvolvimento das políticas descentralizadas desde 1981 repousa sobre uma nova repartição das "competências culturais" e sobre uma extensão do campo de intervenção pelas coletividades. Uma nova etapa foi superada com a adoção das leis Voynet e Chevènement, relativas ao ordenamento do território e ao reforço da cooperação intermunicipal. A coletividade, outrora centrada em si mesma, evolui progressivamente pa-

---

11 | Pierre Moulinier, *Les Politiques publiques de la culture en France*, Paris: PUF, 1999; e também informações do Conselho de Estado, 1999.

ra o alargamento de sua base demográfica e para a inscrição territorial dos novos serviços decorrentes, ou seja, para a forma intermunicipal. Estruturada por um leque de projetos políticos bem definidos, esta última quase sempre abre espaço para uma vertente cultural (formação, difusão, criação, práticas de amadores etc.) orientada para um setor determinado, um grupo determinado, ou respondendo à urgência de um "problema social" patente. Outrossim, a busca de uma tabela de preços comum para várias coletividades ligadas umas às outras pretende representar a marca visível de uma missão do serviço público. Sob uma denominação comum de desenvolvimento, os conteúdos e formas são variáveis, mas, ao incluir habitualmente uma dimensão cultural e/ou artística clara, as coletividades erigiram políticas culturais descentralizadas em vetores de experimentação de escala intermunicipal.

Dessa forma, as coletividades locais mostram que souberam apossar-se, para fins próprios, da categoria de ação pública da cultura (com sua marca de interesse público) e, sem dúvida, souberam também interpretá-la, investindo nela problemáticas específicas (desenvolvimento local, animação sociocultural, invenção de um patrimônio local etc.), em suma, fazendo que evoluísse.

Municípios, departamentos, regiões, relações intermunicipais

Os municípios • Os orçamentos, os serviços e os empregos assumem nesta dimensão administrativa múltiplas formas jurídicas em matéria de ação cultural (gestões municipais, associações parapúblicas, delegações de todo tipo), que constituem múltiplos eventos (festival, exposições, encontros temáticos, "jornadas", "festas" do livro, do cinema, bienais, feiras, colóquios…).

Os departamentos • Cada vez mais departamentos desenvolvem dotações orçamentárias autônomas e se apoiam em competências específicas para além das meramente associativas. Desenvolvimento cultural, espetáculo ao vivo, música e dança, arte contemporânea e museografia são seus campos principais de ação. Inicialmente, as leis de descentralização haviam previsto sua limitação à política de leitura e do livro, à gestão das bibliotecas departamentais de empréstimos (bibliotecas circulantes e anexos) e aos serviços de arquivos.

As regiões • Sua proximidade com a emanação regional do ministério, as DRACs, obriga-as a multiplicar as operações contratuais e a adotar "metas" culturais específicas, não previstas pela União. É assim que a identidade regional se constrói por meio da proteção de um patrimônio histórico, etnográfico, arquitetônico e até mesmo artesanal e agrícola, definitivamente ignorado pelas administrações descentralizadas.

A coletividade intermunicipal • Este último nível é, desde sua criação, tomado em consideração para o ordenamento cultural do território. Tende a descompartimentar as obrigações habituais ligadas a cada um dos territórios administrativos, integrando algumas iniciativas e repartindo os investimentos das cidades-centro.

<u>**O trabalho de legitimação e suas controvérsias**</u> | Guy Saez[12] perguntava-se como foram formadas as políticas da cultura e como foram transformadas em "pautas políticas". A esta primeira interrogação, é preciso acrescentar as seguintes: segundo que valores, que interesses e por quais meios procedimentais terá o político transformado o cultural em missão de interesse público (e, dessa forma, em serviço público)? O que se coloca aqui, como pano de fundo, é a questão da secularização cultural no seio da

---

12 | Guy Saez, "Les Politiques de la culture", em: Madeleine Grawitz e Jean Leca (org.), *Traité de science politique*, Paris: PUF, 1985, v. IV, pp. 387-422.

secularização política. De fato, o problema do Estado constitucional democrático – Estado-Providência cultural – é evitar (obstar até) o risco das "mônadas singulares" tal como se expressa, por exemplo, nos interesses subjetivos do artista criador (e por causa deles – ver capítulo 7); trata-se, inversamente, de garantir e manter uma solidariedade mediada pelo direito e inserida na "rede de uma cultura orientada segundo *valores*". Os *procedimentos administrativos* aparecem então como o método habitual para criar uma legitimidade cultural a partir da legalidade. Isso, no entanto, não impede de modo algum que o Estado seja tentado pela instrumentalização da cultura a serviço dos seus *interesses* de classe.[13]

Os procedimentos administrativos | "Quais são os procedimentos de legitimação que fazem que um problema econômico-social se torne objeto de política pública?", indaga Guy Saez.[14] Essa interrogação remete ao problema essencial do devir da legitimidade. Pressupõe que esta possa ser quase exclusivamente de essência procedimental, o produto de um longo trabalho institucional. O interesse público é, de certa maneira, uma decisão interpretada então como um "efeito procedimental autorreferenciado" tanto no plano jurisdicional e legislativo quanto no eleitoral.[15] A legitimação fundada no recurso a valores de solidariedade (nem religiosos nem metafísicos) e que se atribui objetivos práticos não é contemplada como tal nesse contexto de análise.

Existe uma sólida tradição de pensamento que inaugura este ponto de vista: segundo Nozick, se podemos nos entender sobre os procedimentos de justiça distributiva, é impossível fazer o mesmo quanto aos resultados ou a seus efeitos singulares. Hayek[16] vai mais longe ao explicar que a justiça aplica-se a procedimentos e a regras sem se pronunciar sobre seus efeitos. No domínio da cultura, as comissões e os concursos permitem superar as discordâncias, constroem decisões coletivas sobre sua composição, seu recrutamento, o equilíbrio de seus representantes. Em contrapartida, é com-

---

13 | Jürgen Habermas, *Entre naturalismo e religião: estudos filosóficos*, Rio de Janeiro: Tempo Brasileiro, 2007.

14 | Guy Saez, *op. cit.*, p. 388.

15 | Cf. Niklas Luhmann, *Legitimation durch Verfahren*, Frankfurt am Main: Suhrkamp, 1975, 2. ed.

16 | Retomado e comentado em Jean-Pierre Dupuy, *Libéralisme et justice sociale: le sacrifice et l'envie*, Paris: Hachette, 1992.

provadamente impossível entender-se *a priori* sobre os conteúdos, as escolhas e as políticas. A legitimidade é *a posteriori*; é uma construção social e supõe uma aprendizagem institucionalizada. O político é concebido como um instrumento puro de tomada de decisões justificáveis.

As instituições culturais, emanações procedimentais? | O Estado tem o poder de criar *ad hoc* instituições: as casas de cultura sob o ministério Malraux, os centros dramáticos nacionais (CDNS) e os centros de arte contemporânea (CACS) sob o primeiro ministério Lang (1981-1986). Algumas instituições culturais são célebres, como a Reunião dos Museus Nacionais (RMN), a Biblioteca Nacional, o Centro Nacional de Letras (CNL). É possível apreendê-las de chofre como "emanações procedimentais", como fruto de decisões soberanas do Estado. Trata-se muitas vezes de "cascas vazias", de estruturas administrativas que a coletividade receptora ou os serviços externos descentralizados nas regiões terão como missão "preencher" com conteúdos artísticos, coleções, obras, espetáculos... – isto é, dar vida, não apenas ao intervir no mercado dos empregos administrativos, como também suscitando competências especializadas.

O "serviço público cultural"

Trata-se aí de um problema político; a noção de serviço público é contingente e varia com o tempo [...]. O interesse principal do reconhecimento dado a um organismo particular de uma missão de serviço público parece ser o de assemelhá-lo a uma autoridade administrativa e a permitir o recurso ao abuso de poder contra uma decisão tomada por ele no exercício de sua missão [...]. Em todos os casos de reconhecimento de uma missão de serviço público, há associação do organismo envolvido com a ação do Estado, que se manifesta – muito em geral – por uma assistência consequente e um controle público. [Todavia, mesmo que doravante] se aceite que a cultura é de fato a função de serviços públicos cada vez mais numerosos, de modo contínuo e por conquistas sucessivas e convergentes [...], nem toda atividade cultural é automaticamente objeto de serviço público.[17]

---

17 | André-Hubert Mesnard, *Droit et politique de la culture*, Paris: PUF, 1990, pp. 181-184.

A sentença Dauphin, de 1959, é geralmente citada como a que consagrou de modo explícito e definitivo a noção de serviço público cultural […] Essa última é regularmente utilizada, a partir dessa data, pelo juiz administrativo […]. A qualificação de serviço público não pode ser estendida […] a todas as ações das coletividades públicas: é caso a caso que o juiz decide tratar-se de um serviço público ou não […]. Uma mesma atividade pode, conforme o caso, ser considerada ou não como um serviço público. Sendo assim, além das representações teatrais no sentido mais amplo do termo, são consideradas como serviços públicos as atividades ligadas ao ensino e às formações artísticas, como também as atividades relacionadas à animação e à difusão culturais: as casas de cultura e as casas de jovens gerem um serviço público […]. Mas o serviço público cultural transborda amplamente as instituições especializadas, como o mostrou a sentença Dauphin […]. Qualquer que seja sua natureza, administrativa ou industrial ou comercial […], aplicam-se ao serviço público cultural alguns princípios: de continuidade do serviço, de mutabilidade (no sentido de uma melhoria na qualidade), de igualdade diante do serviço (do ponto de vista dos preços cobrados e do ponto de vista do acesso).[18]

A "força" dos procedimentos de financiamento público | É pela operação orçamentária que um problema econômico-social (ou socioeconômico) se torna um objeto de política pública. O Estado subvenciona instituições e associações que já existem no contexto das coletividades estampando nelas o selo do "interesse público". Essa aproximação tornou-se possível graças a uma sucessão de debates geradores de negociações e decisões no seio de comissões que arbitram sobre o nível de participação do Estado e das suas modalidades concretas.

O cruzamento dos financiamentos e dos serviços, e a gestão – direta ou em parceria – das atividades culturais e das instituições onde são desenvolvidas produzem um certo número de efeitos sociais que legitimam *a posteriori* as políticas públicas realizadas. Voltamos a achar então a perspectiva pragmá-

---

18 | Jean-Marie Pontier et al., *Droit de la culture*, Paris: Dalloz, 1996, p. 61 e ss.

tica segundo a qual é legítimo "o que funciona". O balanço – em forma de auditoria – da ação do Estado sobre si mesmo visa responder às interrogações em suspenso ao trazer à tona informações, dados numéricos, observações diversas e pesquisas pontuais: Que democratização? Qual é o fluxo de visitantes ou de espectadores? Quais são os públicos? Quais são as receitas? Quais são as despesas? Que tiveram esta ou aquela criação sobre a opinião?

A vontade de controle *a posteriori* faz parte da modernização do Estado e dos seus serviços públicos, como mostraram os trabalhos de François Ewald e de Pierre Rosanvallon. Eis por que alguns procedimentos específicos que enquadram a politização da cultura constituem, sem dúvida alguma, uma das condições principais de sua realização.

Crítica das operações procedimentais | Entretanto, se a politização é delimitada pela imposição de procedimentos específicos, será essa condição suficiente? Não devemos nos perguntar como passar de uma política pública, fundada em procedimentos administrativos, para a dimensão do interesse público e para os valores que, teoricamente ao menos, este tem a ambição de comportar? É o que, ao contrário de Luhmann, pensa Habermas:

> No caso em que a crença na legitimidade depende da verdade, não basta manifestamente invocar o fato de que o Estado tem o direito de exercer seu monopólio na criação e na aplicação do direito segundo um sistema de regras convencionadas racionalmente. *Um procedimento não pode por si só fornecer uma legitimação*. Ao contrário, o procedimento legislativo é ele próprio submetido à obrigatoriedade da legitimação.[19]

Aqueles que criticam o Estado em sua atividade procedimental, bem como os meios e recursos postos em prática, operam em três terrenos sensíveis: • denunciando "a democracia das *comissões*":[20] esses dispositivos consistem em selecionar uma parte dos atores do meio cultural com vista a associá-los às decisões (em razão de sua perícia e de sua competência científica); porém, ao mesmo tempo, o Estado se desresponsabiliza. Urfalino e Vilkas[21]

---

19 | Jürgen Habermas, *Raison et légitimité: problèmes de légitimation dans le capitalisme avancé*, Paris: Payot, 1978, p. 137. (1. ed. alemã: 1973).

20 | André-Hubert Mesnard, *op. cit.*, 1990.

21 | Philippe Urfalino e Catherine Vilkas, *Les Fonds régionaux d'art contemporain: la délégation du jugement esthétique*, Paris: L'Harmattan, 1995.

descrevem essa tendência geral que conduz à "delegação do julgamento", assimilada às vezes a um desengajamento do Estado e dos seus agentes, que não desejam assumir uma orientação externa;

• descrevendo as *técnicas orçamentárias*, que consistem em alinhar, acrescentar, acumular dotações orçamentárias por "conquistas sucessivas e convergentes", segundo a expressão de Mesnard, sem olhar de perto para a qualidade dos bens e dos serviços que daí resultam; de modo que se ordena e se organiza uma espécie de "jogo de catálogo", num estado de espírito comparável à racionalidade instrumental, mas sem se preocupar com o sentido empenhado nessas operações;[22]

• ao se interrogar sobre os modos de *avaliação* das políticas culturais: é possível indagar se existem indicadores de democratização cultural (e, em caso afirmativo, quais?). Será a cultura redutível ao processo de democratização, de quantificação, de massificação – em suma, de difusão? Ou será um domínio simbólico que o político "sobredeterminou" e "investiu" juntamente com a formação do Estado e sua secularização, à margem de suas ancoragens pré-políticas religiosas e metafísicas? Será a democratização o único critério à luz do qual se deve avaliar a política cultural?

Três indicadores pedem, a respeito dessas questões, uma verificação empírica: massificação e generalização das práticas; acesso crescente das camadas sociais "não privilegiadas"; diversificação das práticas e ecletismo cultural.

As pesquisas de Olivier Donnat trazem alguns esclarecimentos sobre essas questões. Porém são dominadas por uma posição ambivalente: por um lado, o DEPS parece hoje voltado a uma função de avaliação das políticas culturais; por outro, nega ter essa ambição, buscando modestamente registrar as práticas globais dos franceses fora das especificidades regionais e territoriais, ordená-las em séries e reagrupá-las em "tipos" (com base em uma amostra nacional e sem recorte algum por região). Numa síntese dos resultados das três pesquisas conduzidas em primeira mão em seu serviço, Donnat mostrava que os maiores consumidores de cultura são ao mesmo tempo os consumidores mais "ecléticos". Assim, alinhava-se, para além do

---

22 | Ehrard Friedberg e Philippe Urfalino, *Le Jeu du catalogue*, Paris: La Documentation française, 1984.

período Lang, à posição de Michel Guy, que, a respeito do "Festival de Outono" no fim dos anos 1970, dava nova dimensão à legitimidade da "cultura geral" e confessava permanecer favorável a um público culto "aberto a tudo", em face do persistente "risco" elitista encarnado por uma certa vanguarda.

Os valores | Nessa linha, o interesse público é definido pelos conteúdos e orientações da ação política. Que valores, reunindo um conjunto de preferências, estão em jogo? Em outras palavras, que fins persegue o político que possam justificar a racionalidade de sua ação? Que princípios, aos olhos do Estado, a cultura veicula e operacionaliza? Pois os valores, os fins ou as preferências do político condicionam a integração em um conjunto que combina três aplicações e três orientações: a formação do laço social, a igualdade redistribuidora e a unanimidade reconciliadora; isto é, em suma, o "laço unificador da solidariedade cidadã".[23]

O universalismo cultural: o princípio geral | O fundamento geral dos valores consiste em primeiro lugar em afirmar o "universalismo cultural" cuja propriedade é mascarar a série de oposições produzidas pela linguagem e transpostas para as práticas: desigualdades/diferenças; cultura de elite/cultura de massa; cultura dominante/cultura popular; cultura burguesa/cultura operária. O "universalismo cultural" consiste em mascarar, por decisão voluntária, as disparidades sociais, as diferenças de apropriação e de usos dos bens e dos serviços culturais. Equivale a homogeneizar nas representações as diferenças sociais. A escola está no centro dessa ambivalência: reclama a si mesma oficialmente, por meio da laicidade, este universalismo, reconduzindo de fato algumas desigualdades e reproduzindo as heranças de classe.

Politizar a cultura é, ainda, postular uma ideologia do "desprendimento cultural" como fermento de consenso social. A ideologia do desprendimento reforça a postura universalista. É uma "crença" que consiste, por sua vez, em negar a existência das ambivalências ou das oposições precedentes. Se, de fato, a cultura engendra um consenso, como poderia ser atravessada por clivagens diferenciadoras e ser fonte de desigualdades?

---

23 | Jürgen Habermas, *op. cit.*, 1978.

Cultivar ou cultivar-se pode ser considerado como princípio unificador por todos os atores a isso referidos. Consequentemente, o desprendimento de uma atividade cultural é tão legítimo no campo político, que o desprendimento é um dos princípios de legitimação do campo político.[24]

O direito universal à cultura

No contexto de alternância do trabalho assalariado e do repouso (que é a forma do lazer moderno), o político traz respostas técnicas adequadas às necessidades de educação e de formação, às necessidades de lazer e de cultura das populações que administra.

O direito universal ao trabalho é equilibrado pelo direito universal à cultura, e ambos são, com igual consideração, inscritos no preâmbulo da Constituição francesa de 1946 (retomado na de 1958): "A nação garante igual acesso da criança e do adulto à instrução, à formação profissional e à cultura".

Além disso, se o direito à cultura é implantado no contexto da nação francesa, ele funda não apenas uma legislação a ser promulgada, como também a ação descentralizadora das coletividades territoriais. Na esfera privada, o direito cultural regula as iniciativas associativas e as vias de expressão individual nos diversos domínios culturais.[25] Podemos medir, todavia, a evolução dos campos de ação do ministério ao comparar os decretos fundadores dos ministérios Malraux e Lang, com 22 anos de distância um do outro: suas concepções de interesse público divergem:

• O decreto de 24 de julho de 1959 fixa as missões gerais da política cultural segundo André Malraux: "Tornar acessíveis todas as obras capitais da humanidade, e em primeiro lugar as da França, ao maior número possível de franceses; assegurar uma vasta audiência a nosso patrimônio cultural; e favorecer a criação de obras de arte e do espírito".

---

24 | Pierre Bourdieu, "La Représentation politique: éléments pour une théorie du champ politique", *Actes de la recherche en sciences sociales*, n. 36-37, fev.-mar. 1981, pp. 3-24.

25 | Jean-Marie Pontier et al., *op. cit.*, pp. 43-44.

• A esse decreto responde em eco o que marca o campo de ação e de influência do ministério Lang em 1981. A dimensão expressiva individual e das minorias é posta em destaque. Não é mais somente a França que está em jogo como nação cultural, mas a "aculturação" dos franceses na diversidade de seus grupos sociais de pertencimento: "O ministério encarregado da cultura tem por missão: permitir a todos os franceses o cultivo de sua capacidade de inventar e criar, de expressar livremente seus talentos e receber a formação artística de sua escolha; preservar o patrimônio cultural nacional, regional ou de diversos grupos sociais para o proveito comum da coletividade inteira; favorecer a criação de obras da arte francesa no livre diálogo das culturas".

Daí decorrem duas visões do interesse público:
• para André Malraux, a cultura francesa participa do universal. É, como a arte, uma categoria da existência, e não apenas um agregado de obras. O interesse público é adequação da cultura, do povo e do universal: as obras francesas situam-se no mesmo nível das russas, escandinavas, norte-americanas ou alemãs... O Estado é um servidor dessa visão que desenvolve no concerto das nações;
• para Jack Lang, a cultura francesa é plural, múltipla, diversificada, não se expressa com uma voz única, é expressão de uma vida social diversa, na qual todos (especialmente aqueles que nunca a têm, como os excluídos e os minoritários) têm o direito à palavra. Os jovens, os operários, os imigrantes, as mulheres ou os rurais não praticam a mesma cultura. Por que, então, falar de uma cultura única e dominante que a escola ensinaria e transmitiria? Neste caso, portanto, o interesse público corresponde a uma vontade política de impulsão apoiada nas "forças criadoras" da sociedade: o teatro, por exemplo, não desempenha (somente) o papel de difusão de grandes obras, mas deve ser um lugar de incitação, de experimentação, de residência, de assistência aos artistas em dificuldade, de lançamento de trupes amadoras, de projetos... É também um lugar de encontro intercultural no contexto de uma língua comum, como o Festival das Francofonias em Limoges (iniciado há 25 anos). O voluntarismo cultural se abre sobre o relativismo cultural.

As traduções do princípio: laço social, igualdade, unanimidade |
A afixação de um aspecto universalista e de um aspecto relativista pelo direito cultural não é suficiente: erigir a cultura de interesse público supõe que o político esteja capacitado para unificar o que o mundo do trabalho divide em classes e em conflitos. O trabalho diferencia e divide (tarefas, papéis, lutas, desfiliação), enquanto a cultura se propõe unir, associar e ligar (encantamento, prazer, afiliação). Ela compensa a divisão social e contribui para superá-la: possui uma função de "reparação" e procede à unificação dos espíritos num mesmo cadinho cultural.[26]

Essa concepção reclama uma política dos lazeres. O Estado interessa-se pela divisão trabalho/não trabalho, trabalho/lazer, tempo de trabalho/tempo livre. Algo que começou com as universidades populares; em seguida, após 1968, com a educação permanente (Lei Delors, de 1971), infiltrando-se em todas as instituições. Joffre Dumazedier (CNRS), Jean Fourastié (CNAM – Conservatório Nacional de Artes e Ofícios), René Pucheu (Comissariado do Plano) e Georges Friedmann (CNRS) consideram que, numa sociedade estruturada pelo trabalho e centrada no tempo profissional, a cultura desempenha um triplo papel: fornece diplomas para a escola, compensa a ausência de diplomas (no mundo operário) e organiza lazeres "compensadores". Em suma, perfaz o laço entre trabalho e não trabalho e opera a passagem do tempo ocupado para o tempo livre.

Uma reconciliação entre o trabalho e a cultura efetua-se igualmente desde os anos 1980 pelo encorajamento à diversificação dos empregos: a cultura se torna uma "mina de empregos" numa sociedade de lazeres dominada pelas classes médias.

A igualdade opera pela redistribuição de bens entre grupos sociais, bem como pelo acesso generalizado de todos à cultura, e especialmente pelo acesso do mundo operário à diversidade dos saberes e às práticas de amadores (René Kaës, Janine Larrue, Paul-Henry Chombart de Lauwe, Joffre Dumazedier, Richard Hoggart, Michel Verret, Olivier Schwartz, Florence Weber e Jean-Pierre Terrail estudaram a riqueza dos lazeres populares, a inventividade de suas formas). Legitimam-se as práticas de massa (televisão,

---

26 | André-Hubert Mesnard, *op. cit.*, 1990, p. 30 e ss.; e Pascal Ory, *La Belle Illusion: culture et politique sous le signe du Front populaire, 1935-1938*, Paris: Plon, 1994.

preço único do livro, CDS desonerados de impostos), defendem-se as artes da rua, valorizam-se as artes populares (ecomuseus). Essa política ultrapassa até mesmo o contexto nacional e constitui uma rivalidade na escala internacional, em especial na concorrência à qual se entregam os Estados Unidos e a Europa: produção audiovisual, exceção cultural (a Rodada Uruguai no GATT-OMC em 1993, o AMI em 1998), em que está parcialmente em jogo a independência cultural e artística das nações europeias.[27]

Os interesses | A plasticidade dos fins políticos e sua relatividade contingente mostram que é impossível fornecer uma definição unívoca do agrupamento político:

> Não existe fim, desde a responsabilidade pelo aprovisionamento *até a proteção às artes*, que o agrupamento político não tenha ocasionalmente perseguido [...]. Eis por que só se pode definir o caráter "político" de um agrupamento pelo meio – elevado, caso necessário, à altura de um fim em si – que lhe é próprio, mas que lhe é certamente específico e indispensável do ponto de vista de sua essência, a saber, a violência.[28]

No fim das contas, a política pode também ser entendida como um aparelho de poder que "instrumentaliza" a cultura, que "fagocita" a arte para os seus fins, no "interesse dos seus interesses", se podemos nos expressar assim. A universalização é uma astúcia. A cultura é um meio do político. É a sua continuação por meios simbólicos. É, de certo modo, o exercício simbólico da força. Nessa perspectiva, a ordem é também "moral", que dita sua lei à cena cultural. Em outras palavras, se seguirmos Habermas,[29] a emergência de tal política responde a um problema de legitimação dos poderes públicos. E sua motivação "provável" provém de uma necessidade de assentar a legitimidade da ação política na dimensão do sentido, do símbolo e da criação. O Estado aparece como desinteressado e neutro precisamente graças à cultura, cujo monopólio assegura para si ao longo do tempo.[30]

---

27 | Ver Jacques Rigaud, *L' Exception culturelle*, Paris: Grasset, 1995; e Serge Regourd, *L'Exception culturelle*, Paris: PUF, 2002.

28 | Max Weber, *Économie et société*, Paris: Plon, 1995, v. 2, p. 98. (1. ed. alemã: 1922).

29 | Jürgen Habermas, *op. cit.*, 1978.

30 | Pierre Bourdieu, *Meditações pascalianas*, Rio de Janeiro: Bertrand Brasil, 2001.

A valorização do poder | Historicamente, uma certa qualificação cultural do poder e da corte opera por meio da arte e dos artistas. Esse fato remonta à monarquia.

Bernard Tesseydre[31] fala de "ordem moral", de "arte de Estado", de "grande gosto", de "vontade de potência" a respeito da arte do século de Luís XIV. O Estado quer controlar tudo para sua glória, seu prestígio, a manutenção de sua dominação. Decreta deter o monopólio da criação.

Dominique Colas,[32] por sua vez, propõe uma leitura da política cultural em termos de dominação: toda imagem do poder funda-se sobre um poder da imagem. O Estado não se apossa da imagem "criadora" da cultura justamente porque a arte (contemporânea) – a despeito do caráter evanescente de suas significações, de sua ausência de linguagem articulada – representa um dos últimos focos de profusão e de "mais-valia de sentido" (segundo a expressão de Lévi-Strauss)? Não será um dos últimos lugares onde a imagem do desprendimento toma forma e serve aos objetivos políticos? Por que, se não por isso, haveria um paralelismo entre o empoderamento da imagem dupla do artista (ao mesmo tempo "sob mando" e "livre" – ver capítulo 7) e a intervenção cada vez mais insistente do Estado? Como explicar de outra maneira a instauração de uma afinidade eletiva entre Estado e cultura?

A palavra "comunicação" faz daí em diante parte do vocabulário do Ministério da Cultura. Traz uma outra dimensão à mera informação. A cultura é então considerada um modo de comunicação da política do poder. É por isso que podemos nos interrogar sobre o "Estado festivo", o Estado provedor de festas (bicentenário da Revolução Francesa, por exemplo). A festa coletiva organizada e planejada numa política de comunicação não será um meio de ocupar um "espaço público" *a priori* destinado a discussão racional e democrática? Desde 1981, a França entra com tudo na era das festas: da música, do cinema, dos museus, as jornadas "portas abertas" e as "noites brancas", as operações "Paris Plage"...

O controle dos saberes e dos gostos | Uma hipótese explicativa seria a de que o Estado todo-poderoso é conduzido passo a passo a "também meter a mão" na política da cultura. O ensino é, então, a matriz da cultura ou,

---

31 | Bernard Tesseydre, *Le Siècle de Louis XIV*, Paris: Gallimard, 1970.
32 | Dominique Colas, *Sociologie politique*, Paris: PUF, 1990.

alternativamente, esta é a generalização das aquisições do ensino. Desde Weber, um conjunto de pesquisadores juristas, sociólogos e historiadores desenvolveu este ponto.

O historiador de arte Francis Haskell mostra que as exposições de pintura representam um meio de controlar o gosto. O controle das reações do público vai de par com a formação de um gosto dominante.

Mas persiste a dificuldade em saber por que o Estado se apossa da criação artística e cultural desde a Frente Popular,[33] como mostra Évelyne Ritaine.[34] A isso responde, de certa maneira, a análise dos "AIES" (aparelhos ideológicos de Estado), tão caros a marxistas como Jacques Ion ou Pierre Gaudibert. Que cumplicidade se cria assim entre o político e o cultural?

As resistências à lógica do interesse provêm de alguns artistas que recusam a intervenção do Estado no domínio da criação, sob pretexto de repúdio à imposição de uma arte oficial, de uma arte de Estado, de um magistério estético. Esse ponto de vista se vê reforçado hoje pela crítica (no mínimo hilária!) ao "Estado cultural" que travam antigos administradores como Schneider ou acadêmicos como Fumaroli.[35]

De modo geral, os procedimentos, os valores e os interesses que formam a base dos Estados democráticos garantem, por meio das políticas públicas realizadas, a expressão cultural sob o aspecto de uma grande variedade de formas sociais. Embora marcadas pelas contradições entre legitimidade e afirmação dos direitos subjetivos, os procedimentos, valores e interesses participam, deste modo, da solidariedade que reina nas sociedades liberais, porém sem jamais conseguir superar as desigualdades de acesso à cultura: as clivagens de classe, de fato, não podem ser superadas pela ação cultural, pois são reproduzidas por ela.

---

33 | Período entre maio de 1936 e abril de 1938 em que socialistas e comunistas se aliaram ao Partido Radical para formar uma maioria parlamentar que garantisse um gabinete de governo popular na França. [N. T.]

34 | Évelyne Ritaine, *Les Stratèges de la culture*, Paris: PNFSP, 1983.

35 | Marc Fumaroli, *L' État culturel: essai sur une religion moderne*, Paris: de Fallois, 1992.

CAPÍTULO 10

Os três tempos da ação política cultural

A ECONOMIA GERAL DE TRANSFORMAÇÃO dos bens materiais em bens culturais é fundamentalmente um "assunto de Estado". O fato, por exemplo, de elevar uma construção a "monumento histórico" implica avaliá-lo em nome de normas tanto administrativas (e de interesse histórico) quanto arquitetônicas (e arqueológicas) e científicas (e estéticas), no conjunto de instâncias especializadas na consagração dos bens (as comissões regionais e/ou nacionais de inscrição e de classificação). A respeito do poder inerente à linguagem da autoridade, Bourdieu[1] evoca a eficácia própria à "magia do Estado", aplicando a este último a teoria da magia de Hubert e Mauss.[2]

Em todos os domínios culturais (artísticos, patrimoniais, administrativos, associativos), o Estado procede assim à distribuição de diplomas (o arquiteto é "DPLG", diplomado pelo governo), à qualificação dos estatutos, à atribuição de insígnias. Do ponto de vista do titular, o papel do Estado é garantir a validade e a generalidade dessas funções, assim como sua permanência histórica (engendrando uma "renda garantida"). Não possui apenas o "monopólio da violência legítima" (Weber): detém ao mesmo tempo o da consagração legítima. Neste âmbito, a decisão e a escolha políticas nos posicionam no que diz respeito aos processos e às operações, isto é, a um patrimônio cultural (material e imaterial) em vias de construção pela ação estatal.

Três tempos e três dispositivos são especificamente culturais: capitalização, proteção e valorização. Funcionam como tipos ideais weberianos. E, tais como estes últimos, não se encontram nunca em estado puro, estão entremeados uns com os outros. Não há capitalização sem proteção e valorização; não há conservação sem proteção; não há proteção sem valo-

---

1| Pierre Bourdieu, *La Noblesse d'État: grandes écoles et esprit de corps*, Paris: Minuit, 1989.

2 | Henri Hubert e Marcel Mauss, "A origem dos poderes mágicos nas sociedades australianas: estudo analítico e crítico de documentos etnográficos" (1. ed.: 1904), em: Marcel Mauss, *Sociologia e antropologia*, São Paulo: CosacNaify, 2003.

rização. Esses três tempos constituem uma "metarregra" de conduta do Estado, que, em consequência da descentralização, acaba sendo retomada e partilhada pelas coletividades locais na busca pela definição dos bens e de sua identidade própria.

Capitalizar | **O modelo patrimonial da capitalização** | Durante muito tempo, nas sociedades tradicionais, somente se falou em herança (no momento em que se afixavam as grandes linhagens agrárias perante um campesinato sem terra); com o tempo, pela individualização da relação com a propriedade, a palavra "capital" (sob todas as suas formas, materiais, sociais, simbólicas) prevaleceu progressivamente, caracterizando o avanço de um novo modo de produção e de novas relações sociais. Em sua *Comédia humana*, Balzac se mostra o observador escrupuloso desse estado das coisas. Hoje, o patrimônio privado toma emprestado seu significado dessas duas fontes semânticas (herança de direito e trabalho acumulado), sem se confundir com a recepção (o estatuto) ou a aquisição (o mérito).
Do capital privado ao patrimônio público: transmitir sem a obrigação de possuir | Concebem-se facilmente as modalidades de capitalização de um particular em regime capitalista:

> O capital se forma em primeira instância pela poupança forçada ascética, [porém] despojada do seu sentido ético-religioso, a busca da riqueza associa-se às paixões agonísticas, o que lhe confere muitas vezes o caráter de um esporte [...]. O capital é um *ethos* cujo *summus bonum* pode expressar-se assim: ganhar dinheiro, cada vez mais dinheiro, evitando estritamente os gozos espontâneos da vida [...]. O ganho tornou-se o fim que o homem se propõe; não lhe é mais subordinado como meio de satisfazer as necessidades materiais [...]. Expressa igualmente uma série de sentimentos intimamente ligados a certas representações religiosas [...] como essa ideia específica de que o *dever* se cumpre no exercício de uma profissão.[3]

Capitalizar, de fato, é reconhecer bens e acumulá-los. Adquiri-los (somá--los) sob certas condições jurídicas e sociais dadas e conforme mecanismos

---

3 | Max Weber, *L'Éthique protestante et l'esprit du capitalisme*, Paris: Plon, 1967, pp. 49-51, 212 e 225. (1. ed. alemã: 1920).

econômicos bem precisos. À simples propriedade, o capital acrescenta a intenção de transmiti-la. Estabelece, real ou ficcionalmente, um elo entre as gerações pela mediação dos bens transmitidos. No processo de transmissão, Marcel Mauss vê a vigência de uma norma de reciprocidade entre legatário e destinatário, pois "a coisa recebida [...] conserva ainda algo do seu donatário".[4] O ciclo da apropriação e da herança (de que a doação faz parte) parece então constitutivo de toda a vida social: os bens transmitidos permanecem continuamente a propriedade de alguém.

Em contrapartida, é bem mais delicado imaginar as formas e as modalidades específicas da patrimonialização e da transmissão de bens coletivos capitalizados, dos quais uma coletividade como o Estado poderia ser o sujeito jurídico e, por conseguinte, o ator principal (protetor, conservador, restaurador). Aos olhos deste, capitalizar e patrimonializar bens não implica necessariamente possuir (na França, numerosos bens classificados e protegidos permanecem propriedade privada dos seus detentores). Além disso,

> É na transmissão que se fundamentam todas as analogias patrimoniais: diz-se de um monumento público que é um patrimônio porque se transmite através da história de uma coletividade ou de uma nação, incorporando-se a ela tal qual um bem privado, uma fortuna familial, que se transmite numa família de geração em geração incorporando-se a ela.[5]

O objetivo da estatização é, neste caso, reunir um capital que vai funcionar como um patrimônio coletivo, isto é, como um bem público, e que, escapando tanto ao mercado da oferta e procura quanto à alienação *intuitu personae*, vem inscrever-se no domínio nacional contribuindo para ampliá-lo, reproduzi-lo e valorizá-lo. Tudo se passa como se uma força coletiva ("mana") agisse por trás de tais operações de capitalização patrimonial e se mostrasse só ela capaz de efetuar tal ampliação. Por isso, o processo em pauta tem por consequência inserir os bens numa nova dimensão temporal e numa nova legitimidade.

4 | Marcel Mauss, *op. cit.*, 2003.

5 | Yvon Lamy (org.), *L'Alchimie du patrimoine*, Bordeaux: Maison des Sciences de l'Homme d'Aquitaine, 1996, p. 13.

O patrimônio é um penhor arriscado para os poderes públicos [...] porque supõe o reconhecimento oficial (e, para ser direto, a estatização) de um conjunto ampliado e heterogêneo, por definição nunca finalizado, de bens culturais mobiliários e imobiliários, materiais e simbólicos, monumentais e ambientais, cuja existência é estabelecida para lembrar o peso do passado na formação histórica da nação e na construção de uma responsabilidade coletiva com relação ao porvir. O patrimônio também aparece estruturalmente dependente da consciência que a nação protetora tem dele, com vista a descobrir e considerar nele a marca de sua própria grandeza histórica e das escolhas responsáveis atinentes.[...] O Estado erige-se como herdeiro legítimo da cadeia de gerações que constituíram a nação, ao tomar posse *dos bens culturais julgados representativos* e ao transformá-los em vetores da unidade nacional. Este modo de agir implica um verdadeiro desvio de sentido, como que uma captação oficial de bens de origem privada e de origem pública, que diferentes legislações sobre monumentos públicos, desde as de 1887 e 1913, traduzem claramente.[6]

O processo de capitalização das obras e, por extensão, de todos os bens culturais toma forma pela mediação de diversas operações administrativas específicas, como a classificação e a inscrição, o inventário e o arquivamento, a encomenda, a coleção, o legado e a doação. Isso supõe que, na ação cultural, o Estado designa e qualifica como culturais certos bens, mas que também os recebe como doação, os rotula, os classifica, os seleciona, os distribui, em suma, os "capitaliza", os carrega de significação e os inscreve no domínio público visando a sua proteção e valorização.

Esse domínio, outrora fundado na escassez das obras reconhecidas e nos bens constitutivos do patrimônio régio, daí em diante não para de se ampliar. Não somente o número de bens patrimoniais cresce, como eles também passam a dizer respeito aos setores mais variados (e os mais inesperados) da vida social, mesclando sem parar o registro dos bens materiais visíveis e o dos bens imateriais simbólicos: monumentos, arquivos, objetos, locais, bairros, sítios, territórios, modos de vida, habilidades práticas, corporeidades, línguas, mídias, planeta, fundos marítimos, humanidade etc.

6 | Yvon Lamy (org.), *L'Alchimie du patrimoine*, Bordeaux: Maison des Sciences de l'Homme d'Aquitaine, 1996, p. 11.

Proliferação que anda lado a lado com sua territorialização e que justifica a multiplicidade dos "praticantes" que os frequentam, os celebram ou os comemoram: os objetos comuns e anônimos, as arquiteturas sem arquitetos de regiões peculiares ladeiam, a partir daí, as obras renomadas que transcendem as nações e as culturas.

Inscrição e classificação no patrimônio histórico nacional | O Estado adquire coisas ou bens que preexistem a ele e são herdados do passado. Seleciona-os conforme critérios variáveis no decorrer dos tempos: interesse nacional, estético, artístico, histórico e/ou popular.

Historicamente, utiliza dispositivos concebidos no momento do lançamento de uma primeira política para os monumentos históricos, sob a Monarquia de Julho (Guizot). Com a Terceira República, dá-se prioridade ao patrimônio (como testemunham os debates que antecederam a votação das leis de 1887, 1905 e 1913 sobre o tipo de propriedade jurídico-administrativa que são o monumento histórico e a obra de arte). Esses dispositivos legislativos se acrescentam à missão do ensino cunhada pelas leis Ferry na escola laica, unificada e obrigatória.[7] O objetivo é o de melhor gerenciar tanto a classificação e a proteção quanto o acesso ao patrimônio. O fato de tornar os museus mais didáticos passa na frente da ajuda direta à criação artística.

O interesse pela história e pela arte fora afirmado desde 1840 para conduzir a classificação das primeiras listas de monumentos históricos por ordem de "mérito". A lei de 1887 (a primeira do gênero) aponta as condições de intervenção dos poderes públicos. Estabelece a necessidade de um inventário prévio como uma das condições da classificação, donde decorrem certas obrigações jurídicas de tomar ou não providências a respeito dos monumentos e do seu futuro. Os monumentos são considerados "estátuas" fora do seu ambiente.

O primeiro critério de seleção é o pertencimento à história ou à arte da nação. Os juristas do direto público e institucional apontam que, se a intervenção pública se interpõe entre a propriedade protegida e seu proprietário e se traduz juridicamente pela restrição da alienabilidade do bem individual, essa operação só pode ser legitimada em nome dos interesses superiores da nação. A partir daí, este bem escapa (em parte) ao ato contratual e à

---

7 | Gérard Monnier, *Des Beaux-arts aux arts plastiques: une histoire sociale de l'art*, Paris: La Manufacture, 1991, p. 168.

troca mercantil. É submetido ao controle administrativo e aos peritos indicados pelo Estado. Assim, cria-se uma norma que regula a conduta dos indivíduos e dos coletivos (proprietário, mestres de obras e de canteiros, associação gestora, museu, coletividade onde se encontra o bem etc.) quanto à ameaça de destruição do bem em questão. A classificação manifesta-se como o procedimento prévio a toda proteção e toda valorização.

Este processo evidencia uma das especificidades da ação política cultural em face de outras formas de ação política. Nossa hipótese é que, se o patrimônio se amplia a todos os horizontes da vida social sobre os quais o Estado pousa o olhar, é porque constitui uma ideia reguladora que permite classificar num estatuto administrativo e jurídico e, ao mesmo tempo, antecipar e criar uma utopia ao mobilizar – para além de sua própria dimensão – em torno de questões das quais é ao mesmo tempo a origem, a oportunidade, o motivo e o objeto. Dito de outro modo, é o Estado em primeiro lugar que age capitalizando; depois os atores farão a sua parte apropriando-se simbolicamente de um patrimônio, "seu" patrimônio, porque nunca o encontram completamente constituído nem como se estivesse encerrado na autonomia de uma essência. Pelo contrário, sua dinâmica própria consiste em se manifestar pela renovação constante e pelo crescimento indefinido de seus conteúdos, isto é, pelo seu imaginário social. Os procedimentos de inscrição e de classificação nos conduzem hoje à cifra de 35 mil bens culturais de toda natureza e de todo tipo protegidos pela potência pública, comportando dois picos de proteção: na década de 1920-1930 e na de 1970-1980.[8]

O inventário nacional | O "inventário nacional dos monumentos e das riquezas artísticas da França" é o segundo procedimento pelo qual o Estado capitaliza os bens culturais sem se apropriar deles.

Das áreas tombadas ao inventário

Como compreender a iniciativa do inventário nacional partindo da política cultural de Malraux desde 1962? Naquela época, este último faz aprovar a lei sobre as áreas tombadas, que inaugura uma política planejada do patrimônio arquitetônico a ser aplicada no centro

---

8 | Jean-Pierre Bady, *Les Monuments historiques français*, Paris: PUF, 1985.

das cidades históricas. O Estado assume o financiamento das operações de reabilitação. Nesta política tipicamente centralizada, protege os exemplares do patrimônio nacional, contrariando, com isso, a maré da urbanização que desequilibra a morfologia das cidades.

O ano de 1964 representa uma mudança de escala e uma inversão do ponto de vista. Tudo se passa como se a ameaça sobre a cidade exigisse ir além. De instrumento de avaliação, o patrimônio torna-se objeto a avaliar. Da cidade, o olhar se desloca para a França e as riquezas escondidas, anônimas ou desconhecidas da nação. O inventário responde a essa preocupação: lançar um plano exaustivo de listagem e de classificação, comuna por comuna, da construção arquitetônica, de monumentos e dos objetos mobiliários franceses na diversidade de seus estilos regionais. De natureza completamente diferente da política das áreas tombadas e nos antípodas da política de alojamento e de loteamento, a operação visava constituir um método e um corpo de conhecimentos, codificados numa linguagem categorial unívoca, prescrita de antemão.

Ordenado por André Malraux e desenvolvido pelo historiador de arte André Chastel, dotando-se em 1967 das primeiras Comissões Regionais de Inventário (hoje em dia Conservações Regionais no seio das DRACs), o empreendimento apareceu como propriamente interminável, na medida em que o ato de conhecer é necessariamente superado pelo seu próprio objeto: a vida da construção, a produção de novos objetos mobiliários e o mercado de obras de arte renovam indefinidamente a taxonomia. Mas lançava luz, por um ângulo bem diferente daquele do urbanismo, sobre a generalização do patrimônio cultural francês. A abordagem pelo território, de fato, registrava a existência de um patrimônio ignorado, de extração anônima, inscrito numa cultura material local – a saber, a arquitetura vernacular rural do "interior" –, em oposição às grandes perspectivas das cidades, aos seus centros históricos e seus jardins. O patrimônio que havia emergido no tecido urbano tornava-se visível no tecido rural.

A política de inventário foi entregue às regiões a partir de 2004.

Esses dois modelos de patrimonialização – a classificação (com a inscrição) e o inventário – permitem-nos entender tanto as razões políticas (controle do território e de suas riquezas artísticas) quanto as razões simbólicas (produção de uma memória nacional comum a um corpo de cidadãos) que fazem o Estado se interessar pela regulamentação jurídica muito estrita do arquivamento dos recursos públicos e privados (os serviços de arquivo foram criados sob a Revolução).

Da mesma maneira, é com base nessa lógica que se alcança o sentido das compras, dos donativos, legados ou doações que contribuem com o enriquecimento das coleções de arte no seio de organismos culturais como o FNAC, a RMN, o FNAM, os FRACS e os museus "classificados e controlados" pelo Estado. Constituir coleções vem a ser, de fato, o mesmo que definir juridicamente o museu como uma missão de serviço público.

TABELA X.1. | INVENTÁRIO, CLASSIFICAÇÃO, INSCRIÇÃO, ARQUIVAMENTO

Os modos de capitalização	1985	1995	Taxas de crescimento
Inscrições (número acumulado)	22.358	29.449	31,7%
Classificação de objetos mobiliários (número acumulado)	111.202	131.516	18,2%
Inventários (municípios atingidos)		6.637	
Sítios arqueológicos listados		219.985	
Arquivos nacionais (em "quilômetros lineares")		2.687	

Em suma, o Estado suscita bens patrimoniais pela classificação, pelo inventário e pela coleção. Na mesma inspiração, e sobre o modelo dos príncipes mecenas das cortes italianas do Renascimento, ele "encomenda" a artistas obras que ainda não existem, destinadas a ilustrar os eventos festivos nacionais, que se endereçam a públicos específicos (espetáculos ao vivo, obras de arte duráveis, produções de filmes, monumentos, instalações etc.).

Prolongando ainda mais seu mecenato de arte, o Estado chega a encomendar interpretações originais, novas, de obras musicais, teatrais, coreográficas, textuais e arquitetônicas que já existem. Nesta matéria, é preciso apontar as encomendas feitas, por exemplo, à Orquestra Nacional da França, aos artistas do "1%",[9] aos músicos do IRCAM e a Pierre Boulez, e a Buren e a Pei para acrescentar as suas criações a monumentos históricos existentes (Palais Royal e Louvre, respectivamente).

A operacionalização: comissões e concursos | Toda capitalização toma rumos específicos. Encarna-se em "formas" duráveis e investe-se nelas.[10]

A forma "comissão" | Permite adquirir bens por classificação, inventário ou compra, no caso dos FRACS estudados por Pierre-Alain Four,[11] Philippe Urfalino e Catherine Vilkas[12] ou Nathalie Heinich.[13] Do mesmo modo, as comissões regionais do tipo Comissão Regional do Patrimônio Histórico Arqueológico e Etnológico (COREPHAE) marcam o caminho a percorrer (da região para a União) para que se reconheça um bem como patrimônio nacional.

Segundo Mesnard,[14] a criação de comissões paritárias (profissionais e especialistas de um lado, agentes administrativos e funcionários do Estado do outro) permite aos representantes deste último o estabelecimento de uma corresponsabilidade, ao mesmo tempo que ele preside a comissão e desempenha o papel de árbitro pela atribuição de uma "delegação do julgamento estético"[15] aos especialistas técnicos e científicos. Neste ponto, a reflexão sociológica se fixa sobre as modalidades da tomada de decisão (tipo de argumentação, valores, atitudes, ideologia). A questão que mais preocupa é saber quais são os princípios postos em prática por essas comissões. Quem são os especialistas? Apenas eles decidem?

---

9 | Yves Aguilar, *Un Art de fonctionnaires, le 1%*, Nîmes: Jacqueline Chambon, 1999.

10 | Laurent Thévenot (org.), *Conventions économiques*, Paris: PUF, 1986.

11 | Pierre-Alain Four, "La Compétence contre la démocratisation?: création et re-création des fonds régionaux d'art contemporain", *Politix*, n. 24, 4. trim., 1993, pp. 95-114.

12 | Philippe Urfalino e Catherine Vilkas, *Les Fonds régionaux d'art contemporain: la délégation du jugement esthétique*, Paris: L'Harmattan, 1995.

13 | Nathalie Heinich, "Expertise et politique publique de l'art contemporain: les critères d'achat dans un FRAC", *Sociologie du travail*, 1997, n. 2, pp. 189-209.

14 | André-Hubert Mesnard, *Droit et politique de la culture*, Paris: PUF, 1990.

15 | Phillipe Urfalino e Catherine Vilkas, *op. cit.*, 1995.

Por sua vez, Yves Aguilar[16] critica o jogo ambivalente das comissões; segundo ele, não haveria delegação de poderes públicos, mas, sim, uma renúncia: o controle dos "gabinetes" e, portanto, dos funcionários é tal, que o ministro em exercício não tem mais responsabilidades a assumir, e, ao delegá-las, abdica *de facto* delas. Opera-se assim um verdadeiro desvio de poder.

Essas "derivas" administrativas são denunciadas por Pierre Legendre,[17] que, como jurista do direito público e institucional, eleva-se contra a potência que se atribui indevidamente à administração. Verdadeiras cidadelas de competências e habilidades técnicas, consagrados pela tradição, imagem da continuidade do Estado, os "gabinetes" construíram paciente e ineslutavelmente sua autoridade frente ao calendário de um poder político mutável, inconstante e efêmero.

A forma "concurso" | A encomenda pública efetua-se frequentemente no contexto de um concurso – por exemplo, em arquitetura – que se baseia em editais abertos a diversas agências. Florent Champy[18] traça uma tipologia que distingue os concursos em "concepção/construção". A questão é saber quem tem o direito de concorrer; o autor coloca também o problema da abertura do concurso a não especialistas. Aqui novamente, como no caso da comissão, o concurso é supervisionado pelo Estado, que faz a encomenda, regula e controla.

Mas de que forma acontecem esses concursos? A resposta a esta pergunta é indissociável daquela sobre as justificativas expostas. A referência a "cidades", que permitem justificar as escolhas dos participantes face a mundos como o da eficácia ou o mundo cívico,[19] vai ao encontro da posição de Friedberg, que, em *O poder e a regra*,[20] mostra que certos "acordos" só podem ser movidos pela paixão, na medida em que a identidade dos atores está em jogo. Enfim,

---

16 | Yves Aguilar, *op. cit.*, 1999, pp. 142-143.

17 | Pierre Legendre, *Histoire de l'administration de 1750 à nos jours*, Paris: PUF, 1968.

18 | Florent Champy, *Les Architectes et la commande publique*, Paris: PUF, 1998, p. 125.

19 | "Cidade" [*cité*], aqui, no sentido encontrado em: Luc Boltanski e Laurent Thévenot, *De la Justification: les économies de la grandeur*, Paris: Gallimard, 1991. (1. ed.: 1987).

20 | Erhard Friedberg, *Le Pouvoir et la règle*, Paris: Seuil, 1993.

existem inegavelmente fontes de disfunção: "Doze concorrentes para quatro lugares... É impossível saber o que serviu para selecionar os concorrentes".[21]

Concluindo: o tempo de capitalizar tem como efeito a abertura do tempo de proteger. Se o Estado capitaliza, é porque se compromete com a proteção e a valorização que seguem.

Proteger | **As motivações** | Proteger equivale a um desvio de finalidade em proveito de outro objetivo e de outra utilidade: do econômico, a proteção nos leva ao cultural e ao simbólico, pelo intermédio do histórico. A ideia é a de proteger da alienação econômica, decerto, mas também da "injúria" do tempo e das "ameaças" que os usos massivos, os consumos incontroláveis e os iconoclastas irracionais fazem pesar sobre os bens culturais públicos.[22]

O que protegemos? | É protegido tudo o que foi classificado, inventariado, arquivado e encomendado, em suma, tudo o que foi capitalizado. Todavia, a proteção desses bens tem por finalidade sua conservação e sua restauração. Mais além, coloca-se o problema de sua reutilização, sabendo que são bens inalienáveis, ou então alienáveis, sob certas condições administrativas precisas.

Ademais, ao poder de proteger está ligada a questão da propriedade intelectual e do direito autoral. Por exemplo, ao propor a antropólogos o estudo das produções artesanais tradicionais de "rincões natais", a Missão do Patrimônio Etnológico (que faz parte do Ministério da Cultura) obriga os pesquisadores a refletir ao mesmo tempo sobre as eventuais modalidades de proteção aos saberes técnicos locais tradicionais (alimentares, artesanais...). A lei sobre o direito autoral modifica certas disposições do regime de propriedade artística de 1957.[23]

Enfim, por uma inversão de perspectiva, a proteção dos artistas acompanha a dos bens. Assume as muitas e variadas formas já mencionadas.

21 | Florence Champy, *op. cit.*, 1998, p. 74.

22 | Muriel Dagens, Françoise Liot, Philippe Le Moigne, "Carnac et ses alignements: un ferment d'action collective", em: Yvon Lamy (org.), *Le Pouvoir de protéger: approches, acteurs et enjeux du patrimoine*, Bordeaux: MSHA, 1993.

23 | Raymonde Moulin, *L'Artiste, l'institution et le marché*, Paris: Flammarion, 1992, p. 116.

De quem e de que protegemos? | Essencialmente do indivíduo, em conformidade com uma visão pessimista da "natureza humana" que repousa sobre a avidez, o lucro, o interesse particular e o egoísmo (marcados então por um consumo cego). Mas essa interpretação permanece uma visão de curto alcance. O Estado doura aqui sua própria pílula: sabendo, por tê-lo definido, o que são as obrigações e as missões ligadas ao interesse coletivo, sublinha sua superioridade sobre os interesses individuais em suas intenções, diretrizes e metas.

Podemos nos reportar aqui a Keynes, que, no plano econômico, pensava essa superioridade do coletivo sobre o individual. Afinal, o mercado apresenta as mesmas características que o indivíduo: é ávido, perigoso, destruidor e, a curto prazo, está na origem de muitas formas de desigualdades e injustiças. Sua irresponsabilidade é conhecida, na medida em que ele dilui responsabilidades no tempo e no espaço. Para combater e contrapor-se a essa tendência, o Estado não hesita em inscrever o bem cultural no tempo, no seio das relações intergeracionais (e da responsabilidade mútua que disso decorre), tomando como testemunha a própria coletividade.[24]

Os meios: inscrição e conservação | Os poderes públicos protegem bens juridicamente (aplicando um direito específico) e pela conservação (por meios técnicos aplicados para conservar, seja no estado em que se encontram, seja por simples restauração do *statu quo ante* – como foi o caso do CAPC, museu de Bordeaux conservado como armazém porque seria, precisamente, transformado em museu). Agindo dessa forma, o Estado não hesita em subtrair os bens ao direito comum, ao direito comercial. Alivia parcialmente impostos sobre bens e locais.

Em sua pesquisa sobre a excepcionalidade dos bens culturais, o jurista Jean-Marie Poli[25] mostra em primeiro lugar que proteger é integrar ao patrimônio nacional. Procedendo dessa maneira, o controle das movimentações (alfândega), os acordos de licença, o direito de preempção e o de retenção, o regime de interdição à exportação dos arquivos e as restrições de

---

24 | Hans Jonas, *O princípio responsabilidade: ensaio de uma ética para a civilização tecnológica*, Rio de Janeiro: Contraponto/PUC-Rio, 2006. (1. ed. alemã: 1979).

25 | Jean-Marie Poli, *La Protection des biens culturels meubles*, Paris: LGDJ, 1996.

circulação submetem os bens culturais pertencentes ao Estado a um regime derrogatório fundado na excepcionalidade e na inalienabilidade dos bens. Mas, em segundo lugar, o autor põe em evidência os deveres de proteção que daí decorrem para o Estado, articulando-os com o que está em jogo em termos de cultura e de socialização. As "aulas sobre patrimônio" e os serviços pedagógicos de arquivos ilustram os efeitos sociais dessa integração ao patrimônio nacional.

Pierre Cabrol[26] reafirma que "o direito da cultura enquadra bens, não homens". O bem cultural só existe se o grupo projeta nele sua intenção, um fragmento de sua identidade, uma ideia ou um sentimento de caráter cultural. A apreensão do bem por um grupo social faz parte do processo de objetivação de sua identidade. De modo que um bem cultural remete por um lado a um ato criador (instituinte) e, por outro, a uma nação (identidade). Divide-se em dois tipos, por natureza (intencionalidade de alocação) e por destinação.

Inscrever o bem no patrimônio nacional requer, da parte dos poderes públicos, uma atitude de conservação. Sylvie Octobre[27] questiona se o ofício do conservador é ou não um ofício especializado, se ele se cumpre numa retórica do "fazer" mais do que do "dizer".

De qualquer modo, parece que conservar e restaurar consiste em qualificar de outro modo os bens protegidos. É também nessas oportunidades que é possível atribuir uma outra finalidade a esses bens. Em suma, pelas duas formas da inscrição na excepcionalidade e da conservação na forma de bens protegidos, o Estado que tem o monopólio dessas funções joga com o tempo, o espaço e o número.

Valorizar | **Os objetivos** | Após a aquisição, a conservação e a proteção pela coisa pública, chega o momento da valorização. Não poderia existir cultura sem os públicos que permitem a sua valorização, isto é, que a frequentam, a consomem, a apreciam e a discutem: não há cultura sem

---

26 | Pierre Cabrol, "Les Biens culturels en droit civil français". Tese de doutoramento, Bordeaux: Bordeaux IV, 1999.

27 | Sylvie Octobre, "Profession, segments professionnels et identité. L'évolution des conservateurs de musées", *Revue Française de Sociologie*, v. 40, n. 2, 1999, pp. 357-383.

prática cultural. Compreende-se que as taxas de frequência, os diferentes subsídios de mecenas, quando aceitam expor publicamente, constituem as formas de valorização que o poder público espera. O exemplo do Museu Artístico de Parques de Diversão (como todos os museus privados subvencionados) é patente a esse respeito: são obrigatórios três dias de abertura para obter certos subsídios. Quanto à jornada do patrimônio, a obrigação exigida aos proprietários privados é de abrir gratuitamente aos visitantes interessados os seus bens protegidos.

Como se pode ver, o Estado não pode deixar de valorizar, a partir do momento em que classifica, protege e conserva. A meta perseguida consiste em alcançar a ratificação das qualificações culturais que são atribuídas aos bens por um coletivo externo. Precisamente, essa prova – o face a face de um bem protegido e conservado com um público que o reconhece – traz toda a sua dimensão ao processo de valorização, completando-o. Daí que esta operação possa assumir várias formas: comunicação, exposição, mostra, criação de eventos, instalação, percursos escolares.

Os tipos de valorização | É possível distinguir duas formas de valorização: ou os bens são apropriados estritamente pelo poder público, ou partilhados com a sociedade civil.

A forma monopolista | A cultura "programada" da escola ilustra o monopólio da valorização que está no cerne do ensino: programa, inspeção, conteúdos pedagógicos revelam o monopólio de decretar normas pelas quais o Estado se pretende garantir num espírito de laicidade e de universalidade. O anseio pela igualdade tampouco está ausente, como podem testemunhar os trabalhos de Durkheim relativos à evolução pedagógica na França. Tudo acontece de fato como se os livros didáticos de história ou de geografia, os programas oficiais dos concursos de recrutamento ou as modalidades de formação contínua decidissem legitimamente o que deve ser estudado, aprendido e restituído.

A forma da concorrência | Lazeres e atividade extraescolares não são monopólio de direito do Estado. Nesses domínios, as associações privadas desenvolvem suas próprias atividades. Porém o Estado pode, mesmo nesse plano, continuar a empregar diversos recursos. Pode dispor sobre os empregos culturais necessários à "animação" dos bens capitalizados. Nenhuma atividade cultural é concebível sem especialistas, sem atribuição de empregos, sem serviços administrativos *ad hoc*. Após o crescimento do orçamento de 1981, o Estado lançou-se na criação de empregos culturais diversificados, com alvos precisos e regionalmente localizados. Organiza também a defesa de certos bens privados, em especial os que são suscetíveis de possuir uma mensagem simbólica ou ideológica a transmitir: cinema, TV, livro... O exemplo da lei sobre o preço único (1981) mostra que a valorização do pequeno livreiro de bairro permite simultaneamente a difusão dos *best-sellers* e dos livros especializados, sem efeito de monopolização de uns pelos outros (e sobre os outros).

Concluindo sobre o fenômeno de formação do patrimônio cultural, indiquemos que "capitalização", "proteção" e "valorização" representam três processos constitutivos de um novo tipo de "propriedade coletiva" que desencadeiam na coletividade a convicção comum de uma responsabilidade moral entre as gerações que a compõem, se sucedem e nela se revezam para levar adiante a "mensagem". Assim, do indivíduo à coletividade, a mudança é qualitativamente importante: não somente a propriedade torna-se coletiva, como também a transmissão torna-se responsável.

PARTE V
OS PARADIGMAS

Para as necessidades da análise, reagrupamos as principais perspectivas teóricas em três blocos (os campos, os mundos e os mercados), escolhendo para cada bloco um autor de referência (Bourdieu, Becker, Moulin) e tendo o cuidado de restituir os eixos teóricos e de ilustrá-los com trabalhos empíricos conhecidos.

Para proceder desse modo e chegar a um resultado, fomos levados a exagerar certas posições; mas convinha fazê-lo para que o leitor soubesse dissociar os quadros de referência que são por vezes invocados sem grande preocupação de diferenciação.

Ademais, havia outros paradigmas possíveis (redes, "cidades") que, todavia, nos pareceram compreendidos no domínio deste ou daquele dos três precedentes.

Ao final de cada capítulo, desenvolvemos as discussões e debates antigos ou atuais que estruturam certas posições no âmbito dos paradigmas disponíveis; as rivalidades ou incompreensões são por vezes importantes entre essas opções; convinha informar os leitores – em especial porque, até 2008, ainda não existia um trabalho de tal teor, tal como na época da primeira edição desta obra, em 2003. Somente o paradigma da legitimidade cultural (os "campos") é criticado com regularidade (por vezes sem contemplação), e sem dúvida porque é estruturador, enquanto os dois outros (o "mercado", os "mundos") permanecem estranhamente indiscutidos. Seriam indiscutíveis? Achamos que não! Foram tratados aqui de modo equivalente.

> Toda reflexão elabora-se na relação crítica com outras reflexões. Nada mais natural do que isso. E todavia a disputa é estigmatizada num mundo acadêmico que suscita mais frequentemente o consenso de fachada e o assassinato nas coxias, a hiperssuavização dos juízos públicos e a extrema violência dos golpes ou das falas privadas. [...] A crítica é respeitável, é preciso reabilitá-la.

PARADIGMA DOS MERCADOS

Tendência individualista

- Racionalidade
- Especulação
- Carreiras
- Monopólio, oligopólio
- Valor, escassez
- Acordos, jogos, coordenação
- Segmentação

PARADIGMA DOS CAMPOS

Tendência holista

- Reprodução
- Dominação
- Socialização
- Luta
- Arbitrário cultural
- Distinção
- Bens simbólicos
- Legitimidade

PARADIGMA DOS MUNDOS

Tendência compreensiva

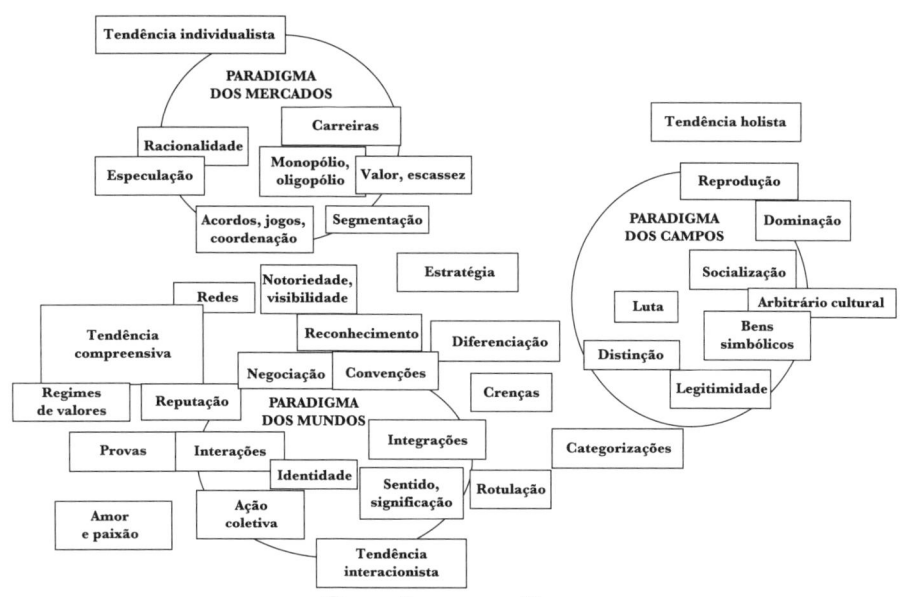

- Redes
- Notoriedade, visibilidade
- Estratégia
- Reconhecimento
- Diferenciação
- Negociação
- Convenções
- Crenças
- Regimes de valores
- Reputação
- Provas
- Interações
- Identidade
- Integrações
- Categorizações
- Amor e paixão
- Ação coletiva
- Sentido, significação
- Rotulação

Tendência interacionista

Os três paradigmas

CAPÍTULO 11

A CULTURA COMO "CAMPO"

A TEORIA DOS CAMPOS constitui de fato um "programa de pesquisa" no sentido de Lakatos, pois responde aos critérios de fecundidade e de "oportunidades objetivas" oferecidas às novas gerações de pesquisadores.[1] Os autores jovens ou nem tão jovens que se filiam a Bourdieu são diversos, muitas vezes agrupados na revista *Actes de la Recherche en Sciences Sociales*. Paul Dirkx apresenta os trabalhos de alguns em sua obra,[2] entre os quais podemos citar: Christophe Charle, Rémy Ponton, Gisèle Sapiro, Louis Pinto, Gérard Mauger, Patrick Champagne, Anna Boschetti, Pascale Casanova, Anne Simonin, Claude Lafarge, Alain Viala, Rémi Lenoir, Frédéric Lebaron ou Franck Poupeau, em domínios diferentes.

Para apresentar esse paradigma, será preciso tentar reconstituir e seguir o itinerário de Bourdieu, primeiramente no campo etnológico, que foi seu foco nos anos 1950 e 1960, e que se prolongou em sociologia da educação, até os anos 1990. É preciso considerar que sua teoria não tem o caráter acabado e pronto que às vezes lhe querem atribuir. Ele próprio falava em "trabalho exploratório" enquanto publicava uma síntese sobre o campo artístico[3] e evocava uma "teoria geral dos campos *em preparação*"... que não foi realizada, até onde sabemos.

Pierre Bourdieu

Nascido em 1930 em Béarn, morreu em janeiro de 2002 em Paris. Filho único de uma dona de casa e de um agricultor que se tornou administrador de uma agência postal, foi bolsista no liceu

---

1 | Sobre Lakatos, cf. Alan Chalmers, *O que é ciência, afinal?*, São Paulo: Brasiliense, 1993. (1. ed. australiana: 1976).

2 | Paul Dirkx, *Sociologie de la littérature*, Paris: Armand Colin, 2000, capítulo 5.

3 | Pierre Bourdieu, *Les Règles de l'art*, Paris: Seuil, 1992a, p. 202, nota 1.

de Pau, aluno interno do curso preparatório para os exames de admissão da ENS [École Normale Superieure] de Paris no Liceu Louis-le-Grand. Recebido na ENS em 1951, passou no concurso de *agrégation* em filosofia em 1955. Ensinou filosofia por dois anos no liceu e partiu em seguida para Argel na qualidade de assistente na universidade (1958-1960). Torna-se etnólogo em plena guerra de independência argelina e retira de sua estadia observações e amizades que conservou por toda sua vida, de que se encontram muitos rastros em sua obra (por exemplo, as parcerias com Sayad). Assistente de Aron na Sorbonne (1960), secretário do CSE (Centro de Sociologia Europeia), é nomeado diretor de estudos na EPHE (Escola Prática de Altos Estudos) em 1964 (sem ter defendido tese) e manterá esse cargo até a morte. Nesse sentido, pode-se dizer que constituiu uma carreira de pesquisador mais do que de docente. Criou posteriormente seu próprio centro de pesquisa. Em 1975, fundou a revista *Actes de la Recherche en Sciences Sociales*, que reúne sua corrente e permite criar a "escola bourdieusiana", que resiste a algumas secessões: de Passeron em torno de 1972, de Boltanski em 1983. Em 1981, foi eleito no Collège de France.

Suas publicações foram inúmeras. Entre seus trabalhos sobre o sistema educativo, podem-se destacar *Os herdeiros* (1964) e *A reprodução* (1970), ambos em colaboração com Passeron, *Homo Academicus* (1984), *La Noblesse d'État* [A nobreza do Estado] (1989), *Meditações pascalianas* (1997), *Science de la science* [Ciência da ciência] (2001). Na esfera da sociologia da Argélia, da sociologia da dominação e da etnologia cultural, *Le Déracinement* [O desenraizamento] (com Sayad, 1964), *Algérie 1960* [Argélia 1960] (1977), *Esboço de uma teoria da prática* (1972), *O senso prático* (1980) e *A dominação masculina* (1998). No domínio dos gostos e das práticas culturais (sem contar os artigos e números especiais de sua revista), *O amor pela arte* (1966), *Un art moyen* [Uma arte mediana] (1965), *A distinção* (1979), *As regras da arte* (1992), *Sobre a televisão* (1996)...

O processo histórico de autonomização do campo "cultural" | O "cultural" não pode ser concebido fora da problemática de sua autonomização e de sua especificação. Esta última deve, então, passar por uma descrição histórica (essa dimensão é quase inexistente nos outros paradigmas).
Precedendo o campo | Seu trabalho de pesquisa origina-se em plena guerra da Argélia. Seu "olhar filosófico" (da *agrégation* em 1955) se reforça rapidamente com um olhar etnográfico (1958-1960) de que não se separará mais e do qual sempre teve orgulho.[4] Sua perspectiva repousa então sobre a noção de "cultura" tal qual a preferem elaborar os etnólogos (Lévi-Strauss em particular), entendida como um conjunto de práticas e de esquemas (ou representações mentais estruturadas) que orientam a ação. Nesse contexto, Bourdieu estudou a organização do espaço doméstico (a casa cabila), o trabalho agrícola e as transformações das estruturas agrárias, os sistemas de parentesco e o que já chama de trocas de "bens simbólicos" (a honra, a economia dos desafios e dos revides).[5]

Já nessa época o objetivo que atribuiu a si mesmo consiste em descrever a "economia dos bens simbólicos": observa que as trocas de bens particulares, como a honra, se fundamentam na negação do econômico (no sentido de espírito de cálculo). Procedendo a trocas, o indivíduo cria alguém que lhe deve obrigação e se beneficia, em troca, de um crédito social. Opera uma conversão do capital material (um bem cedido) em capital simbólico (a capacidade de obrigar outrem). O estudo dos modos de produção e de circulação dessa espécie peculiar de capital constitui o programa de observação de Bourdieu nas sociedades pré-capitalistas, que permanecem ainda apartadas da lógica do "valor de troca" e do cálculo racional. O que desde já se mostra importante é que ele vai assemelhar os bens simbólicos (o prestígio e a honra) dos países pré-capitalistas aos bens culturais dos países desenvolvidos, onde os diplomas e o bom gosto são fontes consideráveis de prestígio.

---

4 | Cf. Pierre Bourdieu, *Esboço de autoanálise*, São Paulo: Companhia das Letras, 2005, pequena obra póstuma em que repassa seu percurso.

5 | Cf. "Le Sens de l'honneur", em: Pierre Bourdieu, *Esquisse d'une théorie de la pratique*, Paris: Seuil, 2000. (1. ed.: 1972).

O modelo religioso | Nessa representação um tanto evolucionista da história, os países ocidentais impuseram progressivamente o espírito de cálculo que se infiltra em todas as esferas de atividade (nunca é demais destacar as antecipações de Marx e Weber sobre o assunto, e sua influência). Os domínios da sociedade são diversamente protegidos contra esse império da lógica mercantil: os campos científico, burocrático e artístico são ameaçados, e Bourdieu bateu-se no fim de sua vida para que o campo científico não caísse sob a influência do "imperialismo liberal".[6]

É a partir da leitura aprofundada da sociologia das religiões de Weber que Bourdieu desenvolve sua teoria da autonomização da cultura nos países industrializados.[7] Segundo ele, o universo religioso obedece aos mesmos princípios que os da economia pré-capitalista: é uma forma transfigurada da organização doméstica (com as trocas fraternas); encontram-se também aí a oferenda, o voluntariado e o sacrifício.[8] A religião é ao mesmo tempo econômica em suas metas e simbólica em seus meios. Desenvolve um esforço de "transfiguração" das relações econômicas e de dominação (laços afetivos, fraternos, carismáticos), e o faz graças a um jogo de palavra que suaviza ou mascara uma realidade "objetivamente" fundada em interesse. Bourdieu fala em "alquimia simbólica": "A verdade do empreendimento religioso é ter duas verdades: a verdade econômica e a verdade religiosa que a nega".[9]

A autonomização do campo (religioso) pode ser medida pelo desenvolvimento de um corpo de especialistas que elaboram e transmitem um saber no contexto de uma educação especializada, definindo os acessos à qualificação profissional. Esses sacerdotes instauram uma tradição, prática que os opõe aos profetas. A analogia permanece forte no campo escolar: os professores são como sacerdotes, e os autores, como profetas. Da mesma maneira, no campo cultural, os artistas são como profetas, e os profissionais da cultura, como sacerdotes.

6 | Ver, entre outras obras de Pierre Bourdieu, *Contrafogos*, Rio de Janeiro: J. Zahar, 1998.

7 | Pierre Bourdieu, "Genèse et structure du champ religieux", *Revue Française de Sociologie*, v. 12, n. 3, 1971, pp. 296-332.

8 | Pierre Bourdieu, *Razões práticas*, Campinas: Papirus, 1996.

9 | *Idem*, cap. VI ("A economia dos bens simbólicos").

Transposição para o campo escolar | Quando Bourdieu se lança na sociologia da sociedade francesa, o vocabulário evolui mas a problemática permanece, Loïc Wacquant, coautor de *Réponses* [*Respostas*], escreve: "A noção de capital simbólico é uma das mais complexas que Bourdieu elaborou, e sua obra inteira pode ser lida como uma busca de suas diversas formas e efeitos".[10]

Nos anos 1960, seus trabalhos em sociologia da educação reclamam uma sociologia da produção do *capital cultural* e de seus efeitos. A partir de 1964, um bom número de suas obras trata dessa esfera,[11] sem contar os números especiais da revista *Actes de la Recherche en Sciences Sociales* (em 2001, um dos últimos números que dirigiu tratava do "inconsciente escolar"), ao ponto que pode declarar "absurdo separar a sociologia da educação da sociologia da cultura".[12]

Em resumo, Bourdieu passou da economia dos bens simbólicos nas sociedades pré-capitalistas (na realidade, a Argélia em 1958) à noção do capital cultural nas sociedades capitalistas. O capital escolar (ou cultural) é uma condição de possibilidade de aquisição, de conservação e de valorização de um capital simbólico. A "cultura" é então entendida no sentido da "cultura escolar".

Bourdieu vai mostrar que o "capital cultural" nas sociedades industriais é um princípio explicativo maior da estrutura social[13] e *a fortiori* das "práticas culturais". E mais, a cultura (escolar) está no fundamento da divisão do trabalho, já que "orienta" profissionalmente os jovens em função dos resultados que eles obtêm no colégio. Está no centro da dominação cuja reprodução legitima. O sistema escolar age como um enorme "banco de crédito", de que tiram proveito aqueles que, graças ao seu capital de ori-

---

10 | Pierre Bourdieu e Loïc Wacquant, *Réponses*, Paris: Seuil, 1992, p. 238.

11 | Ver, de Pierre Bourdieu, A reprodução: elementos por uma teoria do sistema de ensino, Petrópolis: Vozes, 2008 (em coautoria com Jean-Claude Passeron); *Questões de sociologia*, Rio de Janeiro: Marco Zero, 1983; *La Noblesse d'État: grandes écoles et esprit de corps*, Paris: Minuit, 1989; e *Meditações pascalianas*, Rio de Janeiro: Bertrand Brasil, 2001.

12 | Pierre Bourdieu, *Choses dites*, Paris: Minuit, 1987, p. 52.

13 | Pierre Bourdieu e Jean-Claude Passeron, *op. cit.*, 1970; e também, apenas de Bourdieu, *La Distinction. Critique sociale du jugement*, Paris: Minuit, 1979.

gem (a família e suas heranças), transformam este em poder legítimo – por exemplo, em diploma. Mas esse sistema permite também àqueles que são desprovidos de capital originário ter esperança na melhoria de sua situação e/ou interiorizar sua posição de dominados. Assim, a estrutura social é legitimada, e os "herdeiros" conservam o monopólio dos capitais cultural e simbólico, graças aos quais é exercida sua dominação.

Nesta representação da sociedade, a cultura escolar assume o papel que desempenhava outrora a religião: produz o capital simbólico (prestígio), classifica indivíduos (virtuoses/massas), legitima e perpetua a ordem social organizada em função dessa dicotomia (eleitos/rechaçados). A operação principal dessa instituição tem efeitos em cadeia. Nesse sentido, a cultura é uma operação coletiva de classificação social, no sentido de ordenação das coisas e das pessoas.

Uma analogia é surpreendente: o mundo escolar é construído, como o mundo religioso, sobre a negação da economia, recalcando seus efeitos econômicos (orientação/seleção e produção de etapas) e elaborando um discurso igualitário ("a igualdade das oportunidades") e uma ideologia meritocrática.[14] O universo escolar é vivido como um mundo autônomo, devotado ao culto dos sábios, dos artistas, dos produtores "geniais" de obras universais.

A autonomia do campo | Em alguns momentos privilegiados dos seus escritos, Bourdieu explicita diretamente a junção entre as duas fases e domínios de pesquisa. Por exemplo: "Nada se parece mais com as lutas de honra dos cabilas do que as lutas intelectuais [em nosso país]".[15] Ou ainda: "O comércio de arte pura pertence à classe das práticas em que sobrevive a lógica da economia pré-capitalista".[16]

Como escreveu muitas vezes, o mundo da arte foi construído também como um mundo econômico "invertido",[17] no qual o sucesso econômico é aviltado. Se a verdade dos preços das obras é sistematicamente negada, já que o seu valor é de uma "outra" ordem, permanece todavia que to-

---

14 | Pierre Bourdieu e Jean-Claude Passeron, *op. cit.*, 1970.

15 | Pierre Bourdieu, *op. cit.*, 1996, p. 200.

16 | Pierre Bourdieu, *op. cit.*, 1992, p. 211.

17 | *Idem, ibidem*; e também, do mesmo autor, *op. cit.*, 1971, e, em coautoria com Alain Darbel, *L'Amour de l'art: les musées d'art européens et leur public*, Paris: Minuit, 1969. (1. ed.: 1966).

dos os atores procuram acumular capital simbólico e assegurar para si o monopólio das instâncias de legitimação. Em seu artigo "O mercado dos bens simbólicos", de 1971, descreve a emergência do "campo intelectual" no processo de autonomização e a constituição de instâncias específicas de legitimação. Os "bens simbólicos" (o autor conserva essa denominação, oriunda de sua visão etnológica) têm a dupla face de mercadoria (econômica) e de significação (simbólica). Esse campo de produção divide-se em dois polos, conforme se privilegie a dimensão mercantil (capital econômico) ou a simbólica (capital cultural), a difusão geral (no modo industrial e de massa) ou a restrita (obras originais e raras).

Essa autonomização é correlativa ao desenvolvimento do mito romântico do criador e do gênio incompreendido, das vanguardas (cujo equivalente nas indústrias é a *estrela*).

Existe uma estreita dependência entre o campo dos bens simbólicos legítimos e a cultura escolar como instância de consagração (a escola ensina os clássicos e os inscreve nos programas). O que explica também o fato de que as "obras de arte 'puras' só sejam acessíveis aos consumidores dotados da disposição e da competência que são condições necessárias de sua apreciação".[18]

Tendo apresentado em linhas gerais a origem e a evolução de sua concepção do campo cultural, convém comentar mais em detalhe suas pesquisas sobre os atores e suas lógicas.

Os agentes sociais e suas lógicas | Os agentes | *Os consumidores*

| A sociologia de Bourdieu foi conjuntamente uma sociologia da educação, do sistema educativo nas sociedades desenvolvidas e uma sociologia de certas práticas culturais de lazer: as práticas amadoras da fotografia,[19] a frequência aos museus[20] e o conjunto das práticas de consumo.[21] Esse paralelismo desembocou no estabelecimento de uma correspondência entre um "capital cultural" adquirido na escola (muito dependente do capital cultu-

---

18 | Pierre Bourdieu, *op. cit.*, 1992, p. 209.

19 | Pierre Bourdieu, *Un Art moyen: essai sur les usages sociaux de la photographie*, Paris: Minuit, 1965.

20 | Pierre Bourdieu e Alain Darbel, *op. cit.*, 1966.

21 | Pierre Bourdieu, *op. cit.*, 1979.

ral familiar) e um conjunto de "práticas culturais" que confirma as disposições e as competências adquiridas por meio das instituições de socialização primárias (escola e família).

Essa sociologia das práticas tem sido portanto uma sociologia das disposições. No caso da pintura, é uma sociologia do "olho" e da percepção:[22] a disposição estética é uma capacidade para decodificar as obras, apanhar suas significações. Embora seja sempre vivenciada, representada e apresentada como "inata" ou como um "dom" – ainda que a relação entre o amador e a obra se vivencie na esfera do encantamento –, é proveniente de um trabalho de inculcação.

Assim, a capacidade para ver um objeto fora de sua função, enquanto pura forma (o que o sociólogo chama de "olhar puro" da "arte pela arte"), é o produto de uma aprendizagem precoce. Esse olhar "puro" do amador encontra seu homólogo no artista. Nesse sentido, não se pode separar a sociologia do "olho" e do olhar dos consumidores daquela dos produtores de pintura, unidos por disposições (*habitus*) comuns. É no estudo das condições sociais de produção desse olhar desvinculado de toda preocupação material que a teoria do campo encontrou diversos prolongamentos.[23] A essas disposições estéticas "puras" opõe-se a "cultura popular", cuja característica, inversamente, é permanecer ligada ao prazer dos sentidos, fora de toda elaboração intelectual.

Os produtores de crença | Contra a tradição da história literária ou da história da arte, Bourdieu sempre procurou desmontar ou desconstruir o mito do criador genial.[24] Na tradição de Mauss sobre a teoria da magia, reafirma que o poder do mago é fruto da produção coletiva da crença no poder do mago. A análise sociológica dos criadores é, portanto, uma análise da corrente de todos os que têm interesses convergentes na crença que reverencia o gênio dos artistas. Não se pode aqui separar a produção, a circulação e o consumo, à medida que a eficácia de seu funcionamento reside em sua interdependência (escondida ou mascarada).

---

22 | Pierre Bourdieu, "Éléments d'une théorie sociologique de la perception artistique", em: *Revue Internationale des Sciences Sociales*, n. 20, v. 4, 1968, pp. 589-612; e, também, *Sociologie de l'oeil*. Paris: Minuit, 1981.

23 | Pierre Bourdieu, *op. cit.*, 1979.

24 | Pierre Bourdieu, *O senso prático*, Petrópolis: Vozes, 2009.

Os produtores são assemelhados a credores que vêm alimentar a crença no valor dos bens que circulam. A análise das obras (análise interna) e das relações entre as obras e seu meio social (análise externa) é substituída pela da produção dos produtores e dos receptores do valor da obra. O sociólogo desloca seu olhar para discernir o funcionamento do social: o que o valoriza não é a raridade (a unicidade) do produto (nem, portanto, o produto em si, suas qualidades objetivas ou materiais, intrínsecas), mas a raridade do produtor.[25] É preciso perguntar-se, seguindo o padrão do mago de Mauss, não *o que* o artista faz, mas *o que* faz o artista.

Em direção a uma "ciência das obras"?

Bourdieu explica que, no interior de um campo, não se deve privilegiar a sociologia dos produtores nem a da recepção. O objetivo final é fundar uma "ciência das obras" culturais.

> A sociologia das obras culturais deve tomar por objetos o conjunto das relações (objetivas e também efetuadas em forma de interações) entre o artista e os outros artistas, e, para além, o conjunto dos agentes empenhados na produção da obra ou, pelo menos, do valor social da obra (críticos, diretores de galerias, mecenas etc.) [...]. O que chamamos de "criação" é o encontro entre um *habitus* socialmente constituído e uma certa posição já instituída ou passível de se inscrever na divisão do trabalho de produção cultural. Assim, o sujeito da obra de arte não é nem um artista singular, causa aparente, nem um grupo social, mas o campo de produção artística em seu conjunto.[26]

> A análise das obras culturais tem por objeto a correspondência entre duas estruturas homólogas: a estrutura das obras (isto é, dos gêneros, como também das formas, dos estilos e dos temas) e a estrutura do campo literário (ou artístico, científico, jurídico).[27]

---

25 | Pierre Bourdieu, *Homo academicus*, Paris: Minuit, 1984, p. 220.
26 | *Idem*, pp. 209-210 e 212.
27 | Pierre Bourdieu, *op. cit.*, 1996, p. 70.

As lógicas sociais | *A lógica da distinção* | Os gostos têm uma função distintiva entre os indivíduos e os meios sociais, servem para marcar fronteiras muitas vezes intransponíveis tanto econômica quanto simbolicamente: gosta-se ou não. A estética empenha a ética, a primeira é uma manifestação da segunda. Gosto estético e *ethos* de classe se respondem e se reforçam. A função do consumo cultural é dupla: tanto se distinguir das outras classes sociais quanto, ao mesmo tempo, afirmar uma identidade ou um pertencimento de classe. Por sua vez, os produtores agem numa intenção (mais ou menos consciente) de demarcação. À vontade de distinção dos consumidores responde, então, a concorrência dos produtores, que querem afirmar sua singularidade.

A luta | No interior do campo dos produtores, Bourdieu destaca a existência de uma clivagem entre os artistas interessados num público (a arte industrial) e os que se sentem liberados de uma destinação prévia (a "arte pela arte"). Essa clivagem repercute sobre os bens culturais: ou se adaptam a uma demanda pré-constituída, como a das indústrias culturais (seu tipo ideal é o dos bens jornalísticos, produtos da escrita "industrial"), ou são vivenciados como indiferentes a todo público imediato.

O autor evoca então o grau desigual de legitimidade entre os artistas. Remete às instâncias que os consagram, à independência dos produtores e às disposições estéticas dos públicos. Distingue três tipos de bens[28] segundo um modelo continuísta:
• os bens legítimos (música e literatura clássicas);
• os bens em via de legitimação (cinema, fotografia, histórias em quadrinhos);
• os bens ilegítimos (cozinha, costura, bricolagem, jardinagem).

A concorrência ou a luta entre os produtores tem por efeito reforçar a solidez da *ilusio*, isto é, da crença na pertinência do comprometimento no campo. Os debates são consubstanciais ao campo cultural. O campo é concebido e "lido" como um campo de lutas: "O que caracteriza o bem cultural é que ele é um produto como os outros, mas se acrescenta uma crença que deve ser ela própria produzida. Resulta que um dos únicos pontos sobre o qual a política cultural pode agir é a crença".[29]

---

28 | Pierre Bourdieu, *op. cit.*, 1971.
29 | Pierre Bourdieu, *op. cit.*, 1992, p. 278.

A noção de luta, de Weber a Bourdieu

Não é possível eliminar da vida cultural a noção de luta. É possível modificar os meios da luta, seu objeto ou mesmo sua orientação e os adversários defrontados; não é possível suprimi-la em si [...]. Reencontra-se a luta em todo lugar e *muitas vezes ela vinga com mais êxito quando é menos percebida*. Uma coisa é em todo caso indubitável: quando nos propomos apreciar uma regulamentação das relações sociais, qualquer que seja a sua natureza, é preciso examiná-la sempre e sem exceção sob o seguinte ângulo: a que tipo de homens oferece as melhores chances de dominação pelo jogo dos fatores objetivos e subjetivos de seleção?[30]

Durante anos, fiz uma sociologia da cultura que se detinha no momento de colocar a pergunta [essencial]: mas como é produzida a necessidade do produto? [...] Ora, o próprio das produções culturais é que se faz necessário produzir a crença no valor do produto, e um produtor não pode jamais, por definição, alcançar a produção desta crença sozinho; é preciso que todos os produtores colaborem nela, mesmo que combatendo entre si. A polêmica entre intelectuais faz parte da produção da crença na importância daquilo que fazem os intelectuais.[31]

A imitação | A lógica distintiva não é exclusiva, no entanto. Os agentes sociais gastam também muita energia imitando-se uns aos outros. Em *Uma arte mediana* (1965), sobre a fotografia amadora e seus usos, e em *A distinção* (1979), Bourdieu destaca as classes médias, que "mimetizam" a classe superior em variados setores (nos estudos, nos hábitos alimentares, no vestuário, nas viagens de férias etc.), com uma ânsia de promoção social, o que Merton chamava de socialização antecipadora: adotam-se os modos e

---

30 | Max Weber, *Essais sur la théorie de la science*, Paris: Plon, 1992, pp. 402-403. (1. ed. alemã: 1922).

31 | Pierre Bourdieu, "La Lecture, une pratique culturelle", em: Roger Chartier (org.), *Pratiques de la lecture*, Paris: Payot, 1993, pp. 277. (1. ed.: 1985).

estilos de vida dos meios que se deseja atingir; frequentam-se as pessoas que pertencem aos espaços sociais a que se aspira. No setor que nos interessa, Bourdieu trouxe um qualificativo um tanto mais pejorativo ou irônico para essa disposição estruturante: "a boa vontade cultural" das classes médias.

Debates | A teoria de Bourdieu, de longe a mais conhecida e a mais ensinada (é, por exemplo, amplamente vulgarizada nos programas curriculares da área ES no liceu, que envolve pelo menos 100 mil alunos todos os anos), é também a mais discutida... É o preço do sucesso! Vale nota que não há comparação entre a amplitude da discussão suscitada por esse paradigma e a dos dois outros, que permanecem fora dos grandes debates.

Dispomos hoje de algumas obras que propõem um apanhado das questões colocadas a respeito dos eixos principais do paradigma, ao qual se faz referência atualmente com a "denominação de origem controlada" (TLC, ou seja, "teoria da legitimidade cultural"). Assim, Lahire[32] juntou vários especialistas para discutir ponto por ponto os aspectos mais frágeis (a seus olhos) da teoria bourdieusiana (*habitus*, campo, capital etc.). Por sua vez, Mounier[33] consagra, em sua obra sobre Bourdieu, um capítulo às discussões (por vezes internacionais) de noções importantes e da teoria da ação. É também o caso de Fleury,[34] que propõe uma pequena síntese das objeções feitas àquele autor: esforça-se também para informar os leitores sobre as discussões internacionais (na realidade, frequentemente norte-americanas) que giram em torno desse paradigma (a revista *Poetics* ocupa lugar central na controvérsia, ao que parece).

O problema é saber como apresentar os elementos do debate. Privilegiamos, no que nos diz respeito, uma apresentação temática, por classe ou registro de crítica: crítica epistemológica, teórica, metodológica e empírica.

A crítica epistemológica (ou "metodológica" no sentido tradicional) | A discussão desse paradigma gira muitas vezes em torno das premissas

---

32 | Bernard Lahire (org.), *Le Travail sociologique de Pierre Bourdieu: dettes et critiques*, Paris: La Découverte, 1999.

33 | Pierre Mounier, *Pierre Bourdieu, une introduction*, Paris: La Découverte, 2001, cap. 5.

34 | Laurent Fleury, *Sociologie de la culture et des pratiques culturelles*, Paris: Armand Colin, 2006, cap. 5.

epistemológicas das obras de Bourdieu: sua concepção de "corte epistemológico" entre saberes eruditos e saberes profanos, sua concepção da ciência e da posição do pesquisador. Sem entrar em detalhes, convém mencionar a questão por duas razões: em primeiro lugar, a teoria da cultura de Bourdieu repousa sobre bases epistemológicas gerais que a incluem (e a ultrapassam). Nesse sentido, não se pode abstraí-la; em segundo lugar, já o dissemos, um bom número de críticas endereçadas a ele aponta para questões que não concernem diretamente sua concepção da cultura ou do campo cultural, mas que dizem respeito a sua teoria geral e sua postura epistemológica. Encontrando-se ambas inextricavelmente ligadas, não há como evitá-las.

A posição do pesquisador: a objetividade de sobrevoo questionada
| Existe uma ambivalência na posição de Bourdieu quando, de um lado, coloca a objetividade e a reflexividade do pesquisador como pressupostos fundamentais e quando, do outro, multiplica as tomadas de posição, e até mesmo os juízos de valor, sobre a produção artística e cultural. Seu diálogo com o artista plástico alemão engajado Hans Haacke[35] é uma denúncia sistemática do desenvolvimento do liberalismo cultural contemporâneo, do mecenato empresarial (com a sua pretensão de suprir as "necessidades" do Estado), do retraimento dos poderes públicos. Outro exemplo, sua pequena obra *Sobre a televisão* e sobre o jornalismo é muito veemente e torna visível o âmago de sua opinião sobre a produção cultural de massa e seu desprezo pela televisão (vista todos os dias por mais de três quartos dos franceses). Passa a todo instante da regra metodológica objetivista para postura normativa, até mesmo militante (a partir dos anos 1990, isso se torna evidente). Esta última ecoa em seu raciocínio uma posição de sobrevoo construída pelo sociólogo, que, mediante a objetivação, "domina" (ou tem a impressão de fazê-lo intelectualmente) o jogo social.

Criticou-se recorrentemente Bourdieu por esse "corte epistemológico" que postulou como fundamento de seu método e que remonta a Durkheim, via Bachelard.[36] Contrariando-o, alguns autores estimam que o cientista não sabe mais do que os atores e que tudo o que sabe provém destes últimos.

---

35 | Pierre Bourdieu e Hans Hacke, *Libre-échange*, Paris: Seuil, 1994.
36 | *Le Métier de sociologue*, Paris: Mouton de Gruyter, 1968, coescrito com Jean-Claude Passeron e Jean-Claude Chamboredon.

Eis uma citação interessante de Becker (conforme capítulo 12) na ocasião de um diálogo com Pessin:

> Muitas teorias do social repousam sobre a premissa de que a realidade fica escondida da gente comum e que a desvelar exige uma competência especial, talvez até mesmo um dom mágico. Nunca acreditei nisso. Lembrarei meu mestre Hughes, que dizia muitas vezes que os sociólogos não sabiam nada que as pessoas não soubessem. Não importa o que os sociólogos sabem da vida social, aprenderam-no com alguém que dela fazia parte.[37]

Embora o tom seja polêmico e construa com frequência uma caricatura da teoria de Bourdieu (que nunca assemelhou o trabalho do pesquisador a um "dom mágico"), perfila-se um verdadeiro conflito epistemológico entre os sociólogos que pensam que os atores não sabem muita coisa sobre os princípios que orientam suas ações, e até mesmo se iludem a esse respeito (linhagem Durkheim-Bourdieu), e os que consideram "que é preciso levar os atores a sério", considerar o que sabem e o que fazem, que são reflexivos (linhagem Simmel-Garfinkel).

Essa clivagem epistemológica induz uma série de efeitos no plano metodológico:

• os partidários do "corte epistemológico" (senso científico/senso comum) optarão mais facilmente pela estatística e o quantitativo, que permitem romper com as pré-noções, enquanto os outros irão preferir o qualitativo, a entrevista e a observação (os interacionistas), permanecendo o mais próximo possível ao vivenciado subjetivo dos atores sociais concernidos pelas interações descritas;

• do mesmo modo, as teorias da ação serão muito diferentes: uns mobilizam conceitos (*habitus*, estrutura, senso prático etc.) que reduzem os campos da consciência, mas oferecem uma chave de compreensão das práticas e das representações; outros varrem para longe esse aparelho conceitual,

---

37 | Alain Pessin e Howard Becker, "Dialogue sur les notions de Monde et de Champ", *Sociologie de l'art, opus 8*, 2005, pp. 165-180. O autor reconhece, todavia, um pouco mais adiante: "O saber não é igualmente distribuído, todo mundo não sabe tudo [...]. O sociólogo reúne o saber parcial dos participantes numa compreensão mais completa".

alinhando-se sob a bandeira do "método compreensivo", que tenta explicitar a lógica e o sentido da ação individual referindo-se a uma espécie de psicologia ou antropologia universal e buscando as "boas razões" de agir.

Legitimismo e miserabilismo | Segundo Jean-Claude Passeron e Claude Grignon,[38] ex-colaboradores de Bourdieu (haviam cooperado longamente nos anos 1960), Bourdieu adota um ponto de vista "legitimista" ao superestimar os efeitos do capital cultural no jogo social e recusar qualquer autonomia às culturas "dominadas". Dá preeminência aos grupos dominantes (cultural ou economicamente) e negligencia as competências culturais dos outros grupos. Sua descrição rápida e mediocremente restituidora dos meios populares[39] é tachada por esses autores de *miserabilista*.

O grupo de sociólogos ingleses reunidos sob a bandeira dos *cultural studies*, tendo Hoggart como principal representante (ao qual Passeron associou bastante o seu percurso desde 1970),[40] ressalta, ao contrário, as riquezas e as sutilezas da cultura popular, assim como a capacidade dos atores de resistir à dominação cultural (a cultura de massa). Há o "eles" e há o "nós". Michel de Certeau havia também enfatizado os modos múltiplos de consumo cultural, que não se poderia reduzir a uma inculcação, uma intoxicação ou uma dominação.[41]

Na mesma ordem de ideias, quando Bourdieu se houve com as indústrias culturais, não pôde evitar inscrever-se na linhagem dos críticos neomarxistas da Escola de Frankfurt (Adorno, Horkheimer, Marcuse) e do pensamento lukacsiano sobre a reificação, negando às populações pouco escolarizadas qualquer competência para resistir às mensagens alienantes. Denunciou muito a cultura midiática, assimilando-a a uma cultura economicamente dominada, "às ordens do capital".[42] Sempre deu as costas às teorias da recepção que se desenvolvem e aprofundam há trinta anos sob a bandeira dos *cultural studies*. Neste ponto, chegamos à critica empírica, pois Bourdieu é atacado por sua posição axiológica na medida em que ela

---

38 | Claude Grignon e Jean-Claude Passeron, *Le Savant et le populaire: misérabilisme et populisme en sociologie et en littérature*, Paris: Gallimard/Seuil, 1989.

39 | Pierre Bourdieu, *op. cit.*, 1979, cap. 7 ("Le choix du nécessaire").

40 | Cf. Jean-Claude Passeron (org.), *Richard Hoggart en France*, Paris: BPI, 1999.

41 | Michel de Certeau, *A invenção do cotidiano: 1. Artes de fazer*, Petrópolis: Vozes, 2000.

42 | Pierre Bourdieu, *Sobre a televisão*, Rio de Janeiro: J. Zahar, 1997.

teve efeitos sobre sua relação com a pesquisa de campo e sobre a qualidade, e mesmo a credibilidade, de suas observações, sempre sobredeterminadas por pressupostos "legitimistas".

As críticas teóricas e empíricas | *Determinismo* | Por mais que Bourdieu tenha tentado negar o caráter determinista e mecânico da relação que estabelecia entre as situações e as tomadas de posição,[43] alguns sociólogos jamais acreditaram nele. Assim, Menger repisou os "indivíduos teóricos" de Bourdieu, que possuem *habitus* constantes, comportamentos previsíveis e estatisticamente prováveis. Segundo Menger, estamos frente a um "autodeterminismo singular", com agentes que sempre "transformam a necessidade em virtude" – a expressão é de Bourdieu e remete à interiorização da coação.[44]

A crítica ao determinismo é reencontrada em todos os níveis. Mais uma vez, é Becker que, incitado por Pessin a pôr os pontos nos "is", escreve: "A ação não é previsível [...]. As consequências possíveis são sempre numerosas e variadas, e não se deixam capturar facilmente numa fórmula [a do *habitus*]. A natureza das relações não é dada *a priori* [...]. Sempre se pode fazer de outra maneira, em outro lugar...".[45]

Essas oposições não poderiam ser mais claras. O paradigma bourdieusiano, inteiramente probabilista, enfatiza as forças dominantes, que são objetivadas por constantes, médias, desvios relativos, regularidades estatísticas, e deixa de lado tudo o que é minoritário, indeterminado, instável, efêmero, variável – em suma, todos esses locais que os outros, ao contrário, espiam com interesse e que, segundo eles, exatamente caracterizam o domínio das artes e da cultura.

A crítica de Lahire

Há uma década já, um sociólogo deu-se como programa de pesquisa examinar item por item a obra de Bourdieu – plenamente consciente, entretanto, da dificuldade institucional que teria para

---

43 | Pierre Bourdieu, *op. cit.*, 1996, p. 71.

44 | Pierre-Michel Menger, *La Profession de comédien: formations, activités et carrières dans la démultiplication de soi*, Paris: La Documentation française, 1997

45 | Alain Pessin e Howard Becker, *op. cit.*, 2005, pp.171 e 175.

levar adiante esse trabalho, encurralado entre os guardiões incondicionais do paradigma, que o tratam como "inimigo", e os oponentes renhidos de Bourdieu, que criticam Lahire por permanecer dentro do paradigma. Pratica de fato o que se pode chamar de "crítica interna", que conserva os instrumentos teóricos principais mas os afina, retoma, remenda, conserta (incorporação, *habitus*, campos, legitimidade etc.). Em 1998, em *O homem plural*, anuncia que "é, portanto, a pensar com e contra Bourdieu que esta obra convida".[46] Desde então, seguiu este programa.[47]

• A crítica do *habitus*: critica Bourdieu por oferecer a respeito uma teoria simplista demais, em que as disposições se encontram unificadas. Lahire propõe, ao contrário, considerar o caráter plural dos *habitus* em razão das socializações diversificadas, na tradição dos interacionistas de Chicago (Mead, Blumer, Goffman, entre outros), e de não superestimar sua unidade. Essa posição é o cerne de sua crítica, que não cessou de testar empiricamente,[48] apoiando-se em estatísticas e constatando que as práticas "dissonantes" eram majoritárias. No plano sincrônico, o *habitus* concebido por Bourdieu superestima o peso do passado incorporado em detrimento das crises, das evoluções, rupturas, acidentes e influências do presente do ator nas interações, nos encontros. As coordenadas sociais não chegam a determinar por si sós os gostos e as práticas.

• Volta a analisar também a noção de "senso prático", a qual remete a uma teoria da ação pré-reflexiva, enquanto Lahire pôde constatar que as relações com os escritos cotidianos são reflexivas. De maneira geral, diferentemente de Bourdieu, recusa considerar as práticas na urgência e na pré-reflexividade.

---

46 | Bernard Lahire, *L' Homme pluriel: les ressorts de l'action*, Paris: Nathan, 1998, p. 11.

47 | Bernard Lahire, *op. cit.*, 1999; e também em: *A cultura dos indivíduos*, Porto Alegre: Artmed, 2006.

48 | Por exemplo: em entrevistas; em *Portraits sociologiques. Dispositions et variations individuelles*, Paris: Nathan, 2002; ou ainda em *A cultura dos indivíduos, op. cit.*

• A crítica do método: Lahire examinou de perto as interpretações (ou as sobreinterpretações) às quais Bourdieu se entregou com base em alguns quadros estatísticos. Reprova-o por fazer parecer que se deixou guiar pelos dados empíricos e por tentar tudo para integrar alguns dados em seu quadro teórico preexistente. Além disso, não concorda que as pesquisas sobre os consumos culturais sejam as mais aptas para a ambição que se dava Bourdieu descrever os *habitus* e as maneiras de agir. Na esteira de De Certeau, Lahire procurou meios empíricos (a entrevista aprofundada, por exemplo) para captar as situações de analfabetismo funcional, as experiências de recepção, de leitura em meio popular ou não.

Habitus e teoria da homologia | A teoria da *homologia*, que faz corresponder as disposições dos agentes (seus *habitus*) com suas posições no espaço social e suas tomadas de decisão (entenda-se por aí práticas, gostos, ideias ou obras, se forem produtores), é particularmente questionada. Bourdieu fala em "ajuste automático e não cinicamente procurado" dos produtos culturais às diferentes categorias de consumidores. Evoca "uma correspondência que se estabelece objetivamente entre o produtor cultural e seu público".[49] O que se questiona nessa teoria diz respeito à estabilidade do *habitus*. Os indivíduos evoluem, ao longo da vida, no plano dos gostos e das práticas. Não se pode explicar os comportamentos em termos de causa, atendo-se a uma inculcação durante o ensino primário ou a uma socialização unívoca fixada para todo o sempre.[50] Alguns sociólogos preferem focar mais nas interações do que nas determinações, mais no presente e no futuro (as intenções) do que no passado. Os interacionistas enfatizam a liberdade criadora dos atores, a "ordem negociada" do social (Strauss), a inventividade e as mudanças.

Sociologismo | Bourdieu não hesita em "reduzir" a posição dos indivíduos no espaço social a coordenadas econômicas (capital econômico) ou culturais (capital escolar) e a deduzir daí, de modo probabilista, suas práticas e seus gostos.[51] Essa redução do indivíduo a dados é totalmente estranha

---

49 | Pierre Bourdieu, *op. cit.*, 1984, pp. 213 e 215.
50 | Bernard Lahire, *op. cit.*, 1999.
51 | Pierre Bourdieu, *op. cit.*, 1979.

à postura da sociologia norte-americana interacionista, notadamente pela sua recusa dos métodos quantitativos e estatísticos.[52] Encontram-se, inclusive entre filósofos da arte representantes da filosofia analítica norte-americana, críticos de Bourdieu que o qualificam de *eliminativista*, neste sentido de que não quer buscar entre as obras distinções formais (que permitam, por exemplo, distinguir arte de massa e arte de elite), e de que remete sistematicamente um tipo de arte a classes sociais. Assim, define "arte popular" pelas classes "populares" que a consomem.[53]

Essa crítica se junta a muitas outras: a crítica do "sociologismo" operada por Boudon[54] – que assemelha, nessa ocasião, Bourdieu a Becker – corresponde à redução dos bens culturais às condições sociais dos consumidores ou dos produtores. Essa crítica foi reiterada por Heinich.[55]

Pode-se apontar de passagem que essa recriminação quanto ao "sociologismo" remonta aos primórdios da sociologia. Os *"sorbonnards"*[56] dos anos 1910 e 1920 – Lachelier, Lalande, Brunschwicg e toda a corrente antidurkheimiana da sociologia (à qual Aron juntou-se mais tarde) – condenavam Durkheim, no contexto das sessões da Sociedade Francesa de Filosofia, por seu "sociologismo" ou sua "sociodiceia", presentes n'*As formas elementares* ("A sociedade é Deus").

Materialismo | Podemos estimar que a lógica econômica está onipresente no princípio generalizado de "distinção", que estende toda sua autoridade sobre a explicação das ações no campo, sendo a meta de cada produtor cultural (intelectual, cientista, artista, escritor, jornalista, crítico de arte) obter "o monopólio de legitimidade e das instância de legitimação". A ideia

---

52 | Ver Samuel Gilmore, "Art Worlds: Developing the Interactionist Approach to Social Organization", em: Howard Becker e Michal McCall (org.), *Symbolic Interaction and Cultural Studies*, Chicago: University of Chicago, 1990, pp. 148-178; e Howard Becker, *Art Worlds*, Oakland: University of California Press, 1982.

53 | Noël Carroll, *A Philosophy of Mass Art*, Oxford: Oxford University Press, 1998.

54 | Raymond Boudon, *Le Juste et le vrai: études sur l'objectivité des valeurs et de la connaissance*, Paris: Fayard, 1995.

55 | Ver, de Nathalie Heinich, *Ce que l'Art fait à la sociologie*, Paris: Minuit, 1998a; e *La Sociologie de l'art*, Paris: La Découverte, 2001.

56 | Figuras docentes notórias da Sorbonne. [N. T.]

de que é preciso sempre se distinguir, se diferenciar, inovar, não deixa de lembrar a teoria econômica que vai de Veblen[57] a Schumpeter. Bourdieu só concebe as obras na medida em que expressam estratégias distintivas:

> Os nomes de escolas ou de grupos só têm essa importância porque fazem as coisas: sinais distintivos, produzem a existência num universo onde *existir é se diferenciar*, fazer seu nome. Falsos conceitos, instrumentos práticos de classificação [...] são produzidos na luta pelo reconhecimento e preenchem a função de sinais de reconhecimento.[58]

Ora, o abandono da referência às classes sociais (inclusive e sobretudo como variável explicativa das práticas culturais) tornou-se o *credo* de uma "nova sociologia francesa", influenciada pela etnometodologia norte-americana, bastante bem representada por Boltanski e Thévenot ou por Latour. Basta abrir as primeiras páginas da obra hoje clássica de Boltanski e Thévenot para se convencer:

> Os leitores desta obra poderão sentir um certo incômodo ao não encontrar nas páginas a seguir os seres [*sic*] que lhes são familiares. Nada de grupos, de classes sociais, de operários, de executivos, de jovens, de mulheres, de eleitores etc., aos quais nos acostumaram tanto as ciências sociais quanto os inúmeros dados estatísticos que circulam hoje pela sociedade.[59]

Na introdução de sua obra sobre os amadores, Hennion (que trabalha no mesmo laboratório que Latour) recusa "essa sociologia que toma o gosto como um sinal. O gosto não é somente um meio de medir um consumo diferencial [...]. Pois isso supõe reduzir o amador a não ser mais que o portador dos seus CSPs".[60]

---

57 | Thorstein Veblen, *A teoria da classe ociosa*, São Paulo: Abril Cultural, 1983. (1. ed. norte--americana: 1899).

58 | Pierre Bourdieu, *op. cit.*, 1992, p. 223.

59 | Luc Boltanski e Laurent Thévenot, *De la Justification: les économies de la grandeur*, Paris: Gallimard, 1991, p. 11. (1. ed.: 1987).

60 | Antoine Hennion, Sophie Maisonneuve e Émilie Gomart, *Figures de l'amateur: formes, objets, pratiques de l'amour de la musique aujourd'hui*, Paris: La Documentation française, 2000, pp. 37 e 48.

Heinich insurge-se também contra essa sociologia que rebaixa todo valor (estético, ético) a posições no campo e a interesses (forçosamente ilegítimos?). O juízo de gosto não é a expressão do social.[61] Se o fosse, como se chegaria a compreender o "regime de singularidade" (e de criatividade) constitutivo do mundo artístico? A autora desenvolve o que deve ser uma postura de "irredução" (retomando o termo de Latour): a recusa de "reduzir ao geral" práticas individuais.

Sociologia do interesse | Além disso, Bourdieu escreve que toda ação é interessada e animada pelo cálculo: é "objetivamente econômica".[62] Todavia, acrescenta, um dos segredos do funcionamento social na maioria dos campos de atividade (religião, arte, família, amor, amizade, política etc.) é mascarar para os outros (má-fé) e/ou a si mesmo (recalque) esse espírito de cálculo. O jogo social consiste em produzir as condições do desconhecimento dessa dimensão econômica e em convencer que a ação repousa sobre a verdade do comprometimento. Está aí a diferença em relação ao determinismo econômico puro, segundo o qual o cálculo é consciente. Por isso, economistas neoclássicos como Gary Becker são tachados por Bourdieu de "intelectualismo", assim como todos os sociólogos adeptos do individualismo metodológico, na medida em que pretendem ignorar a necessidade social da negação prática do interesse.

Segundo ele, nem o interesse nem a estratégia devem ser entendidos no sentido finalista ou teleológico da economia pura e da racionalidade intencional. Trata-se de um "ajuste" que depende das predisposições (do *habitus*) a um jogo social (o campo é um jogo), vivenciado no modo da "afinidade eletiva", do amor, do dom. O sociólogo da economia dos bens simbólicos deve, pois, colocar em evidência o trabalho individual e coletivo do recalque do interesse, de sua ocultação, que está na base do êxito de certas operações, que nunca funciona tão perfeitamente quanto quando os interessados agem fora de todo interesse consciente.[63] Só mesmo o sociólogo para desvelar a economia das práticas, a lógica objetivamente interessada e calculista dos agentes. E esta é particularmente verdadeira no campo cultu-

---

61 | Nathalie Heinich, *op. cit.*, 1998a.
62 | Pierre Bourdieu, *op. cit.*, 1994, p. 209.
63 | Pierre Bourdieu, *op. cit.*, 1972 e 1980.

ral, que se apresenta no entanto como um "mundo econômico invertido"[64] onde cada ator nega e recalca o interesse ou o trabalho necessários: o galerista, o editor, o artista, o colecionador, o crítico etc.

As críticas multiplicaram-se contra essa concepção: Menger recusa "as noções epistemológicas insustentáveis", tais como as "estratégias inconscientes".[65] Segue Boudon, que se bate desde os anos 1960 contra o "estruturofuncionalismo", contra o "holismo" e o "metaforismo" (de Bourdieu), e recusa reduzir a sensibilidade artística a fenômenos de "falsa consciência": "O amador não ama, crê amar. Como se pode saber isso? Pode-se ignorar a este ponto os fatos de consciência? Com que direito e sobre que bases presumir esta falsidade da consciência?".[66]

A crítica foi reiterada e tornada mais precisa em 1993, quando Hennion propôs-se, na esteira de Boltanski[67] e de Passeron e Grignon,[68] empreender uma sociologia da denúncia que tomava a própria denúncia como objeto sociológico e questionava o papel da crença no fundamento do jogo social.[69] Mais recentemente, esse autor confronta a negação do amor à arte e recusa abertamente essa sociologia crítica: "[Esta] desqualifica toda análise sociológica da arte como tal [... o] que marca seu desinteresse pela obra e pela experiência estética [...]. Não podemos nos contentar com uma explicação da beleza em termos de convenção, de crença ou de *illusio*".[70]

Essa reação é retomada por Nathalie Heinich. No contexto do que hoje se chama o "retorno do ator" (Ricoeur e Touraine), a autora critica a ótica holista em nome da análise compreensiva. Empreendeu mostrar que as representações não são redutíveis a ilusões desveladas pelo sociólogo.[71] Segundo ela, a arte não é somente um assunto de crenças e de ilusões que se deveria

---

64 | Pierre Bourdieu, *op. cit.*, 1992.

65 | Pierre-Michel Menger, *op. cit.*, 1997.

66 | Raymond Boudon, *op. cit.*, 1995, p. 111.

67 | Luc Boltanski, *La Dénonciation*. Paris: Minuit, 1984.

68 | Jean-Claude Passeron e Claude Grignon, *op. cit.*, 1989.

69 | Antoine Hennion, *La Passion musicale: une sociologie de la médiation*, Paris: Métailié, 1993.

70 | Antoine Hennion et al., *op. cit.*, 2000, pp. 29-30.

71 | Nathalie Heinich, "Sociologie de l'art: avec ou sans Bourdieu", *Sciences humaines*, n. 105, maio 2000, pp. 34-36.

denunciar. O que ela representa para os atores é tão digno de interesse sociológico quanto dizer o que ela é. A representação não pode ser achatada sob a ilusão da representação. No domínio das artes e da cultura, essa posição parece ainda mais "natural" porque os autores desenvolvem nela momentos reflexivos e se sentem indivíduos criativos, livres e autônomos.

Devolver o valor e a razão aos atores, esta é a palavra de ordem de todos esses sociólogos que desejam restaurar a parte de vontade, de intenção, de projeto e de consciência, contra uma visão "determinista": Boltanski,[72] Heinich,[73] Lahire,[74] Hennion,[75] Boudon,[76] Menger...[77]

Superestimação da dominação | Segundo Grignon e Passeron, as relações de força entre grupos sociais não dão a chave de compreensão das relações simbólicas e dos conteúdos de cultura. Elas não se traduzem automaticamente nestes. A luta de classes não é o princípio explicativo da dominação. E, a partir de sua prisão, Gramsci pensava que as culturas populares podiam ter uma coerência e uma real autonomia.

No todo, como sugere Heinich, a posição de Bourdieu levou a reduzir o mundo cultural a duas dimensões, em vez de enxergar neste um pluralismo de valores, uma multidão de pontos de vista, o cadinho de uma grande diversidade expressiva.

---

72 | Ver, de Luc Boltanski, *L'Amour et la justice comme compétences: trois essais de sociologie de l'action*, Paris: Métailié, 1990; e, em coautoria com Laurent Thévenot, *Les Économies de la grandeur*, Paris: PUF, 1987.

73 | Nathalie Heinich, *op. cit.*, 1998 e 2001.

74 | Bernard Lahire, *op. cit.*, 1998.

75 | Antoine Hennion, *op. cit.*, 1993 e 2000.

76 | Raymond Boudon, *op. cit.*, 1995.

77 | Pierre-Michel Menger, *op. cit.*, 1997.

CAPÍTULO 12

A CULTURA COMO MUNDO

O PARADIGMA DO "MUNDO" (tradução de *Art worlds*) propõe um ponto de vista englobante, assim como o precedente. Utiliza noções transversais (trabalho, carreira, convenção, rotulagem, negociação, redes) que associam os atores (o Estado, os profissionais, os públicos, os agentes de reconhecimento), os bens (as partituras, os instrumentos de música, os discos etc.) e as ações (produção, distribuição, recepção). Sua inspiração é interacionista.

Segundo Anselm Strauss (1916-1996), representante da terceira geração da Escola de Chicago, um "mundo social" caracteriza-se por vários elementos: universos de discurso, uma atividade primária (por exemplo, dançar), tecnologias, um "lugar", organizações com uma divisão do trabalho mais ou menos complexa. Existe, segundo ele, uma infinidade de "mundos", mais ou menos grandes, visíveis, hierarquizados, impermeáveis, heterogêneos. Alguns estão estruturados em classes. Cada um tem a sua dominante: intelectual, profissional, político, religioso, artístico, sexual, científico, recreativo. Encontram-se lógicas sociais idênticas no interior dos mundos: defender, inovar, competir, cooperar.[1]

A teoria dos "mundos da arte" de Howard Becker (nascido em 1928) tenta realizar um esforço de especialização no interior desse quadro geral. Seguindo Everett Hughes (1897-1983), que foi seu professor (assim como de Strauss e de Goffman), Becker está convencido de que "tudo é trabalho de alguém". Orienta-se para uma concepção da arte como ação coletiva, mas de um tipo específico.

Vamos apresentar o paradigma dos "mundos" a partir de sua dupla dimensão: *simbólica* (os atores trabalham na produção do sentido) e *prática* (constroem redes para tornar eficaz sua ação coletiva). Essas duas dimensões estão imbricadas: da mesma maneira que a rede é "produtora de sentido" para os que se associam a ela, o sentido engendra alianças.

---

1 | Anselm Strauss, *Espelhos e máscara: a busca de identidade*, São Paulo: Edusp, 1999. (1. ed. norte-americana: 1959).

A dimensão simbólica dos mundos | A questão do sentido | Sem voltar em demasia para trás, é importante conhecer as perspectivas que contribuíram para a emergência desse paradigma, que fazem da noção de sentido (intencionado e construído pelos atores, interpretado pelo pesquisador) um elemento central do "social". Essa linhagem vai de Weber e Simmel (a sociologia compreensiva) aos interacionistas simbólicos (Blumer, Hughes), da Escola de Chicago à etnometodologia de Garfinkel, passando por Alfred Schütz, ele próprio husserliano e weberiano.

O social é o sentido | É a Weber que devemos o estabelecimento mais rigoroso da ideia de uma "sociologia compreensiva", entendida como uma ciência da interpretação do sentido que os atores investem em sua ação. Segundo ele, uma interação é social quando é significativa, caso seja interpretável pelos atores (e *a fortiori* pelo pesquisador, que pode reconstituir o sentido).

> A atividade é o ato pelo qual os agentes *dão a ela um sentido subjetivo* (portanto interpretável) [...]. A atividade social é a atividade que *em conformidade com o sentido almejado* refere-se ao comportamento de outrem, em razão de quem seu desdobramento é orientado. [...] A sociologia é a ciência que se propõe *compreender pela interpretação* a atividade social e explicar causalmente seu desdobramento e seus efeitos.[2]

Alfred Schütz (1899-1959), autor austríaco exilado nos Estados Unidos, foi influenciado pela sociologia weberiana e pela fenomenologia de Husserl. Na sua opinião, a sociologia deve ser "uma hermenêutica da vida social".[3] Grande conhecedor de Weber, dá a primazia ao significado, acrescentando essa noção de um social "em via de se fazer", cujo princípio determinante reside mais em seu processo de realização do que em seu resultado (mais no *modus operandi* do que no *opus operatum*). O social constrói-se por (e dentro de) um conjunto de procedimentos sociais que conduzem a decisões, a interações, que constituem provas de qualificação das quais os agentes saem engrandecidos (ou não) – em todo caso, transformados.

***O sentido, produto da interação social* |** Simmel, que foi amigo e colega de Weber, deu maior ênfase ao papel das interações na construção social

---

2 | Max Weber, *Économie et société*, Paris: Plon, 1995, v. 2, p. 28. (1. ed. alemã: 1922).
3 | Alfred Schütz, *Le Chercheur et le quotidien*, Paris: Méridiens, 1987.

do sentido. Segundo ele, a "sociedade" não existe em si, mas enquanto associações de indivíduos em interações. Para que as "formas sociais" existam, os indivíduos que agem em interação devem ter consciência delas.

Como sublinham, nessa linha, os norte-americanos Georges Herbert Mead e Herbert Blumer, a sociedade é uma ação coletiva que repousa sobre significados: "Estudar as ações coletivas significa estudar o procedimento dos atores sociais que as realizam, incluindo nelas o universo dos significados aos quais se referem".[4]

A influência de Simmel passou para Robert Park (1864-1944), que acompanhou seus cursos na Alemanha e foi associado à primeira Escola de Chicago ao lado de William Thomas. Encontram-se em Blumer (1900-1987) as ideias de Mead e de Simmel quando expõe as bases do interacionismo simbólico,[5] distinguindo as interações sociais não simbólicas (estímulo/resposta) e aquelas que são simbólicas. No segundo caso, existe um trabalho de interpretação do ator, enquanto no primeiro há apenas uma resposta direta.

Definição e identidade | Os interacionistas norte-americanos descrevem a atividade social como um trabalho de definição, perspectiva original que desembocou sobre a questão (identitária) da construção de "si", relacionada com o olhar dos outros. Mead iniciou essa abordagem,[6] que influenciou por sua vez Blumer, Hughes, Goffman (1922-1982), Strauss e Becker.

A identidade: uma questão de definição de si e dos outros | Goffman tomou como eixo de sua sociologia a descrição das interações sociais: apresentação de si, relações em público, análise das conversas etc. Mostrou-se especialmente atento à maneira pela qual as diferenças físicas (uma deficiência, por exemplo) poderiam ser transformadas em problemas identitários. Um "estigma"[7] é uma diferença considerada anormal pelo outro. No plano

---

4 | Jean-Michel Chapoulie, prefácio a Howard Becker, *Outsiders: études de sociologie de la déviance*, Paris: Métailié, 1985, p. 16. (1. ed. norte-americana: 1963).

5 | Herbert Blumer, "Social psychology", em: *Symbolic Interactionism: Perspective and Method*. Berkeley: University of California Press, 1986. (1. ed. norte-americana: 1937).

6 | George Herbert Mead, *L'Esprit, le soi et la société*, Paris: PUF, 1963 (1. ed. norte-americana: 1934).

7 | Erving Goffman, *Estigma: notas sobre a manipulação da identidade deteriorada*, Rio de Janeiro: Guanabara, 1991 (1. ed. norte-americana: 1963).

sociológico, o que Goffman queria apontar diz respeito aos processos sociais de estigmatização, à definição de si pelos outros e às estratégias possíveis face a essa coação: aceitação, interiorização, adaptação, negociação, recusa.

Becker mostra na mesma época que o "desviante" é, em primeiro lugar, aquele que é considerado/designado como tal pelos "outros". A definição social do desvio depende do trabalho prévio de construção de uma norma referencial e da mobilização coletiva necessária para a sua imposição, o que hoje se chama de *labelling theory* (teoria da rotulagem).

As definições têm uma eficácia social porque designam o normal e o anormal, incluem ou excluem indivíduos em comunidades e reforçam (ou esmagam) as identidades. "Definir ou determinar uma coisa é circunscrever seus limites."[8]

A problemática identitária

A noção de identidade constitui hoje uma problemática sociológica – inclusive na França, onde levou tempo para se impor, sem dúvida em razão de seu caráter psicológico que se enquadra mal na tradição durkheimiana. Alguns sociólogos até fizeram do tema uma especialidade, tal como Nathalie Heinich, que reivindica sua afiliação intelectual a Goffman e Elias,[9] ou Kaufmann, Singly, Dubar, Martuccelli etc.

A problemática identitária gira em torno de três "momentos": a imagem que se tem de si mesmo (autopercepção), aquela que se oferece a outrem (representação) e aquela que é mandada de volta por outrem (designação). Estes três momentos podem coincidir ou não (em especial num estado de crise). Seu estudo ocorre em vários eixos:

• a identidade dos profissionais da cultura.[10] A partir de quando um profissional sente-se autorizado a se autodefinir como tal?

---

8 | Anselm Strauss, *op. cit.*, 1999, p. 22.

9 | Natalie Heinich, "L'Art et la manière: pour une analyse cadre de l'expérience esthétique", em: Natalie Heinich *et. al.*, *Le Parler Frais d'Erving Goffman*, Paris: Minuit, 1987, p. 110-120; e, da mesma autora, *A sociologia de Norbert Elias*, Bauru: Edusc, 2001.

10 | Natalie Heinich, *Du Peintre à l'artiste: artisans et académiciens à l'âge classique*, Paris: Mi-

- as crises identitárias: os efeitos sociais e psicológicos que decorrem da recepção de um prêmio literário;[11]
- as identidades de gêneros tais quais se constroem nas ficções,[12] nas telenovelas;[13]
- a identidade dos praticantes: "O trabalho identitário constrói-se na tensão entre particularização e assimilação a coletivos".[14]

É possível compreender, por extensão, os modos como as práticas culturais permitem transportar consigo o nome e o renome de outros no seio dos coletivos. O amador ou o conhecedor, o especialista ou o colecionador participam por delegação do renome daquele que carregam e transportam no mundo social. A problemática identitária tem a vantagem de aplicar-se a todos os domínios da sociologia da cultura: as práticas produzem uma identidade subjetiva ou objetiva, individual ou coletiva; as profissões culturais reforçam as identidades, e as políticas estão também relacionadas com essas questões em nível nacional (a identidade nacional, a exceção cultural etc.). O que sem dúvida faz do paradigma interacionista um dos mais utilizados em sociologia já há algum tempo.

Os profissionais da definição | Como sublinha Strauss,[15] quaisquer que sejam os "mundos" sociais, certas atividades são designadas como mais "autênticas" do que outras. O problema é saber quem decide isso.

Os fenômenos de apadrinhamento, de habilitação, de autenticação, de designação ou, inversamente, de exclusão, de desqualificação, assumem

nuit, 1993; e, ainda, *Être écrivain: création et identité*, Paris: La Découverte, 2000; e *La Sociologie de l'art*, Paris: La Découverte, 2002.

11 | Natalie Heinich, *L' Épreuve de la grandeur: prix littéraires et reconnaissance*, Paris: La Découverte, 1999.

12 | Natalie Heinich, *États de femme: l'identité féminine dans la fiction occidentale*, Paris: Gallimard, 1996.

13 | Dominique Pasquier, *La Culture des sentiments: l'expérience télévisuelle des adolescents*, Paris: MSH, 1999.

14 | Nathalie Heinich, *op. cit.*, 2000, p. 346.

15 | Anselm Strauss, *op. cit.*, 1999, p. 275.

uma importância sociológica (transpondo ao registro lexical de Bourdieu, falaremos em processos de "legitimação"). Trata-se das provas que permitem a um objeto, um indivíduo, uma instituição ou uma atividade serem incluídos ou excluídos de um domínio valorizado.

Os trabalhos de Becker sobre o desvio já desenvolviam este aspecto, notadamente pela importância emprestada ao papel dos "empresários da moral", que criam as normas em nome de uma causa considerada "justa", mobilizam coletivos destinados à imposição de definições dominantes e propõem sistemas de sanções de comportamentos não conformes.

Nos mundos da arte e da cultura, "universos simbólicos" por excelência,[16] essas abordagens teóricas são especialmente apropriadas, pois as questões de definição são aí centrais.[17] A importância dos profissionais da estética e dos seus julgamentos de valor caracteriza, sem dúvida mais do que outros, os mundos da arte e da cultura. Esses agentes especializados permitem o acesso ao "rótulo" e às vantagens socioeconômicas que dele decorrem. Becker refere-se, aliás, constantemente aos filósofos Arthur Danto e Georges Dickie[18] para mostrar que um objeto é considerado arte caso exista um ambiente de teorias estéticas, um "mundo da arte". O objeto torna-se o suporte de interpretações. "Para considerar uma coisa como arte, é preciso algo que o olhar possa discernir, um ambiente de teoria artística, um conhecimento da história da arte: um mundo da arte."[19]

As lógicas da ação | Nesse universo de grande densidade simbólica, os atores sociais têm a possibilidade de "jogar" com significados e definições, embora se trate de um jogo que tem suas regras e coerções. Esse paradigma sublinha o aspecto mutável das normas, com as quais os indivíduos "lidam"; estes constroem e transformam os contextos de análise, que nunca são dados uma vez por todas. Produtores ou consumidores de bens culturais

---

16 | Peter Berger e Thomas Luckmann, *A construção social da realidade*, Petrópolis: Vozes, 1990. (1. ed. norte-americana: 1966).

17 | Sobre a qualificação dos bens, cf. a parte I desta obra.

18 | Howard Becker, *Les Mondes de l'art*, Paris: Flammarion, 1988, cap. 5 ("L'Esthétique, les esthéticiens et les critiques"). (1. ed. norte-americana: 1982).

19 | Arthur Danto, "The artworld", *Journal of Philosophy*, n. 61, 1964, citado por Howard Becker, *op. cit.*, 1988, p. 161.

(que são eles próprios convenções) têm duas possibilidades: ou transgridem as definições, ou as aceitam (há de se notar que a teoria dos campos retoma igualmente esta alternativa entre ortodoxia e heterodoxia, conservação e subversão).

Transgredir/conservar | Becker propõe uma tipologia dos diferentes produtores conforme seu grau de aceitação e de conhecimento das convenções em vigor (donde retira o título de sua obra, *Os mundos da arte*, que está no plural):
• os "profissionais integrados" são aqueles que dominam perfeitamente as problemáticas, os constrangimentos técnicos, "que inscrevem sua atividade numa tradição comum dos problemas e das soluções";[20]
• os "franco-atiradores", inversamente, recusam as regras e as transgridem. Correspondem em certa medida aos "desviantes" da teoria anterior. Chocam-se com a hostilidade dos outros membros do mundo, pois rejeitam seus quadros mais destacados. Em troca de sua liberdade (formal), privam-se dos recursos do mundo da arte;
• a arte popular não conhece as regras dominantes ou não se interessa por elas. As suas são de alcance limitado, transmitidas em contextos familiares ou artesanais;
• os "ingênuos" tampouco sabem que existem mundos da arte nos quais poderiam ter o seu lugar. Praticam sem aprendizagem especial e se endereçam a um público que não procura transgredir as normas em vigor. É uma arte muito estereotipada.

Custos e vantagens da transgressão | Os "mundos" desenvolvem muitas vezes uma inércia interna, na medida em que há sempre uma dimensão ética ou moral por trás da noção de convenção. Não são somente sistemas de regras, como também arranjos que assumiram uma forma habitual. O "estável" acaba assumindo uma densidade ética e moral, de modo que:

> Todo golpe desferido contra convenções e a estética que elas encerram atinge, em definitivo, o sistema de estratificação estabelecido [...]. Uma contestação dos costumes (entenda-se "convenções", no caso em pauta) é de fato uma contestação do edifício social (entenda-se "da organização de um mundo da arte"). Os sectários

---

20 | Howard Becker, *op. cit.*, 1988, p. 240.

ou os inovadores nos mundos da arte estão, portanto, em conflito aberto com o sistema hierárquico que os rege.[21]

Becker mostra que os atores sociais têm maiores vantagens em conservar as convenções como estão: os hábitos estabilizados permitem reunir coletivos de forma duradoura, reduzindo de uma vez por todas os custos de sua mobilização.

O jogo com os bens e os públicos | Por esta ótica, os bens produzidos são eles próprios convenções: todas as artes (poesia, romance, dança, música etc.) e todos os estilos (clássico, barroco, *hip-hop*, *rock*…) correspondem a regras convencionais, com as quais se pode jogar. Cada obra é um misto de convenções estáveis e de inovações. Os bens são convenções objetivadas: equipamentos permanentes, formatos (foto 24×36), instrumentos (os teclados formatados em seis oitavas e meia), quadros (molduras, telas), calibragem de entrevistas jornalísticas (em um minuto), duração de música, tamanho dos artigos (em laudas), todas essas são formas em relação direta com os usos esperados. A ideia de "investimentos de forma" proposta por Thévenot no início dos anos 1980 a respeito do mundo industrial não está afastada dessa teoria. Becker retoma de Meyer[22] a ideia de que as convenções podem ser entendidas no sentido de "técnicas": gamas, acordes, cadência, formas "sonata" e "rondós".

O jogo com as convenções permite manipular as expectativas do público, proporcionando-lhes decepções, surpresas, compassos de espera ou modificações. "As formas criam expectativas cuja manipulação produz efeitos intelectuais e emocionais."[23]

Os públicos são eles próprios segmentados conforme seu desigual domínio das convenções. Schütz[24] falava da "cultura musical", que foi transmitida, aprendida e aprovada. É constituída pelo estoque dos conhecimentos que se interpõem entre o compositor, os intérpretes e os ouvintes. A emoção musical depende do trabalho de recriação de cada um.

---

21 | Howard Becker, *op.cit.*, p. 306.

22 | Leonard Meyer, *Emotion and Meaning in Music*, Chicago: University of Chicago, 1956.

23 | Howard Becker, *Propos sur l'art*, Paris: L'Harmattan, 1999, p. 11.

24 | Alfred Schütz, "Making Music Together: a Study in Social Relationship", *Collected Papers*, v. 2, Haia: Martinu Nijhoff, 1976, pp. 159-179 (1. ed.: 1964).

Como Bourdieu, Becker retoma a oposição entre as artes comerciais e a "arte pela arte": "A submissão dos artistas às exigências do público e dos empregadores é mais coercitiva e mais completa nas artes que se tornaram comerciais".[25]

Desta vez, a ideia é a seguinte: as artes mais convencionais, formatadas e conhecidas de antemão, são qualificadas de "comerciais", enquanto aquelas voltadas a produzir formas novas são qualificadas de "artísticas". Devem "produzir" seu público.

A dimensão praxiológica dos mundos | A noção-chave de *convenção* permite ressaltar a dupla dimensão (prática e simbólica) da ação social: de um lado, remete ao sentido, ao simbólico, ao cognitivo; do outro, às práticas e, de modo mais geral, à ação coletiva que lhe dá uma objetividade: "A arte é o produto de uma ação coletiva de cooperação de numerosos agentes. Cooperam graças a pressupostos comuns e podem também coordenar suas atividades".[26]

Essa bipartição sem dúvida não é exclusiva deste modelo (é encontrada na teoria dos campos ou no individualismo), mas é mais equilibrada e não privilegia nenhum dos dois aspectos.

Das interações às redes | A perspectiva interacionista é fundamentalmente indutiva: parte da observação das relações sociais descreve as "formas sociais" (para retomar a expressão de Simmel) que emergem sob o efeito de uma ação coletiva dotada de maior ou menor coordenação. Vai da interação simples à rede, passando pela ação coletiva. "As ciências sociais constituem um conjunto de disciplinas que se interessam pela ação coletiva e por saber como os indivíduos fazem para trabalhar em conjunto, sem problemas maiores, sem passos em falso nem conflitos."[27]

Essa citação indica claramente a orientação convencionalista deste paradigma.

---

25 | Howard Becker, *op. cit.*, 1988, p. 293.
26 | Howard Becker, *op. cit.*, 1999, p. 99.
27 | *Idem*, p. 20.

As convenções

A noção de convenção é central no paradigma dos mundos. Becker dedica-lhe um capítulo inteiro.[28] Ela permite a coordenação da ação coletiva, a compreensão das obras, sua produção, sua difusão; permite diferenciar os profissionais e os públicos segundo seu grau de conhecimento. É sem dúvida interessante a relação teórica que existe entre essa perspectiva filiada à noção filosófica de David Lewis[29] – definida como "o meio que todo mundo adotou para resolver o problema da coordenação da atividade"[30] – e a escola convencionalista, que se desenvolveu na França a partir dos anos 1980 sob a égide de economistas.[31]

Esta escola teórica é incluída por algumas obras no âmbito do individualismo metodológico.[32] Todavia, os socioeconomistas que se declaram parte da corrente, agrupados ao redor de Thévenot e Boltanski,[33] relativizam a importância dada à racionalidade; pois o mundo social é fragmentado, os contextos da ação são múltiplos e as convenções dominantes variam. O que é convencionalmente considerado grande aqui não o será em outra parte. O indivíduo deve, portanto, adaptar-se. As convenções são variáveis, plurais, moldáveis. A ação individual deve submeter-se, todavia, ao imperativo da justificação para parecer aceitável aos olhos de outrem. Encontramos aqui a noção de *accountability*, que foi proposta pelos etnometodólogos em 1967 e por Garfinkel em particular.

---

28 | Howard Becker, *op. cit.*, 1988, cap. 2.

29 | David Lewis, *Convention: a Philosophical Study*, Cambridge: Harvard University Press, 1969.

30 | Howard Becker, *op. cit.*, p. 78.

31 | Cf. *La Revue économique*, v. 40, n. 2, 1989 ("L'Économie des conventions").

32 | Ver: Jean-Pierre Durand e Robert Weil (org.), *Sociologie contemporaine*, Paris: Vigot, 1997, cap. 6 ("De l' Individualisme au conventionnalisme"); ou Bernard Chavance, *L'Économie institutionnelle*, Paris: La Découverte, 2007, pp. 89-93.

33 | Ver, de Luc Boltanski e Laurent Thévenot, *Les Économies de la grandeur*, Paris: PUF, 1987; e também *De la Justification: les Économies de la grandeur*, Paris: Gallimard, 1991.

O que é uma rede? | Becker contenta-se muitas vezes em enumerar os componentes de uma rede, a ponto de falar em "lote"[34] e de apresentar "listas".[35] A rede não é somente uma reunião de agentes. É um conjunto heteróclito: "Um mundo da arte apresenta-se como uma rede de correntes de cooperação que ligam os participantes conforme uma ordem estabelecida".[36] Compõe-se de vários elementos, humanos ou não (para retomar a expressão de Bruno Latour):

• objetos que materializam as crenças, as habilidades práticas e as técnicas passadas;
• atores, produtores, difusores ou receptores; instituições (de formação, de exposição, de difusão...);
• práticas e técnicas;
• princípios e convenções "em operação" (assim, a estética não é considerada um corpo de doutrina imutável, mas uma "atividade").

Cada membro da rede é coagido pelas expectativas dos outros, as quais ele deve antecipar se desejar continuar fazendo parte dela. A rede é ao mesmo tempo um conjunto de coerções e também um recurso para cada um.

A noção de rede em sociologia

Diversos sociólogos orientam-se hoje para essa noção, notadamente para superar o individualismo ou o holismo.

• Na origem, existe uma sociologia consagrada à descrição das redes, entendidas como o conjunto das relações estabelecidas entre os indivíduos. Foi a psicologia social (cf. os famosos "sociogramas" de Moreno) que lançou essa pista, formalizada por socioeconomistas norte-americanos tais como Harrison White.[37]

• Essa visão é a adotada pelo INSEE (pesquisa "Contatos" de 1982-

---

34 | Howard Becker, *op. cit.*, 1999, p. 64.
35 | *Idem*, p. 79.
36 | Howard Becker, *op. cit.*, 1988, p. 59.
37 | Cf. Philippe Steiner, *A sociologia econômica*, São Paulo: Atlas, 1999; e Pierre Mercklé, *Sociologie des réseaux sociaux*, Paris: La Découverte, 2004; ou, ainda, Sophie Ponthieux, *Le Capital social*, Paris: La Découverte, 2006.

-1983, em seguida o levantamento de 1999 sobre as relações de assistência nas redes de parentesco).

• Em sociologia e antropologia das ciências, Latour e Callon entendem as redes como alianças entre humanos e não humanos (objetos), representações e práticas. Hennion aprofundou esta via em sociologia da arte ao descrever as "mediações".

• Em sociologia moral, Boltanski e Thévenot, cujo ponto de partida se aproxima daquele dos economistas das convenções, empenharam sua reflexão a partir da construção de categorias estatísticas. Essa sociologia estendeu-se para a qualificação dos objetos e das pessoas e para as "estratégias para o aumento de importância".[38] Boltanski e Chiapello integraram no seu modelo uma nova "cidade", dita "reticular", fundada na injunção capitalista de tecer novos laços e construir alianças, móveis e flexíveis.[39]

O interesse em cooperar | *Beneficiar-se dos recursos adquiridos* | Weber já explicava que a "ação rotineira" possuía vantagens: ela reduz o custo de novas aprendizagens. Os interacionistas destacam também o interesse que há em associar-se e cooperar adotando as convenções que abarcam todo um conjunto de coisas (escolha de materiais, dos temas, das formações, locais de exposição, sistemas de anotações, expectativas dos públicos). Os custos do desacordo e os benefícios do acordo são dados objetivos da vida social. Há um custo por optar pelo não convencional, que consiste, entre outras coisas, em excluir círculos de sociabilidade preexistentes. Mudar de "lote" significa mudar de aliados, sob o risco de não encontrar ninguém que os substitua! As mudanças só se impõem se os seus instigadores conseguem arrolar alguns membros ou fazer que todos os membros do "mundo" em questão cooperem com as atividades requeridas pela sua nova concepção.[40] Este esforço de convicção, que encontramos também no mun-

---

38 | Ver Luc Boltanski e Laurent Thévenot, *op. cit.*, 1991; Alain Desrosières, *La Politique des grands nombres. Histoire de la raison statistique*, Paris: La Découverte, 1993.

39 | Ève Chiapello e Luc Boltanski, *O novo espírito do capitalismo*, São Paulo: WMF Martins Fontes, 2009.

40 | Howard Becker, *op. cit.*; 1988, p. 308.

do da ciência, é longo e custoso, em parte retórico, em parte prático (técnico e administrativo).[41] É também arriscado, pois nada garante o seu resultado (cf. as narrativas de fracasso: o projeto Aramis, por exemplo).[42]

Ganho de reputação | Se todo trabalho se inscreve numa rede de cooperação, deve estender seu campo para aumentar seu valor: "Uma obra tem qualidades e um valor quando se faz a unanimidade quanto aos critérios retidos para julgá-la".[43]

O valor depende portanto, ao mesmo tempo, de trabalho coletivo e da força ou da extensão da rede. O principal ponto em jogo nos debates estéticos consiste, segundo Becker, em modificar suas alianças ou multiplicá-las (Latour e Callon, citados por ele com frequência, desenvolvem a mesma ideia em sua teoria do ator-rede). Cada um tece relações com outros a fim de ganhar em reconhecimento e confirmar sua identidade numa sequência de experiências probatórias mais ou menos formalizadas. Além disso, a reputação depende fortemente da duração. Cada um deve, no mundo cultural, manter por muito tempo uma reputação elevada.[44]

Os "mundos" em discussão | Qual é o grau de autonomia deste paradigma?

| Na França, talvez mais do que em outros lugares, o programa de pesquisa interacionista não consegue autonomizar-se tão claramente quanto dá a entender nosso recorte mais didático do que social. Serão os paradigmas rivais realmente tão diferentes?

Serão os "mundos" assemelhados aos "mercados"? | Becker foi introduzido nas redes editoriais e acadêmicas francesas pelos autores que incluímos no paradigma do mercado (ver capítulo 13). Menger, por exemplo, prefaciou a obra de Becker (em 1988, seis anos após a sua publicação nos

---

41 | Bruno Latour e Steve Wooglar, *A vida de laboratório: a produção de fatos científicos*, Rio de Janeiro: Relume-Dumará, 1997. (1. ed. norte-americana: 1978).

42 | Sigla para *Agencement en Rames automatisées de modules indépendants dans les stations*, projeto de transporte pessoal sobre trilhos (PRT) planejado para Paris nos anos 1970. O fracasso em sua implementação foi analisado por Bruno Latour em: *Aramis ou l'Amour des techniques*, Paris: La Découverte, 1992. [N. T.]

43 | Howard Becker, *op. cit.*, 1988, p. 150.

44 | *Idem*, p. 361.

Estados Unidos) na coleção "Arte, História, Sociedade" que codirige na Flammarion, onde Raymonde Moulin publicou sua obra de 1992; pouco antes, esta havia associado Becker ao célebre colóquio de Marselha sobre a sociologia da arte;[45] da mesma maneira, Becker, Strauss e Freidson foram convidados a participar da obra redigida em homenagem a Moulin.[46] Por sua vez, a obra publicada em homenagem a Becker[47] conta, entre muitas contribuições, com as de Menger e Moulin, como também de Pessin, Latour, Hennion, Pasquier...

Os motivos dessas aproximações são objetivos: as duas teorias partilham uma posição marcadamente antideterminista, como Menger explica claramente em seu artigo epistemológico,[48] posição qualificada por Moulin, indistintamente, de "interacionista".[49] Além do mais, juntam-se em torno da noção de "rede", e também quanto ao primado dado ao ponto de vista do ator, a suas estratégias de "carreira", a seu interesse em cooperar com os outros ou ainda à descrição dos processos de valorização de horizonte incerto.

Tal associação, todavia, embora importante (esses pontos o comprovam), não é tão absoluta quanto parece, e existem diferenças que autorizam a crença na especificidade deste paradigma. Há mais do que nuanças marginais, como veremos (a despeito das estratégias de associação entre essas escolas e essas redes acadêmicas).

Serão os "mundos" assemelhados aos "campos"? | Por sua vez, os defensores do paradigma do campo cultural não permaneceram indiferentes aos interacionistas. É a Bourdieu que se devem as traduções das obras de Goffman em sua coleção do "senso comum", a partir dos anos 1970, pelas

---

45 | Raymonde Moulin (org.), *Sociologie de l'art*. Paris: La Documentation française, 1999. (1. ed.: 1986).

46 | Raymonde Moulin, *L'Art de la recherche: essais en l'honneur de Raymonde Moulin*. Paris: La Documentation française, 1994.

47 | Alain Pessin (org.), *Un Sociologue en liberté: lecture de Howard Becker*, Québec: Presses de l'Université de Laval, 2004.

48 | Pierre-Michel Menger, *La Profession de comédien: formations, activités et carrières dans la démultiplication de soi*, Paris: La Documentation française, 1997.

49 | Raymonde Moulin, *op. cit.*, 1999, p. 12.

Éditions de Minuit. É também Bourdieu que prefaciou, na editora Seuil, Aaron Cicourel, representante de alta patente da etnometodologia. É ainda Bourdieu que não hesita em se valer de Schütz e Weber,⁵⁰ e até mesmo da dimensão compreensiva, associada à explicação. Existem *de fato*, aqui também, proximidades e preocupações comuns. Pensamos em especial no trabalho de desconstrução das categorias públicas e na consciência aguda dos efeitos sociais destas últimas.

Entretanto, existem amplas diferenças entre esses três paradigmas, demasiadamente deixadas nas sombras. É nesses aspectos que insistimos neste capítulo. Nada mais eficaz, sem dúvida, para especificar um ponto de vista do que confrontá-lo aos fogos cruzados de seus concorrentes e resistir ao trabalho de suavização das divergências.

Crítica do antideterminismo | Como vimos, os autores reagrupados sob a bandeira do interacionismo recusam "reduzir" os atores a coletivos (classes, idades, localidades, etnias, sexos), o que alguns pesquisadores norte-americanos chamam de *data*.⁵¹ Recusam reduzir o indivíduo a coordenadas sociais, atributos, propriedades que, pretensamente, os caracterizariam e explicariam seus comportamentos. Segundo eles, o "social" é sempre posto em questão; as regras são informais, constantemente renegociadas. A "ordem social" é fundamentalmente uma "ordem negociada": "Hoje [sic], considera-se que os atores conformam ativamente o seu destino, de modo que os determinismos rígidos (econômicos, tecnológicos, sociais, biológicos) parecem dotados de uma validez problemática".⁵²

Irenismo e irrealismo | Essa obliteração dos pertencimentos de classes, ou ao menos sua relativização radical (quando lembramos que a clivagem de classe corresponde, para Strauss, a um dos "mundos possíveis"), desemboca, segundo seus adversários, numa visão "encantada" do social, desembaraçada das estruturas objetivas, inclusive de suas implicações conflituo-

---

50 | Pierre Bourdieu, *Coisas ditas*, São Paulo: Brasiliense, 1990.

51 | Howard Becker e Michal McCall (org.), *Symbolic Interaction and Cultural Studies*, Chicago: University of Chicago, 1990.

52 | Anselm Strauss, *La Trame de la négociation: sociologie qualitative et interactionnisme*, Paris: L'Harmattan, 1992a, p. 247.

sas. Essa crítica já fora formulada por Bourdieu[53] num artigo que reprovava Weber por não ter descrito o estado das posições objetivas no campo religioso: "É preciso subordinar a análise da lógica das interações à construção da estrutura das relações objetivas entre as posições que ocupam no campo religioso".[54]

Em *As regras da arte*, Bourdieu confronta, agora explicitamente, a teoria dos mundos da arte, pela mesma razão: esta não posiciona as interações no espaço das lutas e das relações de força objetivas; as interações são reduzidas a meras relações de cooperação entre atores. Denuncia nessas teorias "subjetivistas" seu "idealismo irrealista" (idealismo que Blumer de forma alguma rejeitava: reivindicava-o em 1939!). Essa cobrança é feita igualmente ao filósofo Habermas, que "reduziu as relações de força políticas a relações de comunicação [...] das quais subtraiu, praticamente, as relações de força que aí se cumprem sob forma transfigurada".[55]

Esta teoria não tem nada a ver com uma sociologia das relações de poder simbólico, segundo Bourdieu.[56] A existência de normas hierarquizadas postas *a priori*, objetivamente dadas, contradiz em parte essa visão do social que considera que "mundos sociais" estão decerto "mais ou menos integrados", mas destaca sobretudo seu caráter "segmentado" e sua coexistência. A perspectiva interacionista do mundo não está interessada pela questão da imposição "de cima" de um "arbitrário cultural". Aqui, a "cultura popular" ou os mundos minimamente integrados podem ser estudados como tais, em sua autonomia relativa no contexto de um comunitarismo político (espécie de transposição da segmentação dos mercados) – o que o paradigma dos campos recusa, pois, segundo ele, as relações entre grupos e subculturas são sempre de subordinação e dominação.

Subjetivismo e intelectualismo | Esta representação do social desemboca inevitavelmente numa "hipertrofia" do sentido vivenciado, no que Bourdieu chama de "subjetivismo", ou mesmo de "intelectualismo" (ou,

---

53 | Pierre Bourdieu, "Genèse et structure du champ religieux", *Revue Française de Sociologie*, v. 12, n. 3, 1971, pp. 296-332.

54 | *Idem*, pp. 4-5.

55 | Pierre Bourdieu, *Méditations pascaliennes*, Paris: Seuil, 1997, p. 81.

56 | Pierre Bourdieu, "Le Pouvoir symbolique", *Annales*, ano 32, n. 3, maio-jun. 1977.

ainda, a "ilusão escolástica", essa deformação que provém do estatuto do pensador projetando sua visão do mundo e postulando que ela é partilhada). A capacidade reflexiva dos atores é, segundo ele, superestimada, da mesma maneira que a necessidade de romper com o senso comum é subestimada. O sentido vivenciado – apresentado, na abordagem interacionista, como um recurso para modificar ou jogar com as normas sociais – é, na abordagem classista, considerado interiorizado, inculcado, até mesmo incorporado. O individualismo metodológico é até mesmo suspeito de entrar pela porta dos fundos quando, por exemplo, Becker ressalta o "interesse" dos atores em cooperar ou os "custos" da não cooperação. A teoria dos jogos não está longe,[57] sem que sejam consideradas as condições sociais da possibilidade de participar destes.

Convencionalismo, irracionalismo e sociologismo | *Relativismo* | Na outra ponta, é a acusação de relativismo que é desenvolvida: à medida que as reputações se constroem e se desfazem, dependem totalmente dos mundos e são convencionais:

> Será difícil dizer se uma fotografia é melhor do que outra, pior ou de mesma qualidade […]. Para pronunciar um juízo deste tipo, é preciso fixar um limiar que será *forçosamente arbitrário* […]. A teoria afirma que as reputações se fundam sobre as obras. Mas, na realidade, as reputações dos artistas, das obras, dos gêneros e das disciplinas *decorrem da atividade coletiva dos mundos da arte* […]. O conteúdo da categoria "arte" é, na realidade, *contingente*.[58]

> A natureza ou a essência do objeto não reside misteriosamente nele mesmo, mas depende da maneira pela qual é definido por aquele que o nomeia.[59]

A ideia de um "arbitrário cultural" (que também encontramos desde Durkheim até Passeron e Bourdieu) não satisfaz de modo algum os partidários de uma abordagem racionalista, que estão em busca das razões da-

---

57 | Cf. Howard Becker, "La Distribution de l'art moderne", em: Raymonde Moulin (org.), *op. cit.*, 1986.
58 | Howard Becker, *op. cit.*, 1988, pp. 154-155, 356 e 383.
59 | Anselm Strauss, *op. cit.*, 1992a., p. 22.

quilo que faz sentido para os atores. Não basta dizer que "isso faz sentido" (para um mundo ou num contexto peculiar); é preciso saber por quê. Ora, a sociologia interacionista nunca procura as razões de agir, notadamente em suas dimensões cognitivas. Nela, o contexto é sempre privilegiado, em detrimento do conteúdo daquilo que sem dúvida fundamenta as (inter)ações.

Crenças ou razões? | Disfarçada de interacionismo, a posição de Becker seria na realidade um *sociologismo*, isto é, um holismo. Essa teoria indica que os valores artísticos são:

> Ilusões coletivas engendradas por forças sociais anônimas [...]. Tanto os "mundos da arte" quanto as classes sociais, os meios sociais, a sociedade, essas forças influem sobre os juízos artísticos, que não podem ser objetivos. Os mundos da arte são "potências"; a estética, uma "ilusão".[60]

Por trás de um individualismo aparente, que consiste em observar, descrever e dar conta das interações individuais, as teorias dos mundos sociais remetem a explicações de um holismo que não deixa a desejar à teoria dos campos.

Crenças ou valores? | Este ponto de vista retoma a crítica endereçada em coro por Hennion,[61] Boudon[62] e Heinich[63] contra a teoria dos mundos. Estes últimos se recusam a situar Becker ao lado de uma sociologia compreensiva, na medida em que enfatiza em demasia as convenções como crenças não discutidas, em vez de procurar explicitar os valores que estão no fundamento das ações.

Aqui também a crítica compreensiva tende a identificar a posição de Becker com a de Bourdieu...

---

60 | Raymond Boudon, *Le Sens des valeurs*, Paris: PUF, 1999, pp. 251 e 253.

61 | Antoine Hennion, *La Passion musicale: une sociologie de la médiation*, Paris: Métailié, 1993.

62 | Raymond Boudon, *Le Juste et le vrai: études sur l'objectivité des valeurs et de la connaissance*, Paris: Fayard, 1995.

63 | Natalie Heinich, *La Sociologie de l'art*, Paris: La Découverte, 2001.

CAPÍTULO 13

A CULTURA COMO "MERCADO"

PARA CONCEBER DE MANEIRA UNIFICADA o domínio das artes e da cultura, alguns sociólogos escolheram apoiar-se em economistas hoje "canônicos", cujas obras foram muitas vezes publicadas antes da Segunda Guerra Mundial – ou até mesmo antes da primeira (Alfred Marshall) –, como Edward Chamberlin, Joseph Schumpeter ou John Maynard Keynes. Tomam-lhes emprestadas noções básicas: mercado, oferta e procura, empreendedor, inovação, especulação, racionalidade, valor-escassez, concorrência, monopólio, oligopólio, incerteza, contrato etc.

A obra de Raymonde Moulin constitui um bom ponto de partida para caracterizar essa abordagem. Embora muitas vezes circunscritas à pintura, suas pesquisas servem de modelo a outros autores para descrever os domínios da música, da edição, da dança...

De Moulin a Menger

Raymonde Moulin (1924-) é *agrégée* em história e doutora em sociologia (1967). Sua tese foi orientada por Raymond Aron e se tornou praticamente um "clássico".[1] Após uma passagem curta pela Universidade de Nanterre, é nomeada diretora de pesquisa no CNRS em 1970 e dirige entre 1984 e 1992 o Centro de Sociologia das Artes que criou na EHESS. Sua carreira é de pesquisadora, não de docente.

Pesquisou sobre as profissões artísticas (os arquitetos em 1973, os artistas em 1985), os públicos da arte e as políticas culturais, quase sempre em parceria com o Ministério da Cultura e seu departamento de pesquisa (o DEPS). Organizou o grande colóquio inter-

---

1 | Raymonde Moulin, *Le Marché de la peinture en France*, 1952-1965, Paris: Minuit, 1967.

nacional de sociologia da arte em 1985 em Marselha,[2] coordenou números especiais de *Sociologie du Travail* (1983) e *L'Année Sociologique* (1989), e contribuiu com o desenvolvimento da pesquisa nesse setor, pouco institucionalizado antes disso. Em 1992, publicou sua outra grande obra, *L'artiste, l'institution et le marché*[3] [O artista, a instituição e o mercado], que relaciona as políticas culturais, a economia, o mercado da pintura e as diversas categorias de profissionais que gravitam em torno dessas redes.

Pierre-Michel Menger (1953-), *agrégé* em filosofia, foi orientado por Moulin em suas pesquisas de doutorado. Doutor em sociologia (1980), publicou sua tese sobre os músicos[4] e foi recrutado como pesquisador na EHESS. Em 1992 sucedeu a Raymonde Moulin na chefia do CSA, o qual foi reorientado, com sua contribuição, para a sociologia das profissões culturais. Em 2000, esse centro dinâmico tornou-se o Centro de Sociologia do Trabalho e das Artes (CESTA). Publicou obras sobre os atores,[5] os artistas,[6] os intermitentes do espetáculo[7] e as profissões,[8] aproximando as figuras do trabalhador e do artista. Permaneceu também com muita frequência em relação contratual com as administrações públicas, respondendo aos editais sobre assuntos "quentes" (a pesquisa musical, os músi-

---

2 | Raymonde Moulin (org.), *La Sociologie de l'art*, Paris: La Documentation française, 1999. (1. ed.: 1986).

3 | Raymonde Moulin, *L'Artiste, l'institution et le marché*, Paris: Flammarion, 1992.

4 | Pierre-Michel Menger, *Le Paradoxe du musicien: le compositeur, le mélomane et l'État dans la société contemporaine*, Paris: Flammarion, 1983.

5 | Pierre-Michel Menger, *La Profession de comédien: formations, activités et carrières dans la démultiplication de soi*, Paris: La Documentation française, 1997.

6 | Pierre-Michel Menger, *Portrait de l'artiste en travailleur: métamorphoses du capitalisme*, Paris: Seuil, 2003

7 | Pierre-Michel Menger, *Les Intermittents du Spectacle: sociologie d'une exception*, Paris: EHESS, 2005a.

8 | Pierre-Michel Menger, *Profession artiste: extension du domaine de la création*, Paris: Textuel, 2005b.

cos experimentais, os intermitentes do espetáculo) para contribuir com um ponto de vista ao mesmo tempo de estatístico, de sociólogo e de perito.

Os atores sociais e suas lógicas | A adoção de uma representação da cultura em termos de mercado, sob todas as suas manifestações (material, humana, institucional e política), oferece a vantagem de distinguir a oferta e a procura de bens, de empregos e de créditos culturais para estudar como estes entram em relação e o que produzem como efeitos.

A oferta | Por trás dessa nomenclatura de economista, são agrupados bens e serviços culturais introduzidos na troca, bem como produtores e provedores: os artistas, mas também todos aqueles que se mobilizam para "oferecer" bens – a saber, os *marchands*, as instituições, a imprensa etc. A oferta deve ser entendida num sentido amplo, pois inclui todos os intermediários que são os representantes desta entidade abstrata chamada "mercado".

Os bens | Nas análises socioeconômicas da cultura, os bens produzidos e trocados não são estudados em si, mas com base nos atores que os fazem circular e nos diferentes "regimes de troca" (isto é, nos modos de construção de seu valor) nos quais se inserem. Dependem dos diferentes tipos de ofertantes, intermediários, consumidores e "redes". As características intrínsecas e formais dos bens são simplificadas: a pintura é qualificada de "abstrata" ou de "figurativa", de "histórica" ou de "contemporânea", de "vanguardista" ou de "clássica", sem muita precisão, para nos contentarmos com as categorias utilizadas pelos "indígenas" (ou seja, aqueles a quem cabe qualificar as obras dentro do mercado para que este funcione ou para participar dele), que desempenham um papel dominante. A definição de "arte contemporânea" é retomada dos historiadores da arte e dos especialistas em vendas públicas. Essa socioeconomia da arte e da cultura não se interessa nunca pelas obras de um ponto de vista estético. Estamos bem longe do programa de pesquisa da história social da arte (Hauser, por exemplo, Antal ou Francastel), que pretende pôr em relação certo tipo de produção – caracterizado no plano estético ou no plano formal – com certo tipo de sociedade. O que interessa à socioeconomia tem a ver com a organização dos atores concernidos por certos bens.

Os produtores | O estudo sociológico dos produtores de bens está no centro deste programa de pesquisa. Assim, os "artistas" são objeto de uma atenção sociológica prestada há um bom tempo, já que se integra perfeitamente a uma sociologia das profissões culturais,[9] e até mesmo a uma sociologia das profissões em geral.

Um dos problemas – tipicamente sociológico, aliás – consiste em identificá-los com vista a enumerar os componentes da categoria.[10] A partir de quando alguém se torna um "artista"? Os critérios potenciais são múltiplos, citemos os principais: autodefinição (é o método empregado pelo INSEE, que pergunta aos indivíduos: "Qual é sua profissão?"); a inscrição na Casa dos Artistas, que vale como critério econômico porque supõe um montante mínimo de rendas "artísticas"; a formação inicial, sancionada por uma escola e pela obtenção do diploma; a "visibilidade" social, a fim de determinar se houve exposição frequente, de que modo (coletiva ou individual), em que contexto (uma associação, um salão, uma instituição, uma galeria, um museu...). Segundo este último critério, se é "mais" ou "menos" artista, pois se é mais ou menos visível...

O profissional se diferenciaria do amador pelo viés desses critérios de definição: representa a si mesmo mais como artista, foi formado, diplomado, ganha sua vida, expõe regularmente como tal.

Os produtores de bens e serviços (os artistas, os intérpretes etc.) desenvolvem "carreiras" que a socioeconomia da cultura tenta descrever para as caracterizar, comparando, por exemplo, seu grau de imersão nas lógicas mercantis. Alguns percursos são "acadêmicos", protegidos das exigências do mercado, enquanto outros se fiam aos intermediários.

Os modos de socialização dos artistas diferenciam os profissionais entre si:
• quando a formação é institucionalizada (nos conservatórios de música, por exemplo), as profissões são ditas "fechadas", no sentido de que necessitam

---

9 | Ver, entre outros, Raymonde Moulin, *op. cit.*, 1967 e 1992; Raymonde Moulin et al., *Essai de morphologie sociale*, Paris: La Documentation française, 1986; Pierre-Michel Menger, "Rationalité et incertitude de la vie d'artiste", *L'Année Sociologique*, n. 39, 1989, pp. 111-151, e, do mesmo autor, *op. cit.*, 1998 e 2005a; Catherine Paradeise et al., *Les Comédiens: profession et marchés du travail*, Paris: PUF, 1998; e Philippe Coulangeon, *Les Musiciens interprètes en France: portrait d'une profession*, Paris: DEP, 2004.
10 | Raymonde Moulin, *op. cit.*, 1986 e 1992.

de uma passagem e de uma triagem prévia por escolas e um corpo de professores, avaliações múltiplas e diplomas;

• outras permanecem relativamente "abertas": a profissão de "produtor plástico" (falar em "artistas" tornou-se algo "fora de lugar"!) não necessita de uma passagem pelas escolas superiores de belas-artes nem da obtenção de um diploma.[11] O mesmo vale para a profissão de escritor.

Os intermediários do mercado | O modelo do empreendedor descrito por Schumpeter constitui para Moulin[12] a figura ideal típica do *marchand* moderno, ao menos desde os impressionistas e o desenvolvimento das carreiras não acadêmicas.[13] Os (grandes) *marchands* de quadros são ao mesmo tempo inovadores e investidores que, a fim de obter monopólios temporários para se alçar à posição de *price makers* (isto é, de fixadores de preços), negociam a exclusividade de alguns "eleitos".[14]

Em paralelo ao setor *marchand*, as instituições assumiram uma importância crescente, ligada ao desenvolvimento das políticas culturais, que foram igualmente descritas por Moulin já em 1967.[15] Os conservadores e os "funcionários da arte" participam também da produção da notoriedade. Têm à sua disposição orçamentos de compra, fundos de coleção, espaços de exposição, meios de publicação, que permitem difundir e promover suas seleções em todos os níveis do território (museus nacionais, municipais, FRACS, FNACS, CACS, eventos internacionais). Não existe, em contrapartida, nenhuma sociologia destas profissões no atual momento, a despeito dos apelos lançados por Moulin em 1992. Só se encontrarão panfletos sobre os "inspetores de criação", num estilo "poujadista"[16] ou neorreacionário que não tem nada a ver com as ciências sociais.

---

11 | Raymonde Moulin, *op. cit.*, 1992.

12 | Raymonde Moulin, *op. cit.*, 1967 e 1992.

13 | Harrison C. White e Cynthia A. White, *Canvases and Careers: Institutional Change in the French Painting World*, Chicago: The University of Chicago Press, 1965.

14 | Pode-se ler a obra de Assouline sobre Kahnweiler, que foi o *marchand* de Juan Gris, Picasso, Braque etc. Pierre Assouline, *L'Homme de l'art: D.-H. Kahnweiler*, 1884-1979, Paris: Gallimard, 1989.

15 | Raymonde Moulin, *op. cit.*, 1967.

16 | Referência a Pierre Poujade (1920-2003), político e sindicalista francês, líder da União pela Defesa dos Comerciantes e Artesãos nos anos 1950. O poujadismo é hoje referência pejorativa a uma atitude reivindicativa e estritamente corporativista. [N. T.]

Enfim, último tipo de intermediários, as associações são cada vez mais levadas em conta na oferta cultural: propõem serviços para as coletividades locais, concebem animações e espetáculos vendidos "*prêt-à-porter*".

A demanda | Neste quadro teórico, apenas a demanda solúvel tem espaço. Não são estudados visitantes e amadores que não gastam com bens culturais. Quando o são,[17] é porque participam do processo de profissionalização dos empregos culturais, concebido como a passagem progressiva de alguém do lado da demanda para o lado da oferta. Afora esses casos, os consumidores que interessam à socioeconomia são:

• *os colecionadores* e todos aqueles que adquirem bens culturais,[18] quando se orientam para consumos ostentativos, investimentos especulativos ou rentáveis;

• *os mecenas*, pouco encorajados na França até a Lei Léotard de 1987, divididos entre vantagens pecuniárias (em termos de deduções fiscais) e obrigações de interesse público (ou, em outras palavras, de desinteresse...);[19]

• *os eleitos locais*, que ficam claramente em posição de demandantes de bens e de serviços (encomendas, compras, subvenções, aquisições): a ação pública cultural consiste o mais das vezes em "compor um catálogo" que tem em pouca conta os conteúdos e se contenta com "prestações" (espetáculos, animações) e com as respectivas modalidades (número mínimo de criações). Em troca desses "produtos", fornecem "recursos".[20]

A racionalidade dos atores num universo incerto | Os sociólogos da cultura que se filiam a este paradigma se apoiam em concepções próprias dos economistas e referem-se à sociologia compreensiva de Weber. Por conseguinte, são incitados a considerar que a maioria dos agentes atua num

---

17 | Pensemos nos *amis des musées*, em: Raymonde Moulin, "Les bourgeois amis de arts: les expositions des beaux-arts en province, 1885-1887", *De la Valeur de l'art*, Paris: Flammarion, 1995. (1. ed.: 1976).

18 | Raymonde Moulin, *op. cit.*, 1967, e, da mesma autora, "Les Collectionneurs d'art contemporain. La confusion des valeurs", em: Jean-Louis Fabiani (org.), *Le Goût de l'enquête: pour Jean-Claude Passeron*, Paris: L'Harmattan, 2001, pp. 273-288.

19 | Cf. Jean-Marie Pontier et al., *Droit de la culture*, Paris: Dalloz, 1996, pp. 164 e ss.

20 | Ehrard Friedberg e Philippe Urfalino, *Le Jeu du catalogue*, Paris: La Documentation française, 1984.

espírito de racionalidade (em termos de finalidade ou de valor): confrontados a um universo instável (valores mal estabelecidos, posições mutáveis, importância do renome e da notoriedade, todos eles elementos fugazes), esforçam-se em reduzir as incertezas produzindo normas ou apoiando-se em convenções e construindo redes.

Atores calculistas e estrategistas | O ator é considerado um agente estratégico, racional e calculista – se não na prática, pelo menos na teoria (é o método ideal-típico). Alguns exemplos permitem ilustrar esse ponto:
• o *marchand* de quadros: é assemelhado a um empreendedor que busca estabelecer monopólios temporários. Pode arguir do seu "amor à arte", mas a arte permanece sendo para ele menos um fim do que um meio: "Léo Castelli foi, após a Segunda Guerra Mundial, o arquétipo do líder. Do mercado norte-americano e do mercado internacional, aparece como a figura emblemática: constitui a versão contemporânea do empreendedor dinâmico".[21]

É preciso lembrar que Schumpeter compôs uma obra em que aparece a figura célebre do empreendedor, que representa uma personagem essencial no sistema capitalista, onde ele introduz igualmente a noção de "destruição criadora" (*Teoria do desenvolvimento econômico*, de 1912, e *Ciclos econômicos*, de 1939);

• *o colecionador*: especula sempre, em graus variados, sobre o valor presente e futuro das obras adquiridas – ou sobre o seu próprio, estreitamente associado a seus bens; desta vez, é a Keynes que é preciso referir-se para encontrar a primeira reflexão teórica sobre a figura do especulador (*Tratado sobre a moeda*, de 1930, e *Teoria geral do emprego, do juro e da moeda*, de 1936);

• o próprio *artista*, porque constrói "uma carreira". Porém a questão consiste em saber se é realmente "racional" orientar-se para a vida de artista, que é no mínimo arriscada! Essa questão também foi abordada pelos economistas, e não dos menores:

> Por que um indivíduo racional escolheria uma carreira de artista se esta se reveste de tão poucas vantagens para a maioria? Milton Friedman propõe já em 1952 um modelo teórico que dá conta do comportamento dos indivíduos que se engajam com pleno conhecimento de causa nas atividades de alto risco e com ren-

---

21 | Raymonde Moulin, *op. cit.*, 1992, p. 49.

dimento incerto [...]. Mesmo que o retorno da formação seja muitas vezes fraco, a preferência pelo risco e o proveito psicológico prevalecem sobre as considerações financeiras e incitam a seguir uma carreira nas artes do espetáculo [...]. O artista compensa a ausência de utilidade ligada à pequenez relativa dos seus ganhos pela utilidade não monetária que suscita o reconhecimento de que goza e seu pertencimento a um meio que estima. Os benefícios simbólicos podem se converter em benefícios materiais.[22]

Menger[23] inscreve-se explicitamente nesta tradição economista (nem que seja pela formulação do problema) apresentando, por sua vez, a vida de artista como uma "aposta". Tem custos importantes (longa espera, reconhecimento problemático), que constituem riscos, mas o "grande prêmio" é fortemente tentador (o próprio Adam Smith utilizava em 1776 a metáfora da loteria!). O artista profissional investe em formas que podem ser vantajosas, desenvolve redes de colecionadores, bate nas portas de *marchands* eficazes... Como mostrava Moulin,[24] ele possui estratégias conscientes de singularização para produzir valor: assinatura, originalidade apregoada a fim de tornar sua produção insubstituível e única (ou, para retomar a terminologia adaptada por Verdrager à literatura, "intraduzível").[25]

Redes e redução da incerteza | Quer se trate de especialistas, eruditos, regras (deontológicas), "academias invisíveis", realiza-se tudo nos mercados para potencializar os bens e reduzir as incertezas quanto a seu valor.

Os meios de comunicação desempenham um papel-chave, pois permitem desenvolver uma ubiquidade, com intenso reforço de cartazes publicitários, anúncios e *spots* promocionais. O espaço público tornou-se um vasto espaço comercial, como denunciava Habermas.[26] Os atores multiplicam as estratégias de ocupação de espaços e de temporalidades: produzem even-

---

22 | Françoise Benhamou, *Économie de la culture*, Paris: La Découverte, 1996, pp. 22-23.

23 | Pierre-Michel Menger, *op. cit.*, 1989.

24 | Raymonde Moulin, *op. cit.*, 1967.

25 | Pierre Verdrager, *La Réception de Nathalie Sarraute par la presse*, Paris: L'Harmattan, 2001, p. 152.

26 | Jürgen Habermas, *L' Espace public: archéologie de la publicité comme dimension constitutive de la société bourgeoise*, Paris: Payot, 1992. (1. ed. alemã: 1962).

tos simultâneos e falsas coincidências agindo em combinação. Todas essas estratégias concertadas, que aparecem como espontâneas, simultâneas e milagrosas para dobrar sua eficácia prática, tendem a reduzir a incerteza.[27]

A produção do valor | O que faz a força deste paradigma é seu esforço para analisar a questão do valor. Talvez nos aproximemos aqui do que constitui a especificidade do cultural em relação aos outros domínios, a despeito do uso das noções econômicas genéricas que tendem, ao contrário, a esmagá-la. O valor é o que preocupa cada ator social: o produtor e o demandante buscam valorizar seus produtos para se beneficiar pessoalmente de seu reconhecimento. Resta determinar a natureza deste valor, irredutível à sua vertente monetária, e também seus modos de produção e de conservação.

A dimensão simbólica do valor | O valor dos bens culturais (que se supõe aqui irredutível ao das mercadorias ou dos bens industriais) sempre colocou sérios problemas aos economistas, que deixaram essa dimensão de lado. A socioeconomia da cultura enfatiza, por sua vez, a polissemia da noção e a sua dimensão múltipla:

• o valor remete a um preço (fala-se em "valor monetário") que se forma pelo encontro mais ou menos regulado da procura e da oferta;[28]
• remete também a uma "axiologia", isto é, a um sistema ético, a partir do momento em que se decide ligar sua pessoa a tal ou qual bem ou serviço. Engloba, portanto, juízos morais e estéticos – ambos estreitamente ligados, como o mostraram filósofos (de Kant a Wittgenstein, por exemplo) ou sociólogos (desde Veblen, Goblot, Bouglé ou Halbwachs até Bourdieu). É a sua dimensão propriamente simbólica.

Essas duas dimensões podem ser analiticamente separadas: "No *campo* artístico são praticadas e revistas as avaliações estéticas. No mercado são realizadas as transações e elaborados os preços".[29] O "campo" seria, então,

27 | Ver Howard Becker, "La Distribution de l'art moderne", em: Raymonde Moulin (org.), *op. cit.*, 1986; e também Raymonde Moulin, *op. cit.*, 1992.
28 | Bernard Rouget e Sylvie Pflieger, *Le Marché de l'art contemporain en France: prix et stratégie*, Paris: La Documentation française, 1991.
29 | Raymonde Moulin, *Le Marché de l'art: mondialisation et nouvelles technologies*, Paris: Flammarion, 2000, p. 8.

o paradigma que se interessa pelo simbólico, enquanto o "mercado" contentar-se-ia em registrar as traduções monetárias dos valores.

Mas o mais interessante para o raciocínio consiste em conceber os modos de *articulação* dos dois elementos: "A constituição dos valores artísticos efetua-se na articulação do campo artístico e do mercado".[30] Existem inter-relações entre as duas dimensões: o que acontece no mercado econômico tem ecos nas controvérsias estéticas (ou reciprocamente); e estas últimas correspondem sem dúvida a "visões do mundo" e a valores. Os indivíduos entram em acordo sobre valores morais transmutados em valores econômicos (que têm equivalentes econômicos).[31]

Tal sociologia é irresistivelmente atraída para o território de todos aqueles que se abrigam na dobra dessa articulação, que participam desse "trabalho de transmutação" dos valores: trata-se dos críticos, dos conservadores, dos *marchands*, dos leiloeiros, dos colecionadores e de todas as instâncias de mediação (museu, imprensa, galeria, salões, locais de venda pública, locais de exposição) que desempenham um papel de transformação dos preços em valores estéticos e/ou éticos. O fato de que os eleitos locais (e, em menor medida, os nacionais) se tenham alçado a tal amplitude da ação cultural põe em destaque essa dimensão simbólica: a cultura é uma alavanca para a legitimação das ações públicas.

O trabalho simbólico do crítico de arte

Harrison e Cynthia White puseram em evidência a posição-chave dos críticos em sua obra sobre os impressionistas. (É interessante observar que Harrison White tenha sido um dos principais promotores, em socioeconomia, da teoria dos grafos e das redes, nos anos 1960.)

Com o nascimento do sistema *marchand* (a constituição das galerias) em razão das insuficiências do Salão Oficial da Academia, novos atores apareceram, intermediários entre artistas e colecionadores: *marchands* e críticos (os autores falam em *dealer-critic system*).

---

30 | Raymonde Moulin, *Le Marché de l'art: mondialisation et nouvelles technologies*, Paris: Flammarion, 2000, p. 8..

31 | Raymonde Moulin, *op. cit.*, 1967.

> Era aos críticos, em conjunção com os *marchands*, que cabia a difícil tarefa de estabelecer *a reputação* de um artista em tal ou qual círculo específico de amantes de arte [...] Uma necessidade elementar deste novo sistema fundado nos *marchands* e nos críticos era a de criar uma ideologia [...]. O crítico se esforçava em estabelecer uma reputação de intelectual influente.[32]

A existência de críticos pode constituir um indicador objetivo da dupla dimensão simbólica (prestígio) e econômica (especulativa) dos bens e serviços culturais, que proíbe a redução a seu valor econômico:

> Todas as artes vivem da palavra. Toda obra exige que se lhe responda, [e implica] uma literatura [...]. A causa primeira de uma obra não reside num desejo de que se fale dela? [...] É a crítica que traz à arte sua ascendência sobre a sociedade [...]. O *discurso* estético é, lógica e cronologicamente, a etapa primeira da legitimação cultural e da socialização da pintura.[33]

Assim, o valor cultural não é ligado apenas aos bens, como pode levar a pensar uma perspectiva intuitivamente substancialista: é ligado ao ato de definição, engloba todos os atores que estão em busca de notoriedade. Os bens são suportes da ação, objetivam e transportam o valor dos indivíduos para as instituições que os trocam. Poderíamos falar em "transporte de valor". Alguns exemplos mostram isso:

• É a origem, o *pedigree* dos quadros, que lhes traz uma parte do seu valor. Nos mercados da arte, as pesquisas dos leiloeiros buscam encontrar a história dos bens:

> Apenas um pequeno número de obras possui um [histórico], sob a forma de uma proveniência notável, da participação em exposições ou de menções em trabalhos especializados (catálogos comentados etc.) [...]. As obras dotadas de um *pedigree* obtêm, de modo geral, preços mais elevados em leilões públicos.[34]

---

32 | Harrison White e Cynthia White, *op. cit.*, 1991, pp. 100-101.
33 | Raymonde Moulin, *op. cit.*, 1967, pp. 181-182.
34 | Bernard Rouget e Sylvie Pflieger, *op. cit.*, 1991, p. 144.

• Como mostra Sally Price,[35] uma estátua africana terá muito mais valor se tiver sido propriedade de um colecionador célebre. Este transforma, com seu sobrenome, um belo objeto sem autor em obra autenticada.

• Observa-se o mesmo "transporte" quando se considera que o valor das obras depende dos locais em que são acolhidas, a tal ponto que as obras reprodutíveis chegam a obter uma qualificação desde que consigam ser expostas em locais nobres. Aí, são tratadas como as outras, isto é, comentadas.[36]

A sociologia é rapidamente levada a descrever e a analisar o trabalho de produção do valor como produção de uma singularidade – a cultura é sempre uma especificação – e de uma generalidade: deve também poder reunir, produzir o coletivo. A partir daí, dois modos de produção são distinguidos, sabendo-se que o valor se constrói aliando os dois: pela raridade (o "valor raridade") e pela notoriedade (o "valor generalidade"). Heinich fala em singularização e objetivação[37] empenhando-se em analisar os valores reivindicados pelos atores.

A produção da raridade | É bem sabido que o valor aumenta com a raridade: "O que é raro é caro". É com base nesse princípio econômico elementar que a sociologia da cultura organizou suas pesquisas empíricas, descrevendo o trabalho dos atores do mercado que têm como meta oferecer raridade e responder a essa demanda (o que se chama de "esnobismo", posto em evidência por Veblen e generalizado por Bourdieu). Essa lei se adapta tão adequadamente aos bens culturais, que estes, ao contrário dos bens industriais, são em princípio raros, originais e não reprodutíveis.

• As obras de arte representam *de fato* uma oferta limitada: os artistas desapareceram e não poderão alimentar os mercados com novas contribuições... Da mesma maneira, os espetáculos ao vivo propõem representações únicas. Nem por isso deixam de existir atores que se encarregam de reativar permanentemente a ideia dessa singularidade:

> Pertence a um corpo de especialistas – historiadores da arte, conservadores de museus, peritos – pronunciar a autenticidade da obra, isto é, atribuí-la a seu

---

35 | Sally Price, *Artes primitivas em centros civilizados*, Rio de Janeiro: UFRJ, 2000.

36 | Raymonde Moulin et al., *Les Singuliers de l'Art*, Paris: Musée de l'Art Moderne, 1978.

37 | Nathalie Heinich, *Être Écrivain: création et identité*, Paris: La Découverte, 2000.

verdadeiro autor. O mercado da pintura antiga diz respeito a obras que, muitas vezes, não são nem datadas nem assinadas, cuja identificação exige um longo trabalho de erudição.[38]

• No que diz respeito às obras contemporâneas, cuja produção vindoura é indefinida, é preciso substituir o trabalho do tempo pela originalidade, a fim de garantir a singularidade. "A prioridade da invenção tornou-se um dos elementos da apreciação estética, a tal ponto que as disputas cronológicas assumem um lugar de destaque nos debates artísticos".[39]
• Quando os bens são produzidos industrialmente (livros, informação, música gravada, cinema etc.), a oferta organiza-se de maneira que possa conservar um caráter de raridade:
 – seja ao multiplicar as novidades: o sucesso na parada musical e os furos jornalísticos correspondem a uma posição de "monopólio temporário" num mercado abarrotado;
 – seja ao ligar cada obra a uma personalidade, necessariamente única. É a economia do *star system*.[40] Atribuindo-se ao autor – necessariamente singular – o ônus da prova, tenta-se garantir essa exigência de raridade.

É nesse espírito que o direito de propriedade intelectual inscreve no fundamento de seu princípio a personalidade do autor, contrariamente à propriedade industrial e ao direito de patentes. É uma distinção essencial quanto a seus efeitos sociais.[41] Alguns sociólogos analisaram o trabalho de construção da excepcionalidade dos artistas, seja pela invenção do mito romântico, estritamente contemporâneo da Revolução Industrial[42] ou pelo desenvolvimento dos grupos de vanguarda.[43]

---

38 | Raymonde Moulin, *op. cit.*, 1999, p. 165.

39 | Raymonde Moulin, *op. cit.*, 1967, p. 78.

40 | Françoise Benhamou, *L' Économie du star-system*, Paris: Odile Jacob, 2002.

41 | Ver Raymonde Moulin, *op. cit.*, 1999, a propósito da fotografia; e Bernard Edelman, *Propriété littéraire et artistique*, Paris: PUF, 1989.

42 | Natalie Heinich, *La Gloire de Van Gogh: essai d'anthropologie de l'admiration*, Paris: Minuit, 1991.

43 | Natalie Heinich, *Le Triple jeu de l'art contemporain*, Paris: Minuit, 1998c.

A produção da generalidade | Quer se trate de "reputação",[44] de "grandeza",[45] de "visibilidade",[46] de "notoriedade",[47] de "reconhecimento",[48] o valor cultural se constrói também por uma série de operações de generalização. Todos os produtores têm por objetivo fazer crescer sua reputação, o que passa pela sua visibilidade: é próprio das profissões que exigem um público para existir. O que os sociólogos podem analisar diz respeito às "manobras para se engrandecer".[49] Os economistas seguem a mesma pista, a tal ponto que a economia da produção do valor cultural se torna uma economia da notoriedade: "A criação artística passa por uma lógica de comunicação [...]. A demanda artística aparece principalmente como uma demanda de notoriedade".[50]

Há alguns anos as pesquisas procuram pôr em evidência as redes de legitimação.[51] Todos os atores participam desse jogo: tanto os galeristas, a fim de monopolizar a informação e produzir "efeitos de conglomeração",[52] quanto os artistas. A multiplicação de eventos como as feiras internacionais (feiras de Paris, de Bâle, de Chicago etc.) ou as grandes exposições (Bienal de Veneza, Documenta de Kassel) são meios para construir e ativar redes, reduzir as incertezas, produzir consensos e convenções. A globalização das redes permite manipular o gosto e instalar uma ubiquidade que legitima os lançamentos de novos artistas e torna impossível sobretudo a confrontação com outros gostos, menos generalizados – *portanto*, menos poderosos.

---

44 | Howard Becker, *Art Worlds*, Oakland: University of California Press, 1982; Raymonde Moulin, *op. cit.*, 1992.

45 | Luc Boltanski e Laurent Thévenot, *De la Justification: les économies de la grandeur*, Paris: Gallimard, 1991. (1. ed.: 1987).

46 | Raymonde Moulin, *op. cit.*, 1992.

47 | Ver Bernard Rouget e Dominique Sagot-Duvauroux, *Économie des arts plastiques: une analyse de la médiation culturelle*, Paris: L'Harmattan, 1996; e também Françoise Benhamou, *op. cit.*, 2002.

48 | Natalie Heinich, *La Sociologie de l'art*, Paris: La Découverte, 2001.

49 | Luc Boltanski, *L'Amour et la justice comme compétences: trois essais de sociologie de l'action*, Paris: Métailié, 1990, pp. 253-265.

50 | Bernard Rouget e Dominique Sagot-Duvauroux, *op. cit.*, 1996, p. 137.

51 | Raymonde Moulin, *op. cit.*, 2000.

52 | Howard Becker e Raymonde Moulin, *op. cit.*, 1986.

No fim das contas, o paradigma socioeconomista beneficia-se da qualidade de suas problemáticas: não deixou de assumir como eixo das pesquisas a questão do valor. Reside aí, sem dúvida, o essencial de sua força, proibindo que seja ignorado.

Elementos para discussão | Antes de apresentar alguns elementos para discussão, é preciso lembrar que este paradigma, embora amplamente difundido, é escassamente discutido. Poucos sociólogos entre os seus usuários têm tentado explicitar seus pressupostos teóricos e epistemológicos.[53] *A fortiori*, muito raros são os que debateram com atenção alguns dos seus pressupostos.[54] Na maioria das vezes, são controvérsias agressivas, alusivas, gerais, formuladas a distância.[55] Como consequência, os debates são quase inexistentes, e esses autores saem, ao final, ilesos, embora ocupem posições "dominantes" na área do ponto de vista institucional (conselho editorial de revistas, conselhos científicos de colóquios, comissões de especialistas etc.). Será talvez que a manifestação de certa dominação institucional faz que não sejam obrigados a aclarar as posições teóricas declaradas? Propomos, pois, desde 2003 a única apresentação sintética de alguns elementos discutíveis e, às vezes, discutidos veladamente deste modelo socioeconômico da cultura, que retira grande parte de sua força de sua ancoragem na ciência econômica padrão e da relação privilegiada que soube manter com as instituições culturais.

Aspectos metodológicos | *A metodologia individualista* | O ponto de partida racionalista – às vezes implícito,[56] às vezes reivindicado[57] – supõe assumir a postura dita "individualista" para compreender, de maneira "compreensiva", as ações que partem do interior. Moulin refere-se a al-

---

53 | Exceto o trabalho epistemológico de Pierre-Michel Menger no artigo "Temporalité et différences interindividuelles: l'analyse de l'action en sociologie et en économie", *Revue Française de Sociologie*, v. 38, n. 4, 1997, pp. 587-633.

54 | Salvo Antoine Hennion, em: *La Passion musicale: une sociologie de la médiation*, Paris: Métailié, 1993.

55 | Por exemplo, Pierre Bourdieu, "Le Champ économique", *Actes de la Recherche en Sciences Sociales*, n. 119, set. 1997, pp. 48-66.

56 | Ver, de Raymonde Moulin, *op. cit.*, 1967, 1992 e 1999.

57 | Pierre-Michel Menger, *op. cit.*, 1997.

gumas figuras "típicas" consideradas exemplares: escolhe, por exemplo, o galerista Castelli para caracterizar o conjunto dos *marchands* empresários.[58] Este método compreensivo e ideal-típico não é adotado por todos os sociólogos da cultura; longe disso, e por várias razões.

Segundo alguns comentadores especializados, esse paradigma que se apresenta sob a luz da sociologia compreensiva (e individualista) utiliza noções e métodos (quantitativos) que fazem que perca seu objeto tão especial ao enterrar o trabalho de singularização sob a estatística e sob noções genéricas; ao proceder assim, a sociologia não reconhece o que caracteriza os atores culturais. É o que Heinich[59] reprova em Menger (entre outros) quando este aborda os artistas pela mediação de uma noção genérica (a de "carreira") que barra toda aproximação compreensiva com a qual essa noção pretende, porém, estar comprometida: os artistas não querem em absoluto imaginar sua vida sob a forma de uma "carreira" num "mercado do trabalho".

> Essa realidade positiva do sociólogo, preocupado em expor à luz o que, na arte, é redutível a uma "carreira", arrisca fortemente deixar na sombra o que faz a especificidade dos valores artísticos: a saber, que a própria noção de carreira não é aceitável da forma como o é no mundo comum. De modo que, à cegueira do senso comum sobre a objetividade dos "interesses" que o discurso científico esforça-se em pôr em evidência nos atores, faz simetricamente eco a cegueira do cientista sobre os fundamentos do "desprendimento" invocado pelos próprios atores. Do mesmo modo, pode-se objetar a Becker que sua descrição dos "mundos da arte" como submetidos à coletividade dos atores que deles participam esclarece certamente muitas coisas, exceto o essencial: ou seja, que a característica desses "mundos " é a de serem espontaneamente percebidos como submetidos à individualidade da criação.[60]

Menger respondeu desde então (indiretamente) a esse tipo de cobrança. No seu trabalho sobre os intermitentes, que recebeu precisamente o subtítu-

---

58 | Cf. Raymonde Moulin, *op. cit.*, 1992.

59 | Nathalie Heinich, *Ce Que l'Art fait à la sociologie*, Paris: Minuit, 1998a, p. 19.

60 | Nathalie Heinich, "Peut-on Parler de Carrières d'artistes?", *Revue d'Art et de Sciences Humaines*, n. 1, 1993, pp. 3-14.

lo de "sociologia de uma exceção",⁶¹ consagra muitas páginas a desenvolver o que é próprio aos empregos culturais: múltiplas atividades, precariedade, um conjunto de características objetivas constatadas graças à estatística pública, cuja existência e importância não para de louvar. Porém não responde às objeções nocionais formuladas pelos autores que trabalham com a singularidade no plano identitário e chegam a ela por outros métodos: a narrativa de vida e as entrevistas aprofundadas, em vez da estatística. Estes não evocam a mesma singularidade que os outros. A singularidade estatística não é verdadeiramente o que é tratado numa problemática identitária e numa aproximação qualitativa.

A ausência de historicização | A adoção do fio nocional do mercado induz a certas concepções que permaneceram quase sempre indiscutidas. A dimensão mecanicista do mercado reduz, porém, os agentes "a pontos materiais intercambiáveis e que faz desaparecer as diferenças entre os agentes".⁶² São, todavia, estas últimas que justificam a especificidade do trabalho de análise sociológica. "Somente, como se sabe, diferenças, contradições e desigualdades nutrem utilmente o conhecimento sociológico [...]. Só há sociologia das relações desiguais e das figuras da diferença", escreve, no mesmo espírito, Jean-Claude Passeron.⁶³

Bourdieu critica as teorias do mercado porque propõem (e impõem) uma concepção do agente sem disposição, sem propriedades sociais; de uma oferta e de uma procura imanentes, construídas fora de toda a história. É forçoso constatar que não existe em Moulin, tampouco em Menger, reflexões sobre a origem histórica da demanda ou sobre a concepção da cultura como mercado. Serão os artistas realmente empresários? Devem todos os colecionadores ser assemelhados a especuladores, os públicos a consumidores etc.? Afirmar essas coisas não implicaria negar a eles toda especificidade? Caso se diga que sim, em nome do quê?

Luta ou cooperação? | A concorrência é *a priori* um elemento essencial da teoria do mercado, que remete a uma luta de interesses e a técnicas de

---

61 | Pierre-Michel Menger, *op. cit.*, 2005a.

62 | Pierre Bourdieu, *op. cit.*,1997, p. 55.

63 | Jean-Claude Passeron, *Le Raisonnement sociologique. L'espace non-poppérien du raisonnement naturel*, Paris: Nathan, 1991, p. 247.

maximização das satisfações. Porém a luta e a concorrência não são nunca estudadas como tais. Os atores podem mimetizar a concorrência (entre os países, entre os estilos, entre as épocas, entre o mercado e o Estado), mas a estratégia mais racional consiste em produzir redes de assistência mútua e de acordos, de apoios, em estabelecer contratos, conciliações e alianças. As relações entre os agentes são antes de cooperação do que de força.

Concorrência ou segmentação? | Há mais segmentação do que concorrência, mais condutas de esquiva e especialização do que luta. Moulin apresenta mercados compartimentados, que não têm os mesmos sistemas de valores, os mesmos especialistas, as mesmas hierarquias ou os mesmos códigos.[64] A cada tipo de bem correspondem sempre vários mercados segmentados: nas indústrias culturais, os intermediários são difusores de massa integrados no seio das grandes empresas; na pintura histórica, são peritos, instituições e funcionários ministeriais; na produção contemporânea, encontram-se jornalistas, animadores, mediadores de todo tipo, "comunicadores".

No que lhes diz respeito, se os artistas estão "em luta" para impor suas produções (que, por sua vez, são tantas quanto são as "visões de mundo"), eles não travam diretamente o combate. A luta é simbólica e, sobretudo, sistematicamente mediada por intermediários (*marchands*, críticos, até mesmo colecionadores), os quais censuram as ocasiões de conflitos, de debates e de lutas caso estes se demonstrem custosos demais para os seus "protegidos". Pensemos no caso representativo da imprensa cultural, na qual quase não se encontram debates abertos. Todos os atores do mercado contribuem para o que é preciso de fato chamar de "um trabalho de suavização dos conflitos".[65]

Aspectos teóricos | ***Qual racionalidade?*** | A racionalidade dos atores é postulada no plano do método ideal típico: é com base em uma figura "prototípica" racional que se procura compreender o funcionamento do mercado. Entretanto, os autores referidos mostram que a análise das condutas é passível de outras dimensões que não a da racionalidade calculista.

---

64 | Raymonde Moulin, *op. cit.*, 1967, pp. 17-18.

65 | Matthieu Béra, "Critique d'art et/ou promotion culturelle?", *Réseaux*, v. 21/117, 2003, pp. 153-186.

Assim, Raymonde Moulin pergunta-se a que valores os colecionadores podem efetivamente se referir para justificar suas condutas:[66] trata-se de amor (à arte), de busca de singularidade, de jogo, de uma sacralização de tudo o que diz respeito à cultura, ou simplesmente de espírito lucrativo? A que respondem suas motivações? Serão conscientes, confessáveis? Sua ação denota um gosto patológico pela acumulação ou uma vontade de consumo ostentatório? O mais notável nessas análises realizadas com base em entrevistas é constatar que os atores não são tão "transparentes a si mesmos" quanto poderia supor a forma pura do paradigma racionalista. Podem mentir a si mesmos, numa espécie de "má-fé" sartriana:

• "O" galerista contesta a face mercantil de sua atividade: "Alguns têm consciência de criar para si uma personagem que é uma máscara. Muitos dentre eles caem no próprio logro, e a mentira que dizem aos outros dizem-na primeiramente a si próprios. *Excepcionalmente, a sinceridade é total*".[67]

• "O" crítico, transformado aqui em ser genérico com base em algumas entrevistas consideradas modelares, não tem melhor sorte: "Sua função cultural de legitimação e de explicitação é sorrateiramente utilizada para fins publicitários. As funções econômicas que, de bom grado ou a contragosto, exercem hoje *levam a duvidar da autenticidade de seus julgamentos*".[68]

• "Os" colecionadores não ficam para trás: são portadores de uma "ideologia declarada, a gratuidade".[69]

Moulin questiona, portanto, a sinceridade e a autenticidade das declarações, e isso na tradição da sociologia durkheimiana, que sempre considerou que os atores não podiam saber por que agiam: "A palavra não traz a essência e seria vão ouvir as pessoas para terminar mostrando que recorrem a meras comodidades de linguagem ou não sabem o que dizem".[70] Estamos bem perto da teoria da negação de Bourdieu, a ponto de encontrar sob a pena de Moulin uma paráfrase de Marx: "Os *marchands* fazem a econo-

---

66 | Raymonde Moulin, *op. cit.*, 1967, pp. 190 e ss.
67 | *Idem*, p. 135.
68 | *Idem*, pp. 185-186.
69 | *Idem*, p. 190.
70 | *Idem*, p. 74.

mia sem saber a economia que fazem".[71] No fim das contas, Moulin parece aderir mais ao "paradigma da crença" do que ao da racionalidade, como sublinha Hennion, que a critica por isso (e que é, até onde sabemos, o único autor até hoje a discutir as posições teóricas de Raymonde Moulin e dos seus afiliados): "A teoria da crença torna-se o maior denominador comum [*sic*] da sociologia [...] numa filiação 'sociologista' que liga Durkheim tanto a Bourdieu quanto a Becker ou a Moulin [...]. Moulin submete sua conclusão à teoria da crença".[72]

O que seria antes de tudo reprovável neste paradigma, mais uma vez, seria a oscilação entre duas opções teóricas opostas: de um lado, uma opção racionalista que confia nas "boas razões" dos atores; do outro, uma opção "holista" que proíbe levar de fato em conta suas palavras.

Objetivismo ou convencionalismo? | A socioeconomia hesita entre duas perspectivas: de um lado, considera que existem valores estáveis e objetivos que não dependem praticamente nunca do jogo livre dos atores; do outro, ressalta que os valores são convencionais, portanto relativos, contextuais, socialmente construídos.

O esforço desenvolvido para descrever as estratégias e as redes denotaria antes certo apego à representação do segundo tipo: as escolas artísticas constituem-se em torno de "rótulos" ("abstrato", "figurativo"), que valem como *sinais* num mercado que os requer e que não remetem a essência alguma.[73] Essa ótica convencionalista se prolonga até hoje: "As estratégias de monopólio ou de oligopólio postas em ação, desde o impressionismo, sobre o mercado da arte contemporânea consistem em *criar artificialmente condições* próximas àquelas que são dadas de chofre no mercado da arte antiga".[74]

A origem desta ideia provém das reflexões inovadoras do economista Keynes (citado por Moulin), ele próprio inspirado por Hayek, sobre a especulação: O que conta não é o que as coisas serão, mas o que os atores econômicos pensam que serão (hipótese dita "da especuladora"). Nesta perspectiva, o sistema cul-

---

71 | Raymonde Moulin, *op. cit.*, 1967, p. 149.
72 | Antoine Hennion, *op. cit.*, 1993, pp. 120-121 e 131.
73 | Raymonde Moulin, *op. cit.*, 1967, p. 74.
74 | Raymonde Moulin, *op. cit.*, 1995, p. 209.

tural se baseia num trabalho de manipulação simbólica, que se traduz hoje por um esforço de comunicação.⁷⁵ Teríamos de um lado manipuladores, mais ou menos cínicos, detentores de fontes e de formas da informação, e do outro indivíduos manipulados (menos racionais?) dispostos a seguir os caminhos indicados a eles.

Porém, em outras passagens, os valores são dotados de uma objetividade que proíbe pensar em convencionalismo: "A compreensão histórica do passado não é submetida a um relativismo absoluto".⁷⁶ Existem, então, um valor histórico e uma autoridade da história pouco contestáveis. O lugar do artista na história, de tal ou qual obra na economia de suas obras, torna-se pouco discutível:

> A história é a ciência rainha e impõe autoridade. É ela que define a hierarquia dos valores históricos, fornecendo aos compradores eventuais critérios não arbitrários de referência [...]. O grande colecionador é este a quem será reconhecida, *uma vez efetuado o trabalho do tempo e da história*, a qualidade de conhecedor, este cujas escolhas estéticas sobreviverão duravelmente aos enganos da moda e do esnobismo.⁷⁷

Essa ambivalência, ou essa oscilação teórica, pesa sobre a coerência do projeto: nem verdadeiramente convencionalista, nem verdadeiramente essencialista.

Reencontra-se essa hesitação no pressuposto metodológico que pretende que se adotem as categorias dos atores. O que conduz a se proibir a mínima interrogação sobre estas, a mínima investigação histórica sobre o trabalho que foi necessário à sua elaboração. "Por falta de melhor, adotamos aqui a denominação utilizada pelas galerias".⁷⁸ Não que se trate de um erro científico, mas antes de uma opção que parece inconciliável com o construtivismo, afeita ao convencionalismo...

---

75 | Howard Becker e Raymonde Moulin, *op. cit.*, 1986.
76 | Raymonde Moulin, *op. cit.*, 1967, p. 431.
77 | *Idem*, p. 432, e, da mesma autora, *op. cit.*, 2001, p. 288.
78 | Raymonde Moulin, *op. cit.*, 2000, p. 26

No mesmo espírito, alguns economistas da cultura escrevem:

> Num sentido mais restrito, próximo, na realidade, das delimitações administrativas adotadas pela maior parte dos países desenvolvidos, a cultura concerne apenas às modalidades de expressão consideradas partícipes do domínio artístico. Essa concepção [...] tem o mérito de fornecer um contexto operatório para a reflexão e a análise econômica.[79]

Essa opção delata que esse trabalho sociológico é fundamentalmente de encomenda, que está a serviço do político, do institucional, do econômico – como, aliás, é perfeitamente admitido e aceito (mas malignamente "naturalizado") por Raymonde Moulin:

> O surto de pesquisas em ciências sociais dedicadas à arte, o aumento e o rejuvenescimento da população de pesquisadores que se entregam a elas estão associados à ação pública no setor da produção e da difusão artística [...]. A intervenção crescente e sempre mais diversificada do Estado demandou um melhor conhecimento dos públicos e das modalidades de consumo artístico, assim como dos criadores e das condições da criação [...]. Já nos anos 1960, a sociologia foi fortemente solicitada pela demanda institucional em busca da avaliação das políticas de democratização cultural.[80]

Essa atitude é, entretanto, radicalmente oposta à da sociologia interacionista, que coloca no centro de sua problemática a questão da definição dos atos, dos atores e dos bens. Embora Moulin, Becker e Menger tenham ocasionalmente colaborado e participado dos mesmos colóquios ou coleções editoriais, o segundo sempre recusou utilizar as definições institucionais (muitas vezes produzidas para obter estatísticas), entendidas como convenções dominantes. O interacionismo – que é, em contrapartida, um construtivismo assumido – inscreve-se dessa maneira na esteira da teoria crítica,

---

79 | Alain Busson e Yves Evrard, *Portraits économiques de la culture*, Paris: La Documentation française, 1987, p. 9.

80 | Raymonde Moulin, *op. cit.*, 1986, p. xiv.

contrariamente ao que pode ser afirmado cá ou lá, na medida em que se recusa a participar da reprodução de uma ordem social.[81] É preciso, então, reler Becker para se premunir contra falsas assemelhações teóricas:

> As análises interacionistas [...] questionam o monopólio da verdade e da enunciação dos fatos que os que estão em posição de poder e de autoridade pretendem deter. Sugerem que, em vez de confiar nos relatórios oficiais [...], devemos descobrir por conta própria a verdade sobre os fenômenos [...]. As análises interacionistas adotam uma posição relativista em face das acusações e definições de desvio construídas pelas pessoas respeitáveis e pelos poderes estabelecidos, e tratam essas não como a expressão de verdades morais incontestadas, mas como o material bruto das análises das ciências sociais.[82]

Essas posições radicais estão muito afastadas das posturas da socioeconomia da cultura tal como se desenvolve na França desde os anos 1980. É espantoso, tendo em conta essas diferenças, que associações e colaborações tenham sido almejadas entre uma sociologia amplamente institucional, descritiva, estatística e racionalista, e uma sociologia interacionista, anti-institucional e qualitativa. Mas essas alianças (mais institucionais que teóricas) nunca foram precisamente discutidas quanto ao fundo e serviram muitas vezes a fins que pouco têm a ver com a razão teórica.

---

81 | Cf. Max Horkheimer, *Théorie traditionnelle et théorie critique*, Paris: Gallimard, 1973. (1. ed. alemã: 1937).

82 | Howard Becker, *Outsiders: études de sociologie de la déviance*, Paris: Métailié, 1985, p. 232. (1.ed. norte-americana: 1963).

Conclusão

1. Diferenças metodológicas, atitudes epistemológicas e posturas sociológicas | Os três paradigmas apresentados nesta última parte estão relacionados a métodos de investigação diferentes, implicando atitudes epistemológicas distintas, desembocando em uma certa concepção da posição do sociólogo na cidade.

O paradigma socioeconomista do "mercado" utiliza entrevistas, modelos (de racionalidade, de empresário) e estatísticas muitas vezes nacionais e institucionais; o do "campo" também utiliza as estatísticas e os questionários, mas recorre, em menor medida, à observação e às entrevistas. O método é hipotético-dedutivo. O dos "mundos" privilegia a técnica da observação (interações face a face) e fundamenta seu raciocínio na indução.

Esses métodos têm um laço direto com três atitudes epistemológicas diferentes:

• partindo do mercado, os modelos requerem uma formalização e uma abstração que beneficiam em primeiro lugar as instituições e os atores dos setores estudados (quase sempre na origem dos pedidos de pesquisas). Os atores são ouvidos, mas também selecionados em função de terem sido avaliados como "representativos", típicos e exemplares dessa encomenda;

• partindo do campo, na tradição durkheimiana e marxista, procura-se chegar a uma descrição objetiva dos mecanismos de produção e de reprodução do social, que englobam e explicam as palavras e as representações dos atores;

• partindo dos mundos, os atores são ouvidos, observados, como objetos de estudos, sem que se preocupem em revelar uma verdade imanente ao mundo social. Somente a realidade das atitudes e dos comportamentos interessa o sociólogo.

Essas atitudes epistemológicas, secundadas pelas metodologias adequadas, desembocam em três concepções distintas do papel do sociólogo na cidade:

• a teoria socioeconômica está sempre relacionada com uma demanda institucional. A pesquisa é guiada por problemáticas institucionais, práticas, com vista a favorecer e esclarecer o trabalho político ao acompanhá-lo. A cumplicidade com o meio estudado se desenvolve, a ponto de se adotar uma atitude de parceria pericial. A arte e a cultura constituem setores da sociedade particularmente atraentes e "rentáveis" para os estudos com base neste ponto de vista; retomando a tipologia dos sociólogos de Boudon,[1] esta sociologia é ligada às finanças do Estado, útil e prática, correndo o risco de ser submetida às demandas conjunturais do político. Depende estreitamente da vontade política;

• a teoria do campo desenvolve um olhar de sobrevoo, o mais global que se pode ter (englobando o próprio político, que ela eventualmente pode tomar como seu objeto). Mas por uma espécie de "artimanha" denunciada pelo próprio Bourdieu, o sociólogo pode ser levado a superestimar o que diz respeito à sua própria cultura (universitária e escolar), a ponto de cair às vezes num "legitimismo" flagrante ao aceitar – a contragosto – o jogo dos dominantes (de qualificação cultural semelhante). A cultura encontra-se com certeza superestimada em sua forma escolar e em seus efeitos reformadores e igualitaristas (tanto para o indivíduo quanto para a sociedade). O sociólogo pode, eventualmente, desempenhar o papel de "estraga-prazeres", que, aproveitando-se da posição privilegiada daquele que vê e sabe, denuncia as desigualdades na distribuição dos bens culturais e no seu acesso; essa sociologia retira sua força de seu poder inegável de desencantamento do mundo e de análise crítica; porém ocupa um lugar ambíguo em termos de neutralidade, pois alguns dos seus defensores arriscam até um certo ensaísmo, enquanto outros, com maior frequência, praticam um engajamento político subentendido pela força crítica de suas análises;

• a teoria dos mundos, ao contrário, não parece responder a demanda alguma: nem colaboradora com as ordens sociais, nem denunciadora, pretende permanecer descritiva. É relativista e indutiva, não considera o Estado ou as instituições como forças que se deva apoiar, tampouco o sociólogo e a pesquisa como entidades sociais particularmente admiráveis (o que reflete, provavelmente, a imagem dos intelectuais na sociedade americana). O pesquisador está inteiramente entregue a seu trabalho descritivo, voltado a explicitar alguns mecanismos da produção do social. O cultural não é

---

1 | Raymond Boudon, "À Quoi Sert la Sociologie", *Cités*, Paris: PUF, 1995.

considerado especialmente nobre ou legítimo. Tornou-se rotina e a própria sociologia contribui para desenvolver esse processo de rotinização.

2. Elementos de convergência teórica | No final desta parte teórica, entretanto, convém voltar sobre o que havíamos proposto no início, invertendo a perspectiva. Pensávamos ter de destacar as diferenças, até mesmo as oposições entre essas três orientações teóricas, com o risco de acentuá-las. Agora é o momento de propor alguns elementos de reflexão para assinalar suas convergências. Se nos reportarmos ao esquema introdutório da parte que indica os polos teóricos, podemos observar que existem zonas de contato entre os círculos. Como os paradigmas estão em número de três, existem três lugares de convergência possível.

• Entre o paradigma interacionista e o holista (mundo e campo), uma atenção comum é prestada aos problemas de categorização e de desconstrução das taxonomias institucionais. Tudo o que passa por "natural" é questionado no canteiro sociológico, à luz das negociações de sentido ou dos esforços de historização que lutam contra a "amnésia da gênese". O mesmo ceticismo crítico leva a reconsiderar as nomenclaturas públicas, as imposições de problemáticas institucionais, e a descentrar o olhar sobre um conjunto de práticas culturais. Além disso (tal como foi exposto por Hennion em 1993, numa crítica a essas duas perspectivas), os dois paradigmas estão de acordo num ponto: a crença está no fundamento do jogo social. Bourdieu pretende praticar uma sociologia desta crença, na tradição da sociologia religiosa de Durkheim, Hertz, Mauss e Hubert, enquanto Becker prefere falar da "definição da situação" pelos atores, dando às representações sociais um papel sobredeterminante, seguindo a tradição interacionista do início do século XX. Tanto uns quanto os outros concordam quanto à importância das representações sociais, mas desconfiam, no fundo, do que podem declarar os indivíduos tomados isoladamente. Entretanto, esses dois paradigmas destacam, cada um à sua maneira (e contrariamente ao que foi dito sobre a sociologia de Bourdieu), o sentido dado pelos agentes (ou atores) a suas ações e à importância do simbólico. Se num caso este é sobredeterminado pelas posições sociais, nem por isso é excluído da pesquisa;

• Entre os paradigmas interacionista e individualista, como aludimos no capítulo 12, existem convergências que talvez tenham sido superestimadas por razões institucionais, mas que não deixam de ser reais. A importância dada às ações coletiva, estratégica e reticular é um ponto comum essencial. Ambos, no fundo, se encontram na ideia de que os atores são dotados de certa racionalidade estratégica e fazem o melhor que podem tendo em conta as informações disponíveis. Seus objetivos são muitas vezes a notoriedade, a visibilidade, e eles multiplicam as convenções para cooperar e maximizar seu êxito comum. Foi dito, aliás, que o interacionismo, sob este ângulo, constituía uma forma atenuada de individualismo, com base numa visão bastante racionalista da ação, na qual os determinismos sociais são frequentemente deixados de lado. O enquadramento privilegiando a interação (face a face) é um meio como outro para desconsiderar os "*data*" que sobredeterminam a montante os resultados das ações. A socialização não é mais considerada um elemento maior da descrição e da explicação das ações;

• Enfim, existem convergências entre o individualismo socioeconomista e o holismo (relativo) de Bourdieu. Ainda que Bourdieu não costume usar a noção de racionalidade, ele não se situa longe dela e não se recusa a falar em estratégias (mesmo inconscientes) para descrever o "senso prático" de agentes que atuam "como se" fossem conscientes e racionais. Bourdieu foi censurado por oferecer uma sociologia do interesse, economista em seus pressupostos, que não se furtava de modo algum em ver nos indivíduos a procura sempre maximizada de suas satisfações, a busca de transformá-las ou transfigurá-las em diversos tipos de capitais, mesmo que isso seja dito de outra maneira... Ademais, esses dois paradigmas enfatizam a questão essencial da produção, da difusão e da reprodução, da amplificação do valor (quaisquer que sejam as formas assumidas: social, econômica, simbólica, cultural) – uns com instrumentos emprestados da economia padrão, outros com noções que parecem diferentes, mas que devem assim mesmo muito ao vocabulário econômico (lembremos as noções de "capital", de "produção" e "reprodução", de "conversão" ou "convertibilidade", de "taxa de câmbio", de "crédito" etc.). Existe na teoria dos campos todo um registro lexical diretamente emprestado da ciência econômica, de um modo não necessariamente metafórico (é, *mutatis mutandis*, a mesma coisa num outro registro para os empréstimos tomados da psicanálise) e nem sempre perfeitamente explicitado. Às vezes, é possível nos perguntarmos se, em razão do seu poder explicativo, esse paradigma não deveria ter integrado mais nitidamente esses empréstimos e definido seus pressupostos, seguindo o modelo do paradigma rival.

A ausência de controvérsias científicas efetivas entre os paradigmas deve talvez bastante à "estratégia da esquiva" (esquiva em face de algumas verdades nem sempre convenientes de reconhecer), que se encontra tanto no mundo científico quanto no mundo empresarial.[2] Na pesquisa, como sublinha de bom grado Pierre Bourdieu, é preciso saber destacar-se para alcançar a visibilidade, a reputação e o reconhecimento – mesmo que dizendo de outra maneira, em outro lugar e em outros horizontes intelectuais, o que já foi dito cem vezes... Cabe aos professores de colégio e aos docentes-pesquisadores das universidades, incumbidos da tarefa às vezes ingrata das restituições sintéticas – desvalorizadas no mundo da pesquisa e das avaliações acadêmicas –, obrigar-se a esse trabalho essencial para a socialização dos públicos escolares e universitários, neste sentido salutar e útil.

---

2 | Michel Crozier, *Le Phénomène bureaucratique*, Paris: Seuil, 1964; e, em coautoria com Ehrard Friedberg, *L'Acteur et le système*, Paris: Seuil, 1977.

Conclusão geral

A TÍTULO DE CONCLUSÃO, oito anos após a publicação da primeira edição desta obra que encontrou um público importante, é tempo de apresentar um primeiro balanço sobre a existência da sociologia da cultura na França em 2010.

Admite-se hoje que a sociologia de Bourdieu desempenhou um papel estruturante em seu estabelecimento e orientação (capítulo 11). Foi a partir daí que, de fato, outros sociólogos posicionaram-se e determinaram-se. Essa corrente dominante, que foi sorver seus conceitos na confluência das tradições e fundamentos de autores como Durkheim, Mauss, Weber e Marx, atribuiu um lugar de primeiro plano tanto à instituição escolar e à educação quanto à instituição política sob um grande número de aspectos empíricos. Essa orientação que se produziu às custas de outras, em aparência menos legítimas, deixou o campo livre para a emergência de perspectivas divergentes e para a exploração de "terrenos" não cultivados por ela (mídia, indústrias culturais etc.).

Mesmo se a teoria sociológica de Bourdieu denunciou regularmente as injustiças e as desigualdades na repartição de recursos naturais, ela tem, mais ou menos conscientemente, acompanhado as preocupações políticas dos anos 1960 e 1970, centradas na democratização dos bens culturais, dos equipamentos e das práticas de lazer. Além disso, alimentou as reflexões das instituições (agentes do Estado, atores políticos, instâncias administrativas...) e nutriu as dos operadores e dos profissionais da cultura, que, favoráveis ou desfavoráveis, sempre se mostraram interessados (e até mesmo, em alguns casos, fascinados) pela força deste pensamento sociológico. Dito de outra maneira, a autonomização da sociologia da cultura como domínio disciplinar reconhecido deve muito a essa teoria e lhe deve até a vivacidade dos cruzamentos que os três grandes paradigmas (parte V) continuam tecendo entre si.

Acrescentemos também que as formações culturais multiplicaram-se (cf. capítulos 7 e 8), exigindo pesquisas e ensinos novos. São agora muitos os estudantes que se dirigem para as profissões da cultura e se preparam para todas as atividades relacionadas de perto ou de longe com ela (700 mil pessoas, como vimos, estão doravante envolvidas). Os sociólogos da cultura conhecidos e reconhecidos produzem e reproduzem um saber cumulativo que desemboca num grau de reflexividade macrossocial cada vez maior: nossa sociedade tomou consciência das múltiplas questões culturais em jogo, pelas quais é atravessada, e dos meios para estudá-las. Quer se trate de práticas ditas culturais, estudadas exaustivamente desde os anos 1970 em todos os níveis (locais, regionais e nacionais), em todos os domínios (da internet às práticas de amadores); quer se trate das formações, profissões e atividades culturais em desenvolvimento constante; quer das políticas da cultura partilhadas entre a União e as coletividades territoriais... todos esses setores de estudo são hoje "lavrados" por dezenas de pesquisadores e docentes – que realizam trocas regularmente. Os conhecimentos públicos se mesclam aos conhecimentos privados, com objetivos diferentes, entre os quais alguns são igualmente acessíveis (via internet, por exemplo).

No presente, a sociologia da cultura tem uma existência própria. Não pretende de forma alguma propor um olhar absoluto e definitivo sobre os fenômenos culturais. Mais exatamente, possui doravante seu lugar garantido ao lado de outros "olhares", mais antigos (os da filosofia, da história, da antropologia, da estética) ou em via de constituição, como o da ciência econômica ou o da ciência jurídica, ainda pouco desenvolvidos na França. Num país onde a ação pública funda amplamente, com seus meios próprios, suas problemáticas sobre o interesse público, a sociologia da cultura adquiriu, desde a criação de um ministério inteiramente consagrado ao mundo cultural, o reconhecimento de uma disciplina plena e inteira, como o número importante de encomendas públicas endereçadas a ela mostra e justifica. Tal é a singularidade de nossa tradição política que ela não somente se mostra interessada pela cultura organizada e por seus efeitos sociais com mais ênfase do que em outros lugares, como também a vemos participando financeira e cientificamente da estruturação do campo da pesquisa.

28 de fevereiro de 2011, **Bordeaux e Limoges**.

BIBLIOGRAFIA

Prefácio

BRETON, Philippe; PROULX, Serge. *L' Explosion de la communication à l'aube du XXIe siècle*. Paris: La Découverte, 2002.

COULANGEON, Philippe. *Sociologie des pratiques culturelles*. Paris: La Découverte, 2005.

CUCHE, Denys. *La Notion de culture dans les sciences sociales*. Paris: La Découverte, 1996.

DONNAT, Olivier (org.). *Regards croisés sur les pratiques culturelles*. Paris: La Documentation française, 2003.

DURAND, Jean-Pierre; WEIL, Robert (org.). "Sociologie de la culture et du loisir". Em: *Sociologie contemporaine*. Paris: Vigot, 1990, pp. 511-539.

ESQUENAZI, Jean-Pierre. *Sociologie des publics*. Paris: La Découverte, 2003.

_____. *Sociologie des œuvres*. Paris: Armand Colin, 2007.

FERREOL, Gilles; NORECK, Jean-Pierre. "Culture et styles de vie". Em: *Introduction à la sociologie*. Paris: Armand Colin, 2000, pp. 130-147.

FLEURY, Laurent. *Sociologie de la culture et des pratiques culturelles*. Paris: Armand Colin, 2006.

GIREL, Sylvia (org.). *Sociologie de l'art et de la culture: un état de la recherche*. Paris: L'Harmattan, 2006.

JOURNET, Nicolas et al. "Cultures: la construction des identités". *Sciences humaines*. Auxerre: nov. 2000, n. 110.

KAMBOUCHNER, Denis (org.). "La culture". Em: *Notions de philosophie*. Paris: Gallimard, 1995, v. 3, pp. 445-568.

LE GUERN, Philippe (org.). *Les Cultes médiatiques: culture fan et œuvres cultes*. Rennes: PUR, 2002.

LE QUEAU, Pierre (org.). *20 Ans de sociologie de l'art: bilan et perspectives*. Paris: L'Harmattan, 2007, 2 v.

MARTINON, Jean-Pierre. "Culture". Em: *Dictionnaire de la sociologie*. Paris: Albin Michel, 1999, pp. 220-228.

MATTELART, Armand. *Diversité culturelle et mondialisation*. Paris: La Découverte, 2005.

_____; NEVEU, Erik. *Introduction aux cultural études*. Paris: La Découverte, 2003.

MATTELART, Michèle. *Histoire des théories de la communication*. Paris: La Découverte, 1995.

PEQUIGNOT, Bruno. "Sociologie de l'art et de la culture en france: un état des lieux".

Em: BERTHELOT, Jean-Michel (org.). *La Sociologie française contemporaine*. Paris: PUF, 2003.

VALADE, Bernard. "Culture". Em: BOUDON, Raymond (org.). *Traité de sociologie*. Paris: PUF, 1992, pp. 461-490.

WARNIER, Jean-Pierre. *La Mondialisation de la culture*. Paris: La Découverte, 1999.

Capítulo 1

BASTIDE, Roger. *Art et société*. Paris: L'Harmattan, 1997 (1 ed.: 1977).

BOURDIEU, Pierre, *Esquisse d'une théorie de la pratique*. Paris: Seuil, 2000 (1 ed.: 1972).

____. *Le Sens pratique*. Paris: Minuit, 1980.

CUCHE, Denys. *La Notion de culture dans les sciences sociales*. Paris: La Découverte, 1996.

JIMENEZ, Marc. *Qu'est-ce que l' Esthétique?* Paris: Gallimard, 1999.

JULIEN, Marie-Pierre; ROSSELIN, Céline. *La Culture matérielle*. Paris: La Découverte, 2005.

LOMBARD, Jacques. *Introduction à l'ethnologie*. Paris: Armand Colin, 1994.

MAUSS, Marcel. *Sociologie et anthropologie*. Paris: PUF, 1985 (1 ed.: 1950).

PEQUIGNOT, Bruno. *Pour une Sociologie esthétique*. Paris: L'Harmattan, 1993.

____. *La Question des œuvres en sociologie des arts et de la culture*. Paris: L'Harmattan, 2007.

WEBER, Max. *Essais sur la théorie de la science*. Paris: Plon, 1992.

Capítulo 2

BERGER, Peter; LUCKMANN, Thomas. *La Construction sociale de la réalité*. Paris: Armand Colin, 2006, 3. ed.

BESSY, Christian; CHATEAURAYNAUD, Francis. *Experts et faussaires: pour une sociologie de la perception*. Paris: Métailié, 1995.

BOLTANSKI, Luc; THEVENOT, Laurent. *De la Justification: les économies de la grandeur*. Paris: Gallimard, 1991.

BOUDON, Raymond. "De l'Objectivité des Valeurs artistiques" Em: *Le Sens des valeurs*. Paris: PUF, 1999, pp. 251-294.

BOURDIEU, Pierre. "Le Marché des biens symboliques". *L'Année Sociologique*, 1971, n. 22, pp. 49-126.

____. *Esquisse d'une théorie de la pratique*. Paris: Seuil, 2000 (1 ed.: 1972).

____. "Sur le Pouvoir symbolique". *Annales ESC*, maio/jun. 1977, n. 32-3, pp. 405-411, republicado em: *Langage et pouvoir symbolique*. Paris: Seuil, 2001.

____. *Questions de sociologie*. Paris: Minuit, 1980.

CALLON, Michel. "Sociologie de la traduction". *L' Année Sociologique*, 1986, pp. 169-208.

DURKHEIM, Émile. *Les Règles de la méthode sociologique*. Paris: Flammarion, 1988 (1 ed.: 1895).

_____. "Jugements de valeur et jugements de réalité". Em: *Sociologie et philosophie*. Paris: PUF, 1996, pp. 117-141 (1 ed.: 1911).

_____. *Les Formes élémentaires de la vie religieuse*. Paris: PUF, 1991.

EDELMAN, Bernard. *Propriété littéraire et artistique*. Paris: PUF, 1989.

_____. *L' Art en conflits: l'œuvre de l'esprit entre droit et sociologie*. Paris: La Découverte, 2002.

ELIAS, Norbert. *Qu'est-ce que la Sociologie?* Paris: L' Aube, 1991.

GARFINKEL, Harold. *Recherches en ethnométhodologie*. Paris: PUF, 2007.

HEINICH, Nathalie. "C'est un Oiseau! Brancusi *vs* États-Unis ou quand la loi définit l'art", *Droit et société*, 1996, n. 34, pp. 1-24.

_____. *Ce que l' Art fait à la sociologie*. Paris: Minuit, 1998a.

_____. *L' Art contemporain exposé aux rejets: études de cas*. Nîmes: Jacqueline Chambon, 1998b.

_____. *Le Triple Jeu de l'art contemporain*. Paris: Minuit, 1998c.

_____. *Être écrivain: création et identité*. Paris: La Découverte, 2000.

_____. *La Sociologie de l'art*. Paris: La Découverte, 2001.

LAMY, Yvon. "Du Monument au patrimoine: matériaux pour l'histoire politique d'une protection", *Genèses*, n. 11, 1993, pp. 50-78.

_____. (org.). *L' Alchimie du patrimoine*. Bordeaux: Maison des Sciences de l'Homme d'Aquitaine, 1996.

LATOUR, Bruno. *Pasteur: guerre et paix des microbes, suivi de 'Irréductions'*. Paris: La Découverte, 2001.

MAUSS, Marcel; DURKHEIM, Émile. "De Quelques Formes primitives de classification". Em: MAUSS, Marcel. *Œuvres*. Paris: Minuit, 1974, pp. 13-89, v. 2 (1. ed.: *L' Année Sociologique*, 1903).

MOULIN, Raymonde. "La Genèse de la rareté artistique". *Ethnologie française*, 1979, mar./set. 1978, n. 8, pp. 241-258. Republicado em: *De la Valeur de l'art*. Paris: Flammarion, 1995.

PONTIER, Jean-Marie; RICCI, Jean-Claude; BOURDON, Jacques, *Droit de la culture*. Paris: Dalloz, 1996.

WEBER, Max. *Essais sur la Théorie de la science*. Paris: Plon, 1992.

Capítulo 3

BENHAMOU, Françoise. *Économie de la culture*. Paris: La Découverte, 1996.

BOLTANSKI, Luc. *L'Amour et la justice comme compétences: trois essais de sociologie de l'action*. Paris: Métailié, 1990.

CABROL, Pierre. "Les Biens culturels en droit civil français". Bordeaux IV, 1999 (tese).

COMETTI, Jean-Pierre. "Le Pragmatisme, de Peirce à Rorty". Em: MAYER, Michel (org.). *La Philosophie anglo-saxonne*. Paris: PUF, 1994, pp. 387-492.

____; MORIZOT, Jean; POUIVET, René. *Questions d'esthétique*. Paris: PUF, 2000.

HEINICH, Nathalie. *Ce que l'Art fait à la sociologie*. Paris: Minuit, 1998a.

____. *L'Art contemporain exposé aux rejets: études de cas*. Nîmes: Jacqueline Chambon, 1998b.

HENNION, Antoine. *La Passion musicale: une sociologie de la médiation*. Paris: Métailié, 1993.

HERPIN, Nicolas; VERGER, Daniel. *La Consommation des Français*. Paris: La Découverte, 2000, v. 2.

KALIFA, Dominique. *La Culture de masse en France, 1860-1930*. Paris: La Découverte, 2001.

LAMY, Yvon. "Politique patrimoniale et singularité administrative: les architectes des bâtiments de france". *Genèses*, 1990, n. 1, pp. 112-130.

____. (org.). *L'Alchimie du patrimoine*. Bordeaux: Maison des sciences de l'homme d'Aquitaine, 1996.

____. "Patrimoine et culture: l'institutionnalisation". Em: POIRRIER, Philippe; VADELORGE, Loïc (org.). *Pour une Histoire des politiques du patrimoine*. Paris: La Documentation française, 2003.

MAUSS, Marcel. *Manuel d'ethnographie*. Paris: Payot, 1967.

____; HUBERT, Henri. "Essai sur la nature et la fonction de sacrifice". *L'Année Sociologique*, 1899. Em: MAUSS, Marcel. *Œuvres*, 1974, v. 1, pp. 193-352.

WEBER, Max. *Économie et société*. Paris: Plon, 1995, 2 v. (l ed. alemã: 1922).

____. *Le Savant et le politique*. Paris: Plon, 1959 (l ed. alemã: 1919).

YONNET, Paul. *Travail, loisir: temps libre et lien social*. Paris: Gallimard, 1999.

Capítulo 4

BLONDIAUX, Loïc. *La Fabrique de l'opinion: une histoire sociale des sondages*. Paris: Seuil, 1998.

BOURDIEU, Pierre. *Réponses*. Paris: Seuil, 2002.

_____; DARBEL, Alain. *L' Amour de l'art: les musées d'art européens et leur public*. Paris: Minuit, 1969.

BRETON, Philippe; PROULX, Serge. *L' Explosion de la communication à l'aube du XXIe siècle*. Paris: La Découverte, 2002.

CERTEAU, Michel de. *L' Invention du quotidien: 1. Arts de faire*. Paris: Gallimard, 1990.

COULANGEON, Philippe. *Sociologie des pratiques culturelles*. Paris: La Découverte, 2005.

DONNAT, Olivier. *Les Français face à la culture: de l'exclusion à l'éclectisme*. Paris: La Découverte, 1994.

_____. *Les Amateurs: enquête sur les activités artistiques des Français*. Paris: La Documentation française, 1996.

_____. *Les Pratiques culturelles des français: enquête 1997*. Paris: La Documentation française, 1998.

_____. (org.). *Regards croisés sur les pratiques culturelles*. Paris: La Documentation française, 2003a.

_____. (org.). *Le(s) Public(s) de la culture*. Paris: Presses de Sciences Po, 2003b.

_____. *Les Pratiques culturelles des français à l'ère numérique: enquête 2008*. Paris: La Découverte/Ministère de la Culture et de la Communication, 2009.

_____. "Sociologie des pratiques culturelles". Em: POIRRIER, Philippe (org.). *Politiques et pratiques de la culture*. Paris: La Documentation française, 2010.

_____; OCTOBRE, Sylvie (org.). *Les Publics des équipements culturels: méthodes et résultats d'enquêtes*. Paris: DEP, 2001.

DUBOIS, Vincent. *La Politique culturelle: genèse d'une catégorie d'intervention publique*. Paris: Belin, 1999.

HALBWACHS, Maurice. *La Classe ouvrière et le niveau de vie: recherches sur la hiérarchie des besoins dans les sociétés industrielles contemporaines*. Paris-Londres-Nova York: Gordon & Breach, 1970.

HEINICH, Nathalie. *L' Art contemporain exposé aux rejets: études de cas*. Nîmes: Jacqueline Chambon, 1998.

HERPIN, Nicolas; VERGER, Daniel. *La Consommation des français*. Paris: La Découverte, 2000, v. 2.

LAMY, Yvon; MARCHAN, Francis. "La Société française, un état de la recherche: les pratiques culturelles". Em: *Comprendre la société: cahiers français*. Paris: La Documentation française, maio/jun. 2005, n. 326.

MATTELART, Armand; MATTELART, Michèle. *Histoire des théories de la communication*. Paris: La Découverte, 1995.

MOULIN, Raymonde. *Les Attitudes du public à l'égard de l'art contemporain*. Paris: SER, 1971.

MOULINIER, Pierre. *Les Politiques publiques de la culture en France*. Paris: PUF, 1999.

PASQUIER, Dominique. *Cultures lycéennes: la tyrannie de la majorité*. Paris: Autrement, 2005.

POIRRIER, Philippe (org.). *Politiques et pratiques de la culture*. Paris: La Documentation française, 2010.

RIOUX, Jean-Pierre; SIRINELLI, Jean-François (org.). *Pour une Histoire culturelle*. Paris: Seuil, 1997.

Capítulo 5

BESSY, Christian; CHATEAURAYNAUD, Francis. *Experts et faussaires: pour une sociologie de la perception*. Paris: Métailié, 1995.

BOLTANSKI, Luc.; THEVENOT, Laurent. *De la Justification: les économies de la grandeur*. Paris: Gallimard, 1991.

BOURDIEU, Pierre (org.). *Un Art moyen: les usages sociaux de la photographie*. Paris: Minuit, 1965.

____. *La Distinction: critique sociale du jugement*. Paris: Minuit, 1979.

____; DARBEL, Alain. *L'amour de l'art: les musées d'art européens et leur public*. Paris: Minuit, 1969.

CERTEAU, Michel de. *L' Invention du quotidien: 1. Arts de faire*. Paris: Gallimard, 1990.

____. *La culture au pluriel*. Paris: Seuil, 1993 (1 ed.: 1974).

CHARTIER, Roger (org.). *Pratiques de lectures*. Paris: Payot, 1993 (1 ed. 1985).

CHAZEL, François (org.). *Pratiques culturelles et politiques de la culture*. Bordeaux: MSHA, 1990.

COULANGEON, Philippe. *Sociologie des pratiques culturelles*. Paris: La Découverte, 2005.

DONNAT, Olivier. *Les Français face à la culture: de l'exclusion à l'éclectisme*. Paris: La Découverte, 1994.

____. *Les Amateurs: enquête sur les activités artistiques des français*. Paris: La Documentation française, 1996.

____. *Les Pratiques culturelles des français: enquête 1997*. Paris: La Documentation française, 1998.

____. "La stratification sociale des pratiques culturelles et son évolution, 1973-1997". *Revue Française de Sociologie*, jan./mar. 1999, n. 1, v. 40, p. 111-119.

____. *Les Pratiques culturelles des français à l'ère numérique: enquête 2008*. Paris: La Découverte/Ministère de la Culture et de la Communication, 2009.

____. "Sociologie des pratiques culturelles". Em: POIRRIER, Philippe (org.). *Politiques et pratiques de la culture*. Paris: La Documentation française, 2010.

ESCARPIT, Robert. *Sociologie de la littérature*. Paris: PUF, 1958.

ESTABLET, Robert; FELOUZIS, Georges. *Livre et télévision: concurrence ou interaction?* Paris: PUF, 1992.

FARCHY, Joëlle. *La Fin de l'exception culturelle?* Paris: CNRS, 1999.

FLICHY, Patrice. *Le Sacre de l'amateur*. Paris: Seuil, 2010.

GALLAND, Olivier. *Sociologie de la jeunesse*. Paris: Armand Colin, 2011, 5. ed.

GLEVAREC, Hervé; PINET, Michel. "La Tablature des goûts musicaux". *Revue Française de Sociologie*. 2009, n. 3, v. 50.

HENNION, Antoine; MAISONNEUVE, Sophie; GOMART, Émilie. *Figures de l'amateur: formes, objets, pratiques de l'amour de la musique aujourd'hui*. Paris: La Documentation française, 2000.

HERPIN, Nicolas. *Sociologie de la consommation*. Paris: La Découverte, 2001.

LAHIRE, Bernard. *La Culture des individus*. Paris: La Découverte, 2003.

MAUGER, Gérard; POLIAK, Claude; PUDAL, Bernard. *Histoires de lecteurs*. Paris: Nathan, 1999.

MAYOL, Pierre. *Les Enfants de la liberté: études sur l'autonomie sociale et culturelle des jeunes en France, 1970-1996*. Paris, L'Harmattan, 1997.

MENDRAS, Henri; DUBOYS, Fresney Laurence (colab.). *La Seconde Révolution Française: 1965-1984*. Paris: Gallimard, 1988.

OCTOBRE, Sylvie. *Les Loisirs culturels des 6-14 ans*. Paris: DEP, 2005.

PASQUIER, Dominique. *Cultures lycéennes: la tyrannie de la majorité*. Paris: Autrement, 2005.

PATUREAU, Frédérique. *Les Pratiques culturelles des jeunes*. Paris: La Documentation française, 1992.

PEDLER, Emmanuel; PASSERON, Jean-Claude. *Le Temps donné aux tableaux*. Marselha: IREREC, 1991.

Capítulo 6

ADORNO, Theodor. *Théorie esthétique*. Paris: Klincksieck, 1995.

BOURDIEU, Pierre. *Choses dites*. Paris: Minuit, 1987.

____; PASSERON, Jean-Claude. *Les Héritiers: les étudiants et la culture*. Paris: Minuit, 1964.

____. *La Reproduction: éléments pour une théorie du système d'enseignement*. Paris: Minuit, 1970.

DONNAT, Olivier (org.). *Le(s) Public(s) de la culture*. Paris: Presses de Sciences Po, 2003b.

DUBOIS, Vincent. *La Politique culturelle: genèse d'une catégorie d'intervention publique*: Paris: Belin, 1999.

DUMAZEDIER, Joffre. *Vers une Civilisation des loisirs?*. Paris: Seuil, 1962.

HABERMAS, Jürgen. *L' Espace public: archéologie de la publicité comme dimension constitutive de la société bourgeoise*. Paris: Payot, 1992.

LE GUERN, Philippe (org.). *Les Cultes médiatiques: culture fan et œuvres cultes*. Rennes: PUR, 2002.

MEAD, Georges Herbert. *L' Esprit, le soi et la société*. Paris, 1963.

MENDRAS, Henri; DUBOYS, Fresney Laurence (colab.). *La Seconde révolution française: 1965-1984*. Paris: Gallimard, 1988.

PASQUIER, Dominique. *La Culture des sentiments: l'expérience télévisuelle des adolescents*. Paris: MSH, 1999.

RIOUX, Jean-Pierre; SIRINELLI, Jean-François (org.). *Pour une Histoire culturelle*. Paris: Seuil, 1997.

SIMMEL, Georg. *La Tragédie de la culture*. Marselha: Rivages, 1988.

WEBER, Max. *Le Judaïsme antique*. Paris: Plon, 1970.

____. *Sociologie des religions*. Paris: Gallimard, 1996.

____. *La Science, profession et vocation, suivi de 'Leçons wébériennes sur la science & la propaganda', par Isabelle Kalinowski*. Marselha: Agone, 2005.

Capítulo 7

ADORNO, Theodor. *Théorie esthétique*. Paris: Klincksieck, 1995.

BÉNICHOU, Paul. *Le Sacre de l'écrivain: essai sur l'avènement d'un pouvoir spirituel laïc dans la France moderne*. Paris: José Corti, 1973.

CHATELUS, Jean. *Peindre à Paris au XVIIIe siècle*. Nîmes: Jacqueline Chambon, 1991.

CROW, Thomas. *Painters and Public Life in Eighteenth-Century Paris*. Londres: Yale University Press, 1985.

Dubar, Claude; Tripier, Pierre. *Sociologie des professions*. Paris: Armand Colin, 2011, 3. ed.

Elias, Norbert. *Mozart, sociologie d'un génie*. Paris: Seuil, 1991.

Fraenkel, Béatrice. *La Signature: genèse d'un signe*. Paris: Gallimard, 1992.

Freidson, Eliot. "Les Professions artistiques comme défi à l'analyse sociologique". *Revue Française de Sociologie*, jul./set. 1986, n. 3, 1986, v. 27, pp. 431-443.

Haskell, Francis. *La Norme et le caprice: redécouvertes en art: aspects du goût, de la mode et de la collection en France et en Angleterre, 1789-1914*. Paris: Flammarion, 1986.

Heinich, Nathalie. *La Gloire de Van Gogh: essai d'anthropologie de l'admiration*. Paris: Minuit, 1991.

_____. *Du Peintre à l'artiste: artisans et académiciens à l'âge classique*. Paris: Minuit, 1993.

_____. *L'Élite artiste*. Paris: Gallimard, 2005.

Kriz, Ernst; Kurz, Otto. *L'Image de l'artiste: légende, mythe et magie*. Marselha: Rivages, 1987.

Lamy, Yvon. "Changement culturel, marché des œuvres, théorie esthétique: à propos de travaux anglo-américains relatifs à l'avant-garde artistique et à sa logique d'accomplissement dans les décennies 1960 et 1970". *Genèses* 2, dez. 1990.

Menger, Pierre-Michel. *La Profession de comédien: formations, activités et carrières dans la démultiplication de soi*. Paris: La Documentation française, 1997.

_____. *Portrait de l'artiste en travailleur: métamorphoses du capitalisme*. Paris: Seuil, 2003.

_____. *Les Intermittents du spectacle: sociologie d'une exception*. Paris: EHESS, 2005.

_____. *Profession artiste: extension du domaine de la création*. Paris: Textuel, 2005.

Moulin, Raymonde. *De la Valeur de l'art*. Paris: Flammarion, 1995.

Paradeise, Catherine; Charby, Jacques (colab.); Vourc'h; François (colab.). *Les Comédiens: profession et marchés du travail*. Paris: PUF, 1998.

Passeron, Jean-Claude; Pasquier, Dominique. *Les Recensements et les enquêtes sur les artistes plasticiens*. Paris: SER, 1986.

Warnke, Martin. *L'Artiste et la cour: aux origines de l'artiste moderne*. Paris: EHESS, 1989.

Weber, Max. "Considération intermédiaire: théorie des degrés". *Sociologie des religions*. Paris: Gallimard, 1996.

White, Harrison; White, Cynthia. *La Carrière des peintres au XIXe siècle*. Paris: Flammarion, 1991.

Willener, Alfred. *Pour une Sociologie de l'interprétation musicale: le cas du "Concerto pour trompette" de Haydn*. Lausanne: Payot, 1990.

Wrigley, Richard. *The Origins of French Art: Criticism from the Ancien Régime to the Restoration*. Oxford: Clarendon Press, 1993.

Capítulo 8

AGUILAR, Yves. *Un Art de fonctionnaires: le 1%*. Nîmes: Jacqueline Chambon, 1999.

BECKER, Howard. *Outsiders: études de sociologie de la déviance*. Paris: Métailié, 1985.

_____. *Les Mondes de l'art*. Paris: Flammarion, 1988.

BENHAMOU, Françoise. *Économie de la culture*. Paris: La Découverte, 1996.

_____. *L' Économie du star-system*. Paris: Fayard, 2002.

BOURDIEU, Pierre. "Mais Qui a Créé les 'Créateurs'?". Em: *Questions de Sociologie*. Paris: Minuit, 1984, pp. 207-221.

_____; DELSAUT, Yvette. "Le Couturier et sa griffe". *Actes de la recherche en sciences sociales*, 1975, n. 1, pp. 7-36.

COULANGEON, Philippe. *Les Musiciens interprètes en France: portrait d'une profession*, Paris, DEP, 2004.

FUMAROLI, Marc. *L' État culturel: essai sur une religion moderne*. Paris: Fallois, 1992.

GOFFMAN, Erving. *Les Rites d'interaction*. Paris: Minuit, 1974.

HEINICH, Nathalie. *Le Triple jeu de l'art contemporain*. Paris: Minuit, 1998.

_____. *L' Élite artiste*. Paris: Gallimard, 2005.

LAHIRE, Bernard. *La Condition littéraire*. Paris: La Découverte, 2006.

LAMY, Yvon; LIOT, Françoise. "Les Résidences d'artistes: le renouvellement de l'intervention publique dans le domaine des arts plastiques: enjeux et effets". Em: CALLEDE, Jean-Paul (org.). *Métamorphoses de la culture: pratiques et politiques en périphérie*. Bordeaux: MSHA, 2002, pp. 213-234.

MENGER, Pierre-Michel. *Le Paradoxe du musicien*. Paris: Flammarion, 1983.

MICHAUD, Yves. *L'Artiste et les commissaires*. Nîmes: Jacqueline Chambon, 1989.

MOULIN, Raymonde. *L'Artiste, l'institution et le marché*. Paris: Flammarion, 1992.

PANOFSKY, Erwin. *Architecture gothique et pensée scolastique*. Paris: Minuit, 1967.

RIVIERE, Claude. *Les Rites profanes*. Paris: PUF, 1995.

SEGRE, Monique. *L'Art comme institution: l'École des Beaux-Arts, XIXe et XXe*. Paris: ENS Cachan, 1993.

WILLIAMS, Raymond. *The Sociology of Culture*. Chicago: The University of Chicago Press, 1995.

Capítulo 9

BOURDIEU, Pierre. *Méditations pascaliennes*. Paris: Seuil, 1997.

COLAS, Dominique. *Sociologie politique*. Paris: PUF, 1990.

DESROSIERES, Alain. *La Politique des grands nombres: histoire de la raison statistique*. Paris: La Découverte, 1993.

DUBOIS, Vincent. *La Politique culturelle: genèse d'une catégorie d'intervention publique*. Paris: Belin, 1999.

FRIEDBERG, Ehrard; URFALINO, Philippe. *Le Jeu du catalogue*. Paris: La Documentation française, 1984.

FUMAROLI, Marc. *L' État culturel: essai sur une religion moderne*. Paris: Fallois, 1992.

HABERMAS, Jürgen. *Raison et légitimité: problèmes de légitimation dans le capitalisme avancé*. Paris: Payot, 1978.

LUCCHINI, Françoise. *La Culture au service des villes*. Paris: Anthropos, 2002.

MESNARD, André-Hubert. *Droit et politique de la culture*. Paris: PUF, 1990.

ORY, Pascal. *La Belle Illusion: culture et politique sous le signe du Front populaire, 1935-1938*. Paris: Plon, 1994.

PASSERON, Jean-Claude. *Le Raisonnement sociologique: l'espace non-poppérien du raisonnement naturel*. Paris: Nathan, 1991.

PERRET, Jacques; SAEZ, Guy (org.). *Institutions et vie culturelle*. Paris: La Documentation française, 1996.

POIRRIER, Philippe. *L' État et la culture en France au XXe siècle*. Paris: Librairie générale française, 2000.

REGOURD, Serge. *L' Exception culturelle*. Paris: PUF, 2002.

RITAINE, Évelyne. *Les Stratèges de la culture*. Paris: PNFSP, 1983.

SAEZ, Guy. "Les Politiques de la culture". Em: GRAWITZ, Madeleine; LECA, Jean. *Traité de science politique*. Paris: PUF, 1985, v. 4, pp. 387-422.

TESSEYDRE, Bernard. *Le Siècle de Louis XIV*. Paris: Gallimard, 1970.

URFALINO, Philippe. "Académies invisibles et mécénat caché". *L'Année Sociologique*. 1989, n. 1, v. 39, pp. 81-109.

_____; VILKAS, Catherine. *Les Fonds régionaux d'art contemporain: la délégation du jugement esthétique*. Paris: L'Harmattan, 1995.

Capítulo 10

AGUILAR, Yves. *Un Art de fonctionnaires, le 1%*. Nîmes: Jacqueline Chambon, 1999.

BADY, Jean-Pierre. *Les Monuments historiques français*. Paris: PUF, 1985.

BOURDIEU, Pierre. *La Noblesse d'État: grandes écoles et esprit de corps*. Paris: Minuit, 1989.

CHAMPY, Florent. *Les Architectes et la commande publique*. Paris: PUF, 1998.

CHATELAIN, Jean. *Œuvres d'art et objets de collection en droit français*. Paris: Berger-Levrault, 1982.

DAGENS, Muriel; LIOT, Françoise; LE MOIGNE, Philippe. "Carnac et ses alignements: un ferment d'action collective". Em: LAMY, Yvon (org.). *Le Pouvoir de protéger: approches, acteurs et enjeux du patrimoine.* Bordeaux: MSHA, 1993.

DUPUY, Jean-Pierre. *Libéralisme et justice sociale: le sacrifice et l'envie.* Paris: Hachette, 1992.

FOUR, Pierre-Alain, "La Compétence contre la démocratisation? Création et re--création des Fonds régionaux d'art contemporain". *Politix,* out./dez. 1993, n. 24, pp. 95-114.

FRIEDBERG, Ehrard. *Le Pouvoir et la règle: dynamiques de l'action organisée.* Paris: Seuil, 1996.

HEINICH, Nathalie. "Expertise et politique publique de l'art contemporain: les critères d'achat dans un FRAC". *Sociologie du travail,* 1997, n. 2, pp. 189-209.

JONAS, Hans. *Le Principe de responsabilité: essai d'une éthique pour la civilisation technologique.* Paris: Cerf, 1990.

LAMY, Yvon. "La Formation d'un patrimoine culturel d'intérêt général: rêve d'héritage, contrôle institutionnel et éthique de la protection". Em: *Les Monuments historiques, un nouvel enjeu?.* Paris: L'Harmattan, 2004, v. 2.

LEGENDRE, Pierre. *Histoire de l'administration de 1750 à nos jours.* Paris: PUF, 1968.

MAUSS, Marcel. *Sociologie et anthropologie.* Paris: PUF, 1985.

MONNIER, Gérard. *Des Beaux-arts aux arts plastiques: une histoire sociale de l'art.* Paris: La Manufacture, 1991.

OCTOBRE, Sylvie. "Profession, segments professionnels et identité: l'évolution des conservateurs de musées". *Revue Française de Sociologie,* 1999, n. 2, v. 40, pp. 357-383.

POLI, Jean-Marie. *La Protection des biens culturels meubles.* Paris: LGDJ, 1996.

POULOT, Dominique. *Patrimoine et musées: l'institution de la culture.* Paris: Hachette, 2001.

TREPOS, Jean-Yves. *Sociologie des experts.* Paris: PUF, 1996.

WEBER, Max. *L'Éthique protestante et l'esprit du capitalisme.* Paris: Plon, 1967.

Capítulo 11

BERTHELOT, Jean-Michel (org.). *Épistémologie des sciences sociales.* Paris: PUF, 2001.

BOUDON, Raymond. "De l'Objectivité des valeurs artistiques". Em: *Le Sens des valeurs.* Paris: PUF, 1999, pp. 251-294.

BOURDIEU, Pierre, "Genèse et structure du champ religieux". *Revue Française de Sociologie,* 1971, n. 3, v. 12, pp. 296-332.

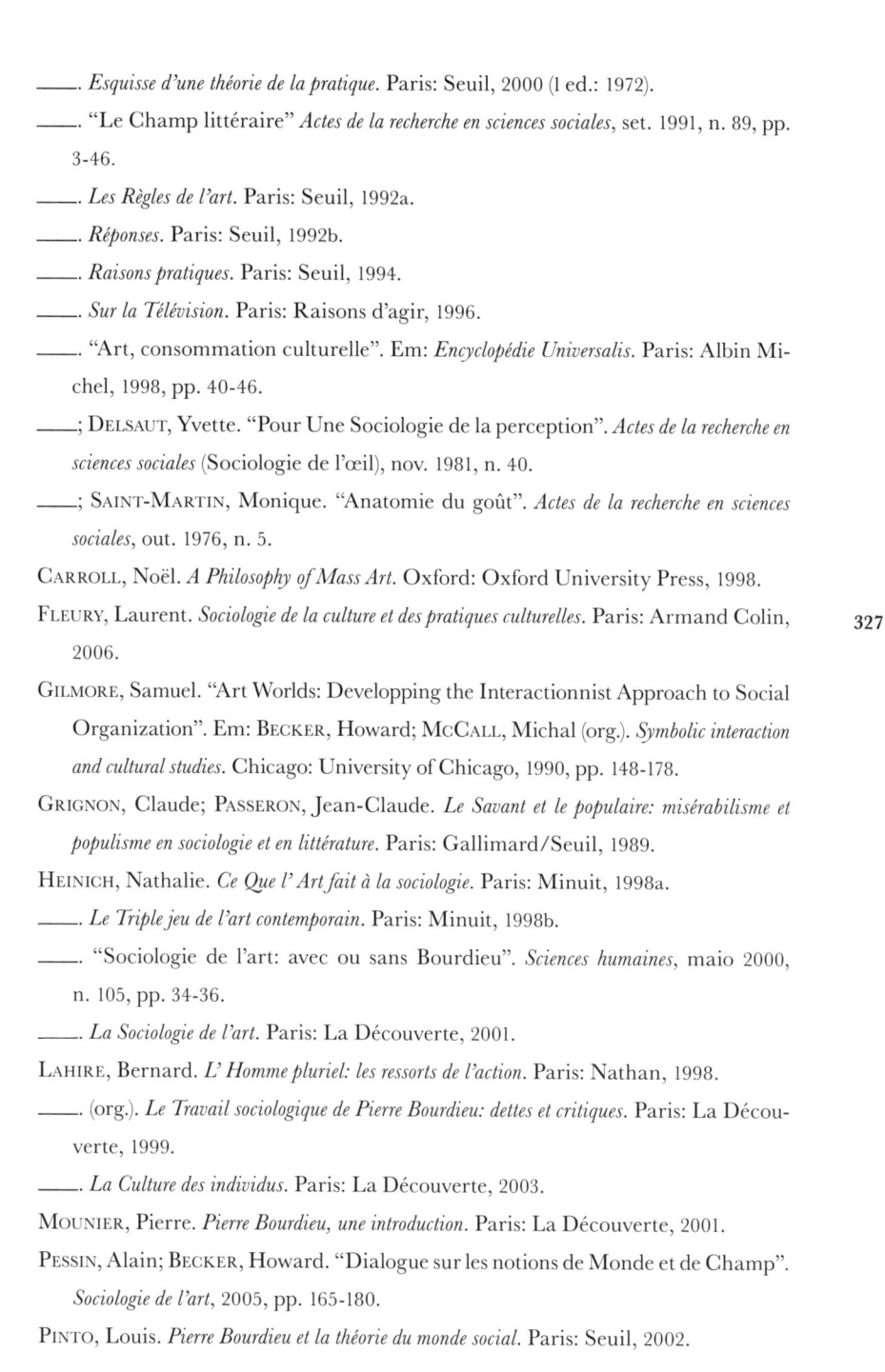

_____. *Esquisse d'une théorie de la pratique*. Paris: Seuil, 2000 (1 ed.: 1972).

_____. "Le Champ littéraire" *Actes de la recherche en sciences sociales*, set. 1991, n. 89, pp. 3-46.

_____. *Les Règles de l'art*. Paris: Seuil, 1992a.

_____. *Réponses*. Paris: Seuil, 1992b.

_____. *Raisons pratiques*. Paris: Seuil, 1994.

_____. *Sur la Télévision*. Paris: Raisons d'agir, 1996.

_____. "Art, consommation culturelle". Em: *Encyclopédie Universalis*. Paris: Albin Michel, 1998, pp. 40-46.

_____; DELSAUT, Yvette. "Pour Une Sociologie de la perception". *Actes de la recherche en sciences sociales* (Sociologie de l'œil), nov. 1981, n. 40.

_____; SAINT-MARTIN, Monique. "Anatomie du goût". *Actes de la recherche en sciences sociales*, out. 1976, n. 5.

CARROLL, Noël. *A Philosophy of Mass Art*. Oxford: Oxford University Press, 1998.

FLEURY, Laurent. *Sociologie de la culture et des pratiques culturelles*. Paris: Armand Colin, 2006.

GILMORE, Samuel. "Art Worlds: Developing the Interactionnist Approach to Social Organization". Em: BECKER, Howard; MCCALL, Michal (org.). *Symbolic interaction and cultural studies*. Chicago: University of Chicago, 1990, pp. 148-178.

GRIGNON, Claude; PASSERON, Jean-Claude. *Le Savant et le populaire: misérabilisme et populisme en sociologie et en littérature*. Paris: Gallimard/Seuil, 1989.

HEINICH, Nathalie. *Ce Que l' Art fait à la sociologie*. Paris: Minuit, 1998a.

_____. *Le Triple jeu de l'art contemporain*. Paris: Minuit, 1998b.

_____. "Sociologie de l'art: avec ou sans Bourdieu". *Sciences humaines*, maio 2000, n. 105, pp. 34-36.

_____. *La Sociologie de l'art*. Paris: La Découverte, 2001.

LAHIRE, Bernard. *L' Homme pluriel: les ressorts de l'action*. Paris: Nathan, 1998.

_____. (org.). *Le Travail sociologique de Pierre Bourdieu: dettes et critiques*. Paris: La Découverte, 1999.

_____. *La Culture des individus*. Paris: La Découverte, 2003.

MOUNIER, Pierre. *Pierre Bourdieu, une introduction*. Paris: La Découverte, 2001.

PESSIN, Alain; BECKER, Howard. "Dialogue sur les notions de Monde et de Champ". *Sociologie de l'art*, 2005, pp. 165-180.

PINTO, Louis. *Pierre Bourdieu et la théorie du monde social*. Paris: Seuil, 2002.

Capítulo 12

BECKER, Howard. *Outsiders: études de sociologie de la déviance*. Paris: Métailié, 1985.

____. *Les Mondes de l'art*. Paris: Flammarion, 1988.

____. *Propos sur l'art*. Paris: L'Harmattan, 1999.

____. *Les Ficelles du métier*. Paris: La Découverte, 2002.

BERGER, Peter; LUCKMANN, Thomas. *La Construction sociale de la réalité*. Paris: Armand Colin, 2006, 3. ed.

BLANC, Alain; PESSIN, Alain (org.). *L'Art du terrain: mélanges offerts à Howard S. Becker*. Paris: L'Harmattan, 2004.

BLUMER, Herbert. *Symbolic Interactionnism: Perspective and Method*. Englewood Cliffs: Prentice Hall, 1969.

GOFFMAN, Erving. *Stigmate: les usages sociaux des handicaps*. Paris: Minuit, 1975.

HEINICH, Nathalie. "L'Art et la manière: pour une analyse cadre de l'expérience esthétique". Em: *Le Parler frais d'Erving Goffman*. Paris: Minuit, 1987, pp. 110-120.

____. *États de femme: l'identité féminine dans la fiction occidentale*. Paris: Gallimard, 1996.

____. *La Sociologie de Norbert Elias*. Paris: La Découverte, 1997.

HENNION, Antoine; MAISONNEUVE, Sophie; GOMART, Émilie. *Figures de l'amateur: formes, objets, pratiques de l'amour de la musique aujourd'hui*. Paris: La Documentation française, 2000.

LATOUR, Bruno; WOOGLAR, Steve. *La Vie de laboratoire: la production des faits scientifiques*. Paris: La Découverte, 1996.

PESSIN, Alain. *Un Sociologue en liberté: lecture de Howard Becker*. Québec: Presses de l'Université de Laval, 2004.

SCHÜTZ, Alfred. "Making Music Together: a Study in Social Relationship". Em: *Collected Papers, 2*. Haia: Martinu Nijhoff, 1976. pp. 159-179.

STRAUSS, Anselm. *La Trame de la négociation: sociologie qualitative et interactionnisme*. Paris: L'Harmattan, 1992a.

____. *Miroirs et masques: une introduction à l'interactionnisme*. Paris: Métailié, 1992b.

Capítulo 13

BECQ, Annie. *Genèse de l'esthétique française moderne: de la raison classique à l'imagination créatrice: 1680-1841*. Paris: Albin Michel, 1994.

BOURDIEU, Pierre. "Le Champ économique". *Actes de la recherche en sciences sociales*, set. 1997, n. 119, pp. 48-66.

COULANGEON, Philippe. *Les Musiciens interprètes en France: portrait d'une profession*. Paris: DEP, 2004.

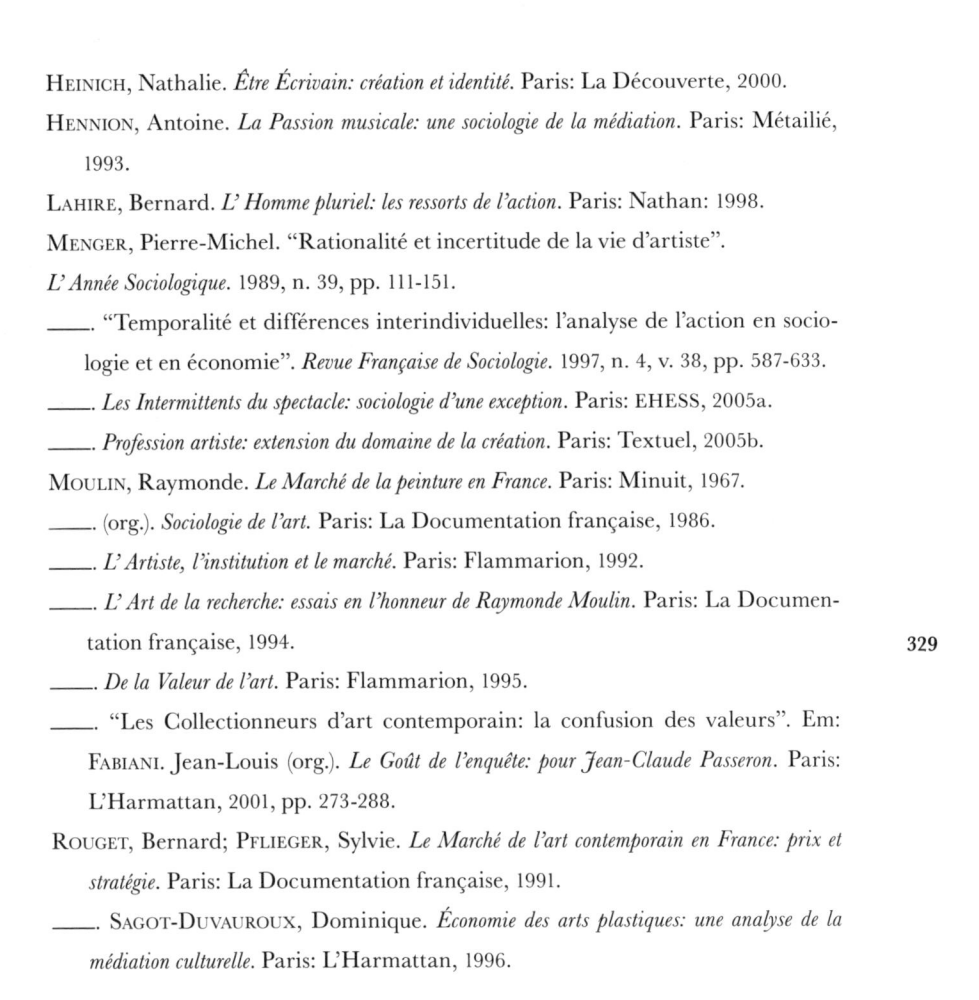

HEINICH, Nathalie. *Être Écrivain: création et identité*. Paris: La Découverte, 2000.

HENNION, Antoine. *La Passion musicale: une sociologie de la médiation*. Paris: Métailié, 1993.

LAHIRE, Bernard. *L' Homme pluriel: les ressorts de l'action*. Paris: Nathan: 1998.

MENGER, Pierre-Michel. "Rationalité et incertitude de la vie d'artiste".

L' Année Sociologique. 1989, n. 39, pp. 111-151.

_____. "Temporalité et différences interindividuelles: l'analyse de l'action en sociologie et en économie". *Revue Française de Sociologie*. 1997, n. 4, v. 38, pp. 587-633.

_____. *Les Intermittents du spectacle: sociologie d'une exception*. Paris: EHESS, 2005a.

_____. *Profession artiste: extension du domaine de la création*. Paris: Textuel, 2005b.

MOULIN, Raymonde. *Le Marché de la peinture en France*. Paris: Minuit, 1967.

_____. (org.). *Sociologie de l'art*. Paris: La Documentation française, 1986.

_____. *L' Artiste, l'institution et le marché*. Paris: Flammarion, 1992.

_____. *L' Art de la recherche: essais en l'honneur de Raymonde Moulin*. Paris: La Documentation française, 1994.

_____. *De la Valeur de l'art*. Paris: Flammarion, 1995.

_____. "Les Collectionneurs d'art contemporain: la confusion des valeurs". Em: FABIANI. Jean-Louis (org.). *Le Goût de l'enquête: pour Jean-Claude Passeron*. Paris: L'Harmattan, 2001, pp. 273-288.

ROUGET, Bernard; PFLIEGER, Sylvie. *Le Marché de l'art contemporain en France: prix et stratégie*. Paris: La Documentation française, 1991.

_____. SAGOT-DUVAUROUX, Dominique. *Économie des arts plastiques: une analyse de la médiation culturelle*. Paris: L'Harmattan, 1996.

Glossário

Aculturação: conjunto de fenômenos decorrentes de contatos entre culturas, subculturas e indivíduos. Trata-se de trocas, mais ou menos recíprocas e simétricas, completas e voluntárias, de conteúdos culturais (língua, crenças, costumes).

Alienação: este termo é essencial na análise crítica do capitalismo feita por Marx e Engels. Remete à perda de sentido: o indivíduo não é mais o sujeito de sua vida, mas o objeto de um grande mecanismo que o supera. É próximo das noções de "fetichização" (da mercadoria) e de "reificação" (transformação dos sujeitos em objetos).

Axiologia: discurso racional que põe em evidência os valores últimos que motivam nossas ações. A *neutralidade axiológica* é a atitude de suspensão de toda tomada de posição ou juízo de valor em matéria científica.

Cognitivo: conjunto de operações do espírito necessárias para agir. O *cognitivismo* procura o que motiva a ação quanto aos conhecimentos, à lógica, às categorias e às representações mentais do sujeito.

Construtivismo: está no contrapé do *objetivismo* – o real não é um dado, mas um construto. O indivíduo participa da produção do social pela ação (individual e coletiva), suas representações e linguagem.

Contracultura: este conceito descreve os fenômenos de subversão, de oposição ou de resistência aos modelos dominantes. Alguns grupos têm modos de vida autônomos e recusam a imposição das normas.

***Habitus*:** amplamente utilizado por Bourdieu (mas oriundo de uma longa tradição de pensamento que remonta a Aristóteles), este conceito remete às disposições adquiridas (por incorporação e inculcação), mas também às potencialidades criadoras do sujeito agente.

Hermenêutica: ciência da interpretação, que visa à compreensão das condutas (do ponto de vista dos valores que as orientam) e dos rastros objetivados que as simbolizam.

Homologia: correspondência objetiva entre duas estruturas: a uma configuração hierarquizada de consumidores corresponde, por exemplo, uma configuração igualmente ordenada de produtos.

Mediações: a teoria das mediações fixa sua atenção nos intermediários que tornam a troca possível. O social reside nesse meio de campo, que se pode nomear também de interação.

Morfologia: diz respeito aos fenômenos de grupos quanto a sua densidade, repartição, volume, dinamismo. Para os durkheimianos, o *morfologismo* substitui de bom grado o *materialismo* (marxista).

Museologia: ciência de concepção recente (anos 1930) que estuda os mecanismos próprios aos museus: modo de seleção e de exposição dos objetos, relações com os públicos...

Nominalismo: doutrina filosófica que remonta à Idade Média (ao franciscano Guilherme de Ockham, para quem Deus não era conhecível). Nega qualquer realidade objetiva aos conceitos gerais assimilados a signos, a "palavras". Privilegia a realidade concreta, singular e individual (o que se encontra em nossa experiência).

Objetivismo: Durkheim enunciava esta noção em 1895: trata-se de considerar os fatos sociais como "coisas", como o fazem as ciências da natureza. Em um modo radical (sublinhado pelo "ismo"), essa atitude tende para o *positivismo*: tudo é redutível à análise científica, à mensuração, toda realidade pode ser objetivada.

Ontologia: o que se relaciona com o ser, a essência, o em-si. Uma perspectiva ontológica interroga-se sobre a essência de um bem do ponto de vista de sua natureza e das suas propriedades intrínsecas específicas. O *ontologismo* é sua forma radical, que pressupõe que as coisas têm uma essência a ser analisada.

Performativo: diz-se de toda crença ou representação que tenha efeitos práticos. Em linguística pragmática, uma palavra performativa produz efeitos reais, possui uma eficácia.

Realismo: contra o idealismo (ou o nominalismo), o pressuposto realista considera que o mundo existe independentemente do sujeito conhecedor.

Reflexividade: atitude intelectual que consiste em se interrogar sobre a ação no ato de realizá-la. O ator social reflexivo analisa sua ação.

Relativismo: atitude científica que visa contextualizar toda observação e ressaltar a diversidade das formas possíveis do real. Pode tender para um radicalismo político (o comunitarismo) ou científico (o que existe é arbitrário, não necessário).

Simbólico: conjunto de significações às quais a realidade remete, sempre suscetível de interpretações (mais ou menos compatíveis e manifestas). O social é significativo e simbólico porque faz sentido para os atores.

Subcultura: cultura de todo agrupamento, muitas vezes minoritário, cuja autonomia é atestada por alguns traços objetivos (valores, comportamentos etc.) Exemplo: subculturas jovem, operária, popular, judaica etc.

Substancialismo: atitude intelectual (ou intelectualista) que consiste, para parafrasear Marx, em tomar "as coisas da lógica pela lógica das coisas". Em outros termos, a tomar os conceitos pela realidade. É um *realismo* e também um *ontologismo*.

Teodiceia: problema teológico e metafísico colocado por todas as grandes religiões monoteístas, cuja resolução permite, segundo Weber, sua justificação: como *justificar* o sofrimento, a injustiça e o mal (terrestres) considerando a bondade infinita de Deus?

Tipo ideal: instrumento metodológico que visa organizar a diversidade do real a fim de facilitar sua interpretação, construindo tipologias (cf. os tipos de ação, de legitimidades, de agrupamentos). Essa modelagem conceitual dos dados históricos é muito utilizada por Weber.

Índice onomástico

A
Adorno, Theodor · 67, 73, 135-136, 150, 153--154, 156, 164, 175, 255
Aguilar, Yves **91, 229-230**
Althusser, Louis · **137**
Antoine, Jacques · **82**
Arendt, Hannah · **13, 94-95**
Aristóteles · **94, 331**
Aron, Raymond · **32, 242, 259, 283**
Attias-Donfut, Claudine · **09**

B
Bach, Johann Sebastian · **152**
Bady, Jean-Pierre · **226**
Bagouet, Dominique · **166**
Balzac, Honoré de · **151, 193, 222**
Barenboim, Daniel · **166**
Barnes, Jonathan · **45**
Bastide, Roger · **36**
Baudelaire, Charles · **160**
Baudelot, Christian · **139**
Baudrillard, Jean · **137**
Baumol, William · **44**
Bausch, Pina · **166**
Bayart, Denis · **92**
Becker, Gary · **59, 261**
Becker, Howard · **15, 41, 61, 175, 192, 238, 254, 256, 259, 291, 296, 298, 302--305, 309**
Beitone, Alain · **10**
Benedict, Ruth · **11**
Benghozi, Pierre-Jean · **92**
Benhamou, Françoise · **59, 189, 290, 295-296**
Bénichou, Pierre · **158**
Benjamin, Walter · **135-136, 171**
Benzoni, Laurent · **96**
Béra, Matthieu · **49, 183, 300**
Berger, Peter · **42, 270**
Bergounioux, Pierre · **141**
Bertaux, Daniel · **107**
Berthelot, Jean-Michel · **9, 50**
Bessy, Christian · **42, 47-48, 51, 106**
Blondiaux, Loïc · **89**
Blumer, Herbert · **41, 144, 257, 266-267, 280**
Boas, Franz · **11**
Boltanski, Luc · **29, 40, 42, 49-50, 64, 123-124, 128, 169, 230, 242, 260, 262--263, 274, 276, 296**
Bonvoisin, Samra-Martine · **111**
Boschetti, Anna · **241**
Boudon, Raymond · **10, 46--47, 50, 70, 129, 259, 262, 263, 282, 308**
Bouglé, Célestin · **60, 291**
Boulez, Pierre · **229**
Bourdieu, Pierre · **10, 15, 28, 39-40, 44, 49, 51, 61, 64, 66, 68, 70, 73, 83, 102, 104-105, 109, 111--113, 116, 118-120, 125, 127-128, 130-131, 138, 160, 164, 169, 175, 186, 193, 215, 218, 221, 238, 241, 243-262, 291, 294, 297, 299, 301-302, 308--311, 313**
Bouveresse, Renée · **106**
Brancusi, Constantin · **52**
Breton, Philippe · **11, 89**
Brunschwicg, Léon · **259**
Buren, Daniel · **128, 229**
Burkhardt, Jacob · **35**
Busson, Alain · **304**
Butor, Michel · **69**

C
Cabrol, Pierre · **70, 233**
Callon, Michel · **42, 44, 276-277**
Carroll, Nöel · **56, 259**
Casanova, Pascale · **241**
Cassirer, Ernst · **25**
Certeau, Michel de · **83, 127, 255, 258**
Cézanne, Paul · **45, 151, 154, 193**
Chalmers, Alan · **241**
Chamberlin, Edward · **283**
Chamboredon, Jean-Claude · **40, 253**
Champagne, Patrick · **241**
Champarnaud, Luc · **96**
Champy, Florent · **230-231**
Chapoulie, Jean-Michel · **54, 267**
Charle, Christophe · **241**
Charon, Jean-Marie · **181**
Chartier, Roger · **105, 130, 251**
Chastel, André · **227**
Chateauraynaud, Francis · **42, 47-48, 51, 106**
Chatelus, Jean · **156**
Chauvel, Louis · **125**
Chavance, Bernard · **274**
Chazel, François · **131**
Chenu, Alain · **119**
Chevènement, Jean-Pierre · **206**
Chiapello, Ève · **169, 276**
Chombart de Lauwe, Paul--Henry · **78, 217**
Chougnet, Jean-François · **204, 206**
Cicourel, Aaron · **279**
Clémenceau, Georges · **151-152**
Cléron, Eric · **180**
Colas, Dominique · **219, 324**
Colliot-Thélène, Catherine · **25**
Cometti, Jean-Pierre · **54, 57**
Coquet, Bruno · **190**
Coulangeon, Philippe · **9, 16, 84, 120, 189, 286**
Coulon, Alain · **42**

Crow, Thomas • 156
Crozier, Michel • 119, 311
Cuche, Denys • 11, 27

D
Dagens, Muriel • 231, 325
Danto, Arthur • 57, 270
Darré, Yann • 49
Debarbieux, Éric • 141
Debord, Guy • 137
Degenne, Alain • 122
Deleuze, Gilles • 51
Delors, Jacques • 217
Delvainquière, Jean-Cédric • 204
Deroin, Valérie • 86
Desabie, Jacques • 79
Deshayes, Sophie • 92
Desrosières, Alain • 40, 113, 124, 276
Dewey, John • 41, 54, 143
Dickie, Georges • 270
Didi-Huberman, Georges • 25
Dietsch, Bruno • 204
Dilthey, Wilhelm • 23-24
Dirkx, Paul • 241
Dirn, Louis • 105, 121, 125
Dollo, Christine • 10
Donnat, Olivier • 9, 16, 74, 81, 84-86, 90, 99, 100, 102-103, 105, 109-115, 117, 120, 122, 125, 127, 145, 201, 213
Dortier, Jean-François • 86
Droysen, Johann • 35
Dubar, Claude • 144, 149, 179, 268
Dubet, François • 141, 144
Dubois, Vincent • 82, 140
Dumazedier, Joffre • 9, 140, 217
Dupuy, Jean-Pierre • 209
Durand, Jean-Pierre • 9, 274
Duras, Marguerite • 130
Durkheim, Émile • 30, 35, 37-40, 43, 48, 53, 55, 60, 63, 66, 108, 123, 128-129, 133, 138-143, 179, 234, 253-254, 259, 281, 302, 309, 313, 332
Duru-Bellat, Marie • 141

Duvignaud, Jean • 25, 36, 67, 142, 154

E
Edelman, Bernard • 47, 48, 295
Elias, Norbert • 43, 64, 156, 268
Engels, Friedrich • 33-34, 121, 136
Escarpit, Robert • 130
Esquenazi, Philippe • 11
Establet, Roger • 102, 139
Evrard, Yves • 96, 304
Ewald, François • 212

F
Farchy, Joëlle • 115, 189
Felouzis, Georges • 102
Ferenczi, Thomas • 182
Ferréol, Gilles • 11
Ferry, Jules • 225
Feuerbach, Ludwig • 133-134, 136
Fichte, Johann • 21-22
Fleury, Laurent • 9, 12, 16, 252
Forsé, Michel • 122, 139
Fourastié, Jean • 217
Four, Pierre-Alain • 229
Fraenkel, Béatrice • 158
Francastel, Pierre • 25, 67, 150, 154, 285
Freidson, Eliot • 149, 164, 278
Freund, Julien • 153, 172
Friedberg, Ehrard • 213, 230, 288, 311
Friedman, Milton • 289
Friedmann, Georges • 9, 140, 217
Fumaroli, Marc • 191, 220

G
Galland, Olivier • 109, 114
Gallup, Georges • 89, 93
Garfinkel, Harold • 40, 108, 254, 266, 274
Garo, Isabelle • 33
Garrigues, Michel • 111
Gaudibert, Pierre • 220
Gaulle, Charles de • 82
Genette, Gérard • 57

Gilmore, Samuel • 259
Girard, Alain • 82-83, 86-87, 105, 115, 194
Girard, Augustin • 82-83, 86-87, 105, 115, 194
Girel, Sylvia • 9
Glévarec, Hervé • 120, 145
Goethe, Johann von • 21, 150
Goffman, Erving • 29, 41, 50, 144, 173, 257, 265, 267-268, 278
Goodman, Nelson • 57
Gould, Glenn • 166
Gouyon, Marie • 182, 187-188
Gramsci, Antonio • 137, 263
Grignon, Claude • 40, 255, 262-263
Guizot, François • 225
Guy, Michel • 137, 199, 202, 208-209, 214

H
Haacke, Hans • 253
Habermas, Jürgen • 73, 93, 135, 209, 212, 214, 218, 280, 290
Halbwachs, Maurice • 50, 60, 76-77, 80, 118, 122, 139, 291
Haskell, Francis • 156, 158, 220
Haydn, Michael • 159
Hayek, Friedrich von • 209, 302
Hegel, Georg • 21, 22, 35
Heinich, Nathalie • 42, 48, 50, 52, 60-61, 64-67, 83, 123, 126, 128, 149, 158-159, 168-169, 175, 183, 186, 229, 259, 261-263, 268-269, 282, 294-296, 298
Hendrix, Jimi • 193
Hennion, Antoine • 42, 46, 61, 106-107, 127, 260, 262-263, 276, 278, 282, 297, 302, 309
Hennis, Wilhelm • 25
Héran, François • 66, 80, 125, 139, 140
Herder, Johann • 21

Héritier, Françoise • 64
Herpin, Nicolas • 58, 59, 75-76, 114
Hertz, Robert • 309
Hoggart, Richard • 119, 217, 255
Hölderlin, Friedrich • 21
Honneth, Axel • 135
Horkheimer, Max • 73, 135--136, 175, 255, 305
Hubert, Henri • 43-44, 63, 66, 210, 212, 217, 221, 229, 309
Hughes, Everett • 15, 186, 254, 265-267
Hugo, Victor • 160
Husserl, Edmund • 41, 266

I
Ion, Jacques • 220

J
Jakobson, Roman • 39, 41
James, William • 41, 54-55, 143
Jimenez, Marc • 30-31
Joffre, Pierre • 96, 140, 217
Jolibert, Alain • 96
Jonas, Hans • 232
Jones, Brian • 193
Joplin, Janis • 193

K
Kaës, René • 78, 118, 217
Kahnweiler, Daniel-Henry • 152, 287
Kalifa, Dominique • 56
Kant, Immanuel • 51, 94, 291
Karajan, Herbert von • 166
Kaufmann, Jean-Claude • 107, 144, 268
Keynes, John Maynard • 232, 283, 289, 302
Kurz, Otto • 158

L
Lachelier, Jules • 259
Lafarge, Claude • 241
Lahire, Bernard • 102, 107, 120, 141, 144, 252, 256--258, 263
Lajarte, Isabelle de • 107

Lakatos, Imre • 241
Lalo, Charles • 35
Lamartine, Alphonse de • 160
Lamy, Yvon • 4, 13, 44, 49, 57, 62, 65, 189, 223, 224, 231
Lancaster, Kelvin • 58
Lang, Jack • 87, 210, 214--216
Larrue, Janine • 78, 217
Latour, Bruno • 42, 46, 108, 260-261, 275-278
Lazarsfeld, Paul • 89
Lebaron, Frédéric • 241
Le Bon, Gustave • 143
Le Breton, David • 50, 144
Legendre, Pierre • 230
Le Guern, Philippe • 11, 143
Lehingue, Patrick • 111
Leibniz, Gottfried • 153
Lemel, Yannick • 139
Le Moigne, Philippe • 231
Lenoir, Rémi • 241
Léotard, François • 288
Le Play, Frédéric • 75
Le Quéau, Pierre • 9, 16
Levasseur, Martine • 106
Lévêque, Sandrine • 182
Leveratto, Jean-Marc • 46
Lévi-Strauss, Claude • 11, 28, 39, 219, 243
Lévy, Florence • 110
Lévy, Pierre • 86
Lewis, David • 274
Linder, Steffen • 59
Liot, Françoise • 189, 194, 231
Luckmann, Thomas • 42, 270
Luhmann, Niklas • 209, 212
Lukács, Georg • 67, 135

M
Macé, Éric • 86
Maigret, Éric • 86
Malinowski, Bronislaw • 11
Malraux, André • 82, 140, 210, 215-216, 226-227
Manet, Édouard • 157, 178
Mannheim, Karl • 34, 109

Marcuse, Herbert • 135, 255
Marshall, Alfred • 283
Martin, Bernice • 193
Martin, Cécile • 180
Martuccelli, Danilo • 268
Marx, Karl • 13, 33-35, 48, 94, 121, 133-134, 136, 160-161, 186, 244, 301, 313
Mary, Philippe • 175
Massé, Pierre • 82
Mauger, Gérard • 130, 241
Mauss, Marcel • 27-28, 30, 37-39, 43-44, 50, 59, 60, 63, 66, 69, 221, 223, 248--249, 309, 313
Mayol, Pierre • 109
McCall, Michal • 259, 279
McClelland, David • 131
Mead, George-Herbert • 143-144, 257, 267
Memmi, Dominique • 101
Mendras, Henri • 121, 144, 321-322
Menger, Pierre-Michel • 73, 83, 116, 149, 163, 166, 169, 179, 182, 185, 189, 256, 262-263, 277-278, 283-284, 286, 290, 297--299, 304
Merleau-Ponty, Maurice • 154, 174, 193
Mesnard, André-Hubert • 210, 212-213, 217, 229
Michaud, Yves • 168, 191
Monet, Claude • 151-152, 154, 157
Monnier, Gérard • 225
Moreno, Jacob • 275
Moulin, Raymonde • 15-16, 47, 49, 83, 158-159, 161, 164, 179, 181, 184-185, 194, 231, 238, 278, 281, 283-284, 286-304
Moulinier, Pierre • 87, 206
Mounier, Pierre • 252

N
Nachi, Mohamed • 42
Nerval, Gérard de • 160
Neveu, Erik • 11, 97, 145
Noreck, Jean-Pierre • 11
Nozick, Robert • 209

335

O

Octobre, Sylvie • 90, 112--113, 181, 233
Ory, Pascal • 217

P

Panofsky, Erwin • 25, 51, 176
Paradeise, Catherine • 139, 149, 166, 186, 286
Park, Robert • 267
Pasquier, Dominique • 81, 109, 113-114, 130, 145, 269, 278
Passeron, Jean-Claude • 10, 40, 104, 106, 137-138, 242, 245-246, 253, 255, 262-263, 281, 288, 299
Passeron, René • 152
Patureau, Frédérique • 109, 114, 182, 188
Pedler, Emmanuel • 106
Peirce, Charles • 41, 54
Péquignot, Bruno • 9, 36
Perret, Jacques • 199, 202
Pessin, Alain • 254, 256, 278
Peterson, Richard • 120
Pharo, Patrick • 108
Picon, Gaétan • 151
Pinson, Claude • 96
Pinto, Louis • 241
Piriou, Jean-Paul • 59
Poirrier, Philippe • 85, 125, 182, 202
Ponthieux, Sophie • 275
Pontier, Jean-Marie • 167, 184, 211, 215, 288
Ponton, Rémi • 160, 241
Popelard, Marie-Dominique • 57
Popper, Karl • 55
Poupeau, Franck • 241
Price, Sally • 294
Proulx, Serge • 11, 89
Pucheu, René • 217

Q

Quémin, Alain • 47
Quéré, Louis • 42, 108

R

Radcliffe-Brown, Alfred • 11
Ranke, Leopold von • 35
Rasse, Paul • 92
Rickert, Heinrich • 186
Ricoeur, Paul • 142, 262
Rigaud, Jacques • 218
Rioux, Jean-Pierre • 82, 105
Ritaine, Évelyne • 220
Rivière, Claude • 66, 173
Rosanvallon, Pierre • 212
Roscher, Wilhelm • 35
Ross, Scott • 166
Rouget, Bernard • 291, 293, 296

S

Saez, Guy • 199, 202, 208, 209
Saint-Martin, Monique de • 40
Samuelson, Paul • 59
Sapir, Edward • 50
Sapiro, Gisèle • 241
Sartre, Jean-Paul • 69
Sayad, Abdelmalek • 242
Schelling, Friedrich von • 21
Schiller, Friedrich von • 21
Schneider, Michel • 220
Schumpeter, Joseph • 122, 260, 283, 287, 289
Schütz, Alfred • 266, 272, 279
Schwartz, Olivier • 217
Segalen, Martine • 66
Segré, Monique • 176, 178
Signac, Paul • 157
Simmel, Georg • 29, 50, 121--124, 134, 135, 143, 174, 178, 254, 266, 267, 273
Simon, Claude • 159
Simonin, Arme • 61, 241
Simon, Yves • 96
Singly, François de • 114, 268
Sirinelli, Jean-François • 82, 105
Sócrates • 94
Steiner, Philippe • 275
Stigler, Georges • 59, 138
Stoetzel, Jean • 89
Strauss, Anselm • 11, 28, 39, 144, 219, 243, 258, 265, 267-269, 278-279, 281
Szeeman, Harald • 168

T

Taine, Hippolyte-Adolphe • 31, 32
Tarde, Gabriel • 143
Tarot, Camille • 28
Tasca, Catherine • 90
Terrail, Jean-Pierre • 217
Thélot, Claude • 114
Thérien, Lyne • 32
Thévenot, Laurent • 40, 42, 49-50, 113, 123, 124, 200, 229, 230, 260, 263, 272, 274, 276, 296
Tocqueville, Alexis de • 32--33, 121
Toulouse-Lautrec, Henri de • 45
Touraine, Alain • 192, 262
Tripier, Pierre • 149, 179
Troeltsch, Ernst • 34
Tylor, Edward • 11, 27

U

Urfalino, Philippe • 212, 213, 229, 288

V

Valade, Bernard • 10, 108
Vandenberghe, Frédéric • 123, 134
Van Gennep, Arnold • 66
Van Gogh, Vincent • 151, 158-159, 295
Veblen, Thorstein • 57, 58, 118, 260, 291, 294
Verdrager, Pierre • 290
Verger, Daniel • 58, 59, 75, 76
Verón, Eliseo • 106
Verret, Michel • 119, 217
Vesse, Pierre • 82, 200
Viala, Alain • 241
Vilkas, Catherine • 212, 229
Voltaire (François Marie Arouet) • 193
Voynet, Dominique • 206

W

Wacquant, Loïc • 245
Wagner, Richard • 152
Warburg, Aby • 24-25
Warnier, Jean-Pierre • 11,

  13, 29, 131
Warnke, Martin • **159**
Weber, Florence • **217**
Weber, Max • **22, 25, 29, 35, 37, 41, 48, 50, 53, 55-56, 61, 63, 65, 106, 126, 129, 133, 137, 142-143, 153, 155, 158, 161, 171-175, 185, 191, 218, 220-222, 244, 251, 266, 276, 279, 280, 288, 313**
Weil, Patrick • **68**
Weil, Robert • **9, 274**
White, Cynthia • **156, 287, 292, 293**
White, Harrison • **275, 292, 293**
Winckelmann, Joachim • **31**
Windelband, Wilhelm • **186**
Wittgenstein, Ludwig • **165, 291**
Wölfflin, Heinrich • **31**
Wolton, Dominique • **86**
Wrigley, Richard • **156**

Y
Yonnet, Paul • **61**

Z
Zola, Émile • **160**

ÍNDICE TEMÁTICO

A
Acadêmico • 12-13, 62, 65, 74, 83-84, 89, 91, 93-94, 98, 156-157, 159, 177, 178, 220, 238, 286
Aculturação • 30, 216
Ação coletiva/cultural (teoria da...) • 14, 39, 44, 265, 267, 273, 274
Aculturação • 30, 216, 331
Alienabilidade • 68, 225, 331
Alienação • 34, 65, 133-135, 223, 231
Amor à arte • 107, 289, 301
Animação sociocultural • 140, 199, 207
Anomia • 142, 175
Arbitrário cultural • 137, 280-281
Arquivos • 70, 84, 183, 201, 204, 205, 208, 224, 228, 232, 233
Arte • 9-10, 12, 15, 24, 27, 30-33, 36, 42, 44, 46, 47, 49, 50, 56, 57, 63, 66, 67, 69, 73, 83, 85, 91, 94, 106, 116, 118, 125, 127, 129, 135, 136, 138, 150, 152-160, 162-164, 167, 170, 171, 174, 175, 177, 178, 180-225, 227, 228, 242, 246-251, 256, 259, 261-263, 265, 270-273, 275, 276, 278, 280-285, 287, 289, 290, 292-294, 298, 301, 302, 304, 308
Assinatura • 158, 166, 290

C
Casa dos Artistas • 191, 286
Classes sociais • 113, 116, 118, 122-124, 250, 259, 260, 282
Clérigo ou sacerdote • 155, 173

Comprometimento • 99-101, 143, 250, 261
Contracultura • 192
Crença • 13, 17, 26-28, 35, 38, 41, 44, 47, 54-55, 127, 128, 142, 127, 128, 142, 163, 173, 212, 214, 248-251, 262, 275, 278, 282, 302, 309, 331, 332
Cultural studies • 145, 193, 255, 259, 279

D
Dança • 66, 85, 111, 113, 142, 166, 182, 191, 201, 202, 208, 265, 272, 283
Descentralização • 205, 222
Delegação • 58, 213, 229, 230, 269
Democratização • 86-87, 98, 141, 201, 212, 213, 304, 313
Desenvolvimento cultural • 138, 140, 206
Desvio • 192, 224, 230-231, 268, 270
Difusão • 11, 13, 56, 60, 66, 68, 73, 88-89, 115, 163, 164, 168, 171, 203, 204, 207, 211, 213, 216, 235, 247, 274, 275, 304, 310
Direito à cultura • 203, 215
Dispositivos • 37, 51, 57, 91-92, 107, 205, 212, 221, 225
Distinção • 58, 64, 70, 164, 242, 250, 251, 259, 295
Divisão do trabalho • 43, 160, 163, 164, 174, 245, 249, 265
Doação • 45, 223-224, 228
Dominação • 34, 111, 133, 136-138, 141, 173, 175, 200, 219, 242, 244-246, 251, 255, 263, 280, 297
Donativo • 228

E
Economia da cultura • 46, 57, 83, 96
Edição • 9, 57, 95, 129, 182, 201, 202, 238, 283, 313
Educação artística • 83, 202
Emoções • 33, 50, 60, 66, 106-107, 113, 155, 272
Empenho • 112, 163, 200, 202-205
Engajamento • 308
Escola de Chicago • 145, 265-267
Escola de Frankfurt • 73, 93, 135, 255
Escola histórica alemã • 35
Escritor • 259, 287
Escuta musical • 99, 109
Espaço público • 93, 98, 135, 219, 290
Especialista/perito • 18, 35, 47, 48, 58, 60, 83, 88, 94, 98, 127, 130, 179, 184, 229, 230, 235, 244, 252, 269, 285, 290, 294, 297, 300
Especificidade • 14, 25, 27, 52, 58-59, 143, 149, 166, 170, 171, 186, 187, 213, 226, 278, 291, 298, 299
Espetáculo ao vivo • 44, 166, 183-184, 187-188, 191, 199, 228, 294
Estado • 9, 12, 17, 26, 32-33, 56, 59, 63, 66, 87, 140, 190, 200-203, 206, 209--234, 242, 253, 265, 266, 300, 304, 308, 313
Estatística • 16, 40, 75-76, 79, 81-82, 87, 98, 99, 101, 103-106, 113, 115, 118, 120, 126, 141, 159, 179, 191, 194, 200, 201, 254, 256, 257, 276, 298, 299, 304, 305
Estética • 32, 47, 54, 57, 66,

98, 106, 118, 126, 127, 130, 155, 173, 177, 194, 206, 221, 248, 250, 262, 270, 271, 275, 282, 291, 292, 295, 303, 314
Estratégia • 45, 64, 185, 260--262, 268, 276, 278, 290, 291, 300, 302, 310, 311
Estruturalismo • 39
Ethos • 41 , 222, 250
Etnologia • 46, 242
Etnometodologia • 40-41, 108, 260, 266, 279
Exceção cultural • 23, 186, 218, 269
Exclusão • 63-64, 120, 141, 162, 200, 270
Expertise • 47-48, 229
Exposição • 28, 45, 47, 57, 73, 85, 168, 178, 200, 234, 275, 276, 286, 287, 292, 332

F

Fenomenologia • 41, 108, 266
Festa • 18, 30, 38, 62, 77, 135, 142, 188, 219
Fetichismo • 134, 160
Fetichização • 34, 331
Formação • 48, 56, 59, 65, 75, 90, 97, 121, 140, 160, 164, 176-180, 186, 200, 201, 206, 207, 213-216, 220, 224, 234, 235, 275, 286, 290
Fotografia • 49, 52, 76, 169, 183, 247, 250-251, 281, 295

G

Gender studies • 110
Gênero • 9, 38, 46, 49, 51, 99, 108, 110, 116, 120, 177, 225, 249, 269, 281
Gênio • 21-22, 33, 156, 176, 247, 248
Geração • 22, 54, 108-110, 114, 138, 145, 223, 265
Gosto • 33, 47, 94, 97, 102, 107, 109, 112, 118-120, 128, 177, 192, 219, 220, 242, 243, 250, 257, 258, 260, 261, 296, 301

H

Habitus • 102, 112, 248, 249, 252, 254, 256-258, 261
Hermenêutica • 23, 27, 126, 226, 331
Hierarquia • 29, 38, 52, 63, 121, 150, 300, 303

I

Ideologia • 33-34, 70, 134, 136, 164, 214, 229, 246, 293, 301
Igualdade • 70, 141, 211, 214, 217, 234, 246
Imprensa • 43, 52, 78, 88--90, 95, 103, 110-111, 120, 130, 143, 156, 162, 181, 183, 184, 199, 202, 285, 292, 300
Impressionismo • 154, 157
Incerteza • 18, 186, 190, 283, 289-291, 296
Indústrias culturais • 13, 74, 87-88, 135, 145, 188, 201, 250, 255, 300, 313-303
Informação • 11, 80, 95, 145, 162, 219, 295, 296, 303
Informações • 73, 81, 104, 127, 130, 206, 212, 310
Informação-comunicação • 12, 97, 98
Infraestrutura/superestrutura • 34, 87
Inovação • 42, 87, 169, 272, 283
Inscrição • 51, 62, 155, 159, 207, 221, 224-226, 228, 232, 233, 286
Institucionalização • 10, 74, 171, 175-178
Instituição • 13, 91, 93, 194, 246, 270, 284, 286, 313
Intelectual • 21, 34, 37, 47--48, 51, 66, 68, 76, 118, 120, 140, 159-161, 163, 167, 169, 170, 231, 247, 248, 259, 265, 268, 293, 295, 332, 333
Intelectualismo • 65, 261, 280
Interacionismo/simbólico • 144, 173, 267, 279, 282, 304, 310

Interesse público (teoria do) • 17, 49, 62, 64, 205, 207--209, 211-212, 214-217, 288, 314
Intermunicipalidade • 205--207
Interpretação • 23-24, 28--29, 57-58, 103-104, 126, 131, 133, 135, 144, 165, 168, 171, 232, 266, 267, 331, 333
Intérprete • 165, 167
Inventário • 51-52, 224-229

J

Jornalismo • 89, 97, 181, 182, 253
Jovem • 35, 57, 109-110, 123, 333
Júri • 61, 177

L

Labelling theory • 268
Laço social • 46, 140, 178, 214, 217
Lazeres • 9, 12, 58, 75-78, 80, 109, 111, 119, 140, 217, 234
Legitimação • 17, 40, 49, 69, 118, 137, 169, 208, 209, 212, 215, 218, 247, 250, 259, 270, 292, 293, 296, 301
Legitimidade • 10, 12, 17, 61, 104, 119-121, 166, 171, 172, 203, 205, 209, 210, 212, 214, 218, 220, 223, 238, 250, 252, 257, 259, 333
Leitor • 16, 69, 88-90, 98, 99, 105, 111, 128, 153, 238, 252, 260
Leitura • 31, 59, 70, 76, 85, 90, 99, 102-103, 106, 110, 112, 130, 131, 165, 208, 219, 244, 258
Língua • 13, 21-23, 26, 29--30, 68, 121, 139, 203, 205, 216, 224
Literatura • 9, 33, 47, 66, 105, 138, 139, 160, 250, 290, 293

Livro • 10, 11, 14, 65, 76, 78, 85, 86, 99, 117, 128, 144, 204, 207, 208, 218, 234, 235, 295
Luta • 40, 63, 69, 138, 160, 200, 201, 217, 246, 250--251, 260, 263, 280, 299--300, 309

M

Magia • 30, 44, 104, 173, 221, 248
Mágico • 150, 155, 221, 254
Materialismo • 33, 35, 259, 332
Mecenato • 45, 228, 253
Mediação • 23, 25, 55, 61, 74, 91-92, 95-96, 149, 152, 164, 168, 206, 223, 224, 292, 298
Métodos • 12-13, 16-17, 23, 74, 83, 89, 92, 106, 108, 115, 126-128, 188, 259, 298, 299, 307
Ministério da cultura • 10, 16, 74, 79, 82, 87, 97, 98, 100, 182, 200, 202-204, 219, 231, 283
Miserabilismo • 255
Mito • 22, 26, 28, 158, 160, 163, 247-248, 295
Moda • 123, 143, 174, 303
Monumento histórico • 199, 221, 225, 229
Motivação • 17, 79, 93, 218
Museologia • 92
Museu • 28, 45, 57, 78, 83, 85, 88, 90-92, 96, 102, 113, 115, 116, 143, 157, 181, 204, 210, 225, 226, 228, 232, 234, 247, 286, 287, 292, 294, 332

N

Nacionalidade • 68-69
Neutralidade axiológica • 65
Nominalismo • 53
Norma • 21, 31, 40, 44, 48, 81, 120, 154, 157, 172, 176, 194, 204, 221, 223, 226, 234, 268, 270, 271, 280, 281, 289
Notoriedade • 166, 287, 289, 293-294, 296, 310

O

Objetivação • 13, 65, 134, 174, 192, 233, 253, 294
Objetivismo • 40, 302
Obra de arte • 25, 32, 57, 152, 225, 249
Observação • 27, 42-43, 53, 73, 93, 106-107, 123, 243, 254, 273, 307
Operário • 75, 76, 78, 80, 115-119, 134, 135, 139, 140, 160, 163, 182, 183, 191, 216, 217, 260
Opinião • 89-90, 98, 113, 115, 156, 157, 212, 253, 266
Ordem social • 73, 137, 154, 171, 246, 279, 305
Originalidade • 27, 66, 80, 290, 295

P

Paixão • 107, 152, 164, 165, 230
Participação • 18, 99-101, 107, 141, 211, 293
Patrimonialização • 30, 44, 61-62, 64, 223, 228
Patrimônio • 18, 49, 51, 61-62, 64, 90-91, 97, 98, 140, 162, 181, 184, 199, 201, 203-208, 215, 216, 221-235
PCS • 40, 85, 113, 115-117, 123, 139
Poder • 13, 17, 22, 26, 41, 55, 74, 121, 126, 139, 149, 150, 168, 174, 176, 185, 191, 201, 210, 218, 219, 221, 230, 231, 234, 246, 248, 280, 294, 305, 308, 311
Política cultural • 17, 87, 95, 140, 213, 215, 219, 221, 226, 250
Positivismo • 21, 31
Pragmatismo • 41, 53, 55, 57
Práxis • 94

Prestígio • 64, 158, 159, 219, 243, 246, 293
Procedimento • 24, 31, 42, 43, 48, 51, 54-56, 68, 104, 178, 206, 209, 211, 212, 220, 226, 266, 267
Profano • 63, 173, 253
Profissão • 79, 97, 139, 141, 144, 155, 169, 179, 181, 184, 222, 286, 287
Profissionalização • 95, 178, 179, 181, 184, 288
Propriedade artística • 49, 231
Proteção • 48, 62, 69, 208, 218, 221, 224-226, 231, 233, 235
Publicação • 57, 65, 87, 98, 277, 287, 313
Publicidade • 57, 92-93, 97
Público leitor • 89, 98

Q

Qualificação • 14, 17, 37, 39, 41-44, 47, 49, 51-53, 60, 63-64, 67-69, 137, 141, 186, 211, 219, 221, 244, 266, 276, 294, 308
Questionário • 80, 84, 88, 104, 107, 126, 128, 307

R

Racionalidade • 50, 55, 213, 214, 261, 274, 283, 288, 289, 300, 302, 307, 310
Realismo • 103, 135
Reciprocidade • 223
Reconciliação • 217
Rede • 18, 42, 46, 51, 55, 57, 80, 81, 110, 122, 145, 168, 194, 209, 238, 265, 273, 275-278, 284, 285, 289, 290, 292, 296, 300, 302
Redistribuição • 217
Reflexo • 150
Região • 204, 206, 213, 229
Reificação • 34, 134, 135, 255
Relativismo • 15, 35, 52, 216, 281, 303
Religião • 12, 33-35, 54,

56, 63, 70, 100, 115, 137, 139, 144, 154, 171, 173, 244, 246, 261
Representações coletivas/ políticas/teatrais • 38-39, 211, 307-309
Reprodução • 14, 68, 73, 121, 135-136, 138, 143, 171, 176-177, 186, 242, 245, 305, 307, 310
Reputação • 185, 277, 293, 296, 311
Reprodução • 14, 68, 73, 121, 135, 136, 143, 171, 176, 177, 186, 242, 245, 305, 307, 310
Resistência • 90, 145, 192, 193, 220
Risco • 68, 154, 156, 186, 189, 190, 209, 214, 276, 289-290, 308-309
Rock • 61, 85, 107, 192, 272
Rodada Uruguai • 218
Rotinização • 17, 171-178, 188, 189, 191, 192, 309
Rural • 116, 157, 205, 227

S
Sacerdote ou clérigo • 155, 173
Sacrifício • 30, 43-44, 63, 66, 163, 244
Segmentação • 280, 300
Serviço público cultural • 210-211
Sociabilidade • 9, 12, 75-77, 79-81, 91-92, 109, 122, 125, 130-131, 139, 145, 276
Sociologia crítica • 127, 262
Sociologismo • 258-259, 281-282
Subjetivismo • 280
Subversão • 271, 331
Sucessão • 176, 211
Símbolo • 13, 22, 26, 28, 34, 38-39, 158, 160, 218

T
Tarifação • 96
Teatro • 33, 75, 85, 102, 106, 110, 113, 120, 167, 169, 191, 195, 201, 202, 204, 216
Televisão • 78, 85, 88, 100, 121, 145, 217, 253
Territorialização • 225
Transgressão • 175, 271
Tipologia • 17, 59, 98-101, 103, 106, 107, 109, 110, 122, 128, 130, 188, 230, 271, 308
Transmissão • 30, 114, 143, 164, 171, 176, 223, 235
Transmutação • 40, 292

U
Unanimidade • 214, 217, 277
Universalismo • 214
Universo cultural • 119

V
Valor cultural • 293, 296
Valorização • 7, 39, 65, 158, 168, 219, 221, 224, 226, 231, 233-235, 245, 278
Visibilidade • 286, 296, 310-311
Vocação • 159, 163, 166, 172

Listas das siglas

ADMICAL \ Associação para o Desenvolvimento do Mecenato Industrial e Comercial
AICA \ Associação Internacional dos Críticos de Arte
AIE \ Aparelhos Ideológicos de Estado
AMI \ Acordo Multilateral sobre o Investimento
BIT \ Escritório Internacional do Trabalho
CAC \ Centro de Arte Contemporânea
CAPCm \ Centro de Artes Plásticas Contemporâneas (museu)
CDN \ Centro Dramático Nacional
CEREQ \ Centro de Estudos e de Pesquisas sobre as Qualificações
CNRS \ Centro Nacional de Pesquisa Científica
COREPHAE \ Comissão Regional do Patrimônio Histórico, Arqueológico e Etnológico
CRÉDOC \ Centro de Pesquisa para o Estudo e a Observação das Condições de Vida
CSA \ Centro de Sociologia das Artes
CSI \ Centro de Sociologia das Inovações
CSP \ Categorias Socioprofissionais
DEPS \ Departamento de Estudos das Prospectivas e das Estatísticas (do Ministério da Cultura)
DMF \ Direção dos Museus da França
DPLG \ Diplomado Pelo Governo
DRAC \ Direção Regional para Assuntos Culturais
ENP \ Escola Nacional do Patrimônio
ENSBA \ Escola Nacional Superior das Belas-Artes
FIAC \ Feira Internacional de Arte Contemporânea
FNAC \ Fundo Nacional de Arte Contemporânea
FNAM \ Fundo Nacional de Arte Moderna
FRAC \ Fundo Regional de Arte Contemporânea
GSPM \ Grupo de Sociologia Política e Moral
IFOP \ Instituto Francês da Opinião Pública
INED \ Instituto Nacional dos Estudos Demográficos
INSEE \ Instituto Nacional da Estatística e dos Estudos Econômicos
IRCAM \ Instituto de Pesquisa e Coordenação Acústica/Música
MAHJ \ Museu de Arte e de História do Judaísmo
OFCE \ Observatório Francês da Conjuntura Econômica
PCS \ Profissões e Categorias Socioprofissionais
PQN \ Imprensa Diária Nacional
PQR \ Imprensa Diária Regional
RMN \ Reunião dos Museus Nacionais
SACEM \ Sociedade de Autores, Compositores e Editores de Música
SER \ Serviços de Estudos e Pesquisas (das administrações)
TVA \ Taxa sobre o Valor Agregado

Sobre os autores

Matthieu Béra

Professor de sociologia da Universidade Bordeaux 4 e pesquisador do IRDAP desde 1998, defendeu uma tese sobre a crítica de arte na imprensa desde as suas origens (Paris 7, 1998). Historiador da sociologia, é autor de numerosos artigos sobre crítica de arte em revistas como *Réseaux, Archives de philosophie du droit, Quaderni e Sociologie de l'art*, e sobre Émile Durkheim (*Durkheimian Studies, Contextes*). Organizou um colóquio internacional sobre o centenário das *Formas elementares da vida religiosa* na Universidade Bordeaux 4.

Yvon Lamy

Professor emérito de sociologia da Universidade de Limoges, onde fundou o departamento de sociologia em 2000 e criou em 2006 o laboratório de pesquisa Limoges-Poitiers. Editor da revista *Genèses: sciences sociales et histoire* desde sua fundação em 1990. Investiga a sócio-história do legado patrimonial e cultural na França e a sócio-história comparada das políticas públicas do patrimônio cultural. Mais globalmente, trabalha com a sociologia das práticas, profissões e políticas culturais e artísticas, e se interessa pela cultura, sua formação estatal (o "modelo" francês de oferta cultural), sua institucionalização e suas mutações contemporâneas em termos de profissões, práticas e públicos.

Fonte Baskerville Regular c 10 / 14.983, e os títulos em Baskerville Semibold c 11.5
Papel alta alvura 90g/m²
Impressão Cromosete Gráfica e Editora
Data agosto / 2015

MISTO
Papel produzido a partir de fontes responsáveis
FSC
www.fsc.org FSC® C106054